第 八 卷

1923.7—1923.12

孙中山全集

中 山 大 学 历 史 系 孙 中 山 研 究 室
广 东 省 社 会 科 学 院 历 史 研 究 室 合编
中国社会科学院近代史研究所中华民国史研究室

中 华 书 局

目　　录

发给平刚徐昌侯川资令

（一九二三年七月一日）

着会计司发给平刚、徐昌侯川资各贰百元，共四百元，交周仲良转。此令。

孙　文

中华民国十二年七月一日

据中国国民党中央委员会党史委员会编订《国父全集》

（台北一九七三年版）第四册（转录史委会藏原件）

命电朱卓文周之贞来大本营令

（一九二三年七月二日）

电令香山朱卓文、顺德周之贞即来大本营，勿延。孙文。

中华民国十二年七月二日

据谭延闿编《总理遗墨》第一辑（一九二八年）

命追赠并优恤杨锦堂陈培鎏令

（一九二三年七月二日）

大元帅令

据杨总司令希闵东电呈称："此次左翼军第二路李指挥济深所部团长杨锦堂及参谋陈培鎏，于马口圩之役，身先士卒，冲入敌阵，伤中要害,即时阵亡,请从优抚恤,以慰英魂而励将来"等情。该故团长杨锦堂,努力戎行,历有年所。自讨贼军兴,转战千里,尤著勤劳。此次北江战役,复能率部先登,以身报国,兹闻噩耗,惋惜殊深。杨锦堂着追赠陆军少将,并给治丧费壹千元,以慰忠烈而志哀荣。并着由大本营军政部照少将阵亡例,从优议恤。至该故参谋陈培鎏应如何议恤之处,着并由该部汇案办理。此令。

中华民国十二年七月二日

据大本营秘书处编《陆海军大元师大本营公报》
(以下简称《大本营公报》)第十九号

发给邱鸿钧医药费令

(一九二三年七月二日)

着会计司发给邱鸿钧医药费壹千元。此令。

孙　文

中华民国十二年七月二日

据《国父全集》第四册(转录史委会藏原件)

给刘纪文的指令

(一九二三年七月三日)

大元帅指令第三〇四号

令大本营审计局长刘纪文

呈报修理该局办公处合计工料银七百三十一元五毫,请准予核销并饬会计司照数支发由。

呈悉。准予核销。仰候令行会计司查照发给可也。此令。

中华民国十二年七月三日

据《大本营公报》第十九号

复 徐 谦 函

（一九二三年七月四日）

季龙兄鉴：

　　六月廿六日函悉。我对于现局，绝对未有信何方将承认我为总统之心，亦不愿再受所谓议员选举我为总统，我只愿为革命党之总统。倘革命党永远在中国未有选举总统之权，我当不作是想。兄以曹锟比我，太属不伦。我对于委员制绝对反对，因曾饱尝七总裁之滋味，以后再不敢领教也。中国现局堕落一至于此，乃革命不彻底之所致。革命之所以不彻底，乃因武昌之成功出于无意，成得太易太快，致堕革命党之精神。从今以后，我行我素，再从事于彻底之革命，此外之事，一概不理。此志能达，不怕他来什么内患外忧，倘兄不信，请观今日之俄国。惜乎今日中国之志士不从根本上去做工夫，而只识反对曹锟做总统，吾不知曹与黎有何择焉。至兄所倡之委员制，更比曹、黎又下矣。广东军事，想不日可以了结，到时自当另为彻底革命之运动，以期收效于三年。故现在之变局，毫无关系于我心，想兄等虽着急，亦断无法以解决。倘委员制成立，不过多几个曹锟而已，于内患则多加七倍，于外忧只有日甚，吾诚未见其可也。中国人在今犹尚不知为走头无道，而猛省回头，从事革命，诚哉其为满清遗民，亡国贱种，无法可救。兄乃健者，且为基督徒，盍当醒哉！从事于彻底之革命，切勿随俗浮沉，有厚望焉。

孙 文

中华民国十二年七月四日

据《北方杂志》国父遗墨筹印委员会编《国父墨宝》

致胡汉民杨庶堪函

（一九二三年七月四日）

展、沧两兄鉴：

　　四日来函收悉。臧①电已批答。对滇军在此候之较有力。遇回省催之，催之之责，望兄等竭力做去便可。何家猷委任，发表亦无妨，不过此时不可去接事，必俟海南得后乃可，大约不出一月也。青阳②款一到，有法时必助之。惠、潮③下后必有法，可为我先慰之也。

孙文　四日

据胡汉民编《总理全集》（上海民智书局一九三○年版）第四集影印原件

宣布西江临时戒严条例等令

（一九二三年七月四日）

大元帅令

　　兹宣布西江为戒严区域，并制定《西江沿岸警备区域临时戒严条例》、《西江船舶检查所组织条例》、《西江船舶检查所执行规则》公布之。此令。

---

　　①　臧：即臧致平。
　　②　青阳：即石青阳。
　　③　惠、潮：惠州、潮州。

西江沿岸警备区域临时戒严条例

第一条　警备区域内之集会结社、新闻杂志、图画广告等,须先受戒严司令官之检查,违者拘究。

第二条　警备区域内之民有枪炮、弹药、兵器、火具及一切军用危险物品及其制造之机械,由戒严司令官随时检查,在军事必要时押留或没收之。

第三条　警备区域内之民有物品可供军需之用者,得禁止向桂边输去,违者押留拘究。

第四条　警备区域内之邮信、电报,由戒严司令官检查之。

第五条　警备区域内各城镇、墟市、村落之家宅、建造物、船舶等,戒严司令官随时检查之;嫌疑人物得押留拘究。

第六条　警备区域内出入船舶,非经戒严司令官之许可,绝对不得运载枪炮、弹药、兵器、火具及一切军用危险物品及其制造之机械,违者没收拘究。

第七条　凡出入或停泊于警备区域内之船舶,其所载之一切物品由戒严司令官随时检查,如有违禁物品时,得押收之,并分别令其船舶退出或押留之。

第八条　戒严司令官在军事必要时,得停止西江沿岸水上之交通。

第九条　警备区域内行政、司法事务之与军事有关系者,戒严司令官执行职权时,各该行政官及司法官须受其指挥。

第十条　本条例所规定事项,戒严司令官有强制执行权,因其执行所生之损害,概不负赔偿之责。

第十一条　本条例自布告日施行,于宣告解严日废止。

西江船舶检查所组织条例

第一条　西江沿岸自三水河口起,迄粤桂边界止,定为警备区域,宣告特别戒严,特设船舶检查所,执行戒严条例检查船舶。

第二条　西江船舶检查所,得设职员如左:

所长一人,检查员若干人。

第三条　所长依戒严条例及命令,执行检查船舶之任务,其检查方法另以规则定之。

第四条　检查员承所长之命执行其职务。

第五条　所长执行检查时,法令有未备者,得以职权便宜行之。前项之检查,随时报告戒严司令官。

西江船舶检查所执行规则

第一条　检查所得随时检查西江通航或停泊中之各船舶,并没收其所偷载之武器及军用一切危险物品或扣留之。但船舶自卫武器,向经呈报有案者,不在此限。

第二条　检查所得随时限制西江通航或停泊中各船舶之出入去留。

第三条　检查所对于西江渔业,得以命令禁止其一部或全部。

第四条　检查所对于西江沿岸各船舶碇泊场所,得以命令变更之。

第五条　西江通航或停泊中之各船舶,有不服从检查所指导及命令,该所得先行扣留,电报戒严司令官核饬办理。

第六条　检查所对于通航或停泊中之各船舶,所用检查办法及其他事项另行规定公布之。

第七条　西江通航或停泊中之军用船舶,检查所依戒严司令官之指令,得能免其检查或限制。

第八条　本规则自公布日施行,于西江宣布解严日废止。

中华民国十二年七月四日

据《大本营公报》第十九号

给王棠的训令

(一九二三年七月四日)

大元帅训令第二二一号

令大本营会计司司长王棠

据大本营内地侦探长李天德呈称:"窃职处五月份、六月份所有各员薪水及处内暨各区经费,合共欠发两个月,迭经亲踵会计司王司长处具领,始终均未蒙照发。此际各员虽能热心毅力,勉强从公,然长此枵腹,何能久持。况东西北江战务,亟宜严密侦察,而广州市地方秩序,更须异常注意。今各探员既因办公经费无着,所有侦查各事,不免着着为难,此中苦处,可想而知。理合将各探员办事困难情由,备文呈请钧座,体念苦衷,俯赐迅饬会计司设法如数照给,以资办公而利进行,实为德便"等情前来。据此,除指令照准外,合行令仰该司长即行遵照发给为要。此令。

中华民国十二年七月四日

据《大本营公报》第十九号

致上海中央干部会议电

（一九二三年七月五日）

　　干部会议诸兄：杨度本奉有密命与直系接洽，特无代表名义耳。孙文。歌。

据《国父全集》第三册（转录史委会藏原稿）

任命安健孙镜亚职务令

（一九二三年七月五日）

大元帅令

　　任命安健、孙镜亚为大本营谘议。此令。

民国十二年七月五日

据《大本营公报》第十九号

准任刘民畏职务令

（一九二三年七月五日）

大元帅令

　　大本营秘书长杨庶堪呈请任命刘民畏为大本营秘书处科员。应照准。此令。

中华民国十二年七月五日

据《大本营公报》第十九号

任命卢振柳职务令

（一九二三年七月五日）

大元帅令

任命卢振柳为大本营参军兼卫生队队长。此令。

民国十二年七月五日

据《大本营公报》第十九号

给石青阳委任状

（一九二三年七月五日）

任石青阳为中国国民党四川总支部部长。此状。

总　　　理　　（印）

总务部部长彭素民副署

代理党务部部长孙镜副署

财务部部长林业明副署

宣传部部长叶楚伧副署

交际部部长张秋白副署

据《国父全集》第四册（转录《本部公报》一卷二十五号）

免姚观顺职务令

（一九二三年七月五日）

大元帅令

大本营参军兼大本营卫士队长姚观顺另有任用，应免本兼各职。此令。

中华民国十二年七月五日

据《大本营公报》第十九号

给梅光培的指令

（一九二三年七月五日）

大元帅指令第三○八号

令广东全省官产清理处处长梅光培

呈报该处奉财政部令直辖财政部缘由，请鉴核由。

呈悉。广东全省官产清理处已令归广东财政厅直辖。仰即知照。此令。

中华民国十二年七月五日

据《大本营公报》第十九号

发给赴北江军费令

（一九二三年七月五日）

着会计司发给赴北江军费式万元。此令。

孙　文

中华民国十二年七月五日

据《国父全集》第四册（转录史委会藏原件）

命发给无线电总局修理费令

（一九二三年七月五日）

着会计司发给无线电总局修理费叁百元。此令。

孙　文

中华民国十二年七月五日

据中山大学孙中山纪念馆藏原件

命筹发何成濬部伙食费令

（一九二三年七月五日）

着官产处长梅火速筹发何雪竹军队伙食五万元。此令。

孙　文

民国十二年七月五日

据《国父全集》第四册（转录史委会藏原件影印）

准任方孝纯职务令

（一九二三年七月六日）

大元帅令

　　大本营参军长朱培德呈请任命方孝纯为大本营参军处少校副官。应照准。此令。

中华民国十二年七月六日

据《大本营公报》第十九号

命限期拿获劫车土匪令

（一九二三年七月六日）

着李天德会同朱培德、卢师谛、徐树荣等限五日将劫南岗火车之土匪拿获归案。切切。此令。

孙　文
据谭编《总理遗墨》第一辑

给朱培德的训令

（一九二三年七月六日）

大元帅训令第二二四号

令大本营巩卫军司令朱培德

据大本营兵站总监罗翼群呈称："顷准巩卫军司令部副官处函称：'昨日曾向兵工厂朱厂长领取七九子弹一万发，六八弹七千发，九响五千发，共二万二千发。惟向来领取手续，应由贵总监部向兵工厂领取，再发给敝军，昨因军情紧急，特变动办法，直接向兵工厂领取，当时贵总监部派往兵工厂提解子弹专员亦在场，当面言明，仍由贵总监部补具收据，请将收据交由敝部转交兵工厂查收，以符信用'等由。查兵工厂制出子弹，向迭奉帅令由职部全行提取配发各军，况现值战事方殷，各部队对于子弹均视为唯一之要品，或函电催取，或派员守领，职部斟酌支配，几费踌躇，尚恐不能将至公无私之苦衷使前敌各职员令行谅解。今该军副官竟自行向厂截取支领，不惟破坏职部均平配备之计划，窃恐此风一开，各部相率效尤，将启内竞之渐。语曰：星星不绝，将致燎原。职为大局计，为吾党计，用敢函恳俯赐另案通令各军，支领子弹务由职军部配发，毋得自向厂截取"等情前来。查各部军队领取子弹，向须呈经大元帅允准，然后发给手令，饬由兵站总监拨给，迭经办理在案。该司令部副官处，何得借军情紧急，私自径向兵工厂擅行提取，仰该司令迅予严行查办，以儆效尤而肃军纪。切切。此令。

中华民国十二年七月六日

据《大本营公报》第十九号

给王棠的训令

（一九二三年七月六日）

大元帅令第二二五号

令大本营会计司司长王棠

据广东宣传局长邓慕韩呈称："职局经费业经呈明钧座察核在案，兹谨将本年六月份应领俸给薪工及办公费等，照案编造预算书一份，呈请鉴核，伏乞俯赐令行会计司照案支付，俾便领发，实为公便。再职局各宣传员，现未经荐任，暂未请领，故无编造，合并呈明"等语，并具预算表前来。除指令照准外，合行令仰该司长查照发给。预算表并发。此令。

中华民国十二年七月六日

据《大本营公报》第十九号

给罗翼群的指令

（一九二三年七月六日）

大元帅指令第三一〇号

令大本营兵站总监罗翼群

呈报站务繁难情形并拟定办公时间,请通令各军,以免延误由。

呈悉。所拟办公时间尚属可行,仰即自行通知各军查照可也。此令。

中华民国十二年七月六日

据《大本营公报》第十九号

发给滇军赏款令

（一九二三年七月六日）

着会计司发给赏滇军款壹万元。此令。

孙　　文

民国十二年七月六日

据《国父全集》第四册（转录史委会藏原件）

任命林云陔职务令

（一九二三年七月七日）

大元帅令

任命林云陔代理高等审判厅厅长。此令。

中华民国十二年七月七日

据《大本营公报》第二十号（一九二三年七月二十日版）

准任王文翰职务令

（一九二三年七月七日）

大元帅令

　　大本营参军长朱培德呈请任命王文翰为大本营参军处上校副官。应照准。此令。

中华民国十二年七月七日

《据大本营公报》第二十号

免伍岳职务令

（一九二三年七月七日）

大元帅令

　　代理广东高等审判厅厅长伍岳着即免职。此令。

中华民国十二年七月七日

据《大本营公报》第二十号

给廖仲恺等的训令

（一九二三年七月七日）

大元帅训令第二二六号

　　令广东省长廖仲恺、文武各机关

　　据大本营审计局长刘纪文呈称："窃纪文前由财政部委办发行大本营度支处军用钞票事宜，当经印就壹元、伍角、贰角各种军用钞票,以便北伐时利便军用。惟后经去年六月十六日之变,该票因而失散,但该票面有经加盖大本营度支处及刘兆铭印章,虽未经公布发行,诚恐不法之徒,持票吓诈商民,流弊不堪设想,理合具文呈请钧座,伏乞通令各文武机关,布告军民人等,一律取消,禁止使用,如有持该前大本营度支处印就而未发行之军用钞票强行勒使者,严行究办,以维信用而杜弊端"等情前来。除指令照准外,合行令仰该省长转饬所属并布告军民人等、两广盐运使转饬所属、总司令、部长、处长转饬所属,一体遵照勿违。切切。此令。

中华民国十二年七月七日

《据大本营公报》第二十号

委派喻毓藩职务令

(一九二三年七月八日)

派喻毓藩为湖北军事联络员。此令。不支薪不发表。

孙　文

中华民国十二年七月八日

据谭编《总理遗墨》第三辑

命江门办事处不得干涉公产令

(一九二三年七月八日)

　　江门官产公产,由官产处长梅光培全权办理,着江门大本营办事处不得干涉。所得款项,尽数解缴帅府,不得截留。此令。

孙　文

中华民国十二年七月八日

据谭编《总理遗墨》第一辑

复上海中央干部会议电

（一九二三年七月九日）

中央干部会议鉴：齐电悉。沈鸿英未叛以前，本有与曹[①]接洽和平统一事之举，后得鸿英电底，证实犯粤之事，曹实主谋，遂电伯兰[②]及杨度，与曹决绝久矣。曹有否冬电，此间并未接到，若知悔祸，亦必其有彻底觉悟与极端表示，然后乃有和平会议之可言。今日□尚未与其人有若何之接洽，彼方制造空气，勿遽信之。孙文。青。

据《国父全集》第三册（转录史委会藏原稿）

发给徐树荣军费令

（一九二三年七月九日）

着会计司发给徐树荣军费壹千元。此令。

孙　　文

中华民国十二年七月九日

据《国父全集》第四册（转录史委会藏原件）

[①]　曹：指曹锟。
[②]　伯兰：即孙洪伊。

发给胡舰长公费令

（一九二三年七月九日）

着市政厅长①发给胡舰长②公费壹千元。此令。

据《研究中山先生的史料与史学》中许师慎
《〈国父全集〉未刊载的重要史料》

致石青阳函

（一九二三年七月十日）

由绍曾转两函，已得阅悉。兄如此苦心孤诣，协同禹九、锦帆维持四川大局，俾吾党能得一巩固基础，以实行主义，中心快慰无极。禹九、锦帆、怒刚、德祥③诸兄，爱党纯挚，久而愈著，连年劳瘁，远念尤深。西陲重任，吾所期望于诸兄者至切也。

近日沪上之联省政府、委员制度等鼓簧，皆非彻底之革命事业，断不能根本解决中国之大局。革命自产生以来，今日为最有希望，广东战事不日可以平定，倘四川军事亦能同时结束，则以四川、广东两省为革命之策源地，尚何忧革命之不成哉？所患者，吾人之心志不坚，患得患失，不肯牺牲耳。深望蜀中同志勿忘素抱，务要恢复昔年手枪、炸弹时代之革命精神，从今日起，再去开始奋斗，必期三民主义、五权宪法实行于中国，始得为革命之成功。此事一日

---

① 当时市政厅长为孙科。

② 胡舰长：即楚豫舰舰长胡文溶。

③ 禹九、锦帆、怒刚、德祥：即刘成勋、熊克武、但懋辛、赖心辉。

不成,则吾人之责一日不卸,从此继续奋斗,再十二年想必得大告成功之日也。今日吾人地盘有全省,武器逾万枪,而奋斗之成绩,尚未及昔年无立锥之地时手枪炸弹之同志,则何以慰先烈在天之灵?须知吾人今日之地盘武器,乃先烈之遗留者也。吾人承受先烈之遗泽而不能行先烈之遗志,清夜自思,何以为人,更何以为革命党贯彻革命之主张,则先烈之所以流血、所以牺牲也。愿吾同志勿忘斯旨,努力实行,幸甚幸甚!

孙　文

据上海《民国日报》一九二三年八月二十六日《大元帅致石青阳函》

准任朱全德职务令
（一九二三年七月十日）

大元帅令

　　大本营参军长朱培德呈请任命朱全德为大本营参军处少校副官。应照准。此令。

中华民国十二年七月十日

据《大本营公报》第二十号

发给程潜旅费令
（一九二三年七月十日）

　　着会计司发给军政部长旅费叁百元。此令。

孙　文

民国十二年七月十日

据《国父全集》第四册（转录史委会藏原件）

发给谭延闿回湘费令

（一九二三年七月十日）

着会计司发给谭延闿回湘费拾万元。此令。

孙　文

民国十二年七月十日

据中山大学孙中山纪念馆藏原件

给符兆光等委任状

（一九二三年七月十一日）

委任符兆光为星洲中国国民党分部正部长；崔霸东为星洲中国国民党分部副部长；林天庭为星洲中国国民党分部评议部正议长；陈大聪为星洲中国国民党分部评议部副议长。此状。

总　　　理　　　（印）

总务部部长彭素民副署

代理党务部部长孙镜副署

财务部部长林业明副署

宣传部部长叶楚伧副署

交际部部长张秋白副署

据《国父全集》第四册（转录《本部公报》一卷二十五号）

给朱拔英委任状

（一九二三年七月十一日）

委任朱拔英为星洲中国国民党分部党务科主任。此状。

总　　　理　　　（印）

总务部部长彭素民副署

代理党务部部长孙镜副署

据《国父全集》第四册（转录《本部公报》一卷二十五号）

给严光汉委任状

（一九二三年七月十一日）

委任严光汉为星洲中国国民党分部会计科主任。此状。

总　　　理　　　（印）

总务部部长彭素民副署

财务部部长林业明副署

据《国父全集》第四册（转录《本部公报》一卷二十五号）

给孔宪璟委任状

（一九二三年七月十一日）

委任孔宪璟为星洲中国国民党分部宣传科主任。此状。

总　　　理　　　（印）

总务部部长彭素民副署

宣传部部长叶楚伧副署

据《国父全集》第四册（转录《本部公报》一卷二十五号）

给钱开云等委任状

（一九二三年七月十一日）

委任钱开云为星洲中国国民党分部总务科主任；詹启新为星洲中国国民党分部执行部书记；陈如春、张如富、范基存、庄光奕、黄昌积、何启达、韩经丰、罗豫环为星洲中国国民党分部干事；崔镇之为星洲中国国民党分部评议部书记；黄锦江、王汉光、黄义华、梁英才、陈子贤、詹易浓、林绍生、梅春煊、陈英、翁德盛为星洲中国国民党分部评议部评议员。此状。

总　　　理　　　（印）

总务部部长彭素民副署

据《国父全集》第四册（转录《本部公报》一卷二十五号）

致孙洪伊电*

（一九二三年七月十二日）

上海孙伯兰鉴：转来仲珊齐电已悉。前此我揭出和平统一之主旨，仲珊亦尝赞和，乃其见诸事实者，则乱闽祸川扰粤，以及种种行动，无一而不与和平为敌。今兹云云，其既有所觉悟耶？抑犹是前日之敷衍也？我与人以诚，不能逆亿不信，然不直则道不见，主

---

* 曹锟通过孙洪伊拉拢孙中山，曾于七月八日由孙洪伊转致孙中山一电，表示愿意响应孙中山号召，召开南北和会，实行兵工政策，实现和平统一。但曹实际上毫无和平诚意，仍坚持其武力统一南方的政策。孙中山此电，即据此而发。电中仲珊，即曹锟。

张武力,谁为戎首？咎无所归,徒务空言,天下其孰能信之！请即本此意以答仲珊。孙文。侵。

据上海《民国日报》一九二三年七月二十日《大本营访问录》

任命周鳌山等职务令

（一九二三年七月十二日）

大元帅令

　　任命周鳌山、钟起宇、吴贞横为大本营谘议。此令。

中华民国十二年七月十二日

据《大本营公报》第二十号

任命车显承职务令

（一九二三年七月十二日）

大元帅令

　　任命车显承代理广东高等检察厅检察长。此令。

中华民国十二年七月十二日

据《大本营公报》第二十号

免黄镇磐职务令

（一九二三年七月十二日）

大元帅令

　　广东高等检察厅检察长黄镇磐着即免职。此令。

中华民国十二年七月十二日

给孙科的训令

（一九二三年七月十二日）

大元帅训令第二三〇号

令广州市市政厅市长孙科

为训令事：据大本营兵站总监罗翼群呈称："现接广东公医校院长函称：自讨贼军兴，由各军先后送到伤兵留院医治者，每日药、膳等费，垫支约数百金，数月积计，其数甚巨。现留医者，尚多需款，接济孔亟，迭经呈明贵总监拨款接济在案。惟贵总监以财政困难，现款难拨，只有划拨公产，准予任便择取呈请给领抵偿。兹查有市内红花岗地段，纵横约有四十亩，与校院附近，堪为扩充校院地址之用。该地原为丛葬坟场，有数千丈之夥，将来择地迁葬，需费亦巨。现因本校议决，年内九月开办医科大学，扩充地址，亟应预早筹备，迫得函恳贵总监，据情转呈帅座核准，饬令市厅执行，早日将红花岗给领发照管业，以维公益"等情。据此，除指令照准外，合行令仰该市长即便遵照办理。此令。

中华民国十二年七月十二日

给程潜的指令*

（一九二三年七月十二日）

大元帅指令第三二二号

令大本营军政部长程潜

呈报据张汪镜清呈称阵亡指挥张惟圣恤金业蒙准给五千元核与定章不符，乞鉴核示遵由。

呈悉。张惟圣着照追赠陆军中将准给恤金二千元，并从优赠给三千元。仰即知照。此令。

中华民国十二年七月十二日

据《大本营公报》第二十号

命查办卢象森令

（一九二三年七月十二日）

闻参谋处副官卢象森在外有干涉官产处行政之行为，着该参谋长张严行查办。此令。

孙　文

据谭编《总理遗墨》第一辑

---

* 七月五日，程潜向孙中山呈报，一九二二年六月阵亡的左翼总指挥张惟圣，原已明令追赠陆军中将，议给其遗孤五千元，后因陈炯明叛变未发给，张妻汪镜清要求补发，但原定五千元超过章程规定的二千元，请孙中山鉴核。

发给李天德伙食费令

（一九二三年七月十二日）

着庶务科长借给李天德伙食壹千五百元。此令。

孙　文

民国十二年七月十二日

　　（已由会计司交妥，七月十四日，王棠。）

据《国父全集》第四册（转录史委会藏原件）

给邢森洲委任状

（一九二三年七月十三日）

委任邢森洲为暹罗各埠宣传委员。此状。

总　　　理　　　（印）

总务部部长彭素民副署

宣传部部长叶楚伧副署

据《国父全集》第四册（转录《本部公报》一卷二十五号）

给朱晋经委任状

（一九二三年七月十三日）

委任状第一百一十八号

　　委任朱晋经为本党清远分部长。此状。

总　理　孙　文

支部长邓泽如

中华民国十二年七月十三日

据《国父全集》第四册(转录史委会藏原件影印)

给王思恭委任状

(一九二三年七月十三日)

委任王思恭为东京中国国民党第一分部筹备处主任。此状。

总　　　理　　　(印)

总务部部长彭素民副署

中华民国十二年七月十三日

据《国父全集》第四册(转录《本部公报》一卷二十五号)

任命范其务职务令

(一九二三年七月十三日)

大元帅令

任命范其务为广东电政监督兼广州电报局局长。此令。

中华民国十二年七月十三日

据《大本营公报》第二十号

准林直勉辞职令

(一九二三年七月十三日)

大元帅令

广东电政监督兼广州电报局局长林直勉呈请辞去本兼各职，

林直勉准免本兼各职。此令。

中华民国十二年七月十三日

据《大本营公报》第二十号

发给宣传委员办公费令

（一九二三年七月十三日）

着会计司发给宣传委员四人办公费壹千元。此令。

此款交谢良牧分配。

孙　文

中华民国十二年七月十三日

据《国父全集》第四册（转录史委会藏原件）

发给朱世贵津贴令

（一九二三年七月十三日）

着会计司发给朱世贵津贴贰千元。此令。

孙　文

中华民国十二年七月十三日

据《国父全集》第四册（转录史委会藏原件）

任命杨蓁职务令

（一九二三年七月十四日）

特任杨蓁代理大元帅行营参谋长。此令。

孙　文

中华民国十二年七月十四日

据谭编《总理遗墨》第三辑

委派杨希闵等职务令
（一九二三年七月十四日）

大元帅令

　　特派杨希闵、叶恭绰、程潜、杨庶堪、廖仲恺、邹鲁为统一广东财政委员。此令。

中华民国十二年七月十四日

据《大本营公报》第二十号

任命朱润德职务令
（一九二三年七月十四日）

大元帅令

　　任命朱润德为大本营谘议。此令。

中华民国十二年七月十四日

据《大本营公报》第二十号

委派陈季博梁明致职务令
（一九二三年七月十四日）

大元帅令

　　派陈季博、梁明致为大本营宣传委员。此令。

中华民国十二年七月十四日

据《大本营公报》第二十号

委派陈正绳罗玉田职务令

（一九二三年七月十四日）

大元帅令

　　派陈正绳、罗玉田为随营宣传委员。此令。

中华民国十二年七月十四日

据《大本营公报》第二十号

发给张兆基旅费令

（一九二三年七月十四日）

　　着会计司发给张兆基旅费叁百元。此令。

孙　　文

中华民国十二年七月十四日

据《国父全集》第四册（转录史委会藏原件）

命调离兵工厂驻兵令

（一九二三年七月十五日）

　　着朱培德将驻扎兵工厂之兵士调离，免与新派保护该厂之部队混杂为要。此令。

孙　　文

中华民国十二年七月十五日

据谭编《总理遗墨》第一辑

命拨官产价予江门办事处令

（一九二三年七月十五日）

着官产处长将四邑所投官产之价，拨四成归江门办事处支用。
此令。

孙　文

中华民国十二年七月十五日

据谭编《总理遗墨》第一辑

发给孙祥夫公费令

（一九二三年七月十五日）

着会计司发给孙祥夫公费五百元。此令。

孙　文

中华民国十二年七月十五日

据《国父全集》第四册（转录史委会藏原件）

任命谭延闿职务令

（一九二三年七月十六日）

大元帅令

特任谭延闿为湖南省长兼湘军总司令。此令。

中华民国十二年七月十六日

据《大本营公报》第二十二号（一九二三年八月三日版）

任命李烈钧职务令

（一九二三年七月十六日）

　　特任李烈钧为江西总司令兼江西省长。此令。

孙　　文

民国十二年七月十六日

据《国父全集》第四册（转录史委会藏原件）

任命蔡钜猷等职务令

（一九二三年七月十六日）

大元帅令

　　任命蔡钜猷为湖南讨贼军湘西第一军军长；陈渠珍为湘西第二军军长；谢国光为湘南第一军军长；吴剑学为湘南第二军军长；宋鹤庚为湘中第一军军长；鲁涤平为湘中第二军军长。此令。

中华民国十二年七月十六日

据《大本营公报》第二十二号

任命杨希闵等职务令

（一九二三年七月十六日）

大元帅令

　　任命杨希闵兼中央直辖滇军第一军军长；范石生为第二军军长；蒋光亮为第三军军长。此令。

中华民国十二年七月十六日

据《大本营公报》第二十号

任命赵成梁等职务令

（一九二三年七月十六日）

大元帅令

　　任命赵成梁为中央直辖滇军第一师师长；廖行超为第二师师长；杨廷培为第三师师长；王秉钧为第四师师长。此令。

中华民国十二年七月十六日

据《大本营公报》第二十号

免杨池生杨如轩职务令

（一九二三年七月十六日）

大元帅令

　　中央直辖滇军第一师师长杨池生、第二师师长杨如轩均着免本职。此令。

中华民国十二年七月十六日

据《大本营公报》第二十号

任命朱培德职务令

（一九二三年七月十六日）

大元帅令

　　任命朱培德为中央直辖第一军军长。此令。

中华民国十二年七月十六日

任命王均职务令

（一九二三年七月十六日）

大元帅令

　　任命王均为中央直辖第一军第一师师长。此令。

中华民国十二年七月十六日

委派方觉慧职务令

（一九二三年七月十六日）

大元帅令

　　派方觉慧为大本营宣传委员。此令。

中华民国十二年七月十六日

委派蒲名元职务令

（一九二三年七月十六日）

大元帅令

　　派蒲名元为大本营宣传委员。此令。

中华民国十二年七月十六日

委派邱仲川张熙职务令

（一九二三年七月十六日）

大元帅令

　　派邱仲川、张熙为大本营出勤委员。此令。

中华民国十二年七月十六日

据《大本营公报》第二十号

免蔡达三文明清职务令

（一九二三年七月十六日）

大元帅令

　　大本营出勤委员蔡达三、文明清均着免去本职。此令。

中华民国十二年七月十六日

据《大本营公报》第二十号

取消巩卫军令

（一九二三年七月十六日）

大元帅令

　　大本营巩卫军应即取消。此令。

中华民国十二年七月十六日

据《大本营公报》第二十号

通缉金汉鼎黄毓成令

（一九二三年七月十六日）

大元帅令

　　据报：金汉鼎串同黄毓成暗降吴佩孚，妄冀作乱。金汉鼎着即免去大本营高级参谋本职，与黄毓成一并通缉，以儆愚顽而申国纪。此令。

中华民国十二年七月十六日

据《大本营公报》第二十号

发给永丰舰回省费令

（一九二三年七月十六日）

　　着会计司发给永丰舰回省费贰千元并煤炭贰百顿〔吨〕。此令。

中华民国十二年七月十六日

据中山大学孙中山纪念馆藏原件

任命刘崛职务令

（一九二三年七月十七日）

大元帅令

　　任命刘崛为大本营谘议。此令。

中华民国十二年七月十六日

据《大本营公报》第二十一号（一九二三年七月二十七日版）

任命谢适群职务令

（一九二三年七月十七日）

大元帅令

　　任命谢适群为大本营内政部第一局局长。此令。

中华民国十二年七月十七日

据《大本营公报》第二十一号

准任陈其瑗周诰职务令

（一九二三年七月十七日）

大元帅令

　　大本营财政部长叶恭绰呈请任命陈其瑗为中国银行监理官、周诰为广东省银行监理官。均照准。此令。

中华民国十二年七月十七日

据《大本营公报》第二十一号

委派赵士觐职务令

（一九二三年七月十七日）

大元帅令

　　派赵士觐为大本营粮食管理处督办。此令。

中华民国十二年七月十七日

据《大本营公报》第二十一号

发还陈群欠款令

（一九二三年七月十七日）

着会计司十五日后发还陈群欠款四千贰百元。此令。

孙　文

中华民国十二年七月十七日

据《国父全集》第四册（转录史委会藏原件）

任命黄昌谷职务令

（一九二三年七月十八日）

大元帅令

任命黄昌谷为大元帅行营金库长。此令。

中华民国十二年七月十八日

据《大本营公报》第二十一号

给王棠的训令二件

（一九二三年七月十八日）

一

大元帅训令第二三三号

令大本营会计司长王棠

据广东无线电报总局局长冯伟呈称："窃职局经常费向系按月编造预算书，缴呈钧帅核准，令行会计司照发在案。兹届十二年七月份理合将该月应支经常费,援案编造支付预算书呈请鉴核,伏乞俯赐令行会计司照案支付,俾便领发,以资办公"等情前来。据此,除指令照准外,合行令该司长即便查照办理为要。广东无线电报总局七月份预算书一册附发。此令。

中华民国十二年七月十八日

二

大元帅训令第二三四号

令大本营会计司王棠

据广东无线电报总局局长冯伟呈称:"窃职局韶州分局前于沈逆背叛时,该局职员密受机宜,已能随机应付,克尽厥职,业经呈请准予赏给奖章在案。此次沈、北两军复犯韶关,痛恨无线电报〈局〉前次所为,下令缉拿该局领班张介眉等,幸该领班闻风潜逃,躲避乡间,得免于难。机生陈炳楷卒被拿获,监禁二十七天,敌退始出。所有该局机件器具,多所损失。而于该领班、机生各职员,衣服、行李抢掠殆尽。及至敌人败走,报生胡荣首先返局,将仍存未失机件查点保管,尤为异常出力。至所失机件,现有在韶州有线电报局内查起,是否该局乘机攫取抑买自敌人,应请下令从严查究,以儆将来。所有此次沈、北两军复犯韶关,职局韶关分局在事人员,递遭缉拿监禁及损失情形,合并仰恳帅座俯准查照前敌奖励士兵例,奖赏该领班张介眉毫洋五十元,机生陈炳楷三十元,报生胡荣二十元,以资鼓励,藉补损失。如荷核准,请即令行会计司如数发给,并乞指令祗遵"等情前来。据此,除指令照准外,合行令仰该司长即便查照发给,以资奖劝。此令。

中华民国十二年七月十八日

据《大本营公报》第二十一号

命滇军速增兵平定东江叛军令

（一九二三年七月十九日）

大元帅谕

西北江已肃清，东江尚危，宜速增兵定之。如轻敌，恐稍有挫失，则西北又有事矣。潮汕初有进步，现颇滞。我能十日内下惠、潮、梅，则北方亦无从捣乱。若持久，则即不败于兵，亦必败于财政。滇军年来辛苦，不可失之，于十日内战事平，则财政即可整理。

据《国父全集》第四册（转录史委会藏《会议录》）

致魏邦平等电

（一九二三年七月十九日）

梧州魏总指挥、梁军长、李师长①并转各旅团营长、永翔舰赵参谋长②钧鉴：迭电均悉。诸将士奋勇苦战，遂克名城，至用欣慰。溽暑行师，辛勤堪念，望并传令慰劳。讨贼伐叛，首重安民，宜约束将士，秋毫无犯，用副本大元帅顾念元元之至意，有厚望焉。大元帅。皓。

据《大本营公报》第二十一号

---

① 受电人依次为：魏邦平、梁鸿楷、李济深。
② 赵参谋长：即赵梯昆。

委派李济深职务令

（一九二三年七月十九日）

大元帅令

　　特派李济深兼西江善后督办。此令。

中华民国十二年七月十九日

据《大本营公报》第二十一号

任命黄建勋职务令

（一九二三年七月十九日）

大元帅令

　　任命黄建勋为梧州关监督兼外交部特派广西交涉员。此令。

中华民国十二年七月十九日

据《大本营公报》第二十一号

任命韦一新职务令

（一九二三年七月十九日）

大元帅令

　　任命韦一新为大本营秘书。此令。

中华民国十二年七月十九日

据《大本营公报》第二十一号

免黄建勋职务令

（一九二三年七月十九日）

大元帅令

　　琼海关监督黄建勋另有任用，应免本职。此令。

中华民国十二年七月十九日

据《大本营公报》第二十一号

命调回顺德驻防部队令

（一九二三年七月十九日）

　　着周之贞将驻扎四邑各部队全数调回顺德驻防。此令。

孙　文

据谭编《总理遗墨》第一辑

发给任鹤年医药费令

（一九二三年七月十九日）

　　着财政厅长发给任旅长鹤年医药费五百元。此令。

孙　文

据谭编《总理遗墨》第三辑

给谭延闿的指令 *

（一九二三年七月十九日）

大元帅指令第三三〇号

令大本营建设部长谭延闿

呈报宁路筹备军饷情形并拟具办法请核示由。

呈折均悉。仰该部长酌量办理可也。此令。

中华民国十二年七月十九日

据《大本营公报》第二十一号

给赵士北的指令

（一九二三年七月十九日）

大元帅指令第三三一号

令大理院长兼管司法行政事务赵士北

呈为修正律师暂行章程请审定公布由。

呈悉。准如所拟办理。此令。

中华民国十二年七月十九日

---

　　* 七月十一日,谭延闿向孙中山呈报:鉴于向新宁路筹借军饷一事,该公司经理把持路事,以致饷项无着,贻误戎机。根据民业路法第六十一条,及援引美国政府战时总统可宣布暂时管理民业铁路之权,拟具对该公司采取暂时收管之办法。

附：赵士北呈

　　呈为折呈事：律师章程经前院长徐修正公布在案，惟内漏去律师公会一章，并资格各条间与现在南方政府情形不合者，经职院删改增加，重行修正。都为八章，共三十八条，颇为完备。近日迭接各方请领律师证书，纷至沓来，亟宜规复旧制，准其照章请领。除将修正律师章程另册缮呈外，理合具折呈请鉴核，审定公布，并祈指令祗遵。谨呈

大元帅

　　　　　　　大理院长兼管司法行政事务赵士北印

中华民国十二年七月十六日

律师暂行章程

第一章　职　务

　　第一条　律师受当事人之委托，或法院之命令，得在通常法院执行法定职务，并得依特别法之规定，在特别审判机关行其职务。

　　律师受当事人之委托，为契约、遗嘱之证明，或代订契约等法律文件。

第二章　资　格

　　第二条　律师应具左列资格：

（一）中华民国人民满二十岁以上之国民。

（二）依律师考试合格，或依本章程有免试之资格者。

第三条　有左列资格之一者，不经考试得充律师：

（一）在外国或本国大学修业三年以上、得有毕业文凭，并专修法律之学得有学位者；或在外国修法律之学，得有律师文凭者。

（二）在外国或本国大学，或经政府认可之公立、私立法律或法政学校修业三年以上，得有毕业文凭，并曾充司法官一年以上，或办理司法行政事务三年以上者。

（三）具前项上段之资格，曾充国立或经政府认可之公立、私立大学，或专门学校之法学教授三年以上者。

（四）依本章程充律师后，经其请求撤销律师名簿之登录者。

（五）在本章程施行前，领有司法律师证书者。但在护法政府成立之后，如领有北京司法部律师证书者，须另领证书，照章纳费。

第四条　有左列情形之一者不得充律师：

（一）曾处法定五等有期徒刑以上之刑者，但国事犯已复权者不在此限。

（二）受破产之宣告确定复〔后〕尚未复权者。

第三章　证　书

第五条　考试合格者，或有免考试之资格者，得依本章程请领律师证书，但应纳证书费一百元、印花税费二元。

第六条　领证书者，应具声请书并证书费，呈请司法总长或经由高等检宗〔察〕厅检察长转呈司法总长发给之。前项声请应附具相当之证明书，证明其资格。

第四章　名　簿

第七条　司法总长发给律师证书时,应将该律师列入总名簿。律师名簿内应载明左列各款事项:

(一)姓名、年龄、籍贯、住址。

(二)律师证书号数。

(三)事务所。

(四)登录年月日。

(五)惩戒。

第八条　高等审判厅置律师名簿。

第九条　领有证书之律师,得声请指定一高等审判厅管辖区域行其职务,但京师、直隶两高等审判厅不在此限。前项声请,应具声请书呈该高等审判厅长验明后,登录于律师名簿,并依法缴纳登录费。

第十条　律师经登录于律师名簿后,得在大理院行其职务。

第十一条　高等审判长应将登录名簿之律师,随时呈报司法总长,并分别知照所属法院。

第五章　义　务

第十二条　律师执行职务时,不得兼任官吏或其他有俸给之官职;但充国会、地方议会议员,国立、公立、私立学校讲师,或执行官署特命之职务者,不在此限。

第十三条　律师非证明其有正当理由,不得辞去法院所命之职务。

第十四条　律师受诉讼事件之委托,而不欲承诺者,应通知委托人。律师不发前项通知或通知迟延者,应赔偿因此所生之损害。

第十五条　律师不得收买当事人之权利。

第十六条　律师应以诚笃及信实行其职务,对于法院或委托人,不得有欺罔之行为。

第十七条　律师对于委托人所约定公费报酬,应由律师与委托人依契约关系自由订立,但不得利用委任关系,别为利益自己,损害委托人之法律行为。

第十八条　律师以善良管理者之注意,处理委托事物。如因懈怠过失或不谙习法令程式致委托人受损失时,负赔偿之责。

第十九条　律师不得故意延滞诉讼之进行。

第二十条　律师对于左列事件不得行其职务:

(一)曾受委托人之相对人之商告而为之赞助,或受其委任者。

(二)任推事或检察官时,曾经处理之案件。

(三)依公断程序,以公断人之资格,曾经处理之事件。

第二十一条　律师应于执行职务之法院所在地置事务所。置前项事务所后,应即报告于所在地之法院。

第六章　公　会

第二十二条　律师应于地方审判厅所在地设立律师公会。律师非加入律师公会,不得执行职务。

第二十三条　律师公会受所在地方检察长或高等分厅监督检察官之监督。

第二十四条　律师公会置会长一人,并得置副会长一人。

第二十五条　律师公会每年开定期总会,并得开临时总会。

第二十六条　律师公会得置常任评议员。

第二十七条　律师公会应议定会则,由地方检察长经高等检察长呈请司法总长核准。

第二十八条　律师公会会则,应规定左列各款事项:

(一)会长、副会长、常任评议员之选举方法及其职务。

(二)总会、常任评议员会之会议方法。

(三)维持律师德义方法。

(四)公费之最高额。

(五)其他处理会务之必要方法。

第二十九条　律师公会随时将左列各款事项,布告于所在地地方检察长:

(一)会长、副会长、常任评议员选举之情形。

(二)总会、常任评议员会之日时、处所。

(三)提议、决议之事项。

地方检察长受前项之报告后,应即经由该管高等检察长报告于司法总长。

第三十条　律师公会于左列事项外,不得提议、决议:

(一)法律命令及律师公会会则所规定之事项。

(二)司法总长或法院所谘询之事项。

(三)关于司法事务或律师共同之利害关系,建议于司法总长或法院之事项。

第三十一条　地方检查长得随时出席于律师公会、总会及常任评议员会,并得命其报告会议详情。

第三十二条　律师公会或常任评议员会之会议,有违反法令及律师公会会则者,司法总长或高等检察长得宣示其决议无效或停止其会议。

第七章　惩　戒

第三十三条　律师有违反本章程及律师公会会则之行为者,

律师公会会长应依常任评议员或总会之决议,声请所在地方检察长将该律师付惩戒。地方检察长受前项声请后,应即呈请高等检察长,提起惩戒之诉于该管高等审判厅。

律师之惩戒,地方检察长得以职权呈请之。

第三十四条　被惩戒人或高等检察长,对于惩戒裁判有不服者,得向司法总长提出复审查之请求。

第三十五条　惩戒处分分为左列三种:

(一)训戒。

(二)停职一月以上二年以下。

(三)除名。受除名处分者,非经过四年不得再充律师。

第八章　附　则

第三十六条　本章程于律师法及其施行法公布后即行废止。

第三十七条　本章程关于司法总长之职权,由兼管司法行政事务之大理院长行使之。

第三十八条　本章程自呈准公布日施行。

据《大本营公报》第二十一号

给黄镇磐的指令

(一九二三年七月十九日)

大元帅指令第三三二号

令前广东高等检察厅检察长黄镇磐

呈报于新任未到任以前,已交由该厅首席检察官湛淮芬代行职务由。

呈悉。查该厅检察长职务于新任车显承未到任以前,已由大理院令派广州地方检察厅检察长区玉书暂行兼代。所请以湛湘芬代行职务之处，着毋庸议。此令。

中华民国十二年七月十九日

据《大本营公报》第二十一号

与杨文炤的谈话[*]

（一九二三年七月二十日）

杨代表：今日代表全国学生总会来见先生，祝先生幸福无量，中国前途无量。现在全国青年预备加入战线，希望先生领带我们一齐向光明的革命路去走。学生们现在要和〈被〉压迫的一切民众，共做澄清政治的运动，希望先生能实力援助。现在社会上受了腐[性]化太深，看见学生的举动都大惊小怪起来，以致生出许多误会，希望先生嘱党人于民众运动多用几分力量。

孙问：现在全国学生与总会一致同情实力做事的究有多少人数？

杨代表答：敝会系由各省学生联合会所组织，照章则全国学生皆为敝会之分子，而现在照总会的主张进行的，自北京以至汉口、长沙，西至四川，南至上海至福建，都已一致。现在北京学生会因请求使团撤销〈对〉北政府之承认，刻已被迫迁至上海了。

孙谓：中国十余年丧乱，都由革命未能做到彻底一层工夫，学生们枝枝节节的去闹外交，在我已早知其无谓，不过社会活动始有进化，我亦非常赞成。现在你们要从澄清政治做去，我是十二分赞

---

　　* 一九二三年七月二十日十时，全国学生总会代表杨文炤晋谒孙中山，面陈赴粤宗旨，此为孙中山与杨文炤的谈话记录。录用本谈话时，称谓略有改动。

成的。我做数十年的革命，未达所愿，今日同志多已丧亡，我觉得非常冷寂，你们是社会的中坚。

据上海《民国日报》一九二三年八月二日《大元帅与全国学生代表谈话》

任命岳森卢师譔职务令

（一九二三年七月二十日）

任岳森（不支薪）、卢师譔（每月贰百）为谘议。

孙　文

民国十二年七月廿日

据《国父全集》第四册（转录史委会藏原件影印）

委派邢森洲职务令

（一九二三年七月二十日）

大元帅令

派邢森洲为华侨宣慰员。此令。

中华民国十二年七月廿日

据《大本营公报》第二十号

免孙万乘职务令

（一九二三年七月二十日）

大元帅令

大本营谘议孙万乘着免本职。此令。

中华民国十二年七月廿日

据《大本营公报》第二十一号

任命杨希闵职务令

（一九二三年七月二十日）

大元帅令

　　杨希闵兼任粤赣湘边防督办。

据上海《民国日报》一九二三年七月二十一日"本社专电"

给叶恭绰等的训令

（一九二三年七月二十日）

大元帅训令第二三四号

　　令大本营财政部长叶恭绰、大本营军政部长程潜、大本营兵站总监罗翼群、广东省长廖仲恺、两广盐运使邓泽如、各军民长官

　　为令遵事：照得国家货币定制，向以银元为主币，小银币、镍币、铜币为辅币，主辅相济，意美规良。粤省自八年发行镍币以来，市面流通，商民称便。乃日前市面遽尔停止行使，致辅币缺少，人民生活程度复因之顿高，殊非维持币政调剂金融之道。查此项镍币，现散存民间，实居多数，亟应疏通壅滞，规定收支搭成办法，以利推行。应自八月一日起，所有政府征收税捐及支发款项，均搭镍币二成；至市面零星交易，概照额面半毫计算，不得低折歧视，以维币政。除分令外，合行令仰该部长、省长、总司令、运使、总监、军长即便遵照办理，并转所属暨布告商民人等一体遵照。此令。

中华民国十二年七月廿日

据《大本营公报》第二十一号

给赵士北的指令

（一九二三年七月二十日）

大元帅指令第三三六号

令大理院长兼管司法行政事务赵士北

呈请由院转行各级法院造具囚犯名册,逐一记明情罪轻重、执行久暂及应予减免之刑期,呈请明令宣告由。

据呈所拟,仍由该院转行各级法院造具囚犯名册,逐一记明情罪轻重、执行久暂,及应予减免之刑期,呈请明令宣布等情,自系正当办法。仰即转饬造册,报由该院转呈听候核示可也。此令。

中华民国十二年七月廿日

据《大本营公报》第二十一号

发给向炯旅费令

（一九二三年七月二十日）

着会计司发给向炯旅费贰百元。此令。

孙　文

中华民国十二年七月廿日

据《国父全集》第四册（转录史委会藏原件）

准任邓彦华职务令

（一九二三年七月二十一日）

大元帅令

　　大本营参军长朱培德呈请任命邓彦华为大本营参军处上校副官。应照准。此令。

中华民国十二年七月廿一日

据《大本营公报》第二十一号

免赵宝贤职务令

（一九二三年七月二十一日）

大元帅令

　　大本营谘议赵宝贤另有任用，应免本职。此令。

中华民国十二年七月廿一日

据《大本营公报》第二十一号

任命赵宝贤职务令

（一九二三年七月二十一日）

大元帅令

　　任命赵宝贤为大本营高级参谋。此令。

中华民国十二年七月廿一日

据《大本营公报》第二十一号

任命林森职务令

（一九二三年七月二十一日）

　　特任林森为建设部长，未到任以前着叶恭绰兼理。此令。

孙　文

民国十二年七月廿一日

据谭编《总理遗墨》第一辑

任命杨池生杨如轩职务令

（一九二三年七月二十一日）

任杨池生、杨如轩〈为〉大本营参谋。

据上海《民国日报》一九二三年七月二十二日"本社专电"

任命林丽生职务令

（一九二三年七月二十二日）

大元帅令

任命林丽生为大本营谘议。此令。

中华民国十二年七月廿二日

据《大本营公报》第二十二号

给刘友珊等委任状

（一九二三年七月二十四日）

委任刘友珊为砂胜越中国国民党分部正部长；黄呈光为砂胜越中国国民党分部副部长；伍朝海为砂胜越中国国民党分部评议部正议长。此状。

总　　　　理　　（印）

总务部部长彭素民副署

代理党务部部长孙镜副署

财务部部长林业民副署

宣传部部长叶楚伧副署

交际部部长张秋白副署

据《国父全集》第四册(转录《本部公报》一卷二十五号)

给李鸿标委任状

(一九二三年七月二十四日)

委任李鸿标为砂胜越中国国民党分部党务科主任。此状。

总　　理　　（印）

总务部部长彭素民副署

代理党务部部长孙镜副署

据《国父全集》第四册(转录《本部公报》一卷二十五号)

给黄呈光委任状

(一九二三年七月二十四日)

委任黄呈光为砂胜越中国国民党分部会计科主任。此状。

总　　理　　（印）

总务部部长彭素民副署

财务部部长林业明副署

据《国父全集》第四册(转录《本部公报》一卷二十五号)

给杨子琪委任状

（一九二三年七月二十四日）

委任杨子琪为砂朥越中国国民党分部宣传科主任。此状。

总　　理　　（印）

总务部部长彭素民副署

宣传部部长叶楚伧副署

据《国父全集》第四册（转录《本部公报》一卷二十五号）

给郭川衡等委任状

（一九二三年七月二十四日）

委任郭川衡为砂朥越中国国民党分部总务科主任；郭兆棠为砂朥越中国国民党分部执行部书记；吴子昭、杜东昇、林开臻、梁胜、郭书成为砂朥越中国国民党分部干事；李闰为砂朥越中国国民党分部评议部书记；萧春生、杨捧章、余溢初、李家春、刘吉庭为砂朥越中国国民党分部评议部评议员。此状。

总　　理　　（印）

总务部部长彭素民副署

据《国父全集》第四册（转录《本部公报》一卷二十五号）

任命黄芸苏黄子聪职务令

（一九二三年七月二十四日）

大元帅令

　　任命黄芸苏为大本营秘书，黄子聪为秘书。此令。

中华民国十二年七月廿四日

据谭编《总理遗墨》第一辑

准任陈敬汉职务令

（一九二三年七月二十四日）

大元帅令

　　大本营财政部部长叶恭绰呈请任命陈敬汉署理财政部秘书。应照准。此令。

中华民国十二年七月廿四日

据《大本营公报》第二十二号

准免汪宗准职务令

（一九二三年七月二十四日）

大元帅令

　　大本营财政部部长叶恭绰呈称财政部秘书汪宗准另有任用，请免本职。汪宗准准免本职。此令。

中华民国十二年七月廿四日

据《大本营公报》第二十二号

免谭延闿职务令

（一九二三年七月二十四日）

大元帅令

　　大本营建设部长谭延闿另有任用，应免本职。此令。

中华民国十二年七月廿四日

据《大本营公报》第二十二号

命叶恭绰暂兼建设部长令

（一九二三年七月二十四日）

大元帅令

　　大本营建设部长林森未到任以前，着财政部长叶恭绰暂行兼理。此令。

中华民国十二年七月廿四日

据《大本营公报》第二十二号

命拟文奖励西江海陆军令

（一九二三年七月二十四日）

　　着拟文奖励西江海陆军，并犒二万元（海军四千，余万六千）（指定一二机关限期筹拨）。海军此次最出力者升海军中将，次者升少将，余分别升级。

孙　文

据谭编《总理遗墨》第一辑

给程潜的训令

（一九二三年七月二十四日）

大元帅训令第二三六号

　　令大本营军政部长程潜

　　据大本营参军长朱培德呈称:"请令行军政部按期发给前粤军伤废士兵月饷,以资接济而示体恤事。案奉帅府谕交广州市市长孙科呈称:'为呈请鉴核事:窃据普济三院长巍畅茂呈称:"奉案钧厅市字第四二六号训令开:现奉粤军总司令部第五四四号训令开:照得伤废官兵,业经资遣回籍,该所亦已饬令裁撤,以节糜费在案。惟该所内一等伤废士兵徐中华等十八名,或则肢体全废,已失动作之机能,或则亲友俱无,难觅一枝之寄托。此伤废士兵,皆从征有年,殊可悯念,亟应妥筹安置,以励有功。查男老人院,地方宽厂〔敞〕,足资容纳,合行令仰该市长即便转饬普济三院院长巍畅茂,拨出房舍妥为收留。至该士兵等服装,每年发给冬夏衣各二袭,士兵伙食每名每月十元,按期具册来部请领可也。仰即转饬遵照。此令。计附伤废士兵姓名一纸等因。奉此,合行令仰该院长即便查照办理具报。此令"等因。计抄发伤废士兵姓名一纸。奉此。又本年一月十五日,由粤军总司令部先后函送伤废士兵李玉林等共七名,送院收留,业将该伤废士兵徐中华等十八名及李玉林七名,拨出房舍妥为收养;而服装伙食等,因粤军总司令部久已解散,无从请领转给,仍由属院供给伙食。现该士兵等以无饷发给,日夕聚众滋闹,谓陆军医院各伤兵等均有饷发,独令彼等向隔等语。查该士兵等既饱食暖衣,自应安分以守规,不当纠众而聚闹,院长不堪其扰,并恐有意外之事发生。第该伤废士兵徐中华等,前奉钧厅发下收养,理合呈请察核,迅将伤废士兵徐中华、李玉林等共二十五名另行安置,或资遣回籍,以免骚扰而杜意外,实为公便等情。据此,理合备文呈请鉴核,伏乞训示祗遵,实为公便'等由下处。窃查伤废官兵徐中华等二十五名,向隶属粤军,由前粤军总司令部令行市政厅,转饬普济三院长魏畅茂收容,并按月发给该士兵等每名每月伙食费十元,每年发给冬夏衣各二袭在案。现粤军总司令部名义既已取消,该伤废士兵等亦无从领取此项费用,饥寒堪虞,情殊可悯。窃念该伤废士兵等,虽隶属前粤军总司令部,与此次受伤官兵微有区别,然皆从征有年,因战负伤,以致残废,无计谋生,倘不设法维持,任其坐以待毙,殊失我大元帅体恤伤兵之至意。且皆〔该〕士兵等既属残废,而废兵院尚未筹设安置,无从资遣回籍,需款又属不赀,且仍不能久远生活。职再四思维,不如留养该院,较为便妥。伏恳令行军政部,仍援前粤军总司令部前例,发给该伤废士兵等月费十元,并衣服等项,以示格外体恤,一视同仁。在该士兵等雨露普沾,敢忘覆载之恩?而我大元帅仁声远播,大张怀柔之义。是否有当,理合呈请鉴核,训示祗遵,实为德便"等情前来。据此,除指令照准外,合行令仰该部长即便遵照,按月发给该伤废士兵月饷,以示体恤为要。此令。

中华民国十二年七月廿四日

据《大本营公报》第二十二号

任命邹鲁职务令

(一九二三年七月二十四日)

任邹鲁为广东财政厅长。此令。

孙　文

民国十二年七月廿四日

据中国革命博物馆藏原件

命蒙仁潜等部编入中央
直辖广西讨贼军令
（一九二三年七月二十四日）

大元帅令

　　编蒙仁潜、冯葆初等部为中央广西讨贼军。

据上海《民国日报》一九二三年七月二十五日"本社专电"

准任王任化职务令
（一九二三年七月二十五日）

大元帅令

　　大本营建设部长谭延闿呈请任命王任化为大本营建设部科长。应照准。此令。

中华民国十二年七月廿五日

据《大本营公报》第二十二号

致罗翼群函
（一九二三年七月二十六日）

罗总监鉴：

此间大油、油渣均缺乏,希即星夜解来前方应用,勿延为要。

孙　文

中华民国十二年七月廿六日

据中国革命博物馆藏原件

委派范石生蒋光亮职务令

(一九二三年七月二十六日)

大元帅令

　　特派范石生、蒋光亮为统一广东财政委员。此令。

中华民国十二年七月廿六日

据《大本营公报》第二十二号

发给大元帅室杂支令

(一九二三年七月二十六日)

　　着会计司发给大元帅室杂用贰百元。此令。

孙　文

民国十二年七月廿六日

据《国父全集》第四册(转录史委会藏原件影印)

致胡汉民函

(一九二三年七月二十七日)

汉民兄鉴:

　　廿七函悉。何处有款收入,何项紧要支出,未出发前已经批发清楚，由各人向各机关催取，便能了事。至未来之急支，即行时尚未发生问题；其断续发生者，即惟李济深之款耳。此款向梅培筹之，可着他将备我用之款，移去李军发饷可也，其数约五六万元。近日各机关之收入，最有望者为梅培处，大约可敷一个月之例外支出。并着梅预备中央银行印纸币费，尚欠美金拾三万六千元。其他之紧急款，此后继续发生者，由兄审断应付可也。

出兵东江之事，已电函交催绍基矣，更由兄催之。并将显丞各电抄示各人，由其各人问心安否而已，并先为彼等告之。倘东江不能早日肃清，则北敌必再来，而彼万无在粤安享之理；如能见机，当为一劳永逸之计也。昨日因风雨所阻，至今尚停留石龙，大约明早乃可开行往惠。到时情势如何再告。沧白统此不另。

孙　文

中华民国十二年七月廿七日

据谭编《总理遗墨》第一辑

任命路孝忱职务令
（一九二三年七月二十七日）

大元帅令

任路孝忱为中央直辖山陕讨贼军司令。此令。

中华民国十二年七月廿七日

据《大本营公报》第二十二号

与叶恭绰等的谈话 *

（一九二三年七月二十八日）

曹、吴始终不觉悟，迷信武力，两次祸粤，致我粤生民涂炭，罹于兵燹，自应大张挞伐，以儆刁奸。惟鄙意拟俟各江军事结束后，再召集各界人士暨各职员会议，如果众意确已金同，余即为民国尽力，亲出扫此群丑，而贯彻前者对外宣言之主张。但此时尚有数项最要问题，乃须慎密考虑，再行对外。

据上海《民国日报》一九二三年七月三十日《大元帅讨伐曹吴表示》

给王棠的训令

（一九二三年七月二十八日）

大元帅训令第二三八号

令大本营会计司司长王棠

据大本营参军长朱培德呈称："窃职处办理伤兵事宜，派驻医院各员，前所规定驻院办公费月计约近千元。关于传达命令及其他特别任务出差者，旅费亦属不赀。若每遇一事须向会计司领取一事之费，手续既属繁难，时间必至迟滞。职处求事实利便起见，特派副官一员，专司庶务一切事项。凡关于领取上项各费者，径向

＊　七月廿八日，财政部长叶恭绰、军政部长程潜等联谒孙中山，请下令讨伐曹、吴，并先就大总统职，以正名位。孙中山就此与叶、程等发表谈话。

庶务副官领取,但此费用非用存储难应仓卒,拟请钧座令饬会计司每月提前拨交职处二千元,以作驻院办公费及旅费等项之用。每届月终若有盈余或短绌,当造具清册,据实呈请钧核,庶几便于应付。是否有当,理合备文呈请钧座察核施行"等情前来。除指令照准外,仰该司长即便遵照办理。此令。

中华民国十二年七月廿八日

据《大本营公报》第二十二号

给古应芬李济深的训令

(一九二三年七月二十八日)

大元帅训令第二三九号

令大本营驻江办事处全权主任兼西江筹饷督办古应芬、兼西江善后督办李济深

大本营驻江办事处暨西江筹饷督办,着一并克日裁撤。所有西江流域由梧州至江门以及四邑各处地方,一切善后事宜,应责成西江善后督办切实办理,除分令外,仰即遵照。此令。

中华民国十二年七月廿八日

据《大本营公报》第二十二号

给罗翼群的指令

(一九二三年七月二十八日)

大元帅指令第三四〇号

令大本营兵站总监罗翼群

呈请令饬广州市政厅征收码头租捐专解兵站,以济军需由。

呈悉。照准。此令

中华民国十二年七月廿八日

附：罗翼群呈

呈为呈请事：据职部交通局长周演明呈称："窃惟兵站之设，关系接济前方军食、输送军品，至为重要。而筹办一切，在在需款。本部自开办以来，数月于兹，接济东、西、北三江作战，各军粮食、用品，需款极巨。迩来财政奇绌，的款无着，罗掘俱穷，莫能应付，而前方接济，不容稍缓，加以逆氛未靖，战事迁延，自不得不亟思筹措方法，尤于无扰于民，有益于事者方易举办。查本市沿岸码头数百座，其可湾泊船渡者，每一码头辄泊数艘，月租数千元；即不能湾泊大船或仅上落货物、租赁横水渡^①等，其月租亦逾百金。兹拟照铺主捐租办法，通通各码头业主捐租两月，由租客代缴，计此项收入，可得数万金，虽杯水车薪，然亦可稍资挹注。且历次军兴，捐助铺租，各码头均未与列，即使捐助两月租金，取之无伤，亦属所应。谨将管见所及具陈察核，可否转呈大元帅令行公安局限期缴收，指定作兵站用度之处，伏候钧裁"等情。据此，查兵站来款，已成弩末，经职部迭开财政会议，尚无简捷办法，该局长所陈征收码头租捐，虽增益无多，而义协均输，事无骚扰，尚属切近可行，应请令行广州市政厅转饬公安局，克日举办，拟定办法，限期征集，专解兵站，不得挪作别用，庶来源较活，挹注有资，于军食前途不无裨益。是否有当，理合备文呈请衡核，祇候令遵。谨呈

大元帅

---

① 横水渡：过江轮船。

大本营兵站总监罗翼群（印）

与旅粤桂省人士的谈话*

（一九二三年七月三十日）

　　为两粤安全计，为西南大局计，均不容鼠辈窃据桂省，屠〔荼〕毒桂人，但桂事目前宜征刘显臣〔丞〕总司令解决意见，予必极力援助。

据上海《民国日报》一九二三年七月三十一日《大元帅解决桂局意见》

致胡汉民杨庶堪函

（一九二三年七月三十日）

汉民、沧白两兄鉴：

　　东江水涨为向来所未有，稻田悉成泽国，早稻多已失收，军队故无从购粮，而人民恐不免饥荒。刻下最急之事，为着兵站速行运大批米石来博①，以应各军之给养；并着各筹款机关火速先筹兵站之米价，俾得源源接济为要。其他各种供应，能裁减者裁减之；不能裁减者，暂缓之可也。刻下则务当集全力以顾东江之军米，望同事各人皆当注意于此点，是为至要。此致。各同事统此不另。（并附汝为信一观。）

孙　文

———————

　　*　当时沈鸿英、林俊廷叛军已遭到挫败，梧州已被滇、桂联军收复，旅粤桂省人士亟图解决广西问题，向孙中山请示。

　　①　博：广东省博罗县。

中华民国十二年七月卅日

据谭编《总理遗墨》第一辑

准容景芳辞职令

（一九二三年七月三十日）

大元帅令

　　大本营参军长朱培德呈称参军处上校副官容景芳恳请辞职。应照准。此令。

中华民国十二年七月卅日

据《大本营公报》第二十二号

给程潜的训令

（一九二三年七月三十日）

大元帅训令第二四一号

　　令大本营军政部长程潜

　　据大本营秘书处案呈转大本营兵站总监罗翼群函称："兹寄上审判厅看守所在押人林瀛洲函乙件，恳代为转报帅座，请予提交军法处集讯彻办，以维军纪。至祷。"并附转林瀛洲函称："窃瀛于去年十二月，受中央直辖警备军第一路司令罗伟彊委充该部参议官兼军事委员长，瀛于本年三月，因拟组织新开事业，故将职务辞去。后罗司令奉大元帅改为东路警备军第一司令官，瀛因事业不成，本拟不往，奈罗司令频招到部，瀛不忍太拂人情，故于六月十四日到黎村大凹乡该司令部，相机进退。嗣见其全军兵额不满十名，查其在黎村、樟木头、石龙等兵站所领之军米，由该司令授意该部副官长李及英、书记余子光、委员罗进兴等贱价而沽。瀛聆悉种种弊端，恐被其拖累，故不肯受其委任，遂于六月二十日遄返广州。临别时该司令罗伟彊亲自送瀛至山凹，然后折回，并给瀛以军人乘车券一张。二十三日罗司令来省，寓南汉旅店二十二号房，瀛闻悉之下，登即到访，并劝其不可私卖军米，致干罪戾。讵料罗司令因瀛苦谏再三，至老羞成怒，乃于二十四日俟瀛到南汉旅店，即唤警将瀛带回警察五区一分署讯办，诬瀛窃去劈仔手枪一枝，并冒称委员长四出招摇等语。查军营重地，窃枪事宜岂作平常，如果确系知瀛所为，奚以送瀛回省时不为处置？假使因细查以致延缓，何以瀛初次到访不为拘拿？且罗司令自云失枪，又不知失枪时日，此其情虚者一也；况毫无证据，任意诬陷，揆其用心，不过惧瀛发泄其所为，即架以大题，欲杀瀛以灭口。今瀛于本月五日由公安局送瀛至地方审判厅审讯，瀛不幸蒙冤被押，情实不甘，伏恳先生垂念公谊私情，早日代瀛昭雪。倘瀛有巧言以图漏网者，愿受军法无辞。事关无辜被害，故敢沥情呼吁，恳即俯为昭雪，则感德靡涯矣”等情前来。据此，查林瀛洲一案，既涉及军事，应由军法处审办，合行令仰该部，即将林瀛洲提交军法处严密讯办，以维军纪为要。此令。

中华民国十二年七月卅日

据《大本营公报》第二十三号（一九二三年八月十日版）

给伍学熀的指令

（一九二三年七月三十日）

大元帅指令第三四六号

令大本营建设部次长伍学熀

呈为因病请辞本职由。

呈悉。建设之事，百端待理，该次长仍应力疾从公，以济时艰而副厚望。所请辞职之处，着毋庸议。此令。

中华民国十二年七月卅日

据《大本营公报》第二十三号

给程潜的指令 *

（一九二三年七月三十日）

大元帅指令第三四八号

令大本营军政部长程潜

呈请饬发广九铁路军车管理处经费由。

呈悉。已令行广州市公安局按日发给该处经费矣。仰即知照。此令。

中华民国十二年七月卅日

据《大本营公报》第二十三号

给罗翼群的指令

（一九二三年七月三十日）

大元帅指令第三四九号

令大本营兵站总监罗翼群

呈请示发给谭启秀部军米额数由。

呈悉。着该总监查明该部兵额再行酌量发给。此令。

---

* 七月十七日，程潜转呈广九铁路军车管理处公费、伙食费待支孔亟，呈请按造具编制预算表册，按期发给该处每月经常费，俾资维持。

中华民国十二年七月卅日

据《大本营公报》第二十三号

复邓演达函

（一九二三年七月三十一日）

择生兄鉴：

　　函悉。切望兄与全团来东江，以资随卫，俾能往来自如，以速决东江战局为要。至李师长西江督办名义，非此无以统一该路之财政。非统一该路之财政，则该路之饷项暂时恐无所出也。若恐一时无从办理，则仍宜责成前日熟手之人，如刘纪文当或胜任，以助之也。敌人来援惠州之军已被张民达完全击灭，我宜乘胜速下惠、潮，则广东从此可告太平，而北敌亦不敢再犯广东矣。惠州之破，仍当以地雷为最有把握。而前者所作工事不妥，近日所作又为水坏。水退之后当要继续行之，拼十日之工当无不成。此又要兄速来，以资熟手，万勿延迟。来时并望向程部长颂云多领取工作器具带来为荷。此致。

孙　文

中华民国十二年七月卅一日

据中国革命博物馆藏原件

委派王恒职务令

（一九二三年七月三十一日）

大元帅令

　　派王恒为大本营宣传委员。此令。

中华民国十二年七月卅一日

据《大本营公报》第二十三号

给廖仲恺等的训令

（一九二三年七月三十一日）

大元帅训令第二四二号

　　令广东省长廖仲恺、大本营驻江办事处全权主任古应芬、西江善后督办李济深

　　大本营驻江办事处业经明令裁撤，所有向由该处直接筹发各部队饷项事宜，着广东省长转饬财政厅遴派专员，迅赴江门暂行接办，除分令外，仰即遵照。此令。

中华民国十二年七月卅一日

据《大本营公报》第二十二号

给廖仲恺的训令

（一九二三年七月三十一日）

大元帅训令第二四三号

　　令广东省长廖仲恺

　　据广东兵工厂长朱和中呈称："职厂三等军需正周鹤年，现因就广东全省官产清理处总务科长，未遑兼顾兵工厂军需正职务，呈请辞职前来，业经呈报钧座察核，并请另委周梓骥接充该职在案。乃查卸职三等军需正周鹤年，在厂所办军需各项经手账目，迁延多日，尚未结算清楚，竟行离职他去，致使职厂无从报销，迫得备文呈请钧座察核，伏乞令行广东全省清理处长，转饬前广东兵工厂三等

军需正、现任广东全省官产清理处总务科长周鹤年遵照,刻日回厂,务将任内经手各项账目结算清楚,方能卸职,俾重公款而清手续"等情。据此,除指令照准外,合行令仰该省长即便令行财政厅,转饬官产清理处查照办理。此令。

中华民国十二年七月卅一日

据《大本营公报》第二十三号

给赵士北的指令

（一九二三年七月三十一日）

大元帅指令第三五〇号

令大理院长兼管司法行政事务赵士北

呈拟司法官任用暨甄别法官办法请鉴核公布由。

呈及章程均悉。所拟任用及甄别法官办法,应俟详加核议,再行饬遵。现时本省高等所辖各地方审检厅长,除业经任命外,应由院派署。其高等各厅及各厅庭长、推检、高厅书记官长等,应由各该厅直辖高等厅审检长先行分别派代,俟考核确能胜任,再呈院核明转呈任命。至各厅庭书记官长、书记官,概由该直辖高等厅直接任免,以专责成而利进行。仰即遵照,并分令高等厅一体遵照办理。此令。

中华民国十二年七月卅一日

据《大本营公报》第二十二号

给叶恭绰的指令

（一九二三年七月三十一日）

大元帅指令第三五四号

令大本营财政部长叶恭绰

呈为故员谢廷俊请恤由。

呈悉。应照准。即由该部给予恤金二百四十元可也。此令。

中华民国十二年七月卅一日

据《大本营公报》第二十三号

致徐谦函*

（一九二三年七月）

季龙兄鉴：

兄以俄国以委员制而兴，瑞士以委员制而治，为今日中国必当行委员制之左〔佐〕证，是犹近人所谓闻笋可食，归而煮其箦也。不知俄之委员，纯然革命党之委员，决不容有他党分子之混迹其中；瑞士之委员，纯然民治之委员，决不容有帝制军阀之列席其内，较之兄今所主张之委员制，则如何？时至今日，尚欲以委员制而解决中国之时局，是益其纠纷而已。文前之不绝对反对兄之提议者，是犹有和平统一之希望，何所不可。曹、吴未侵川、粤之前，文曾许不

---

*　此函未署时间。按本年七月四日孙中山曾复函徐谦，表示对采委员制组织政府之态度。查本件内容，应是徐谦收到七月四日孙函后，复信重提委员制问题，此件即为对徐信的进一步答复，故酌定为七月。

反对其为总统，亦犹是希望也，今则已矣。语云："治乱国，用重典。"今欲解决中国之纠纷，非革命不可。从此吾行吾素，不问其他。

据冯超编辑《中山外集》(中央图书局一九二七年六月初版)

命民产保证局担任子弹费令

（一九二三年七月）

官产处撤销，所担任每日子弹费贰千元，拨归民产保证局担任缴款。此令。

孙　文

民国十二年七月

据《国父全集》第四册(转录史委会藏原件影印)

准张国元辞职令

（一九二三年八月一日）

大元帅令

大本营建设部长谭延闿呈称秘书张国元恳请辞职。应照准。此令。

中华民国十二年八月一日

据《大本营公报》第二十三号

给陈天太的指令

（一九二三年八月一日）

大元帅指令第三五八号

令中央直辖第七军第三师师长陈天太

呈报设立护商队情形乞鉴核由。

呈悉。查该军方在前敌,对于护商事务,自属无暇兼顾,据报拨兵设立护商队一事,着即取消。此令。

中华民国十二年八月一日

据《大本营公报》第二十三号

委派张国元职务令
（一九二三年八月二日）

大元帅令

派张国元为大本营宣传委员。此令。

中华民国十二年八月二日

据《大本营公报》第二十三号

给刘纪文的训令
（一九二三年八月二日）

大元帅训令第二四七号

令大本营审计局局长刘纪文

据大本营兵站总监罗翼群呈称:"案据第三支部罗桂芳呈称:'窃以现值军务倥偬,运输接济日不暇给,职部责任綦重,对于前方接济事宜,务须统筹兼顾,不容稍涉缓怠,致滋贻误。惟查职部委员十名,日夜从公,异常劳苦,因劳致病者,日繁有徒;且战线延长,分站及派出所、运输站,日益增加,派员押运及调查情况,在在需人。值此军务紧急之时,实有不敷差遣。前经将困难情形,面禀察核，蒙谕酌予增加。业经由职部暂时增派李泽民、温泽华、冯式如、卫景遒、杨梓任五员，为职部额外委员，俾资佐理而免贻误，理合备文呈请钧核，伏乞准予加给委任，并准照准尉职一律支薪，伫俟指令祗遵，实为公便’等情。据此，当经六月七日指令照准并加委转饬到差供职在案，除印发外，理合备文呈报钧帅察核，俯准转饬审计局备案”等情。据此，除指令照准外，合行令仰该局长即便查照办理。此令。

中华民国十二年八月二日

据《大本营公报》第二十三号

批财政部呈*

（一九二三年八月三日）

要求杭州[①]助湘军子弹二百万发；助臧和斋[②]款十万元。

据中国革命博物馆藏原件

给伍朝枢的训令

（一九二三年八月三日）

大元帅训令第二四八号

令大本营外交部长伍朝枢

---

* 此件未署年份，仅于封套上题“兵站送呈大元帅亲启，财政部呈 八月三日”字样。按据该批“助臧和斋款十万元”时臧部与许崇智在闽联合抗击叛将黄大伟及陈炯明部林虎、洪兆麟进攻，故定为一九二三年。

① 杭州：指浙江督军卢永祥。

② 臧和斋：即臧致平。

据外交部广东特派交涉员傅秉常呈称："窃前奉大本营外交部令转奉大元帅训令：'因西江战事宣布西江为戒严区域，并制定西江沿岸警备区域临时戒严条例，饬部行知交涉员照会各领事查照'等因。附发戒严条例到署，遵经照会驻广州各国领事暨函粤海、三水等关税务司查照各在案。现查梧州经已克复，西江一带似应解严，恢复原状，以维持华洋商务。兹又接日本总领事来函询问，惟未奉明令行知，且属军事范围，应如何办理之处，理合备文呈请帅座察核，指令祗遵。俾得照会各领事知照，实为公便"等情。据此，查西江军事现已结束，所有前颁发西江沿岸警备区域临时戒严条例着即撤销，西江沿岸区域应即宣布解严。合行令仰该部长即便令行该交涉员遵照办理。此令。

中华民国十二年八月三日

据《大本营公报》第二十三号

给程潜的训令

（一九二三年八月三日）

大元帅训令第二四九号

令大本营军政部长程潜

据大本营兵站总监罗翼群呈称："准中路讨贼军总司令谢良牧咨开：'前奉大元帅令，收编东江附义军队，当经令饬总指挥杨直夫遵办去后，兹据该总指挥呈报奉令前往东江收编军队，着手以来，附义归编者，极形踊跃。现已陆续编就十余营，分扎石龙、永湖、博罗附近各处，听令开拔前敌讨贼。惟粮食为行军命脉，亟应呈请转咨兵站部，源源接济米菜，以应需求。'附呈部队现扎地点人数，逐日应发米菜斤两清单一纸前来，用特咨请迅赐令行供给等由，并人数、地点清单一纸到部。准此,查职部供支甚巨,领款极难,竭蹶情形,久在洞鉴。兹据谢总司令咨请给养前来,为数甚巨,未便率予照拨,应请钧座饬照来单人数,按照驻扎地点,派员点验,并将应否准照前方军队一体给养,俯赐核明指令饬遵"等情。据此,除指令外,合行令仰该部长即便派员按照单列地点人数,分别前往点验,据实呈候核办。单发。此令。

中华民国十二年八月三日

据《大本营公报》第二十三号

给黄建勋的指令 *

（一九二三年八月三日）

大元帅指令第三六六号

　　令西江船舶检查所长黄建勋

　　呈请指令该所应否办理结束由。

　　呈悉。西江军事,现已告竣,所有往来华洋船舶,应即停止检查。西江船舶检查所着即裁撤,并将结束情形呈报。关防并缴。此令。

中华民国十二年八月三日

据《大本营公报》第二十四号（一九二三年八月十七日版）

---

　　* 七月三十一日,因梧州克复,西江一带秩序恢复正常,黄建勋呈请孙中山停止检查往来华洋船舶。

致胡汉民等函 *

（一九二三年八月四日）

展堂、颂云、仲恺、沧白兄鉴：

　　函悉。文在外专注意于军事，无暇分神于其他。一切政事，统由展兄代行，至其例外发生之事，请四兄会议定之。众意佥同，便可立即施行，不必先来请示，以免延误，办后呈报可也。若对于一事意见各有不同，则当由我定便是。此候
筹祺

孙　文

中华民国十二年八月四日

据中国革命博物馆藏原件

复 谢 持 电

（一九二三年八月四日）

　　慧兄：感电悉。吴明浩往联姜①旅，可以文名义致函激励之。孙文。支。

据《国父全集》第三册（转录史委会藏原稿）

---

　　*　当时陈炯明叛军盘踞东江一带，石龙、博罗等处常有战事，孙中山常赴前敌指挥，因此，他责成胡汉民、程潜、廖仲恺、杨庶堪四人于其不在广州期间，处理大本营日常事务。

　　①　姜：即姜明经。

给周高伦等委任状

（一九二三年八月四日）

　　委任周高伦为胜缅中国国民党分部正部长；蔡英洋为胜缅中国国民党分部副部长；萧德钦为胜缅中国国民党分部评议部正议长；周道参为胜缅中国国民党分部评议部副议长。此状。

总　　　理　　　（印）

总务部部长彭素民副署

代理党务部部长孙镜副署

财务部部长林业明副署

宣传部部长叶楚伧副署

交际部部长张秋白副署

据《国父全集》第四册（转录《本部公报》一卷二十六号）

给谭裔炽委任状

（一九二三年八月四日）

　　委任谭裔炽为胜缅中国国民党分部党务科主任。此状。

总　　　理　　　（印）

总务部部长彭素民副署

代理党务部部长孙镜副署

据《国父全集》第四册（转录《本部公报》一卷二十六号）

给叶君培委任状

（一九二三年八月四日）

委任叶君培为胜缅中国国民党分部会计科主任。此状。

  总 理 （印）

  总务部部长彭素民副署

  财务部部长林业明副署

据《国父全集》第四册（转录《本部公报》一卷二十六号）

给任春华委任状

（一九二三年八月四日）

委任任春华为胜缅中国国民党分部宣传科主任。此状。

  总 理 （印）

  总务部部长彭素民副署

  宣传部部长叶楚伧副署

据《国父全集》第四册（转录《本部公报》一卷二十六号）

给叶达煦等委任状

（一九二三年八月四日）

委任叶达煦为胜缅中国国民党分部总务科主任；梅宗镶为胜缅中国国民党分部执行部书记；黄民三为胜缅中国国民党分部评议部书记；梅彬乃、蒋友文、郑观祺、谭槐文、谭裔谅、梅宗安、黄邦迪、胡为让、黄子焕、周志忠为胜缅中国国民党分部评议部评议员。
此状。

总　　　理　　　（印）

总务部部长彭素民副署

据《国父全集》第四册（转录《本部公报》一卷二十六号）

委派宋渊源职务令

（一九二三年八月四日）

大元帅令

特派宋渊源为闽南宣慰使。此令。

中华民国十二年八月四日

据《大本营公报》第二十四号

准任王应潮职务令

（一九二三年八月四日）

大元帅令

大本营参军长朱培德呈请任命王应潮为大本营参军处少校副
官。应照准。此令。

中华民国十二年八月四日

据《大本营公报》第二十四号

给叶恭绰的训令

（一九二三年八月四日）

大元帅训令第二五〇号

令大本营财政部长叶恭绰

据大理院长兼管司法行政事务赵士北呈称："查院务关系重要,迭次停顿,人民实深受累。且闻滇军不日又将返省来院驻扎,而该天平街水师行台,迭经有人测量地址,据称系拨给总商会投抵米价等情。无论如何,本院均应即早迁移。士北筹划再三,择定市内司后街小东营第四号房屋一所,业于本年八月一日迁移该处照常办理公务,以便司法进行。至所租民房每月月租七十八元,经与订立合同,理合备文呈报鉴核,并乞俯赐令行财政部备案,准将迁移费及按月租银作正支销,实为公便"等情。据此,除指令已令行财政部备案,准予作正支销外,合行令仰该部长即便遵照办理。此令。

中华民国十二年八月四日

给徐绍桢的指令

（一九二三年八月四日）

大元帅指令第三六八号

令大本营内政部部长徐绍桢

呈为拟请襃扬节妇王严氏乞察由。

呈悉。应准题颁"节孝可风"四字,发由该部转给。余照所拟办理。仰即知照。此令。

中华民国十二年八月四日

致胡汉民杨庶堪函

（一九二三年八月五日）

展堂、沧白兄鉴：

　　刘玉山处伙食千元，常苦不足，欲再增加，请两兄酌量，尚有何机关可每日再发千元者，即批饬照发可也。

孙　文

中华民国十二年八月五日

据中国革命博物馆藏原件

给马素汇款令

（一九二三年八月五日）

着汇马素美金弍千元。此令。

据《研究中山先生的史料与史学》中许师慎
《〈国父全集〉未刊载的重要史料》

致政务会议函

（一九二三年八月七日）

政务会议诸君鉴：

　　刻当筹备的款，为预办冬衣之用。其数总在十万套以上，非两三个月不能造起，今日即要起首筹款，起首定做。定做由陆军部长担任，筹款由各机关担任，如期拨交，不得延误。其确数几何，用何材料，款数各担几何，几日交清？请由政务会议决夺施行为望。

孙　文

中华民国十二年八月七日

据谭编《总理遗墨》第一辑

致杨庶堪等电

（一九二三年八月七日）

大本营各部长、杨秘书长、张参谋长、朱参军长、广东廖省长、孙市长、杨卫成总司令、各军长均鉴：据外交部长伍朝枢支电呈称：准驻广州美总领事电话称：美国哈定大总统于本年八月二日逝世等语。恳通令文武各机关自五日起，至举行葬礼之日止，一律下半旗志哀，除另文呈报外，谨先电呈等情。据此，合行电仰转饬所属各机关，一体遵照办理是要。大元帅。虞。印。

据《大本营公报》第二十四号

给各军长官的训令

（一九二三年八月七日）

大元帅训令第二五一号

令各军长官

查广九路火车业经定有开车时刻及来往次数，嗣后除各军运兵准予随时开用专车外，其他办事各员因公往来，当乘定期来往各车，不得勒用专车，以示限制而利交通。除分令大本营兵站总监暨广九铁路军车管理处遵照外，合行令仰该总司令、军长即便饬属一体遵照。此令。

中华民国十二年八月七日

据《大本营公报》第二十四号

给赵士北的训令

（一九二三年八月七日）

大元帅训令第二五二号

　　令大理院长兼管司法行政事务赵士北

　　据代理广东高等审判厅厅长林云陔鱼日快邮代电呈称："广州大元帅钧鉴：伏读大本营第二十二号公报第三百五十号指令，大理院呈拟司法官任用暨甄别法官办法请鉴核公布由：'令开：呈及章程均悉，所拟任用及甄别法官办法，应俟详加核议，再行饬遵。现时本省高等所辖各地方审检厅长，除业经任命外，应由院派署。其高等各厅及各厅庭长、推检、高厅书记官长等，应由各该厅直辖高等厅审检长先行分别派代，俟考核确能胜任，再呈院核明转呈任命。至各厅庭书记官长、书记官，概由该直辖高等厅直接任免，以专责成而利进行，仰即遵照，并分令高等厅一体遵照办理'等因。现尚未奉大理院转行到厅，应否遵照办理，除呈大理院外，谨电请示遵。代理高等审判厅厅长林云陔叩。鱼。（印）"等情前来。据此，查前项命令，送达该厅业经多日，何延阁至今，尚未遵照办理，殊属非是，除指令该厅长仰候严饬大理院迅予转行外，合行令仰该院长立即遵照前令，分行高等审检各厅一体遵照办理，毋得再事延搁，致干未便。切切。此令。

中华民国十二年八月七日

据《大本营公报》第二十四号

给罗翼群冯启民的训令

（一九二三年八月七日）

大元帅训令第二五四号

　　令大本营兵站总监罗翼群、广九铁路军车管理处长冯启民

　　查广九路火车业经定有开车时刻及来往次数，嗣后除各军运兵准予随时开用专车外，其他办事各员因公往来，当乘定期来往各车，不得勒用专车，以示限制而利交通。除分令各军长官饬属一律遵照外，合行令仰该总监、处长遵照办理。此令。

中华民国十二年八月七日

据《大本营公报》第二十四号

给廖仲恺的训令

（一九二三年八月七日）

大元帅训令第二五五号

　　令广东省长廖仲恺

　　据大本营内政部次长杨西岩呈称："案据承商冯耀南呈称：'窃商前奉次长任财政厅任内批准，年认大洋饷银拾贰万元，承办江门东口会河厘金厂，以两年为期，奉给示谕，经于四月二日接办，呈报有案。嗣又接四月五日训令内开：大本营驻江办事处批准恒源公司商人郭民发承办江门东口会河厘厂，令厅给谕一事，业经转呈大元帅察核，饬令取销在案。现奉大元帅令：呈悉，所请应即照准，仰候令行大本营驻江办事处遵照办理可也等因。奉此，合就转行该

商知照,此令等因在案。乃接办未及一旬,忽接大本营驻江办事处四月十一日令,着即移交郭民发接办。溯商接办之初,大本营驻江办事处曾通饬驻江各军,予以实力保护,嗣又半途纵令郭民发凭藉武力威迫交代,朝令夕更,破坏信守,虽经电诉,未蒙示复,迫得交代。嗣大本营驻江办事处,接奉大元帅令,着取消郭民发承办之谕。随即呈复略谓:现下军需极急,该厅如欲收回该厂,须即发现银拾万元,亦可遵办,否则未便狥该厅所请等语。旋奉大元帅批示:着予暂缓交还。故郭民发遂强占至今,令商未得接办,以致所缴按、预饷,茫无着落,血本所关,殊深痛切。方今大局粗平,军事行将结束,应请据情呈请大元帅俯恤商艰,迅予令行财政厅暨驻江办事处,转饬郭商,从速将强占江门厘厂交回商办,以保血本而昭威信,实为纫感'等情前来。查该商所陈,系本次长在财政厅长任内未完之手续,若不清理,无以昭大信,理合据情呈请钧座俯赐察核。应如何办理之处,伏乞饬令遵照,实为公便"等情。据此,除指令外,合行令仰该省长即便转饬财政厅,查核情形酌量办理。此令。

中华民国十二年八月七日

据《大本营公报》第二十四号

给叶恭绰廖仲恺的训令

(一九二三年八月七日)

大元帅训令第二五六号

　　令大本营财政部长叶恭绰、广东省长廖仲恺

　　据广东财政厅长邹鲁呈称:"窃维裕国之道莫如清理土地。日本得台湾后,即先编制田土台帐,成绩昭然。粤省辽阔,延袤千里,衡宇栉比,阡陌连云,然考每年土地税收,不过五百万元。究厥原因,皆缘迄未清理所致,故侵占飞洒,流弊百出,豪强胥吏因缘为奸。其至乡族互争,酿成械斗,法庭涉讼,累及无辜,经界不明,流弊实大。查民国十年曾奉令行设立土地局,原为整理田土起见,惜规则未成,旋复裁撤。现在大局渐定,为清理田土、整顿税收起见,拟请特设全省经界总局,先从沙田清丈登记,次及繁盛都市,陆续举办。并就局内先行设立测绘养成所,以最短期间养成多数测绘人材,一俟大局敉平,全省各属自可分途并进,必使此疆彼界图册分明,且民业一经确定,即与官产公产不能混淆,既可杜绝奸人捏报之烦,并免日后彼此纷争之弊,便民裕国,莫善于此。所有拟设全省经界总局,清丈屋宇田亩缘由,是否有当,理合拟具规程十三条,呈请察核令遵。俟奉核准,再行拟具本局预算书及施行细则呈候鉴定施行"等情,并附呈经界总局规程一扣前来。据此,查该厅所拟设立广东全省经界总局清丈屋宇田亩,事属可行。核阅规程,亦尚妥协,应予照准。合行令仰该部长、省长转饬该厅遵照办理,仍将预算及施行细则呈转候核。经界总局规程抄发。此令。

中华民国十二年八月　　日

附:广东全省经界总局规程

第一条　本局以厘正经界,确定民业为宗旨。

第二条　本局隶属财政厅,秉承财政厅长办理。

第三条　本局局长由财政厅委任,局员由局长委任。

第四条　全省屋宇、田土均由本局次第清丈。

第五条　屋宇、田土、典当、买卖应税契登记事项,概归本局办理。司法官厅已设有登记局,地方仍由该局登记,未经派员清丈各县，该县税契事宜暂由该县长办理。

第六条　屋宇、田土未经税契验契者，清丈后均责令补税、补验并登记，始得管业。

第七条　屋宇、田土已税验契未测量登记者，清丈后应补登记。

第八条　屋宇、田土已税验契测量登记者，仍应复加清丈，如有错误即更正，另发图照管业。

第九条　第六、第七两条之清丈及登记费，均各照价值百分之一计算，契税率及附加等概照向章办理。

第十条　第八条之清丈费豁免之，图照费每张二元。

第十一条　经界确定及登记后，即为完全民业之证据。

第十二条　本局施行细则另定之。

第十三条　本规程如有应行更改事宜，由财政厅长随时呈报省长更定之。

据《大本营公报》第二十四号

致姜明经函

（一九二三年八月八日）

士庭先生执事：

同志自闽中来者，往往称道执事志行，文屡为神往。天下汹汹，良将无多，倘得如执事者数人，日与共帷幄，宁非大快？

今国人无不疾恶军阀，直系横恣无道，妄思宰割天下，尤为国人所痛心疾首，欲与偕亡。彼昏不知，竟欲以武力胜公理，树敌全国，焉有倖理？文不忍数十年艰难缔造之民国，败坏于若辈之手，窃不自揣，愿为国人诛此贼，以申正义于天下。执事同盟旧友，谅有同心，体国公忠，必多长策，此文之所以亟与执事商榷大计者也。

　　闽南一隅之地，为全局命脉所关，雪竹奉命守泉①，与藏军联络一致者，此物此志也。执事与雪竹有乡里之谊，而于国家有改造之责，今雪竹弃泉，林、洪②与杨砥中辈夹攻漳、厦，大局岌岌，执事又讵能遏抑素志，坐视其弊，而听国家之胥溺者？仰芝③兄推重执事，过于寻常，特嘱其入闽晤商，藉达文意。书所不尽，统由仰芝兄面言之。专此，即颂
戎祺

孙文　八月八日

据《国父全集》第三册（转录史委会藏亲笔原稿）

任命陈嘉祐职务令

（一九二三年八月八日）

大元帅令
　　任命陈嘉祐为湖南讨贼军湘东第一军军长。此令。
中华民国十二年八月八日

据《大本营公报》第二十四号

给朱和中的指令 *

（一九二三年八月八日）

大元帅指令第三八〇号

---

①　时中央直辖福建各军总指挥何成濬驻守福建泉州。
②　林、洪：指林虎、洪兆麟。
③　仰芝：即吴明浩。
*　为护卫兵工厂以及押解枪支子弹、运饷等，经孙中山批准，招募并编练一支巡查队。七月十九日，朱和中呈报巡查队成立日期并表册四本，请予核查。

令广东兵工厂厂长朱和中

呈报该厂巡查队成立日期并表册四本请察核由。

呈悉。经将该厂长呈送表册发交审计处审查,兹据复称:"查单据粘存簿内十号庆云楼单内,列货银八元七角九分,细核该数实八元六角九分,列多一角,应核删。又二十九号单杨广赴燕塘招兵,列支费用五元,而数目表内列至十元,实多列五元,应核删。统计巡查队开办各数,共列三百零二元九角一分,除核删五元一角外,实应准予核销额二百九十一元八角一分"等情前来。合行令仰该厂长即便遵照。此令。

中华民国十二年八月八日

据《大本营公报》第二十四号

委派魏邦平职务令

(一九二三年八月九日)

大元帅令

特派魏邦平为琼崖实业督办。此令。

中华民国十二年八月九日

据《大本营公报》第二十四号

任命黄隆生职务令

(一九二三年八月九日)

大元帅令

任命黄隆生为大元帅行营军用票监督。此令。

中华民国十二年八月九日

据《大本营公报》第二十四号

任命安宝恕职务令

（一九二三年八月九日）

大元帅令

任命安宝恕为大本营咨议。此令。

中华民国十二年八月九日

据《大本营公报》第二十四号

准任范望职务令

（一九二三年八月九日）

大元帅令

大本营参谋长张开儒呈请任命范望为大本营参谋处上校参谋。应照准。此令。

中华民国十二年八月九日

据《大本营公报》第二十四号

准任李承翼职务令

（一九二三年八月九日）

大元帅令

大本营财政部长叶恭绰呈请任命李承翼为大本营财政部科长。应照准。此令。

中华民国十二年八月九日

据《大本营公报》第二十四号

准魏邦平辞职令

（一九二三年八月九日）

大元帅令

　　西江讨贼军总指挥兼西江戒严司令魏邦平呈请辞去本兼各职。应照准。此令。

中华民国十二年八月九日

据《大本营公报》第二十四号

准免梁廷槐职务令

（一九二三年八月九日）

大元帅令

　　大本营财政部长叶恭绰呈称财政部科长梁廷槐另有任用，请免本职。梁廷槐准免本职。此令。

中华民国十二年八月九日

据《大本营公报》第二十四号

关于整理纸币的命令

（一九二三年八月九日）

大元帅令

　　自广东省银行纸币停兑以来，商民胥蒙其害。该银行当局发行过滥，办理未善，无可讳言，业经严行究办，以申法纪。至所发纸币,自应由政府负责收回,藉减商民苦痛。本大元帅回粤伊始,即轸念于兹。嗣以沈陈作乱,军事方殷,饷需浩繁,度支不裕,心余力绌,昕夕旁皇,当经迭次饬令财政当局切实筹维,标本兼治。诚以今日粤省现状,非只财政困难,即社会经济亦复不舒。实缘粤省纸币、现币均形缺乏,又无各种有价证券为之消息〔纳〕,故金融时呈阻滞情形,不浚其源,补苴何益。现值军事将次结束,政府财政与商民经济息息相关,正宜全局统筹,依次整理。兹据财政部叶恭绰呈拟整理纸币各项办法,其大要以兑现及收用为陆续消纳之法,一面维持价格,辅助流通,免致社会商场缺乏易中之物,渐次确定货币基础,并养成证券流通习惯,使政府财政与市面金融及社会经济得以提挈互助。精神所在,则在收回以前失信之纸币,即为以后各种证券昭信之初基;并请以经理权责分授于各法团,藉以公开示信等情。并附各项办法规章前来。详加察核,事属可行。年来政府及〈各〉银行发行公债纸币,皆因无确实基金与相当准备,每致丧失信用。此次该部长所拟办法规章,均经指定确实基金,如期拨付,着为定案,永无变更,且授全权于各法团,商民皆得参与,凡事公开办理,政府有保障而不加干涉,尤足以示大公而昭大信。即使商民个人经济状况各各不同,亦可择一而从,推行定无窒碍,应即责成财政部按照所拟办法订立细目,切实施行。着各军民长官各饬所属一体凛遵,并着实力协助办理,以副本大元帅发展民生、整理财政之至意。此令。

中华民国十二年八月九日

给叶恭绰的指令

（一九二三年八月十日）

大元帅指令第三八六号

　　令大本营财政部长叶恭绰

　　呈拟定整理纸币、救济财政各办法请鉴核施行由。

　　呈及总纲附件均悉。应照准，已明令施行矣。仰即知照。
此令。

中华民国十二年八月十日

附：叶恭绰呈

　　呈为拟定整理纸币，救济财政办法，仰祈鉴核事：窃广东省立
银行纸币自停兑以来，国计民生两受其害，推原其故，实由于前此
发行过滥，办理失宜，致使社会上纸币供求未能适合，故一蹶以后，
政府之信用既失，人民之痛苦顿深。恭绰自管度支倏逾匝月，日与
各界人士及僚属苦心研究整理办法，参以各方条陈意见。窃以省
立银行所发纸币，其账目颇多疑义，即应否全数承认，议论亦多异
同。惟此项纸币，多已流入人民手中，虽大抵系以低价得来，未必
曾受如何损失，然为政府信用计，自不应置之度外。第粤省现值军
事时代，军、民、财三政尚未完全统一，若欲为无限制之兑现，无论
时机不许，且以经济及财政现情而论，若无标本兼治办法清厘旧
案，即以别启新机，恐仍为易涸之泉，稍通复塞，即人民之痛苦亦终
无了日。不得已商拟统筹兼顾之策图久远，即以〔此〕策目前不敢

云克,对商民或庶几稍资补救。查广东省银行发行纸币,照该行清理处报告,为数系三千二百余万元,现时市价几等于零,而此种纸币辗转流通,已成为一种物品性质,若由政府筹款照市价收回,未始非一劳永逸之计。惟政府既无从得此整款,且目下市面因缺乏纸币流通之故,极感困难,故设法使此项纸币恢复其流通之力,其重要实与兑现相同。而兑现之与流通,亦复有极大之因果关系,故二者不能不兼营并进。至粤省财政之败坏,固由地方之未统一,及行政系统秩序之紊乱,而财政与市面金融及社会经济向缺切实之提挈互助,亦实为一大主因。盖粤省货币之流通,只有硬币中之银辅币一种,致消息〔纳〕全操于港币银行,按揭证券交易尤多,以不动产及股票为本位,而绝无纸币公债之流通,此其间逐年耗失,为数不知若干。故粤省经济表面虽号繁荣,而实难期发展,此际妥筹补救,第一须确定货币基础,第二须养成证券流通习惯。兹二者,以从前政府失信之故,此后惟有公开示信,确定一贯之策,以经理权责完全分授之人民,政府为之巩固初基,俾其徐归正轨,庶信用得渐恢复,财用亦藉宽舒。兹谨参酌以上二项要义,酌拟整理纸币办法七条,附呈钧核。至所拟各项办法,系以人民个人经济状况各各不同,必任其择一而从,庶冀推行无碍。实行之际,应一律授权于法团办理(如商会等),政府有保障而无干涉,其精神所在则在收回以前失信之纸币,而为以后各种证券昭信之初基。至详细办法,各有专则并附于后,倘政府不久能筹有巨款为多量之兑现,尽可提前办理,容再体察情形,拟请钧裁。抑恭绰更有请者:今日粤省财政,正如虚阳病体,攻补两难,必须疏滞培元,逐加调养,方有复原之望。一切治法,似未能骤拘成例,即如发行纸币本政府之特权,然各国规例亦不一律,亦有可以通融办理者。粤省今日商业日趋呆滞,实缘官商两方均无可以流通之纸币之故,政府欲恢复信用,发行纸币,尚非旦夕所能。窃意可以特别准许各商行自办商库,联合发行纸币,政府为之定其额数,加以监察,庶市面得流通之益,金融无扰乱之虞。我大元帅视民如伤,度必特蒙鉴允,此又恭绰所敢仰承德意,轻以渎陈者也。所有酌拟整理纸币各办法,理合呈明鉴核,伏乞明令施行。除俟奉准后再行分别拟订详章,呈请公布外,此呈

大元帅

　　　　　　　　　　　大本营财政部部长叶恭绰(印)

中华民国十二年八月五日

办 法 总 纲

　　谨将整理前广东省立银行纸币办法录呈钧鉴。

　　计开:

整理省银行纸币办法总纲

　　(一)省银行纸币(以后省称纸币)发行大数为三千二百万元有奇,拟自奉令日起,限于两个月内一律送交整理纸币委员会(以后省称委员会)检验盖戳(附件甲)。

　　(二)凡经盖戳之纸币一律十足兑现,统由整理纸币委员会办理。

　　(三)检验办法:凡送来纸币一百元,由委员会将其中五十元公开销毁,其余五十元俟盖戳后,分别交回本人及政府(即财政部)。其交回本人办法:凡票面一元、五元、十元者,按十成发回二成;其票面五十元、一百元及二毫五毫者,按十成发回一成。余即交回政府(即财政部),余类推。

（四）按照前项办法，以省银行纸币大数三千二百万余元计，处理如左：

（甲）销毁十分之五，共计一千六百余万元（零数从略）。

（乙）交回本人十分之二或一，共计四百八十九万元（零数从略）。

（丙）交回政府十分之三或四，共计一千一百十一万元（零数从略）。

（五）除销毁外，市面流通额实减为一千六百万元。此一千六百万元，除兑现一项预定一年办毕外，其余应设法于半年内收回清讫。

其办法如左：

（甲）兑现四百三十二万元，拟一年办毕。

（乙）流通券等消纳一千二百五十万元，拟半年办毕（附件丙）。

（丙）银行股本消纳四百万元，拟半年办毕（附件丁）。

（丁）搭缴欠饷及其他出售官产等消纳二百万元，拟半年办毕（附件戊）。

合计二千二百八十二万元，以较市面流通额一千六百万元尚多六百八十二万元。因以上四项除第一项外，其余确数难定，或有时互有出入，姑从宽预备如上。

（六）半年以后尚有存在市面之此项纸币，以公开销毁、继续兑现、换发新券各办法消灭之，使财政上另开新局。

（七）未完全消灭以前，政府应用下列方法维持其价格：

（甲）公私机关出纳一律收用。

（乙）设法流通于全省各属。

（丙）速组能维持信用之金融机关，及速办省银行之善后。

（八）本总纲自呈奉大元帅核准施行。

中华民国十二年八月十日

附　件　甲

检验前广东省银行纸币办法

（一）受检验之省银行纸币，暂以省银行清理处查实报告之数为准（即约计总数三千二百万元有奇），详细手续另由财政部定之。

（二）凡持有前广东省银行纸币者，自本办法公布日起，限于两个月内，一律持送整理省银行纸币委员会（以后简称委员会）加盖戳记，以凭陆续兑现。其逾限不送委员会盖戳者，即作废纸。

（三）已加盖戳记之纸币，其兑现由委员会经理之。兑现之详细办法，另由委员会议定，呈报财政部核准施行。

（四）政府指定造币厂余利，每日约一万二千元，充陆续兑现之用。

（五）造币厂应俟纸币开兑日起，每日将此项余利径交委员会公开兑现。每日以兑尽此项余利之数为度，如未兑尽，即滚存归次日兑现之用。

注：现在交涉关余，原备以一部分充整理此项纸币之用，如有成效或筹得其他的款，当提前多兑。

（六）该项纸币按照近日市价从优规定如左：

　　（甲）票面二毫、五毫者一折。

　　（乙）票面一元者二折。

　　（丙）票面五元者二折。

　　（丁）票面十元者二折。

　　（戊）票面五十元者一折。

　　（己）票面一百元者一折。

（七）依以上办法，委员会应将持票人送来纸币加盖戳记后，即按上列折合成数交回持票人，以便凭以兑现，其余分别销毁及交回政府。

注：例如送来十元票面之纸币一百元，于盖戳后，除以五十元归该会汇总销毁外，即照前条折合办法，交回二十元与持票人，以三十元交回政府，余类推。

（八）凡持票人送来一元及一元以下小毫纸币，照前条办法难于分配时，应另定相当办法办理。

（九）凡应销毁及已兑现之纸币，由委员会同政府公开销毁。

（十）凡已盖戳未兑现之纸币，在兑现未竣以前，所有政府各征收机关，应一律准商民搭缴各项捐税，其成数另行分别定之。

（十一）本办法自奉核准日施行。

附　件　乙
整顿广东省银行纸币委员会章程

第一条　本会为整理前广东省立银行纸币而设，由左列各员组织之：

（甲）广州总商会会长。

（乙）银业公会会长。

（丙）广州市参事会首席参事。

（丁）广东商会联合会会长。

（戊）七十二行商推选代表一人。

（己）九善堂推举代表一人。

（庚）总工会会长。

（辛）政府代表二人，由财政部、省长各指派一人。

第二条　本会由委员中推选委员长一人，副委员长一人。凡本会一切事务及对外各事,由委员长、副委员长共同负责。

　　第三条　本会之职责如左:

　　　　(甲)检验纸币及盖戳。

　　　　(乙)照整理办法之分配。

　　　　(丙)纸币之保管。

　　　　(丁)焚毁纸币之监察。

　　　　(戊)整理纸币之报告。

　　第四条　本会委员对于本会执行职务,皆有分担及监察之权责。

　　第五条　本会委员每日须公推二人以上轮流到会常川办事。

　　第六条　本会设秘书四人,事务员若干人。

　　第七条　本会对于检验及焚毁纸币之数目,应以本会名义按月报告宣布。

　　第八条　本章程自公布日施行。

本会办事规则另行规定,呈报财政部核准备案。

附　件　丙

有价证券消纳纸币办法

(一)政府为整理省银行纸币起见,发行有价证券三种如左:

　　甲、"广东利市有息流通券"(以下简称流通券),其定额为一千万元,月息六厘。

　　乙、"造币余利凭券"(以下简称凭券),其定额为三百万元,月息六厘。

　　丙、"广东整理纸币定期有息证券"(以下简称定期证券),其定额为一千二百万元,周息七厘。

以上三项,须由各该券之基金委员会盖戳后,方能发行。

（二）流通券拟规定搭收前省银行纸币二分之一，计共收回五百万元，并收现银五百万元。

（三）流通券还本付息之基金，由政府授全权与广东盐务稽核分所，在广东盐税项下每月提拨的款足敷还本付息之用者，径自拨存基金委员会所指定之中外殷实银行专款存储。

（四）流通券自发行满六个月后，每月用抽签法还本付息一次，分二十五个月还清，每次抽还百分之四。

（五）凭券发行时，拟规定搭收前省银行纸币百分之二十五分，但应折半计算，计应收回纸币一百五十万元，并收现银二百二十五万元。

（六）前项凭券之基金，由政府提拨造币厂余利每月三十万元充之，交与基金委员会特别存储，预备还本之用，其利息另由政府拨款充之。

（七）前项凭券分两次发行，每次发行一百五十万元，均自发行后第二个月起，分五个月抽签，每月还本并付息一次，每次抽还五分之一。

（八）定期证券拟规定搭收前省银行纸币二分之一，计共收回六百万元，并收现银六百万元。

（九）定期证券还本付息之基金，由政府指定省河租捐及全省印花税之收入充之，并先指定官产之一部分，作为该项基金之担保品。

前项省河租捐及全省印花税，由政府完全交与基金委员会经理，并由政府协助其进行。其省河租捐并由广州市公安局实力协助，其施行规则另定之。

（十）定期证券自发行满一年后，分十年还本，用抽签法每半年还本一次，每次抽还百分之五，其利息亦每年分两次发给。

（十一）流通券与凭券及定期证券，应各组基金委员会由政府授权与各法团，公推代表任为委员，与政府所派代表共同办理（财政部、省长各派代表一人）。

（十二）基金委员会最大之权责，在维持该券之信用及保护持券人之利益，监督各该券之发行及查核搭收之纸币数目等。

（十三）搭收之纸币，以曾经整理纸币委员会检验盖戳者为限，应随时分别送交整理纸币委员会定期销毁。

（十四）政府指定之基金作为定案，永不变更，本息未还清以前，无论何项机关或有何项要需，均不得挪借或移用。

（十五）流通券自发行日起，凭券自中签日起，定期证券之本票、息票，自本息到期日起，无论政府机关及市面一律通用，不得拒绝收受。如有伪造及毁损其信用者，依法惩罚之。

（十六）本办法自奉核准日施行。

附　件　丁

银行股本消纳纸币办法

一、另设官商合办银行一所，拟定名"广东民信银行"，按照股份有限公司组织，其章程另定之。

二、银行资本总额定为二千万元。先收一半，计一千万元。官股占十分之二，计二百万元。商股占十分之八，计八百万元。

三、官股之二百万元由政府照拨。

四、商股之八百万元，准于缴纳股款时，收现银四百万元，并搭收省银行纸币五成，其详细办法另以招股章程定之。

五、除股款搭收纸币外，银行应按左列办法，酌量情形代政府分别搭收纸币，其搭收成数由银行禀呈财政部核定办理，另以专章定之：

（甲）有奖储蓄存款。

（乙）有奖储蓄券。

六、凡银行所搭收或代政府收回之纸币，由政府以价值相当之有价证券向银行换回，分期销毁。

七、凡银行搭收或代政府收回之纸币，均以曾经整理纸币委员会检验盖戳之纸币为限。

八、曾经检验盖戳之纸币，得存入银行作为存款，由银行给予存簿或存单为凭，并酌给相当之利息，其详细办法另以专章定之。

九、此次银行五年以内完全授权于商民办理，政府任提倡保护及监察之责。

十、政府之官股，五年以内放弃董事被选权，惟监事则由政府选派之。官股应得官红利亦可酌量放弃。

十一、本办法自奉核准日施行。

附　件　戊
公款收入消纳纸币办法

一、左列各项公款收入，准其搭缴省银行纸币若干成：

（甲）官产之变卖。

（乙）欠饷之追缴。

（丙）公款之收入。

二、政府应从速指定价值二百万元以上之官产，于半年以内招标变卖，专备收回纸币之用，前项官产缴价时，准其搭收纸币五成。

三、此外，于六个月内标卖官产时，准其搭收纸币十成之五成以下一成以上，其数各于投标章程内自定之。

四、凡官产投标时所缴保证金，准全数以纸币充之。前项保证金，准其于得标后缴付正价应搭纸币之成数内抵缴。

五、以前积欠政府饷项,在纸币未停兑以前,积欠者如在两个月以内缴还,准其全数以纸币缴纳;两个月以外者,规定搭缴成数如左:

三个月以内缴还者八成。

四个月以内缴还者六成。

五个月以内缴还者四成。

六个月以内缴还者二成。

六、积欠饷项在纸币停兑以后积欠者,准其搭缴纸币成数如左:

两个月以内缴还者五成。

三个月以内缴还者四成。

四个月以内缴还者三成。

五个月以内缴还者二成。

六个月以内缴还者一成。

七、积欠饷项,须于六个月以内缴清,方准搭收纸币。

八、凡左列各项政府收入,除海关、盐税外,准于一年内分别按成搭收。其搭收成数,由各机关拟定,呈报财政部核准备案,但搭收之成数不得少于十成之一。

(甲)田赋。(乙)厘金。(丙)其他各项捐税。(丁)官营业及其他公款之收入。(戊)地方公款之收入。

九、搭收之纸币,以曾经整理纸币委员会检验盖戳者为限。

十、搭收时所收之纸币,须呈送财政部按期转发整理纸币委员会分别销毁,但官营业及地方公款收入搭收之纸币,应由财政部以有价证券交换之。

十一、畸零数目或尾数不满一元者,概不搭收纸币。

十二、如收款机关违背前项办法,不允搭收者,依违令例惩罚之。

十三、本办法自奉核准日施行。

中华民国十二年八月十日

据《大本营公报》第二十五号（一九二三年八月二十四日版）

批汪精卫来电 *
（一九二三年八月上旬）

答臧如下：陈逆阴险，非至势穷力竭，岂肯宣布攻曹？其老巢在惠，已至穷蹙而将灭亡，正宜夹攻而歼灭之。此间军队两星期当可尽灭惠敌而至潮、梅。务望坚持，毋使功亏一篑。幸甚。

据谭编《总理遗墨》第一辑

委派程潜等职务令
（一九二三年八月十一日）

大元帅令

特派程潜、廖仲恺、古应芬、李济深、邹鲁为西江善后委员。此令。

中华民国十二年八月十一日

据《大本营公报》第二十五号

————————

＊　此件未署日期。八月三日，汪精卫来电报告，臧致平准备以陈炯明宣布与曹、吴脱离关系为条件，与之讲和。因此事将危及驻闽东路讨贼军何成濬等部安全，孙中山指示汪对臧作此答复。时间酌定为八月上旬，即接汪八月三日来电之后。

免董鸿勋职务令

（一九二三年八月十一日）

大元帅令

　　大本营参军董鸿勋着即免职。此令。

中华民国十二年八月十一日

据《大本营公报》第二十五号

免董鸿勋戴永萃职务令

（一九二三年八月十一日）

　　董鸿勋、戴永萃向未到差,开去本职。

孙　文

据谭编《总理遗墨》第一辑

给杨希闵的训令

（一九二三年八月十一日）

大元帅训令第二五七号

　　令中央直辖滇军总司令杨希闵

　　该部游击司令董鸿勋无故称兵,扰害地方,着即勒令解职,听候查办。此令。

中华民国十二年八月十一日。

据《本大营公报》第二十五号

发给李肖廷旅费令

（一九二三年八月十一日）

着会计司发给李肖廷旅费五百元。此令。

孙　文

民国十二年八月十一日

据《国父全集》第四册（转录史委会藏原件）

在永翔楚豫两舰的演说*

（一九二三年八月十三日）

　　今日海军由梧州凯旋而回，本大元帅代表中国人民而来欢迎。须知此次战胜，非仅为扫除沈逆一人计，实为中华民国大局计，将来民国史足增无限光荣。

　　本大元帅六年前，率海军南来，斯时舰中将士，头脑中多怀自私，故有去年之改造。及陈炯明谋叛，忠义者虽多，而不良分子仍未尽去，故有此次之改造。今者舰队尽力于西江，奏凯而还，足见海军尽忠民国。

　　目下北京已无政府矣，而列强且谋共管中国矣，此无他，良由北方曹、吴辈，均为军阀官僚，只知自私自利，不知共和民治为何物，所以不得已而倡此说也。然吾人流无量之血，驱除满族以成立

----

　　*　永翔、楚豫两舰协同陆军攻克梧州，肃清西江的沈鸿英部队后，奉命于八月十三日回到广州。当天下午，孙中山亲赴两舰慰问并分别对两舰官兵发表演说。这是报载演说大意。

民国,今民国未巩固,而为一般军阀官僚弄到召列强之共管,天下痛心之事,孰有甚于此耶。幸而广东一地,尚不为军阀武力所占据者,正见残暴之众,不足于敌仁义之师也。曹、吴辈所重者兵力,吾人所重者民治主义、良善政治。兵力之不敌民治,犹霸道之不若王道也。吾所持之主义,初仅在于广东,今则四川、湖南、广西相继响应矣。其在酝酿中未骤实现者,更有多省,不久当必陆续附义归来也。要知民国者,非军阀官僚所得而私,乃中华国民所均有也。民国犹之公司然,凡属国民,皆为股东也。现中国形势,既被彼辈军阀官僚弄至如此,此吾辈正宜扑灭此辈,而创造一完全真正民主政府。譬如同舟,忽遇风涛,各人只知自顾货财,终必覆亡而后已;而各人同心协力,捍御危难,大局既安,何有于区区货财。诸君不观于黄花岗七十二烈士乎,不忍为满族奴隶,誓死将之推倒,创造共和政府,卒也能偿所愿。今曹、吴诸辈,破坏民国,均民国之蟊贼。吾人欲巩固民国,必须扑灭彼辈,然后民治可实行。民治实行然后可跻富强之列,子子孙孙,实利赖之,此我海陆军人之责任。愿诸君勉之,本大元帅有厚望焉。

据《广州民国日报》一九二三年八月十三日《海军舰队凯旋志盛》

给李济深黄绍竑的训令

（一九二三年八月十三日）

大元帅训令第二五八号

　　令西江善后督办李济深、中央直辖西路讨贼军第五师师长黄绍雄〔竑〕

　　中央直辖西路讨贼军第五师师长黄绍雄〔竑〕所部,着暂归西江善后督办李济深节制调遣。此令。

中华民国十二年八月十三日

据《大本营公报》第二十五号

给程潜的训令

（一九二三年八月十三日）

大元帅训令第二六〇号

　　令大本营军政部长程潜

　　据大本营审计局长刘纪文呈称："窃职局现奉钧座委办，审查航空局七月份预算书一案，当即遵令审核。查航空局编制现未颁布，暂行编制未经厘定以前，殊难得所依据。现据该局七月份预算，所列用人员虽似太多，惟有无浮滥，因是实难考核。再该局系属军政机关，恳请钧帅饬令军政部，先将该局编制编定，转呈钧帅发下职局备案，以便审查"等情。据此，除指令照准外，合行令仰该部长即将航空局编制妥为厘定，呈候核颁。此令。

中华民国十二年八月十三日

据《大本营公报》第二十五号

给杨仙逸的指令

（一九二三年八月十三日）

大元帅指令第三九一号

　　令航空局长杨仙逸

　　呈缴七月份预算书请饬审查示遵由。

　　呈悉。该局七月份预算书经饬局查复，尚多不合，应即发还。令饬军政部先将该局编制厘定，呈候核定颁行，再由该局遵照编制预算,呈候核发可也。此令。

中华民国十二年八月十三日

据《大本营公报》第二十五号

给邹鲁的指令[*]

（一九二三年八月十三日）

大元帅指令第三九三号

令广东财政厅长邹鲁

呈为拟定商业牌照税条例施行细则及各项书据格式请鉴核令遵由。

呈及细则书据格式均悉。应照准。仰即遵照办理。此令。

中华民国十二年八月十三日

据《大本营公报》第二十五号

与广东籍某议员的谈话

（一九二三年八月十四日）

诸君欲藉区区空泛之省宪及宪法,遂足以束缚武人不法之行为乎?不知曹、吴辈特利用国会制宪,以达其选举总统之目的。及目的既达,日后宪法自宪法,暴力自暴力,实际上毫无所补。居今日欲解决时局,除非扫除军阀,方为根本解决。必以戡乱除暴为前题〔提〕,然后收制宪定国之效果。

据《广州民国日报》一九二三年八月十五日《大元帅对联治之批评》

---

* 邹鲁奉令按照政务会议通过的商业牌照税条例,拟订出施行细则二十二条,连同各项书据格式,于八月六日呈请孙中山鉴核。

命追赠并优恤萧觉民令

（一九二三年八月十四日）

大元帅令

据东路讨贼军总司令许崇智呈报"所部团长萧觉民在永湖附近地方与贼应战，身先士卒，重伤阵亡"等情。该故团长萧觉民英年从军，矢志为国，援赣援闽，迭著勤劳，还兵潮、惠，屡摧强敌。此次永湖战役，竟身先士卒，以身报国，闻兹噩耗，惋惜殊深。萧觉民着追赠陆军少将，由大本营会计司发给治丧费壹千元，并着大本营军政部照少将阵亡例从优议恤，以慰忠烈而矜遗孤。此令。

中华民国十二年八月十四日

据《大本营公报》第二十五号

在广州全国学生评议会的演说^{*}

（一九二三年八月十五日）

今日学生联合会总会到此地来开会，是学生已懂得将国事引为己任联合团体来研究的方法了。各国改革精神，多半由学生首先提倡，即以我们推倒满洲、挂起中华民国招牌而论，学生的力量最多。我们的招牌算是挂起来了，但是十二年来变乱不止，人民痛

　　＊　全国学生联合会于 1919 年 6 月 16 日成立于上海。总会原设在上海，因作出"打倒国际帝国主义侵略者"、"打倒国内军阀"的决议，北方军阀吴佩孚授意沪当局将总会封闭。该会第五次评议会乃转赴广州举行，八月十五日假广东高师礼堂召开，此系孙中山在开幕礼上的演讲。

苦甚于在清朝为奴为仆的时候。现在的政治、教育、实业，多半不及清朝的好。因此多数人民都以为在清朝可享太平之福，现在民国不如从前了。既是多数的人民想念清朝，以后再发生复辟，也说不定。现在学生联合团体，担任国事，或可挽回这种多数人的意念。这种心思和行事，深可嘉尚！

但是方法应该怎样？应该在此地切实研究。为什么十二年来人民都以为祸乱是革命产生出来的？中国大多数人的心理"宁为太平犬，不作乱离王"。这种心理不改变，中国是永不能太平的。因为有这种心理，所以样样敷衍苟安，枝枝节节，不求一彻底痛快的解决，要晓得这样是不行的。你不承认十二年的祸乱是革命党造成的么？民意大多数却承认是这样的。若以大多数人解决问题，那只好从他们的希望实行复辟了。我们有时到乡下去，高年父老都向我们说："现在真命天子不出，中国决不能太平。"要是中国统计学发达，将真正民意综起来分析一下，一定复辟的人占三万万九千万多。我们果然要尊崇民意，三四十年前只好不提革命了。因为在那时，多数人要詈我们乱臣贼子，是叛贼，人人可得而诛之的。你们要实行自己的宗旨，不要处处迁就民意，甚至于〔与〕民意相反，也是势所不恤的。学生是读书明理的人，是指导社会的，若不能以先知觉后知，以先觉觉后觉，而苟且从俗，随波逐流，那就无贵乎有学生了。

世界上的学问是少数人发明的，古今中外，多数人总是不知不觉的。但是世界进化，都是不知不觉做成的。近二百年来科学发达，才逐渐的将几千年来的不知不觉，加上新的有知有觉。不知不觉是天然的进化，是自然的；有知有觉是人为的进化，是非自然的。前者进化慢，而后者进化快。以进化快者补进化慢者，这是我们的责任。学生做先知先觉，要发明真理，以引导人群、引导社会，决不可随波逐流,毫无振作。今你们各位集会于此,要将中国十二年来的乱源细心研究。本来十二年来的变乱,不是革命党造成的,但也可说是他们制成的。就前者说,因革命并没有成功,所以纷乱不是革命党人的过错;但就后者说,为什么既发动了而不将它完成呢?所以真正原因,还是革命未成功之过。我们举历史为证,举一二百年来的历史为证:比如美国革命,脱离英国羁绊,血战八年以后,永无战争发生。中间虽然经过南北之战,但这次战役,是为人道权利而战的,所以美国到现在最富强,因为伊的革命成功;法国革命乱了七八十年,然后安定,安定以后,永无内乱,人民乐业。其余各国革命皆如此。因为革命思潮在某种民族内有人发起,一定是蓬蓬勃勃、不可压抑,每每出始倡导的人首受牺牲;但是革命思潮,却逐渐传播,终必达到目的。中国革命还没有成功,所以革命要一直下去,到成功然后止,因为革命力量是不能压抑的。譬如高山顶上有块大石,若不动他,就千万年也不会动。但是有人稍为拨动之后,他由山顶跌下,非到地不止。要是有人在半山腰想截住他,这人一定是笨呆的了。中国革命非达到三民主义实现、五权宪法颁行,决不能止。中国官僚富人都求眼前的太平,每次总想将革命扑灭,以便过苟且偷安的日子。好象从前拥护袁世凯,拥护军阀,以压抑革命,这正如半山腰抵抗顽石,不使下坠,暂时或者有效,但是终久顽石非到地不可。法国革命就是一个好的榜样。这种反革命的心理,就是我们中国的乱源。今日学生集会讨论补救国家的方法,希望注意此点。

照今天众君的言论和所发的宣言看来,大概注重外交、内政两方面,所谓外抗列强,内倒军阀。我看这两种问题,不可相提并论。我们中国四万万人占地球人种数目四分之一,有四千多年的文明,如此还怕外人欺负么? 要防制外人,不是空言去抵货所能奏功的。

外交纯恃内政,内政要是好,外交竟〔简〕直不成问题。诸君想想,乱国怎能有外交?比如二十一条,若我们革命成功,何难取消!日本比起中国来,真是小国了,受他的欺负,只能自怪。比如一个硕大且长的人,被四五岁小孩欺负了,跑向旁人的面前哭诉,成何体统?所以抵制日货是可耻的。诸君的精神要全用在革命的进程上,早早想法自强。强了以后,怕外国人不趋承恐后么?我记得二三十年前初到日本,她国的父老对我极其恭维,说我是大国的人民,现在这一班老年人都死了。古时我们中国有一种善德,说是:人骂而当面还咀的人是庸夫。要回家细想,人家为什么要骂我?其度量之大如此。我们切不可失掉堂堂大国之风。民国以来,我们算是很弱了,前二三十年进贡的国还很多。即在元年,尼泊尔国还有贡使到成都,以后因西藏路塞,不丹、尼泊尔二国才没有进贡。诸君知道尼泊尔版图并不小于日本,他们的民族名曰廓尔喀,人种极强,英国守印度的卫兵都恃这种人,但是他们还向我们进贡。要是他们知道我们因受日本的欺负而排货,一定会惊咤不已,怎么大国也受日本的欺负了?这不是失掉他们的信仰么?你们研究根本问题,切不可枝枝节节为之。根本问题就是革命未成功,学生应该担负这种责任,竟未成之功。我想你们对于革命的主义和精神,怕不大明白,恐怕革命的认识与历史也不大明白哩。比如五色旗,你们刚才向伊三鞠躬,我就不,你们一定以为我不敬国旗了。那里晓得五色旗是清朝一品官的旗,我们革了皇帝的龙旗,却崇拜官僚的五色旗,成什么话!诸君要就弃去五色旗,要就用我们从前革命的旗帜,现在海军用的青天白日旗。再如《卿云歌》,你们说他是国歌。我想一定是官僚颁布的,有何意义?其实这些形式,顶好现在不讲,等我们革命成功后,广延硕彦,大集群贤,再制礼作乐未迟。

我们说说辛亥革命的事实。在武昌起义前数天,革命党干部被捉去三十余人,杀了许多,所有党籍的册子都被搜去。当时炮兵营工程营的兵士列名党籍的很多,怕的了不得,大家悄悄的聚议,与其明天捉去杀头,不如我们先下手拼个死活。但是有炮无步枪,是不中用的。步枪的子弹,前几天早一一缴呈上官了,这怎么办呢?幸而有一位熊秉坤,他有一个朋友刚退伍,手上还有二盒子弹共二百颗,一齐借来,每人发三四颗,藉以发难。以后推大炮进城攻总督府,将瑞澂吓跑了。但是当时本城干部既遭难,上海干部又匆遽未到,要找领袖人物才好。当时黎元洪一标人守中立,黎本人听见大乱,早躲入床下了。张振武、方维一班人,以为他人还忠厚,可以推为形式上的首领,于是强勉将他从床下拉出来,以手枪逼迫,非做都督不可。他那时只顾惜眼前的性命,也不管以后所虑的灭族了。干了一二月,看见各省风起云涌,群揭义旗,黎视以为这种可以干咧,野心因之勃发。以后杀张、方,是报他们轻视他之仇。民国坏到这种地步,黎元洪勾结袁世凯之罪不能辞!再说我几十年前提倡革命的事。当时我在日本发起革命,除了少数英俊外,大家都掩耳疾走,以为乱臣贼子又生了。就是少数英俊,也不敢自信自命革命党,所以当时名目叫做同盟会,这个名目真是不求其解了。

今天诸君研究的,在确定革命主旨,使全国学生皆集于革命旗帜之下,努力进行,果然能够百折不回,则革命成功,自可如志,外交自然不成问题。数十年前我亡命时,遇见暹罗外交次长,我告以中国要革命的理由。他说要是中国革命成功,暹罗愿为中国之一省。外交次长对亡命客所言如此,暹罗现今成为独立了。前几十年伊还在进贡,后因贡船在广州洋面被劫才止。可见中国若强,高丽、安南一定会要求我们准伊们加入中国,到那时日本也不欺负我们了。大家知道日本强了,我们为什么不能强呢?学生诸君,切勿自馁!我们是黄帝的子孙,要素强大,行乎强大。二三十年前,有一派人说中国决不能倡革命,要革命准会遭瓜分的,因为列强虎视眈眈,其欲逐逐。"瓜分"二字,到现在影也无了。但是在当时,却是反对革命的人的强固理由,如梁启超一派,就是这种主张。他们又讲革命不是好干的。我们驳他们说,中国几千年来的朝代兴革,都不是革命么?不过在那时是一姓一朝的改革,现在却因民权自由的思潮,要做人民的革命罢了。现在共管之说,同三十年前瓜分之说一样利害,我们也随着大嚷特嚷,我觉得太失大国之风了。他们要共管,就来共管罢了,怕他什么?倡共管之说的,是无世界知识的人。其实欧洲战争之后,各国百孔千疮,只有美国同日本还保持战前的地位,别的国差不多是病夫了。病夫能管我们么?那么除非我们也是病夫。我们不要太相信那些在中国的无聊的外国记者和商人的话。我记得当龙济光做广东将军的时候,从香港来了一个外国人,说要拜会他。龙氏赶忙带同翻译,招待外国人到花厅,设盛馔相待。闹了半天,翻译问他有什么事要同将军商量?他嗫嚅道:我来想替将军量衣服,我是裁缝。

学生宜顾大体,宜努力革命。我不能多讲话,只就形式方面说,不要再用官僚的旗、官僚的歌。就精神方面说,我们是革命党。三民主义、五权宪法,学生诸君大半知道。只就民权一项说,我们要争回领土,要争回主权。刚才你们的宣言上说:中国是"半独立国",其实错了。中国那里是半独立国?竟〔简〕直是殖民地罢了。安南是法国人的,高丽是日本人的,但是伊们都只服侍一个主人。我们主人多着哩。凡是从前订有约的,都是我们的主人,我们是伊们的奴隶。这只怪满清,伊因为痛恨革命党,所以宁以主权给外人,不给家奴。凡此种种,在我们革命成功后,自然是要论到的。其实日本大蠢,不要二十一条,只凭着条约,藉口利益均沾主义即可。再如美国去年帮助我们,有"华府会议"之召集。但国事只靠我们自己努力，不关外人帮助不帮助。学生做事，宜从有意识方面做起。五十年前的日本，二十年前的暹罗，还不及我们哩。从今天起，如果大家同心协力，十年以内，中国可以为世界最强的国家。但是大家不相信这句话，我们同志也不相信这句话。广东人说我是"大炮"，"孙大炮"！诸君若信我的话，以日本为例，前三十年日本人只三千万，非常之愚昧。但是上从天皇，下至庶民，人人虚心，种种庶政机关几年〔乎〕尽用外国人。外国人坏的也有，可是好的真不少，做事极有功效。暹罗在二十年前，我到时刚用外人，现在他们两国统共是完全独立国了。其实暹罗人口只七百余万，中有四百万人是中国子孙，地方还小于广州一府哩。我们中国改革，不必学他们尽用洋人，我们中国的人才也许够用了。只因我们失却自信力，故效果少见。

诸君提起个人自信力，努力宣传，先从全国学生起，担当革命的重任。从前世界上有两个病夫，一是近东的土耳其，一是远东的中国。现在近东的病夫，因国民党革命奋斗之力，已脱却病态，攘臂入于诸列强之林了。远东病夫或从此脱却病症，成为健夫，或从此日就衰弱，竟至不起，这里责任全在诸君的身上！

据《中央党务月刊》第七期《在全国学生评议会之演说》

致臧致平及闽南同志电*

（一九二三年八月十五日）

一、漳、泉虽失败，不必灰心，务期毅力奋斗，必有挽救。敌本

---

*　八月一日，林虎、洪兆麟、黄大伟等叛军，猛攻许崇智、臧致平两军；八日，林等侵占漳州，旋又侵占泉州，并拟进攻厦门。臧致平电孙中山请援。孙即作此部署，并电告臧致平等人。

不一致，今以得胜而骄，互争权利，更为易与，必归扫灭之途。

二、此间已令滇军蒋光亮（全）部，王、胡[①]两师（九千之众），即日集中淡水，取道海陆丰，而出潮汕。此部滇军身经百战，一可当十，陈逆、林虎等闻之丧胆。

三、汝为全部已陆续开向河源，取道梅县，而出潮汕。公等稍能坚持，则敌必全灭于闽粤之间也。

四、亲自督许、蒋两军同来，非全灭此残敌不已。孙文。（八月十五日）

据谭编《总理遗墨》第一辑

任命古应芬职务令
（一九二三年八月十五日）

大元帅令

特任古应芬为大元帅行营秘书长。此令。

中华民国十二年八月十五日

据《大本营公报》第二十五号

给卢运球等委任状
（一九二三年八月十五日）

委任卢运球为洞口中国国民党支部总务科正主任，徐砚修为洞口中国国民党支部总务科副主任，罗四维为洞口中国国民党支部执行部书记，沈子云、叶奎记、彭金芳、彭汉升、李柏春、刘若生、

---

① 王、胡：即王秉钧、胡思舜。

李祝寿、吴祖约、马章云、张子明、古凤生、李渐来为洞口中国国民党支部干事,许采卿为洞口中国国民党支部评议部书记,黄赠四、王慰如、王金汤、曾森贤、许采卿、钟华荣、陈彬如、李汉唐、谢其珍、钟世元、钟锦延、张玉明为洞口中国国民党支部评议部评议员;何秋廷为乌陵中国国民党分部总务科主任,何秋亭为乌陵中国国民党分部执行部书记,廖汉寰、陈寿田、黄天鸿、宋少仙为乌陵中国国民党分部干事,辜跃衢为乌陵中国国民党分部评议部书记,沈加友、叶晓堂、邓采唐、李友东、刘达卿、郭耀棠、马庆勋、钟铭三、刘福珍、罗炳四、张星云、刘金传为乌陵中国国民党分部评议部评议员;蒋祝三为马丹沙中国国民党分部总务科主任,蒋文球、蒋抡秀为马丹沙中国国民党分部执行部书记,张龙恩、刘焕清、蒋会金、蒋成福为马丹沙中国国民党分部干事,蒋祝三为马丹沙中国国民党分部评议部书记,蒋杰臣、刘榕森、黄梁安、蒋邦可、陈国耀、李本、余中胖、张柄骥为马丹沙中国国民党分部评议部评议员;洪惠庆为洞多利中国国民党分部总务科主任,苏啸山为洞多利中国国民党分部执行部书记,苏国英、陈克扁、郭创新、何炯锐、何戊辰、吴祥沃为洞多利中国国民党分部干事,陈承筹为洞多利中国国民党分部评议部书记,辜世惯、辜华权、陈祝民、洪汉图为洞多利中国国民党分部评议部评议员。此状。

总　　理　　（印）

总务部部长彭素民副署

据《国父全集》第四册（转录《本部公报》一卷二十七号）

给黄仲衡等委任状

（一九二三年八月十五日）

委任黄仲衡为洞口中国国民党支部正部长，罗四维为洞口中国国民党支部副部长，郭秋旭为洞口中国国民党支部评议部正议长，彭芹香为洞口中国国民党支部评议部副议长；郭琼生为乌陵中国国民党分部正部长，凌光明为乌陵中国国民党分部副部长，梁钦四为乌陵中国国民党分部评议部正议长，凌瘦仙为乌陵中国国民党分部评议部副议长；罗安为马丹沙中国国民党分部正部长，余经章为马丹沙中国国民党分部副部长，卢锦标为马丹沙中国国民党分部评议部正议长，罗贤忠为马丹沙中国国民党分部评议部副议长；杨国华为洞多利中国国民党分部正部长，洪森国为洞多利中国国民党分部副部长，杨质权为洞多利中国国民党分部评议部正议长，陈浩为洞多利中国国民党分部评议部副议长。此状。

总　　　　理　　　（印）

总务部部长彭素民副署

代理党务部部长孙镜副署

财务部部长林业明副署

宣传部部长叶楚伧副署

交际部部长张秋白副署

据《国父全集》第四册（转录《本部公报》一卷二十七号）

给锺克明等委任状

（一九二三年八月十五日）

委任锺克明为洞口中国国民党支部党务科正主任,潘志超为洞口中国国民党支部党务科副主任;辜跃衢为乌陵中国国民党分部党务科主任;赵德艮为马丹沙中国国民党分部党务科主任;黄星伍为洞多利中国国民党分部党务科主任。此状。

总　　　理　　　（印）

总务部部长彭素民副署

代理党务部部长孙镜副署

据《国父全集》第四册(转录《本部公报》一卷二十七号)

给潘瑞香等委任状

（一九二三年八月十五日）

委任潘瑞香为洞口中国国民党支部会计科主任,林长康为洞口中国国民党支部会计科副主任;高仲达为乌陵中国国民党分部会计科主任;余维章为马丹沙中国国民党分部会计科主任;辜世〈惯〉为洞多利中国国民党分部会计科主任。此状。

总　　　理　　　（印）

总务部部长彭素民副署

财务部部长林业明副署

据《国父全集》第四册(转录《本部公报》一卷二十七号)

给刘卓英等委任状

（一九二三年八月十五日）

委任刘卓英为洞口中国国民党支部宣传科主任,温淑铭为洞口中国国民党支部宣传科副主任;林翼扶为乌陵中国国民党分部宣传科主任;罗合为马丹沙中国国民党分部宣传科主任;汤濂现为洞多利中国国民党分部宣传科主任。此状。

总　　理　　（印）
总务部部长彭素民副署
宣传部部长叶楚伧副署

据《国父全集》第四册（转录《本部公报》一卷二十七号）

任命何克夫职务令

（一九二三年八月十五日）

任命何克夫（在周之贞之后）□□师师长。此令。

孙　文

中华民国十二年八月十五日

据胡编《总理全集》第四集影印原件

准任郑校之职务令

（一九二三年八月十五日）

大元帅令

大元帅行营秘书长古应芬呈请任命郑校之为大元帅行营庶务科长。应照准。此令。

中华民国十二年八月十五日

据《大本营公报》第二十五号

准任陆华显职务令

（一九二三年八月十五日）

大元帅令

大本营会计司长王棠呈请任命陆华显为大本营庶务科长。此令。

中华民国十二年八月十五日

据《大本营公报》第二十五号

委派文明清蔡达三职务令

（一九二三年八月十五日）

大元帅令

派文明清、蔡达三为大元帅行营委员。此令。

中华民国十二年八月十五日

据《大本营公报》第二十五号

委派李植生职务令

（一九二三年八月十五日）

大元帅令

派李植生为惠阳安抚委员。此令。

中华民国十二年八月十五日

据《大本营公报》第二十五号

任命方寿龄职务令

（一九二三年八月十五日）

方寿龄，步兵中校，陆军大学毕业，委以行营中校参谋。

文

中华民国十二年八月十五日

据谭编《总理遗墨》第三辑

命赶造八生炮引信令

（一九二三年八月十五日）

着兵工厂长火速赶造八生炮碰火四百个，交东江刘军①应用。此令。

孙　文

中华民国十二年八月十五日

据谭编《总理遗墨》第三辑

给许崇智的指令

（一九二三年八月十五日）

大元帅指令第三九四号

---

① 刘军：即刘震寰部。

令东路讨贼军总司令许崇智

呈请抚恤阵亡团长萧觉民并追给少将由。

呈悉。业明令追赠少将发给治丧费壹千元,并着军政部照少将阵亡例从优议恤矣。仰即知照。此令。

中华民国十二年八月十五日

据《大本营公报》第二十五号

给罗翼群的指令[*]

(一九二三年八月十五日)

大元帅指令第三九五号

令大本营兵站总监罗翼群

呈请拨专款办理收束西北两江兵站等机关由。

呈悉。结束西北两江兵站各机关,应就指定拨付之款,统筹办理。所请着无庸议。仰即遵照。此令。

中华民国十二年八月十五日

据《大本营公报》第二十五号

发给萧觉民恤费令

(一九二三年八月十五日)

着会计司发团长萧觉民恤费壹千元。此令。

孙　文

---

　* 八月十四日,罗翼群为遵令收束西北两江兵站事,呈请孙中山迅拨现款五万元,专为两江兵站及各卫生队、病院、输送队收束之用。

中华民国十二年八月十五日

据《国父全集》第四册(转录史委会藏原件)

任命黄绍竑职务令

(一九二三年八月十六日)

大元帅令

　　任命黄绍雄〔竑〕为中央直辖西路讨贼军第五师师长。此令。

中华民国十二年八月十六日

据《大本营公报》第二十五号

命熊克武节制四川各军令

(一九二三年八月十六日)

大元帅令

　　四川所有讨贼各军,着统归川军讨贼军总司令熊克武节制调遣。此令。

中华民国十二年八月十六日

据《大本营公报》第二十五号

命梅光培等筹款令 *

(一九二三年八月十六日)

　　着梅处长、公安局长、市政厅长①共同设法,供足无线电局每

---

　　*　原件未署时间,但有钢笔字注"八月十六日呈",今据此定。

　　①　梅处长、公安局长、市政厅长:即梅光培、吴铁城、孙科。

月经费,并另筹三万,将军用电机三套速行取出,送往前线,应用至急。

文批

据谭编《总理遗墨》第一辑

给邹鲁的训令

(一九二三年八月十六日)

大元帅训令第二六一号

令广东财政厅长邹鲁

据广东电政监督兼广州电报局局长范其务呈称:"呈为收入短绌,经费困难,恳请准予拨款,以维电政事。窃以电局虽为交通机关,仍属营业性质,全赖报费收入以为月中经费。现查广东隶于大元帅辖下各地电报局,以大局平靖时论,每月收入共约一万二千八百九十元,其经常综计须一万九千五百一十一元。现因军事影响,前有盈余之局变为不敷,尚属不敷之局更形奇绌。收入已不如平时,支出又增多军用一十一款共三千二百三十四元,总共每月支出二万二千七百四十五元,收支比对每月实不敷九千八百五十五余元。各局已欠薪数月,困苦不堪,来省面请收束者亦不乏人,令其回局则情有不能,准其停办又势有不可,再四思维,终窘应付。且近一个月间,竟三遭暴风,江门局吹断十二丈高杆二枝,陈村局煤炭厂吹断十二丈高杆二枝,虎门局吹断十二丈高杆二枝,香山局猪头山吹断十二丈高杆三枝,新昌局旺北围吹断九丈六尺高杆一枝,四会局塔冈吹断八丈高杆二枝,约共需工料费银六千余元,其余北江、西江、广宁、四会及近海各局,因战事、暴风,被斩断、吹断线杆之工料费,亦约需三千余元。因无款及潦水未退之故,各处杆线多未修复，几于无电可发，日收仅得数十元，非先行领款，实无法责令各局兴工修理也。职体验时艰，对于杆线有可暂用者，则撑植之，对于用人其可裁汰者，则分别减却之。奈不敷太多，终非节省所能将事，此中实在困难情况，经职于本月三日面陈胡总参议，蒙函财政厅、运使署共拨三千元暂为分拨，令将军用要线，先行兴修在案。其余六千余元尚付缺如，理合再将经费无着及杆线待款修理情形，并具收支比对表，呈恳钧座察核，乞准如数拨下，俾得各处杆线早日修复，以便交通而利戎机。至每月额定经费不敷九千八百五十五元，应由何财政机关拨出补助之处，仍候一并指令祇遵，实为公便"等情。据此，除指令呈悉，已令行广东财政厅按月拨给五千元外，合行令仰该厅长即便遵照办理。此令。

中华民国十二年八月十六日

据《大本营公报》第二十五号

给邓泽如的指令[*]

（一九二三年八月十六日）

大元帅指令第三七九号

　　令两广盐运使邓泽如

　　呈请裁撤缉私舰队办事处由。

　　呈悉。应照准。此令。

中华民国十二年八月十六日

据《大本营公报》第二十五号

---

　　*　邓泽如鉴于缉私舰队成立以来，未缉获颗粒私盐，且擅委舰长，不服指令等，于八月十四日呈请孙中山裁撤缉私舰队办事处，将各缉舰收回整顿。

给范其务的指令

（一九二三年八月十六日）

大元帅指令第三九八号

　　令广东电政监督兼广州电报局局长范其务

　　呈报收入短拙，经费困难，请准予拨款以维电政由。

　　呈悉。已令行广东财政厅按月拨给五千元。仰即知照。

此令。

中华民国十二年八月十六日

据《大本营公报》第二十五号

给姚雨平的指令

（一九二三年八月十六日）

大元帅指令第三九九号

　　令前中央直辖警备军司令姚雨平

　　呈缴暂定中央直辖警备军旗帜图式请备案由。

　　呈悉。该警备军司令已准辞职在案，该军从前之军旗图式无

须备案。仰即知照。此令。

中华民国十二年八月十六日

据《大本营公报》第二十五号

委派梁鸿楷职务令

（一九二三年八月十七日）

大元帅令

　　特派梁鸿楷兼两阳、三、罗①等处安抚使。此令。

中华民国十二年八月十七日

据《大本营公报》第二十五号

任命邱鸿钧职务令

（一九二三年八月十七日）

大元帅令

　　任命邱鸿钧为大本营参军。此令。

中华民国十二年八月十七日

据《大本营公报》第二十五号

任命杨子嘉职务令

（一九二三年八月十七日）

大元帅令

　　任命杨子嘉为大本营技师。此令。

中华民国十二年八月十七日

据《大本营公报》第二十五号

---

　　①　两阳、三、罗：阳江、阳春、三水、罗定。

命优恤陆兰清令

（一九二三年八月十七日）

据西路讨贼军总司令刘震寰电呈：该部第十独立旅旅长陆军中将陆兰清率部随攻惠州，积劳病故，恳请追恤等情。该故旅长陆兰清，久历戎行，备尝艰险，今春讨贼军东下，该故旅长在三水首先响应，深明大义。此次攻惠，力疾视师，始终弗懈，竟以积劳致病，尤征忠勇。兹闻溘逝，惋悼殊深，该故旅长陆兰清，着大本营军政部查照陆军中将积劳病故例，从优议恤，以慰忠魂。此令。
中华民国十二年八月十七日

据《大本营公报》第二十五号

给邓泽如等的训令

（一九二三年八月十七日）

大元帅训令第二六二号

令两广盐运使邓泽如、广东财政厅邹鲁、广州市政厅孙科、广州市公安局吴铁城、广东全省官产清理处梅光培

据大本营兵站总监罗翼群呈称："窃据卫生局长李奉藻呈称：'查职局所辖前后方各病院、各卫生队等，每月领支薪饷、公费共需二万零五百余元，加以后方各院现所收容留医伤病官兵将达二千六百名，每日约需伙食六百元左右。前方战事方殷，伤兵尚源源而至；又各院、队暨前方各军来领卫生材料，日凡数起，需费甚巨，统共每日匀领三千二百余元方敷分配。惟因库储支绌，每日只由经

理局拨发千余元至二千元不等，以之分配支给各院留医伤病官兵伙食、殓埋费及零星店帐，已属不敷，以致积欠各院、队薪饷，竟无从支发。日前经将困难情形电呈请予清发，奉交经理局办理，旋准徐局长函知：俟催收有款，尽先筹发等由。迄今旬日，仍尚未准清发旧欠，而新款仍不能领足，似此无米为炊，难为巧妇。现计各院、队五六月分应领薪饷公费，固全未清给，而七月份又将届满，层叠积欠，为数尤巨。查前迭据各院、队长以各员役夙夜在公，异常劳苦，屡以薪饷未奉给发，养赡乏资，要求转请清发，否则一律请予辞职，以免枵腹等情，面请维持前来。当经局长迭予安慰，嘱令安心服务，静待领发去后，现复据各员前来，呈请速发，否则行将解体等情。又经一再安慰，惟虽舌敝唇焦，仍恐无济于事，倘果实现，则各院、队无人经理，贻误事机实非浅鲜。局长职责所在，亟当维持，再四思维，非予设法筹款清理前欠，及以后随时清发，殊不足以维现状而利进行。所有职局领款短少积欠薪饷，据各员役要求清发各缘由，理合开具清单，具文呈请察核，俯赐维持，立先提拨款项，清理前欠各院、队薪饷及请筹定的款，以后按照应领数目拨足，俾资应付而免贻误'等情，并连同欠款清单一纸前来。据此，窃查本部款项，向由财政各机关按额拨给，以资支付。迩月以来，当局对于兵站领发各款，多方推宕，漫不负责，以致收入日绌，积欠日多。兹据前情，理合转呈察核，俯念留医各官兵伤病攸关，迅予拨款维持，实叨公便"等情。据此，除指令照准外，合行令仰该运使、厅长、市长、局长、处长即便遵照，对于指拨兵站之款，务须如额交付，不得延宕积欠，以利戎机。此令。

中华民国十二年八月十七日

据《大本营公报》第二十五号

给范其务的训令

（一九二三年八月十七日）

大元帅训令第二六三号

　　令广东电政监督范其务

　　据西江讨贼军总指挥魏邦平鱼日代电称："冬日据梧州电报局局长康一谔邮电称：'窃查职局常年经费，向以商报收入为命脉，报费收入又视线路通阻为转移。报费失收则阖局生机中绝，困难情形业经沥陈在案。查东路电信梗阻频仍，一因日久失修，复因洪流倾倒，此为职局所辖电线情形。其广东线路，断阻已久，叠经电请广东电政监督责成修理，置若罔闻。应请钧部电呈大元帅，饬令广东电政监督从速兴修，以期通畅'等情。据此，查电报为行军需要，现值戒严时期，消息尤贵敏捷。该局长所陈尚属实情，应请钧座令饬广东电政监督速将该路电线克日修理，以捷戎机而资军用"等情。据此，合行令仰该监督即将该路电线从速修复，以便交通。此令。

中华民国十二年八月十七日

据《大本营公报》第二十五号

给梁鸿楷的训令

（一九二三年八月十七日）

大元帅训令第二六四号

　　令中央直辖广东讨贼军第四军军长兼两阳、三、罗等处安抚使

梁鸿楷

　　自西江军兴以来，生民荡析，未获安居，乡团民军或因保卫地方，或因协助大军，所在多有，事定之后，或未还农，而各部正式军队，亦间有临时扩充，超逾原额。兹因西江一带已告肃清，特派该军长兼两阳、三、罗等处安抚使，仰即绥靖地方，裁遣军队，用副本大元帅轸恤民生、整饬军政之至意。现在钦廉一带桂盗余孽，时滋椒〔俶〕扰，并仰协助高雷绥靖处共同捍卫，保卫地方，有厚望焉。此令。

中华民国十二年八月十七日

据《大本营公报》第二十六号（一九二三年八月三十一日版）

给姚雨平的指令 *

（一九二三年八月十七日）

大元帅指令第四○四号

　　令惠州安抚使姚雨平

　　呈报设立行署及后方办事处请饬兵站接济由。

　　呈悉。该使所设行署及后方办事处，应就所领经费开支，无须兵站供给。所请着毋庸议。此令。

中华民国十二年八月十七日

据《大本营公报》第二十五号

---

* 姚雨平任惠州安抚使在博罗设立行署后，拟在石龙设立后方办事处。八月十日，呈请孙中山饬令兵站总监，由各兵站接济经费，以资办公。

给程潜的指令

（一九二三年八月十七日）

大元帅指令第四〇五号

　　令大本营军政部长程潜

　　呈报查明冼善之等附逆情真请将该逆等家产召变充饷乞核示由。

　　呈悉。既据查明冼善之等附逆有据，该逆等家产准予变卖充饷，以儆凶顽。仰即会同广东省长办理可也。此令。

中华民国十二年八月十七日

据《大本营公报》第二十五号

致邓家彦函

（一九二三年八月十八日）

孟硕兄鉴：

　　六月二十三日函悉。此间现在财政极困，说不起买军械事。至于飞机，自己可造，日前已造成第一架，比之外国所造者尤甚。此后当陆续自造，不须外来矣。

　　兄前各信多已收到，曾亲答一函，未知收到否？此间因需德专门技师，然零星延聘，无补于事，必也与德国资本实业家如 Sirnnes者及其政府订一大建设计划，中国以物资人力，德国以机器科学，共同合作发展中国之富源，改良中国之行政，整顿中国之武备。总而言之，即借德国人才学问，以最速时间，致中国于富强。此步达到,则以中国全国之力,助德国脱离华塞条约①之束缚。如德国政府能视中国为一线之生机,中国亦必视德国为独一之导师。以德国今日废置之海陆军人才及制造武器、组织军队各等计划及经验,悉移来中国,为中国建树一强固国家,互于资助,则彼前战败而失去种种权利,必可由助成中国之富强而恢复之也。未知德国多数之政治家有此眼光否? 望兄乘留德之机,向其政府及实业家游说之。如彼等有此见地,知两国相需之殷,通济之急,不以欧亚而歧视、种族而区别,则人道之大幸也。倘德国志士将从此途用工,成中德两国之提携,其功业必比于丕斯麦者尤大也,而兄又为成此事之中介,则功业亦当在四万万人之上矣。幸为相机图之。此候旅安不一

孙文　八月十八日大本营

据《国父全集》第三册(转录《会书》之十函札)

致赵成梁电

（一九二三年八月十八日）

韶州赵师长鉴:铣电悉。南、始②克复,逆敌溃退,遥聆捷音,至用欣慰。前敌出力将士,仰即传令嘉奖,并饬令绥辑人民,保卫地方,力整军备,以资捍御,有厚望焉。大元帅。巧。

据《大本营公报》第二十六号

---

①　今通译凡尔赛条约。

②　南、始:指南雄、始兴两地。

任命于若愚职务令

（一九二三年八月十八日）

大元帅令

　　任命于若愚为大本营谘议。此令。

中华民国十二年八月十八日

据《大本营公报》第二十六号

任命吴东启职务令

（一九二三年八月十八日）

大元帅令

　　任命吴东启为大本营谘议。此令。

中华民国十二年八月十八日

据《大本营公报》第二十六号

任命赵锄非等职务令

（一九二三年八月十八日）

大元帅令

　　任命赵锄非、宋大章、陈丕显为大本营谘议。此令。

中华民国十二年八月十八日

据《大本营公报》第二十六号

委派胡镜波职务令

（一九二三年八月十八日）

大元帅令

　　派胡镜波为大本营出勤委员。此令。

中华民国十二年八月十八日

据《大本营公报》第二十六号

准任吴靖职务令

（一九二三年八月十八日）

大元帅令

　　大本营参军长朱培德呈请任命吴靖为大本营参军处上校副官。应照准。此令。

中华民国十二年八月十八日

据《大本营公报》第二十六号

准代李国柱造步枪令

（一九二三年八月十八日）

　　李旅长国柱备价请代造步枪五百枝。应照准。此令。

民国十二年八月十八日

据《国父全集》第四册（转录史委会藏原件影印）

命胡汉民等将人械分运
招降部队令

（一九二三年八月十八日）

　　对于招降李根云〔沄〕之残部，已与蒋军长说明，须要人械分运而过西江，并要彼立出前敌。如是则其人直由梧州乘轮出香港，由港再搭渡往澳头登岸而集中淡水；或搭车往平湖而赴淡水，此实较廉较速。至其枪械，则由蒋军派人接收，另运往淡水集中整理，决不准其于梧州、淡水之间停留，以免误会而滋流弊乃妥。着总参议及秘书长照此发训令与蒋军长光亮，依照办理，不得稍违。此令。

孙　文

中华民国十二年八月十八日

据谭编《总理遗墨》第一辑

发给孙扶邦路费令

（一九二三年八月十九日）

　　着会计司发给孙扶邦路费贰拾元。此令。

孙　文

中华民国十二年八月十九日

据《国父全集》第四册（转录史委会藏原件）

给余轼和等委任状

（一九二三年八月二十日）

　　委任余轼和为映市仓中国国民党分部正部长,李辅衍为映市仓中国国民党分部副部长,余毓瑞为映市仓中国国民党分部评议部正议长,余坤和为映市仓中国国民党分部评议部副议长;蔡庆祥为哔造中国国民党分部正部长,陈润祥为哔造中国国民党分部副部长,黄冠三为哔造中国国民党分部评议部正议长,谢梓垣为哔造中国国民党分部评议部副议长。此状。

总　　　　理　　　（印）

总务部部长彭素民副署

代理党务部部长孙镜副署

财务部部长林业明副署

宣传部部长叶楚伧副署

交际部部长张秋白副署

据《国父全集》第四册(转录《本部公报》一卷二十八号)

给余蓁中苏孟裔委任状

（一九二三年八月二十日）

　　委任余蓁中为映市仓中国国民党分部党务科主任;苏孟裔为哔造中国国民党分部党务科主任。此状。

总　　　　理　　　（印）

总务部部长彭素民副署

代理党务部部长孙镜副署

据《国父全集》第四册(转录《本部公报》一卷二十八号)

给余辉中陈进枝委任状

(一九二三年八月二十日)

委任余辉中为映市仓中国国民党分部会计科主任;陈进枝为哗造中国国民党分部会计科主任。此状。

　　　　　　　总　　　理　　　　（印）

　　　　　　　总务部部长彭素民副署

　　　　　　　财务部部长林业明副署

据《国父全集》第四册(转录《本部公报》一卷二十八号)

给陈斗邓孺子委任状

(一九二三年八月二十日)

委任陈斗为映市仓中国国民党分部宣传科主任;邓孺子为哗造中国国民党分部宣传科主任。此状。

　　　　　　　总　　　理　　　　（印）

　　　　　　　总务部部长彭素民副署

　　　　　　　宣传部部长叶楚伧副署

据《国父全集》第四册(转录《本部公报》一卷二十八号)

给谢协民等委任状

(一九二三年八月二十日)

委任谢协民为映市仓中国国民党分部总务科主任,余泽臣为映市仓中国国民党分部执行部书记,余泽臣、李业芳、余日煇、余鼎初、余毓伟、张锡富、雷金德为映市仓中国国民党分部干事,余泽臣为映市仓中国国民党分部评议部书记,李襄州、余叔华、余福、李成锦、余俭中、余仁和、李嘉、汤华、李伟涛、李树云、余进和为映市仓中国国民党分部评议部评议员;吴泽庭为哗造中国国民党分部总务科主任,蔡翊超、孔超武为哗造中国国民党分部执行部书记,刘森耀、王文有、黄直腾、方铁侠、刘润祥、简军权、李电轮、郑北、练嘉禾、古振暄、徐掃非为哗造中国国民党分部干事,罗奇为哗造中国国民党分部评议部书记,戴藻芳、李扬海、刘芹、张祖安为哗造中国国民党分部评议部评议员。此状。

总　　理　　（印）

总务部部长彭素民副署

据《国父全集》第四册（转录《本部公报》一卷二十八号）

任命姚雨平兼职令

（一九二三年八月二十日）

大元帅令

　　着惠州安抚使姚雨平仍兼中央直辖警备军司令。此令。

中华民国十二年八月廿日

据《大本营公报》第二十六号

给廖仲恺的训令

（一九二三年八月二十日）

大元帅训令第二六六号

令广东省长廖仲恺

据大本营军政部长程潜呈称："卷查宝安县公民曾容等及中央直辖西路讨贼军第三师师长黎鼎鉴先后呈称：'宝安县莠民冼善之等，帮助练逆演雄，祸乱粤局，罪证确凿，请查封其家产，召变充公一案。经职部令行署宝安县县长张沥林查明具复去后，旋据复称呈确。经职部据情呈奉钧座批示，详查严办'等因。奉此，遂令宝安县张县长将冼善之、陈斗文、陈星舫在宝安境内家产，先行查封，其冼善之一人所管在虎门境内家产，则由黎师长于具呈后即行查封。旋据香港侨民曾容及冼善之本人先后诉称冼善之并无附逆情事。又据陈善章、谭牛等先后呈称虎门境内被封产业，并非冼善之一人所管。种种情形，各先后列具在卷。职以此案情形颇多纠葛，复委职部秘书姚大慈前赴虎门、宝安，会同张县长将案内纠葛情形彻查具报去后，兹据会称：'呈为呈复事：案奉军部第一三三号训令内开：以查封冼善之等逆产一案，罪证是否确凿；港虞电署名之曾容，是否系曾容记假名图混；陶园酒楼及同益航业公司之产业，是否系谭牛、陈善章、冼善之等所共有等因，饬令秘书、县长会查具报，以凭核办。奉此，遵即逐一确查，谨合词为我部长缕晰陈之：伏查冼善之以油漆匠出身，因缘致富，雄于资财，向以贿赂交结达官及本县不肖县吏，身居香港，而把持县政，驱使贪吏，俨如上司。当本年春间，冼善之以逆部参议资格，在港大东酒店设立机关，所有练演雄叛变之逆谋，皆定计于此时此地，凡港人之关心时局者，多习闻而习见之。迨练逆在宝安发难时，冼善之竟敢使其子冼海、其党陈泽恩由港运送巨款，助逆军饷及充逆军向导，嗣在阵地中枪伤足，异港就医，邑人见者，莫不称快。当夫发难之前，冼善之且与练逆密谋盗运沙角炮台抬枪子弹，屯藏宝安县属西路，备作后应。嗣经游击队查起，现仍存团保局，是冼善之助逆谋叛罪证确凿者一也。又查宝安公民曾容系世居宝安县境,姓曾名容,别无其他名号,其人最富于公益心,邑人每推许之,此次愤冼逆之助乱,糜烂桑梓,因而出首呈控,断无反汗之理。至香港拍发虞电署名之曾容,系向在香港西营盘开曾容记店作泥水匠扫灰水生意之曾容荣所假名,其人素来无赖,交结匪类,邑人多不齿之。此次为冼逆所收买,竟不惜以自己曾容荣之姓名,忽然截断一字,一变而为曾容,在港拍发虞电为冼辩护,曾经公民曾容续呈申驳,当蒙洞鉴。且其中尤有足证其伪者,曾容记拍发虞〈电〉之稿,曾用电版摄影粘呈省宪,其稿末既署名曾容的笔,复又钤以曾容荣小章,作伪心劳日拙,殆其此之谓矣。是港虞电署名之曾容,确为侨港之曾荣记假名图混者二也。又查陶园酒楼及同益航业公司之产业,纯属冼逆善之一人所独有,谭牛者不外冼逆之雇役,初在同益轮拖管收渡费,近乃改充陶园酒楼司柜。陈善章者,实则并无其人,不外冼善之最初与县属福永村人陈丽章合办同益轮拖,因以善之、丽章两人之名,各抽一字合组一名,以为承商名字,嗣因经理不善,寻至亏本,陈丽章情愿退股,自时厥后亦迄于今,同益航业公司之产业,遂专归冼逆一人所独有。故财厅执照亦纯用冼善之名字。现陈丽章之子陈洪,尚充西路讨贼军第三师连长,言其父与冼逆当年合股拆股情形甚悉。唯冼逆自知逆产已封,势必召变,故欲藉谭牛、陈善章等名瞒请给还,希图狡脱,是陶园酒楼及同益航业公司产业,并非谭牛、陈善章等所共有者三也。以上各节,迭经秘书、县长会同逐一详查,确无疑义,谨合词具复,伏乞察核,克日派员莅县会同评价召变,藉充军饷,实为公便'等情。据此,查冼善之等既属附逆情真,甘心破坏大局,挟其资财助恶长乱,揆厥情形,实堪痛恨。可否准于宝安县公民及黎师长等所请,将冼善之等家产召变充饷,以儆凶顽而彰顺逆,理合备文呈候钧座俯赐察核,迅予批示施行,实为公便"等情。据此,除指令呈悉,既据查明冼善之等附逆有据,该逆等家产,准予变卖充饷,以儆凶顽。仰即会同广东省长办理外,合行令仰该省长即便遵照办理。此令。

中华民国十二年八月廿日

据《大本营公报》第二十六号

给姚雨平的训令

（一九二三年八月二十日）

大元帅训令第二六七号

令惠州安抚使兼中央直辖警备军司令姚雨平

为令遵事:照得我军此次出征东江,义在伐罪救民,歼厥逆魁,余无所问。所有胁从官兵,应予招抚收编,以安反侧而示宽仁。仰该司令体念斯旨,即赴东江前敌,设法招抚,以免敌兵流散,重贻民害仰即遵照毋违。切切。此令。

中华民国十二年八月廿日

据《大本营公报》第二十六号

给杨仙逸的指令

（一九二三年八月二十日）

大元帅指令第四〇六号

令航空局局长杨仙逸

呈报东江水涨,拟将陆机二架装成水机以备赶赴前敌由。

呈悉。照准。此令。

中华民国十二年八月廿日

据《大本营公报》第二十六号

任命冯镇东职务令

（一九二三年八月二十一日）

大元帅令

　　任命冯镇东为大元帅行营秘书。此令。

中华民国十二年八月廿一日

据《大本营公报》第二十六号

发给行营金库长款令

（一九二三年八月二十一日）

　　着会计司发给行营金库长壹万元。此令。

孙　文

中华民国十二年八月廿一日

据《国父全集》第四册（转录史委会藏原件）

任命何蔚代职令

（一九二三年八月二十二日）

大元帅令

　　任命何蔚代理广东高等检察厅检察长。此令。

中华民国十二年八月廿二日

据《大本营公报》第二十六号

委派黄骚职务令

（一九二三年八月二十二日）

大元帅令

派黄骚为广东造币分厂监督。此令。

中华民国十二年八月廿二日

据《大本营公报》第二十六号

准车显承辞职令

（一九二三年八月二十二日）

大元帅令

广东高等检察厅检察长车显承呈请辞职。车显承准免本职。此令。

中华民国十二年八月廿二日

据《大本营公报》第二十六号

给军政各机关长官的训令

（一九二三年八月二十二日）

大元帅训令第二六八号

令军政各机关长官

据大本营审计局长刘纪文呈称：“窃职局权司审计，举凡国库出纳之款项，自应依法审核，以仰副钧帅慎量度支、维系公帑之至意。故自职局成立以来，迭经呈请通饬各文武机关，依法编造预算，呈由钧帅核定发局备案，及按月编造支付预算，暨每月计算发局审查各在案。惟查十一年度十二年六月以前各机关遵令造报者，除内政、财政、兵站、建设等部及宪兵司令部外，其余军政、外交等部、会计司、法院、暨中央直辖各机关等，多尚阙如；且造报者，或有预算而无计算，或有计算而无预算，或间或断，或程式不符，或手续不合，亦多未尽符章制，所有审查经过情形，复经分别呈复察核又在案。窃以国家财政，首贵整理之得宜，其整理之方，自宜于每年度末开始之先，确定预算，以为出纳之根据。考诸会计法例，国家之租税及其他收入为岁入，一切经费为岁出，岁入岁出均应编入总预算。又审计法例，各官署应于每月五日以前，依法决定预算定额之范围，编造次月预算书，送由财政部查核发款后，转送审计院备查，及各官署应于每月经过后十五日以内，编成上月收入计算书、支出计算书，送审计院审查等规定。是一则为整理之方，一则为防弊之法，推行已久，成案可稽。今各机关既未能依法编造于前，尤不遵令补报于后，似于钧帅设置职局，与整理财政、慎重度支之旨，不无径庭。用敢再呈钧座，拟请迅令各文武机关，对于上年度，即十二年六月以前之预算、计算已报未完，或程式不符，及未经造报者，一律依照财政部编定书式，参照会计审计法例，克期补造，呈报钧座，发局分别审查备案。其十二年度总预算，亦应迅照财政部通行期限，依式编送该部汇总呈核，嗣后仍按月编造支付预算书，及收支计算书表，参照审计法例，分别呈送发款审核，以符法系而资整理。所有呈请通令各文武机关迅行依式编造各预、计算书表分别呈送各缘由，理合具文呈请鉴核，伏乞俯赐分令饬遵，实为公便"等情。据此，除指令准如所请分令军政各机关查照办理外，合行令仰该部长、总司令、军长、院长、司令、司长查照，并转饬所属,迅行依式分别补造、编造各项预算书表呈候发核,以资整理而重度支。此令。

中华民国十二年八月廿二日

据《大本营公报》第二十六号

给李济深的训令

（一九二三年八月二十二日）

大元帅训令第二六九号

　　令西江善后督办李济深

　　据大本营驻江办事处全权主任古应芬呈称:"呈为补充团业已成立,拟请收归中央直辖,恭呈仰祈睿鉴事。窃照本处组织补充兵一团,遴委冯宝桢为团长,严博球为中校团附,高汉宗为少校团附,业经呈报在案。查该团虽成立未久,而训练颇有可观,本处现已奉裁,该团无所隶属,拟恳准予收归钧府直辖,并改名为中央直辖广东讨贼军步兵独立团,仍驻西江,暂归善后督办李济深节制,俾可练成劲旅,听候指挥。所有拟请将本处所辖补充团改隶中央更易名称各缘由,备文呈请察核,是否有当,伏乞指令祗遵。再如蒙照准,该团长、团附各职,并请分别加给任命,以重职守,合并具陈"等情前来。除指令准如所请办理外,合行令仰该督办照办。此令。

中华民国十二年八月廿二日

据《大本营公报》第二十六号

给古应芬的指令

（一九二三年八月二十二日）

大元帅指令第四〇八号

　　令大本营驻江办事处全权主任古应芬

　　呈请将补充团收归中央直辖,暂归善后督办李济深节制由。

　　呈悉。准如所请办理,已令行西江善后督办矣。仰即知照。
此令。

中华民国十二年八月廿二日

据《大本营公报》第二十六号

给刘纪文的指令

（一九二三年八月二十二日）

大元帅指令第四〇九号

　　令大本营审计局长刘纪文

　　呈请通令各文武机关迅行依式编造各预计算书表由。

　　呈悉。准如所请,已分令军政各机关查照办理矣。仰即知照。
此令。

中华民国十二年八月廿二日

据《大本营公报》第二十六号

委派胡汉民等职务令

（一九二三年八月二十三日）

大元帅令

　　派胡汉民、程潜、罗翼群为大本营军法裁判官。此令。

中华民国十二年八月廿三日

据《大本营公报》第二十六号

任命陈楚楠职务令

（一九二三年八月二十三日）

大元帅令

　　任命陈楚楠为大本营谘议。此令。

中华民国十二年八月廿三日

据《大本营公报》第二十六号

命将程天斗交军法裁判令

（一九二三年八月二十三日）

大元帅令

　　程天斗着交大本营军法裁判。此令。

中华民国十二年八月廿三日

据《大本营公报》第二十六号

给邓泽如的训令

（一九二三年八月二十三日）

大元帅训令第二七〇号

　　令两广盐运使邓泽如

　　据大本营军政部长呈称："据广东陆军医院院长陈世圻呈称：'呈为薪饷日久无着，办理竭蹶万分，沥情吁请俯赐维持并予转呈事。窃世圻辱承宠命，畀以今职。任事之始，正值军兴，所有各路伤病官兵源源而来，人数骤增，医务日繁，经世圻督同军医、司药等员悉心疗治，加意维护，三月以来幸无贻误。该员等在朱前院长宗显任内，服务四月，此次倏又三月，前后七月未得分毫。似此久任义务，窘况可想，各有家室之累，实藉月薪糊口；且省垣米珠薪桂，居大不易，若按月薪饷日久无着，揆诸情势，实有难行。至下级之看护、士兵、杂役月饷或十余元，或仅只数元，久未清给，困苦尤甚，虽经多方劝勉设法维持，无如世圻任事以来，如垫支不敷之伤兵伙食、购办缺乏之药费品以及临时添置床板、寝具，并办事人员之膳费，无一不在张罗，勉力支撑，以致债累满身，清还无从。前项薪饷问题，总竭其智能亦无法解决。所有种种困难情形，迭经面陈聪听，请赐维持在案。现世圻任内，积欠经常薪饷、暨垫支过临时购置接济药品及不敷伤兵伙食等款，均系立待开支，万难再事延缓，致滋瓦解。世圻目击现状，忧心如焚，虽知库帑奇绌之秋，不敢不据实上陈。盖各该员之苦况已达极点，势难再支，设致贻误公务，负疚愈深，再四筹维，惟有沥情呈请鉴核，俯赐设法维持，并乞据情转呈元首，早日指拨的款发给下院，以苏涸辙。迫切陈词，无任悚惶待命之至'等情。据此,查该院长所陈各节均属实情,计该院经费每月二千八百四十七元七毫,又伙食及临时费二千五百一十元,除奉钧令每日由会计司发五十元外,每月仍不敷三千八百五十七元七毫。似此积欠日多,应付綦难,拟请钧座特予批发的款五千元下部转发该院长妥为维持,是否有当,理合据情转呈,伏乞察核指令祗遵"等情。据此,除指令照准外,合行仰该运使遵即迅发五千元交由军政部领收转发可也。此令。

中华民国十二年八月廿三日

据《大本营公报》第二十六号

给赵梯昆的指令[*]

（一九二三年八月二十三日）

大元帅指令第四一〇号

令永翔舰长兼海军司令部参谋长赵梯昆

呈请开去海军司令部参谋长兼职由。

呈悉。该参谋长数月以来,于海军司令部务擘画周详、正殷倚畀,尚冀统筹兼顾,勉力赞襄,以副本大元帅整饬海军之至意。所请开去参谋长兼职之处,着毋庸议。此令。

中华民国十二年八月廿三日

据《大本营公报》第二十六号

---

　*　赵梯昆原为永翔舰长,后孙中山又加委兼海军司令部参谋长,赵以任重,难于胜任,于八月二十日呈请开去参谋长兼职。

给魏邦平的指令 *

（一九二三年八月二十三日）

大元帅指令第四一一号

令琼崖实业督办魏邦平

呈为琼崖实业尚难筹备请予收回督办成命由。

呈悉。该督办对于琼崖实业，筹画有素，今为事择人，特授斯职。尚冀极力经营，本所夙抱，见诸实际，以濬发琼海全岛之富源，而副本大元帅振兴实业之至意。所请收回督办成命之处，应毋庸议。此令。

中华民国十二年八月廿三日

据《大本营公报》第二十六号

给程潜的指令

（一九二三年八月二十三日）

大元帅指令第四一二号

令大本营军政部长程潜

呈请批发的款维持陆军医院由。

呈悉。准如所请，候令行两广盐运使迅拨款五千元交由该部核收转发。仰即知照。此令。

---

　　* 魏邦平受委琼崖实业督办，时粤省军事未尽，时人对投资开发琼崖事，多存观望。故魏于八月十五日，呈请大元帅暂予收回督办成命。

中华民国十二年八月廿三日

据《大本营公报》第二十六号

发给北京法文报津贴令

（一九二三年八月二十三日）

　　着会计司每月发给北京法文报津贴大洋壹百五十元。由本月起发,交韦玉手汇去。此令。

孙　文

中华民国十二年八月廿三日

据中山大学孙中山纪念馆藏原件

给罗翼群的指令

（一九二三年八月二十四日）

大元帅指令第四二○号

　　令大本营兵站总监罗翼群

　　呈据交通局长周演明呈广东工团海面货船协会严月生等伪造事实,营私舞弊,转请核办由。

　　呈悉。仰即严查,如果属实,应行从重究办。此令。

中华民国十二年八月廿四日

附:罗翼群呈

　　呈为呈请事:现据职部交通局长周演明呈称:"现据广东工团同盟会、中华海面货船协会总部会长严月生、黄曜等快邮篠电称:

'窃自沈逆叛变,各江用兵,我大元帅率师讨贼,我工人等即首先输诚,尽其棉薄,赞襄义军。盖以水路交通首需船舶,我工人自置船渡,以运载米谷为业,即俗所称为米舴者也。军兴伊始,即由本工会具呈大本营兵站总监,称军事如用船只,请知照本工会,本工会当着会友将船报效,惟请勿以强力威迫,致生误会。盖办事人员或不能仰体我大元帅嘉惠劳工之旨趣,假藉威权,恣意凌迫,其不肖者难保不有欺诈取财之举,则非惟有玷我兵站职员之名誉,且无形之中丛积怨愤,致伤大元帅之威德。一片苦衷,经由罗翼群总监俯察批准在案,本会因而组织一联保会,凡我工友以米舴为军事效力者,每艘每日由会给回二十元以为伙食,或遭不测,则本会每船送回该遇险之船补置费二十五元。计全会米舴不下三百余艘,统计一船遇险,可得回补置费七千余元,此皆本会自动的为我大元帅效力之可稽者也。数月以来,相安无异,盖我工会全体工友均为中国国民党党员,对于国家须尽我国民之天职,对于本党亦同时须尽我党员之责任。去年陈逆之变,我工会米舴集中鹅潭拥护帅座,身命财产概置度外,足见我工会工人为国效劳、为党效忠、为大元帅效死不自今日始也。万不料本月十六日下午十一时三十分,突有兵站部交通局委员钟昌谱等率同卫兵数人,偷登我会员广发昌、广联发米舴,声称封船,不由分说,放枪威吓。妇人孺子奔走无路,黑夜沉沉,官贼实在难辨,迫得率同家人妇子逃匿别船。该委员竟大肆咆哮,将系船之链抛掷于河里。窃思我米舴工人,以船为家,今该委员既未知会警察,黑夜擅进船中,实与于黑夜闯入人家何异?锚链为稳固船艘之要具,一旦失去,即成不系之舟。现时西潦盛涨,河流湍急,全船覆没在于意中。该委员竟下此毒手,法律人道荡然无存。更有足令公愤者,我大元帅以党治国,青天白日之党旗凡我党员理当尊重,乃该委员竟取党旗而撕碎之,此而可忍,孰不可忍!

该委员既可将党旗撕碎之,即无异将我党捣毁之,目无我党,即目无我大元帅。我工人等今为自卫计,谨率同业系船待命,其有不奉我大元帅命令及中国国民党广东支部长通告,擅敢近我船者,即以盗匪偷劫论,迎头痛击之。官不能卫民,反而虐民,则民当自卫,非工人敢为轨外之行动也'等情。据此,查该会长严月生前据到局面称:封雇各民船差用,劳逸未免不均,不如由该会轮派当值,限期瓜代,则船户仍有营业时期,而职局复无缺船之患。当以其言之成理,经予照行。乃严月生竟藉此轮值名目,月收该各船保护费每艘数十元,轮值与否以交费与否为断。凡未交费之船,即载满货物亦强饬其到局差用,一经交费又复来局,饰词取销另觅别船替换,往复辗转,每封一船非一二日不就。事关军事运输,未便听其傀儡,万不获已,始将该议取销,仍前由局封雇,冀免贻误。乃严月生因失各船户之信仰,保护之费难收,竟敢身佩短枪闯进职局办公厅,将委员李国权强殴致伤。当时职适因午假虽未目击,而合局职员金称属实,当时职仍勉励各员勿以意气用事,当以前方军事为重,饬令照常办公,幸皆听命不至滋生事端。本月十四、五等日,准巩卫帅府之广东讨贼军第三团邓团长演达派员到局称,即护帅节督师东江,需大民船数艘载运士兵,沿途巩卫座船。又准公安局司徒大队长,请封雇大船载运游击队前往江门。职以事关帅节出巡,及江门军事至为重要,立派委员钟昌谱,赶速驰往封雇。查该委员此次封雇民船,时间系本月十六日上午十二时起,至本日下午五时止,封雇所得广发昌、广联昌二艘回局,该电捏称为本月十六日下午十一时三十分,直以昼为夜,殊非事实;又称不由分说,放枪指吓等语。查该船泊在珠江河面,水警梭巡,民船棋布,繁盛之区倘枪声一起,秩序势必凌乱。何以除严月生外,皆无闻见?其为伪造事实故入人罪不攻自破,况职迭经训谕职员处事当以和平,勿用意气。自开办至今,皆以理解情喻为主,非礼之言尚不出口,岂有遽行放枪情事。所封之船,仍泊河面,系船铁链仍存,并未抛于河里。经职传该船主、船员,分别到局查询,金称并无放枪、毁旗、抛链情事。则事之虚伪,该船主、船员可以证明。查兵站因军事封雇船艘,亦无知会警察之规定,种种谰言,无非希冀混淆观听。至称撕碎党旗一事,尤为荒谬,推其用意,不过欲架捏大题鼓动社会,激起一般工党阻碍兵站封雇民船,彼则从中包庇,以遂其私。青天白日光明正大之旗,严月生竟假为滋事营私之具,洵为罪大恶极,非尽法严惩无以肃纲绝〔纪〕而儆奸邪。再查该米舴船据称三百余艘,自七月十七日迄今并无封用。此次因巩卫帅节,并运载警察、游击队前往江门,始封用二艘,即虚构若干事实,以为抵制。其把持船艘事小,而阻碍军事进行事大,事实具在,岂可厚诬?严月生不过假国民党之威名,而行其营私舞弊之实,此种败类实为国民党之玷。演明本不屑与辩,惟恐以伪乱真,以致外间不察,莫明真相。理合将严月生种种伪造事实各情由,呈请钧部察核。可否转呈大元帅立予惩办,以免效尤而利戎机之处,敬祈指令祇遵"等情前来。据此,查此案昨据该局长函报前来,业经呈报钧座衡核在案,据呈前情,理合转呈察核。应何如办理之处,伏祈指令祇遵。谨呈
大元帅

兵站总监罗翼群(印)

中华民国十二年八月廿一日

据《大本营公报》第二十六号

给谭声根等委任状

（一九二三年八月二十五日）

　　委任谭声根为孟米中国国民党分部正部长，谭龙光为孟米中国国民党分部副部长，关韶为孟米中国国民党分部评议部正议长，梁涤亚为孟米中国国民党分部评议部副议长；区士依为啤喇中国国民党分部正部长，冯清为啤喇中国国民党分部副部长。此状。

总　　　理　　　（印）

总务部部长彭素民副署

代理党务部部长孙镜副署

财务部部长林业明副署

宣传部部长叶楚伧副署

交际部部长张秋白副署

据《国父全集》第四册（转录《本部公报》一卷二十八号）

给谭伟南区启丁委任状

（一九二三年八月二十五日）

　　委任谭伟南为孟米中国国民党分部党务科主任；区启丁为啤喇中国国民党分部党务科主任。此状。

总　　　理　　　（印）

总务部部长彭素民副署

代理党务部部长孙镜副署

据《国父全集》第四册（转录《本部公报》一卷二十八号）

给谭裁之黄广星委任状

（一九二三年八月二十五日）

委任谭裁之为孟米中国国民党分部会计科主任；黄广星为啤喇中国国民党分部会计科主任。此状。

总　　　　理　　（印）

总务部部长彭素民副署

财务部部长林业明副署

据《国父全集》第四册（转录《本部公报》一卷二十八号）

给梁顾西区林兆委任状

（一九二三年八月二十五日）

委任梁顾西为孟米中国国民党分部宣传科主任；区林兆为啤喇中国国民党分部宣传科主任。此状。

总　　　　理　　（印）

总务部部长彭素民副署

宣传部部长叶楚伧副署

据《国父全集》第四册（转录《本部公报》一卷二十八号）

给谭钜盛等委任状

（一九二三年八月二十五日）

委任谭钜盛为孟米中国国民党分部总务科主任；黄子坚、谭松寿、谭家程、梁国琬为孟米中国国民党分部干事；林汇、谭沛英、老锡煊、曾法江、周卓云、谭锦棠、谭有扶、谭泽波为孟米中国国民党分部评议部评议员。此状。

总　　　理　　　（印）

总务部部长彭素民副署

据《国父全集》第四册（转录《本部公报》一卷二十八号）

准任赵士养等职务令

（一九二三年八月二十五日）

大元帅令

　　大元帅行营金库长黄昌谷呈请任命赵士养为金库统计科主任，陈登庸为金库保管科主任，罗磊生为金库支出科主任。均照准。此令。

中华民国十二年八月廿五日

据《大本营公报》第二十七号（一九二三年九月七日版）

准任刘殿臣职务令

（一九二三年八月二十五日）

大元帅令

　　大本营参军长朱培德呈请任命刘殿臣为大本营参军处上校副官。应照准。此令。

中华民国十二年八月廿五日

据《大本营公报》第二十七号

给叶恭绰的训令

（一九二三年八月二十五日）

大元帅训令第二七一号

　　令大本营财政部长叶恭绰

　　据大本营兵站总监罗翼群呈称："现据职部各局长暨前方各站、所长到部环集，金以款项竭蹶无法维持，坚请辞职等情。当即于是夜开全部紧急会议，据各该主管开列每日最低限预算：一、经理局军米九千元，油盐菜等副食物一千元，草鞋、雨笠、水壶、弹带等共一千五百元，燃料、飞机油、煤油、电油、油渣等一千元，煤炭二千元。每日需支一万四千五百元。二、交通局船租、伕费、输送队、电信队伙食每日需支一千七百元。三、卫生局药料一千元，各院、队伤病官兵伙食暨市内各院留医费并瘞埋费共二千元。每日需支三千元。四、支部、站、所经费除西北江已在结束期间不计外，每日需支一千元。五、守备队每日二百元。六、本部经费及公旅费、调查等费每日约六百元。六项合计每日需支二万一千元，又旧欠五十万元，每日摊还百分之一，需五千元。合共需支二万六千元。职再三考核，确系实情。伏查前奉帅令，自八月四日起，指定各机关拨款每日二万元，即全数拨足，尚不敷六千元。现据经理局报告，本月领款平均每日得一万三千九百余元，除镍币损失，实得一万二千余元，仅及半数，即不还旧欠，亦不敷近七千元。此七千元之数。几占军米全数十分之八。职部人员，即破产倾家亦无能垫此巨款。现在战事方殷，军粮倍急，时日愈积，疮孔愈多，终必至无法办理，贻误大局。职再四焦思，不敢肩此重责，惟有作最后之泣血，吁请帅座除勒限各机关每日如数拨足外，另拨现款十万元以应眉急，否则纵糜职部人员之躯，亦不足果前敌将士之腹。惟有随同全部一律请予解职待罪，免误全局。所有办理为难情形，理合备文呈请衡核，立候指遵，不胜惶恐待命之至"等情前来。据此，除指令准如所请办理，并分令指定各机关将指定款项按日如数拨交外，合行令仰该部长即便遵照，克日筹款十万元，拨交该兵站总监部，以资应付。此令。

中华民国十二年八月廿五日

据《大本营公报》第二十七号

给邓泽如等的训令

（一九二三年八月二十五日）

大元帅训令第二七二号

令两广盐运使邓泽如、广东财政厅长邹鲁、广州市市政厅长孙科、广州市公安局长吴铁城

据大本营兵站总监罗翼群呈称："现据职部各局长暨前方各站、所长到部环集，佥以款项竭蹶，无法维持，坚请辞职等情。即于是夜开全部紧急会议，据各该主管开列，每日最低限预算：一、经理局军米九千元，油盐菜等副食物一千元，草鞋、雨笠、水壶、弹带等共一千五百元，燃料、飞机油、煤油、电油、油渣等一千元，煤炭二千元，每日需支一万四千五百元。二、交通局船租、伕费，输送队、电信队伙食，每日需支一千七百元。三、卫生局药料一千元，各院队伤病官兵伙食暨市内各院留医费并殓埋费共二千元，每日需支三千元。四、支部、站、所经费，除西北江已在结束期间不计外，每日需支一千元。五、守备队每日二百元。六、本部经费及公旅费、调

查等费每日约六百元。六项合计,每日需支二万一千元,又旧欠五十万元,每日摊还百分之一,需五千元,合共需支二万六千元。职再三考核,确系实情。伏查前奉帅令,自八月四日起,指定各机关拨款每日二万元,即全数拨足,尚不敷六千元。现据经理局报告,本月领款平均每日得一万三千九百余元,除镍币损失,实得一万二千余元,仅及半数,即不还旧欠,亦不敷近七千元,此七千元之数,几占军米全数十分之八,职部人员即破产倾家,亦无能垫此巨款。现在战事方殷,军粮倍急,时日愈积,疮孔愈多,终必至无法办理,贻误大局。职再四焦思,不敢肩此重责,惟有作最后之泣血,吁请帅座除勒限各机关每日如数拨足外,另拨现款拾万元,以应眉急,否则纵糜职部人员之躯,亦不足果前敌将士之腹,惟有随同全部,一律请予解职待罪,免误全局。所有办理为难情形,理合备文呈请衡核,立候指遵,不胜惶恐待命之至”等情前来。据此,除指令准如所请办理外,合行令仰该运使、厅长、市长、局长即便遵照前令,务将指定之款,按日如数拨足,以裕饷糈而令军行。此令。

中华民国十二年八月廿五日

据《大本营公报》第二十七号

给罗翼群的指令

（一九二三年八月二十五日）

大元帅指令第四二一号

　　令大本营兵站总监罗翼群

　　呈报该部款项竭蹶情形,请令饬各财政机关依照前令,每日如数拨足,并速拨现款拾万元,以应急需由。

　　呈悉。已准如所请。令行各该财政机关按日如数拨给,并着财政部特筹十万元交该总监部，以资应付。仰即知照。此令。

中华民国十二年八月廿五日

据《大本营公报》第二十七号

给梅光培的指令 *
（一九二三年八月二十五日）

大元帅指令第四二二号

　　令广东全省官产清理处处长梅光培

　　呈请转饬将查封宝安县属冼善之等逆产案卷咨送过处，以便投变由。

　　呈悉。准予令行大本营军政部将该案卷宗移交该处办理矣。仰即知照。此令。

中华民国十二年八月廿五日

据《大本营公报》第二十七号

致叶恭绰函
（一九二三年八月二十六日）

誉虎兄鉴：

　　我军内容复杂，运用迟滞，遂不能与和斋同时作〔动〕动〔作〕，以成夹击，而歼敌人。致有漳、泉之失，乃使敌人得有余暇再聚而来犯，适我博罗方面空虚，几为所乘。今幸滇军已到一部，或不至

---

　　* 八月二十日，梅光培呈请孙中山，将六月份查封的冼善之逆产数宗照章招商投变，以济饷糈。

疏虞。然此次非众志成城，大举东征，决一个月之精力，不能扫灭惠、潮之敌，而为一劳永逸计也。且成败之局，则决于此。我不灭敌，则为敌灭，此必然之势也。

兄等既来赞襄粤局，自深期粤局之成。然粤局之成，其主要则在财政，而所急正在此时。粤中各财政机关，机〔几〕已罗掘俱穷，实无可再筹之余地，兄所知也。兄部虽筹划未周，收入尚待，然较其他，算为有望，故于此时紧急成败之交，不得不赖兄格外尽力。除今晨电令协同筹济军米之外，由九月一日起，每日筹行营紧急军费壹万元，大约一个月内外，可以结束东江军事，则此款立即停止。如能一起筹足三十万元解应，则军事必可更早了结，此款由行营金库长接收。此为成败所关，无论如何设法，总希办到为祷。此候时祉

肇觉兄统此不另。

孙　文

中华民国十二年八月廿六日

据叶编《总理遗墨》

致李福林电
（一九二三年八月二十六日）

提前万万急。广州河南海幢寺李军长鉴：营密。兄部之郑旅李团均于今日开往博罗下之苏村，希兄即来督战，勿延为要。大元帅俭酉。文。

据广东省文史馆藏原件影印

命廖行超速赴博罗解围令

（一九二三年八月二十六日）

行第八十五号

　　兹得赵师长①由始兴来电，彼已与赣边友军联络，北江防务已臻巩固，无需多加军队；而博罗杨师长②报告：博罗已被敌包围，情势危急。着该师长速率所部赶赴博罗解围。至急。切切。此令

廖师长行超

孙文（印）　午后十一时于石龙

据中国革命博物馆藏原件

给程潜的训令

（一九二三年八月二十七日）

大元帅训令第二七三号

　　令大本营军政部长程潜

　　据广东全省官产清理处处长梅光培呈称："现据东、增、宝③官产清理分处呈称：'窃查宝安县属土名福永处有沙田一段，海坦一段；土名火山处有荔枝园一所；土名洪田村有大屋一间，均系冼善之产业。又土名沙井村有大屋两间，系陈星舫产业；又土名沙井村有书房二间，联丰号杂货店一间，系陈斗文产业。以上数宗，因附

---

　　①　赵师长：即赵成梁。
　　②　杨师长：即杨廷培。
　　③　东、增、宝：即东莞、增城、宝安。

逆嫌疑,于夏历六月初旬被大本营查封有案。查《修正粤东查变官有不动产地章程》第一章乙种规定:凡由官没之产,均准照章办理。前项逆产既经查封,尚未投变,应归职处照章处分。理合备文呈请察核,伏乞转呈大元帅转饬大本营,将查封宝安县属逆产案卷咨送过处,转发职处招商投变,以济饷糈。是否有当,仍候指令祗遵'等情。据此,除指令该分处候据情转请检发卷宗,并请指示办法再行饬遵外,据呈前情,理合呈请钧座令饬查案检发下处,并指示办法,以便转饬遵办,实为公便"等情前来。据此,除指令呈悉准予令行大本营军政部,将该案卷宗移交该处办理外,合行令仰该部长即便遵照移交为要。此令。

中华民国十二年八月廿七日

据《大本营公报》第二十七号

给李济深的训令

（一九二三年八月二十七日）

大元帅训令第二七四号

　　令西江善后督办李济深

　　据广东电政监督兼广州电报局局长范其务呈称:"案据长冈电报局局长张尧昌篠日邮电呈称:'自西军退后,群盗继起,长冈附近共有匪帮二十余处,由都城至长冈,沿途亦有匪帮一十二处,掳人劫掠,无日无之。军警林立莫如都城,官兵之多莫如长冈,而墟内掳人打单之事,视若等闲,甚至打单索取三二十元,掳人勒赎及至十元、数元不等,上至殷商,下至走贩,无一幸免。目下凡百工商因此停业者,不可胜数。职局收来专送各处电报,多属无人愿送,而局内员生工丁等咸为之惧。似此情形,不寒而栗。万乞转呈大本营暨知照西江督办处,立派得力军队前来驻防,庶地方不致糜烂,职局幸甚,地方幸甚'等情前来。查该处地方匪多,各处电报无人愿送,请立派正式得力军队驻防,以卫地方。所称似属实情,理合据情呈请钧座察核,令饬西江督办处查明该处地方情形,酌调得力军队驻防,或遇报局修理杆线时,由该局长就近请派驻防军队以资保护,俾交通得以早日恢复,实为公便"等情前来。据此,除指令呈悉,准予令行西江善后督办酌派军队严加保护外,合行令仰该督办即便遵照办理,以靖地方而维电政。此令。

中华民国十二年八月廿七日

据《大本营公报》第二十七号

致谭延闿函

（一九二三年八月二十八日）

组安兄鉴:

今早正由石龙出发博罗时,得接八月十六日函,并致廪丞宥电,得悉军事得手,甚慰。此次命兄回湘,是极大之决心,断不为何种议论所摇动。望兄努力干去,成败所不计,况已兆大成之望,兄安心决意,亦不为各处空气所动摇,猛力毅进,则前途之希望无穷也。

孙文　八月二十八日由石龙发

据《广州民国日报》一九二三年九月三日《大元帅以猛力毅进勉谭延闿》

命冯侠民将船押回石龙令

（一九二三年八月二十八日）

　　着兵站押运委员冯侠民于各军在礼村登岸后，即将各运船押回石龙，不得逗留。切遵。此令。

孙　文

十二年八月廿八日

据《国父全集》第四册（转录史委会藏原件影印）

给叶恭绰的指令

（一九二三年八月二十八日）

大元帅指令第四二八号

　　令大本营财政部长叶恭绰

　　呈报拟订《广东造币分厂造币余利凭券条例》及《余利凭券基金委员会章程》，请明令公布施行由。

　　呈及条例章程均悉。准予施行。仰即知照。此令。

中华民国十二年八月廿八日

附:叶恭绰呈

　　呈为拟订《广东造币余利凭券条例》仰祈鉴核事：窃以广东省银行纸币亟待整理，前经本部拟订整理办法大纲及消纳纸币各项办法，呈奉令准各在案，自应恪遵明令，按照所拟办法订立细目，以便次第施行。查广东造币厂余利,前经整理纸币案内规定为省银行纸币之兑现,及发行凭券消纳纸币之用,是纸币兑现及凭券基金业经前案确定,亟应规定办法,从速进行。兹先拟定《广东造币余利凭券条例》十七条,并附该凭券基金委员会章程九条,理合缮具清折呈请鉴察,伏乞明令公布施行,实为公便。

再:曾经检验盖戳之纸币,准其十足兑现,业于整理纸币办法总纲第二条已有规定,前呈《有价证券消纳纸币办法》第五条,于购取造币余利凭券时,按折半计算,似未足以昭公允而维信用。故此次拟定条例,即将该项办法修正,仍按票面十足计算,其应行搭收省银行纸币之成数,亦于该条例第十二条内,酌量一并修正为搭收百分之二十分,以期财政金融双方兼顾,合并附陈。此呈
大元帅

大本营财政部长叶恭绰(印)

中华民国十二年八月十九日

广东造币余利凭券条例

第一条　政府为维持金融、整理纸币起见,发行造币余利凭券,其发行总额为三百万元。名曰"广东造币余利有息凭券"。

第二条　此项凭券利率定为月息六厘。

第三条　此项凭券之利息自发行后,按月计算,于中签还本时一并付给之。

第四条　此项凭券分两期发行,每期发行一百五十万元。

第五条　此项凭券每期均自发行之第二个月起,每月用抽签法还本一次,分五个月还清,每次抽还五分之一。

前项抽签每月在广州执行。

第六条　此项凭券均自发行第二个月起,定为每月十五日抽签,每月月底还本付息。

第七条　此项凭券还本之基金,由政府指定造币厂余利每月提拨三十万元充之,由该厂直接交与本凭券之基金委员会,分存中外殷实各银行预备还本之用。无论何项机关,有何项要需,不得挪借移用,其利息由政府拨的款充之。

第八条　凭券基金委员会由左列各团体各推代表一人与政府代表二人(财政部、省长各派一人)共同组织,其章程另行规定之:

（甲）广州总商会。

（乙）银业公会。

（丙）市参事会。

（丁）广东商会联合会。

（戊）七十二行商。

（己）九善堂。

（庚）总工会。

该委员会最大之权责为维持凭券之信用,保护凭券人之利益,及监督凭券之发行。无论何项机关、个人,对于该会行使上列权责不得加以侵害。

第九条　此项凭券之还本付息,由凭券基金委员会委托中外殷实各银行办理。

第十条　此项凭券票面分为五种如左:

（一）五百元。

（二）一百元。

（三）五十元。

（四）十元。

（五）五元。

第十一条　此项凭券编印号码讫,须加凭券基金委员会戳记方能发行。

第十二条　此项凭券发行时,按照票面价格九五折发售现银,但于一定期间内,得搭收前广东省立银行纸币百分之二十分,此项纸币以曾经整理省银行纸币委员会盖戳者为限。

第十三条　此项凭券概不记名,得随意买卖抵押;其他公务上交纳保证时,并得作为担保品。

第十四条　此项凭券得为银行之保证准备金。

第十五条　此项凭券如遇有伪造及毁损信用之行为,应依法分别惩罚。

第十六条　本凭券发行规则由财政部另定之。

第十七条　本条例自公布日施行。

中华民国十二年八月廿八日

广东造币余利凭券基金委员会章程

第一条　本会为维持造币余利凭券之信用及保护凭券所有人之利益而设,由左列各团体各推代表一人与政府所派代表二人组织之：

(甲)广州总商会。

(乙)银业公会。

(丙)广州市参事会。

(丁)广东商会联合会。

(戊)七十二行商。

(己)九善堂院。

(庚)总工会。

政府代表二人,应由财政部、广东省长各指派一人。

第二条　本会负保管造币余利凭券还本付息基金之责任,由政府授与全权。无论如何,该项基金不得移作他用。

第三条　本会由委员中推选委员长一人,副委员长二人,凡一切对外事务及款项出纳,须经委员长、副委员长会同签名盖章,方有效力。

第四条　本会遇有重要事件发生,应召集各委员开会议决之。会议时,以委员长为主席。

第五条　本会各委员均有检查基金、维持信用、保障应还本息,及监督发行凭券之权责。

第六条　本会收到造币厂或政府拨到之基金,应以本会名义分存于中外各殷实银行负其全责。其还本付息,亦应会同财政部委托各银行办理。

第七条　本会设秘书二人,事务员若干人,分掌本会各事务。

第八条　本会对于凭券基金实收实付数目,应以本会名义按月登报宣布。

第九条　本章程自公布日施行。

中华民国十二年八月廿八日

据《大本营公报》第二十七号

复刘震寰电

(一九二三年八月二十九日)

万急。飞鹅岭刘总司令鉴:(营密)宥函电悉。敌人当然有计划,所幸其数不多,自易击灭。绍基已亲率五千精锐出击淡水,兄之后方断无危险。少泉闻博罗被围,非常焦急,已征集所有,赶速出发,大约两日后可到。信之亦以全部来援,大约三日后,其他西北江各队亦陆续调来。今日省城已运到米粮四十余万斤,当陆续运来。此次东江之事,无人不焦急万分,断无见危不救,想不出十日,贼必消灭。我俟各军出发后,当再来梅湖,亲督攻城。故望兄急调一队至白沙堆,一以绝敌人后路,二可保我航线。闻敌人食粮辎重,皆在风门坳附近,若兄能照此行事,可悉夺之,则博围可解,我军实亦加利莫大也。幸速图之。孙文。

据《国父全集》第四册《复刘震寰指示东征方略电》

给杨希闵等的训令

（一九二三年八月二十九日）

大元帅训令第二七五号

　　令中央直辖滇军总司令兼广州卫戍总司令兼中央直辖滇军第一军军长杨希闵、中央直辖第一军军长朱培德、中央直辖西路讨贼军总司令刘震寰、东路讨贼军总司令许崇智、东路讨贼军第三军军长李福林、中央直辖第三军军长卢师谛、中央直辖第七军军长刘玉山、广东江防司令杨廷培、广东海防司令陈策、中央直辖广东讨贼军第四军军长梁鸿楷、海军舰队司令部参谋长赵梯昆、中央直辖滇军第二军军长范石生、中央直辖滇军第三军军长蒋光亮、大本营兵站总监罗翼群、西江善后督办李济深

　　据广东电政监督范其务呈称:"窃查讨贼军兴以来,职前任曾派报生携机件材料前往行营服务者已有十一处,现有未奉帅令如

滇军赵师长[①]，径行催派报生随营值报，职处因该处军事要地防务紧急，经已从权先行派往。惟报生派往别处，须先发给薪伙一月，以及川资等费，所费不赀。现职处经费困竭已达极点，此后各军须报生随营，若仍到职处催派，恐供不应求，无法应付。用特备文呈请钧座，迅予通令各军，嗣后如因军事紧急须派报生随营值报时，应先呈请帅府核饬职处遵令照办，以资限制，实为公便"等情。据此，除指令照准并分令各军长官遵办外，合行令该司令、军长、总司令、参谋长、总监、督办即便遵照办理。此令。

中华民国十二年八月廿九日

据《大本营公报》第二十七号

给罗翼群的训令

（一九二三年八月三十日）

大元帅训令第二七六号

令大本营兵站总监罗翼群

据大本营审计局长刘纪文呈称："现奉钧帅发下兵站总监第二支部饷册一本，原呈一件到局，谕交审查备案等因。奉此，查该部所请增加薪水，尚属无多，似应如数照准，惟所称各支部编制，原定薪饷、公费折实银一千七百五十七元一节，核与原定预算不符。该支部饷额公费，经职局核定月支一千六百三十四元，呈奉核准在案。今比较多列一百二十三元，实与原定数目不符，碍难备案，应请发还更正，饬令依照原核定额编造，再行呈请增加，实为公便。奉令前因，理合具文呈复。原呈、饷册，随文呈请察核"等情前来。

---

① 赵师长：即赵成梁。

据此,除指令照准外,合行令仰该总监即便遵照,转饬该第二支部依照原定预算编造再行呈核,原饷册及呈一并附还。此令。

中华民国十二年八月卅日

据《大本营公报》第二十七号

给徐绍桢的训令

(一九二三年八月三十日)

大元帅训令第二七七号

令大本营内政部长徐绍桢

据大本营审计局长刘纪文呈称:"案准大本营秘书处第二八一号公函,转奉钧帅发下内政部三、四两月份支出计算书,及附属表簿共十本送局审理等由。经将该书、表法详细审查。内列数目,核实者尚多。惟奉给一项,官俸条例未奉颁发,职局无所依据;案经将该部上年度三月至六月份预算书,呈候钧帅核夺,虽未奉令准,职局为审查便利计,拟暂先以该部原预算为依归,将来官俸条例颁布,或间有与该预算俸薪参差者,自应另行呈请核夺外,现细核计算书所列,秘书月薪五百元,书记月薪九十元,均与该预算书所列不相符合,似应依照原预算所定,秘书月支四百元,书记月支三十至四十元。计秘书、书记等三月下半月应核删银一百二十五元,四月份银二百五十元。又差弁一节原预算列二名,每月各支二十元,而计算书则列六名,月各支二十四元,是人数与工金均与预算不符。三月半月应照核删银五十二元,四月份银一百零四元。又差役工食各机关多系列支月饷十二元,该计算书列十四元,前经函请该部核减,以照划一。计三月半月核减八元,四月份十六元。至公费一项,两月份均有捐助费开销。查办公费之性质,既名定为办公,则其用途原限于机关上之费用。捐助等费实属私人行为,与机关上实毫无相关,自不能任意报销,淆乱公私款项。计应核删三月分捐助省、港、澳工团一单五十元,四月份捐助军人慰劳会一单五十元,以昭核实。又香烟、香枧、手巾等,均属私人用品,均不宜于公费上开销。三月份香烟等物共计十元二毫,四月份八元,概应核删。其余附属表册间有数目错误者,经逐一签明,声请更正。计该部计算书三月份经费原报一千八百五十三元五毫四仙,共应删银二百四十二元二毫,该半月份职局核定应支银一千六百一十一元三毫四仙。四月份经费原报三千三百三十一元八毫四仙,共应核删银四百二十八元。该月分职局核定应支银二千九百零三元八毫四仙,除将该部三、四月分支出计算书册粘存薄〔簿〕等,抽存一份备案外,理合具文连同书、表等,呈请察核转发。再该部三、四月份预算书,刻尚未奉转,应请饬令补造呈发下局备案,实为公便"等情。据此,除指令照准,已令行该部长依照办理外,合行令仰该部长依照更正,并将该部三、四月分预算补造,呈候发局备案。计算书及表册发。此令。

中华民国十二年八月卅日

据《大本营公报》第二十七号

给刘纪文的指令二件

（一九二三年八月三十日）

一

大元帅指令第四三二号

　　令大本营审计局长刘纪文

　　呈复审查内政部十贰年度全年三个半月预算书情形,请明令祗遵由。

呈悉。内政部职员月俸预算书已准予备案,该部三月分至六月分职员月俸应暂照该部呈案预算书办理。仰即知照。此令。

中华民国十二年八月卅日

二

大元帅指令第四三三号

令大本营审计局长刘纪文

呈复审查兵站第二支部饷册核算不符请饬依原定编造更正由[①]。

呈悉。业准如所请,令行兵站总监转饬该第二支部依照原定预算编造矣。仰即知照。此令。

中华民国十二年八月三十日

据《大本营公报》第二十七号

致 王 棠 函
(一九二三年八月)

棠兄鉴:

现在最急者为东江军队粮米。许汝为军前队已到惠州北岸及博罗一带,在路已绝粮数日云。望兄与各同人筹款供给兵站,责之赶紧多办米石,火速运到博罗、惠州,以济军食,万勿延误,切切。其次要者,为新飞机日内可到,必照应着航空局长赶将飞机配好,赶来前敌应用。航空局所需经费,至紧接济,以利进行。又无线电

---

① 刘纪文审查兵站第二支部饷册,发现多列一百二十三元。八月二十五日,呈请孙中山发还更正,依照原核定额编造。

报局长冯伟所定之电机,闻已运到,望即筹款交他,速行取出运来前方应用。此三事:粮食、飞机、无线电,皆为前方急要之物,特交兄向该三处该管机关,即兵站总监罗翼群、航空局长杨仙逸、无线电局长冯伟,催促赶紧办理为荷。又着鱼雷局长谢铁良,运五百磅水电〔雷〕铁壳两个,一二百磅者四个,并带足炸药、电线、电池等件,火速运惠州攻城,并要谢局长亲来指挥至要。此四事交兄专催,并筹费接济,至紧要,如命办到,不得延误。胡代行职权、杨秘书长、各部长及各同事,不暇一一作函,统此通知,望为协力。

孙　文

据《国父全集》第三册(转录史委会藏原件影印)

批谭延闿呈 *

(一九二三年八月)

　　如攻长沙不得手,须要立变方针,对长沙取守势,对赣南取攻势。赣南有樊、常两部,确能与我一致行动。有此好机〈会〉,我当合湘、粤、北三力先取江西,亦破敌之一妙法。如湘军能以大部由醴、萍入江西,以小部守衡州之线,文当出大庾,沈逆败残之余,殊无战斗力,不必畏也。

文

据谭编《总理遗墨》第三辑

---

　　* 湘军总司令谭延闿向孙中山报告:沈鸿英窜扰汝城,请调兵入湘。原件未署年月。所提"如攻长沙不得手",是指一九二三年八月下旬谭自任中路总司令,由衡州直取长沙,任蔡钜猷为副司令,由湘西侧击长沙之事。现酌定时间为八月。

命财政机关及兵站酌拨饷弹令

（一九二三年八月）

令财政机关酌量拨款兵站酌量拨子弹接济黄明堂。此令。

孙　文

民国十二年八月

据《国父全集》第四册（转录史委会藏原件影印）

命无线电总局将无线电机送回博罗令

（一九二三年八月）

令无线电总局即将博罗无线电机赶快送回博罗。

孙　文

民国十二年八月

据《国父全集》第四册（转录史委会藏原件影印）

命前敌飞机人员听许崇智指挥令

（一九二三年八月）

令航空局长饬前敌飞机人员须听博罗许总司令部命令。

孙　文

民国十二年八月

据《国父全集》第四册（转录史委会藏原件影印）

给叶恭绰廖仲恺的训令

（一九二三年八月）

大元帅训令第二五六号

　　令大本营财政部长叶恭绰、广东省长廖仲恺

　　据广东财政厅长邹鲁呈称："窃维裕国之道，莫如清理土地。日本得台湾后，即先编制田土台帐，成绩昭然。粤省辽阔，延袤千里，衡宇栉比，阡陌连云。然考每年土地税收，不过五百万元，究厥原因，皆缘迄未清理所致。故侵占飞洒，流弊百出，豪强胥吏，因缘为奸，甚至乡族互争，酿成械斗，法庭涉讼，累及无辜。经界不明，流弊实大。查民国十年，曾奉令行设立土地局，原为整理田土起见，惜规划未成，旋复裁撤。现在大局渐定，为清理田土、整顿税收起见，拟请特设全省经界总局，先从沙田清丈登记，次及繁盛都市，陆续举办；并就局内先行设立测绘养成所，以最短期间，养成多数测绘人材，一俟大局粉平，全省各属自可分途并进，必使此疆彼界图册分明。且民业一经确定，即与官产公产不能混淆，即可杜绝奸人捏报之烦，并免日后彼此纷争之弊，便民裕国，莫善于此。所有拟设全省经界总局、清丈屋宇田亩缘由，是否有当，理合拟具规程十三条，呈请察核令遵，俟奉核准，再行拟具本局预算书及施行细则，呈候鉴定施行"等情。并附呈经界总局规程一折前来。据此，查该厅所拟设立全省经界总局，清丈屋宇田亩，事属可行，核阅规程，亦尚妥协，应予照准，合行令仰该部长、省长转饬该厅遵照办理，仍将预算书及施行细则呈转候核。经界总局规程照发。此令。

中华民国十二年八月　　日

附：广东全省经界规程

第一条　本局以厘正经界、确定民业为宗旨。

第二条　本局隶属财政厅,秉承财政厅长办理。

第三条　本局局长由财政厅委任,局员由局长委任。

第四条　全省屋宇田土,均由本局次第清丈。

第五条　屋宇田土典当、买卖、应税契、登记事项,概归本局办理,司法官厅已设有登记局地方,仍由该局登记,未经派员清丈各县,该县税契事宜,暂由该县长办理。

第六条　屋宇田土未经税契验契者,清丈后均责令补税、补验并登记,始得营业。

第七条　屋宇田土已税验契未测量登记者,清丈后应补登记。

第八条　屋宇田土已税验契测量登记者,仍应复加清丈,如有错误,即更正另发图照管业。

第九条　第六第七两条之清丈及登记费,均各照价值百分之一计算,契税率及附加等,概照向章办理。

第十条　第八条之清丈费豁免之,图照费每张二元。

第十一条　经界确定及登记后,即为完全民业之证据。

第十二条　本局施行细则另定之。

第十三条　本规程如有应行更改事宜,由财政厅长随时呈请省长更定之。

据《大本营公报》第二十四号

准任吴宗民职务令

（一九二三年九月一日）

大元帅令

　　大本营参谋长张开儒呈请任命吴宗民为广东陆军测量局局长兼测量学校校长。应照准。此令。

中华民国十二年九月一日

据《大本营公报》第二十八号（一九二三年九月十四日版）

准黄为材辞职令

（一九二三年九月一日）

大元帅令

　　大本营参谋长张开儒呈称广东陆军测量局局长兼测量学校校长黄为材恳请辞职。黄为材准免本兼各职。此令。

中华民国十二年九月一日

据《大本营公报》第二十八号

给杨希闵等的训令

（一九二三年九月一日）

大元帅训令第二七九号

　　令中央直辖滇军总司令兼广州卫戍总司令兼中央直辖滇军第一军军长杨希闵、中央直辖第一军军长朱培德、中央直辖西路讨贼军总司令刘震寰、东路讨贼军总司令许崇智、东路讨贼军第三军军长李福林、中央直辖第三军军长卢师谛、中央直辖第七军军长刘玉山、中央直辖广东讨贼军第四军军长梁鸿楷、中央直辖滇军第二军军长范石生、中央直辖滇军第三军军长蒋光亮

据大本营兵站总监罗翼群呈称："现据职部交通局长周演明梗电称：'前六月四日据职部第一科科长梁鸣一报称：募伕困难，市民惊惧，拟请变通募伕办法。当将为难情形，呈请变通办理。随奉钧部第一八〇号指令内开：当经据情转呈大元帅，奉第二四六号指令内开：准如所请，办理在案。惟职局虽奉到此项指令，仍然设法雇募，务使源源解送，以应各方之需求，迄今两月有余，从不敢意存卸责，解单俱在，有案可稽。无如迩来各军纷纷开赴东江，需伕尤众，每次到取，动以数百名为额，稍有不足，则责以"贻误戎机"，竭力代募，又苦于苦力无几。窃思募伕数月，计达二万余名，本市苦力中人雇募殆尽，即或间有漏网，亦忍饿不敢出门，四乡小贩相戒不敢来城。而取伕者函电纷驰，急如星火，连日迭据各军催取伕役，经即派委员冯达材到公安局屡次商请代募。旋据复称：经往谒公安局，各科长等佥称广州市面已绝少苦力之人，即使有之，亦均佩有襟章，一经被募，群来交涉，现惟有将轻罪人犯数十名解来充伕，从此更难招募等语。似此情形，益难为继。更闻近日有因伕役逃走，被军士开枪乱击，当场击毙者多起，并有在各街上向途人强拉乱殴情事，以致行人奔避，商贾裹足，募伕前途越加一层障碍。且本市伕役有限，而各军到取者无穷，累百盈千，一呼即至，一若片刻可以制造而成者。来日方长，虽海水亦有时而涸，况职局只靠各区募集，今既有种种困难，每日所募者至多不过数十名，少则十余名不等，一旦各军到取，职局实无从应付，各军责备，有口难言。除仍竭

力募集外,迫得飞电陈明,重申前请。伏乞转呈大元帅明令各军,
节省伕力,并依照前令,通令各军变通办理,各在原驻地点就近警
区商会代为招募,以补职局之不足;一面优待伕役,优给工值,以免
逃亡,而杜强拉。是否可行,伏候令遵,不胜急切待命之至'等情。
据此,查前据该局长呈称:募伕困难拟请变通办法等情,当经转呈
帅座,并奉第二四六号指令,准如所请在案。据电前情,合再备文
转呈察核,通令各军查照办理,并候指遵"等情。据此,除指令照
准,并分令各军长官遵办外,合行令仰该总司令、军长即便遵照办
理。此令。
中华民国十二年九月一日

据《大本营公报》第二十八号

给廖仲恺的训令

(一九二三年九月一日)

大元帅训令第二八〇号

　　令广东省长廖仲恺

　　据滇军中路第一独立旅旅长何克夫呈称:"此次逆党黄公汉、
叶青钱等再寇连阳时,连山县县长彭嗣志附逆招寇,代逆筹饷,事
后挟印潜逃,罪证确凿。又连县县议会议长叶其森,勾引黄、叶两
逆入寇连县,复为运动职部希图反攻,经缉获拟办,由连县商会会
长刘剑虹具保候讯,乃竟畏罪一同串计潜逃"各等情,先后呈请通
令严缉归案惩办前来。据此,均应予照准,除令行滇军第三军长转
令该〈旅〉长仍饬部队严密侦缉获办外,合行并案令仰该省长即便
查照,咨行各军饬属,并分令各县一体严缉,务获归案究办。原呈
二件抄发。此令。

中华民国十二年九月一日

据《大本营公报》第二十八号

给叶恭绰的训令

（一九二三年九月一日）

大元帅训令第二八一号

令大本营财政部长叶恭绰

据大本营审计局长刘纪文呈称："窃职局现准财政部第四百五十号公函开：'现准贵局函开：现奉大元帅发下贵部开办费及三月份至六月份计算书、表、册共十五本，谕令审查等因。奉此，当应依法审查，惟贵部各月分预算书尚未分发到局，对于审查上无所根据，相应函请贵部速为编造三月份至六月份预算书，呈请大元帅转发敝局备案，以便审查等由。准此，查接管卷内三月份至五月份，又六月一日起至廿四日止共计二十四天，各月份预算表均经邓前任编造，面呈大元帅在案。准函前由，相应函复希为查照是荷'等由。准此，理合具文呈请钧帅，将该部已缴之三月份至六月份预算书检发下局备案。俾审查决算有所根据，实为公便"等情前来。据此，合行令仰该部长，即将部已缴之三月份至六月份预算表各补缮一分，送交该局备案，以资依据。此令。

中华民国十二年九月一日

据《大本营公报》第二十八号

给林森的训令

（一九二三年九月一日）

大元帅训令第二八二号

　　令大本营建设部长林森

　　据大本营审计局长刘纪文呈称："窃职局现准建设部第四号函开：'前准贵局函开：本部各月份预算书速为编造，以便审查一案。当经函送前任邓部长查照办理去后，旋准函复开，案准大本营审计局函开：除原函有案免叙外，后开相应函达，请烦查照办理等由。准此，查本部各月份预算表早经造具，呈请大元帅核准，发存会计司在案。应请该局向会计司取阅根据审查可也。准函前由，相应函复，希烦查照办理等由。准此，相应函复，请烦查照办理为荷'等由。准此，理合具文呈请钧帅，令饬该部将已缴各月分预算书补缮一份，呈由钧府转发下局备案，俾审查决算有所依据，实为公便"等情前来。据此，合行令仰该部长，即将该部已缴各月份预算书各补缮一份，送交该局备案，以资依据。此令。

中华民国十二年九月一日

据《大本营公报》第二十八号

给蒋光亮的训令

（一九二三年九月一日）

大元帅训令第二八三号

　　令中央直辖滇军第三军军长蒋光亮

据滇军中路第一独立旅旅长何克夫先后呈称："前连山县长彭嗣志附逆有据；又连县县议会议长叶其森等甘心附逆，均请通令缉办"各等情。据此，均予照准，除并案令行广东省长遵照咨行各军饬属并令行各县一体严缉，务获归案究办外，合行令仰该军长即便转令该旅长，仍饬部队严缉获办，仰即知照。此令。

中华民国十二年九月一日

据《大本营公报》第二十八号

给徐绍桢的指令

（一九二三年九月一日）

大元帅指令第四三八号

令大本营内政部长徐绍桢

呈请褒扬贞妇邓黎氏并题字给章由。

呈悉。准予题颁"贞操可风"四字，并给予银质褒章一枚，发交该部转饬具领。仰即遵照。此令。

中华民国十二年九月一日

据《大本营公报》第二十八号

致杨庶堪函

（一九二三年九月二日）

沧白兄鉴：

今日再从前方回，办理石龙各军出发事。盖各军之已到石龙者，住车住船，满载停顿于此，不进不退，盖在后方者无人有办法也。东江水涨比前次尤甚，石龙已浸至瓦面，此亦无怪人人失措，束手无策也。我今日上午自为排长,亲自上前侦察博罗西方高原一带之地,察悉有村落甚多,不受水患而又无敌迹,可集中万数千人,离苏村不过一二十里,离博罗城不过十余里。有此好阵地而我不先占,且尚不知之,而日在石龙苦水,一何可笑!因有此发明可解决水患,故急回催各军上前,俟各军完全出发,当再往前方督师与陈贼决一胜负。

青阳、组安款事,必俟东江战事完毕乃能为之设法也。此答。

孙文　中华民国十二年九月二日

据中国革命博物馆藏原件

致胡汉民函[*]

(一九二三年九月二日)

吾今日兼尽一排长之职务,凡侦察敌情,考察地势,吾悉为之。

九月二日

据古应芬《孙大元帅东征日记》

准任任传伯职务令

(一九二三年九月三日)

大元帅令

大本营财政部长叶恭绰呈请任命任传伯为大本营财政部科长。应照准。此令。

---

* 九月二日,孙中山复到石龙前线督战,见滇军在石龙逗留不前,便亲自登上土北岭,察看形势和敌情,部署作战计划。此为孙中山在行营致函胡汉民,告知前线情况。

中华民国十二年九月三日

据《大本营公报》第二十八号

委派徐效师职务令

（一九二三年九月三日）

大元帅令

　　派徐效师为大本营出勤委员。此令。

中华民国十二年九月三日

据《大本营公报》第二十八号

准免梁仿谘职务令

（一九二三年九月三日）

大元帅令

　　大本营财政部长叶恭绰呈称大本营财政部科长梁仿谘另有任用，请免本职。应照准。此令。

中华民国十二年九月三日

据《大本营公报》第二十八号

给欧汀贺等委任状

（一九二三年九月三日）

　　委任欧汀贺为印京中国国民党支部正部长；王雨我为印京中国国民党支部副部长；王志远为印京中国国民党支部评议部正议长；李渭宾为印京中国国民党支部评议部副议长。此状

总　　　理　　　（印）

总务部部长彭素民副署

代理党务部部长孙镜副署

财务部部长林业明副署

宣传部部长叶楚伧副署

交际部部长张秋白副署

据《国父全集》第四册(转录《本部公报》一卷二十九号)

给熊文初古悦我委任状

（一九二三年九月三日）

委任熊文初为印京中国国民党支部党务科主任；古悦我为印京中国国民党支部党务科副主任。此状。

总　　　理　　　（印）

总务部部长彭素民副署

代理党务部部长孙镜副署

据《国父全集》第四册(转录《本部公报》一卷二十九号)

给黄志元陈祝三委任状

（一九二三年九月三日）

委任黄志元为印京中国国民党支部会计科正主任；陈祝三为印京中国国民党支部会计科副主任。此状。

总　　　理　　　（印）

总务部部长彭素民副署

财务部部长林业明副署

据《国父全集》第四册(转录《本部公报》一卷二十九号)

给谭雨翘熊尧佐委任状

（一九二三年九月三日）

委任谭雨翘为印京中国国民党支部宣传科正主任；熊尧佐为印京中国国民党宣传科副主任。此状。

总　　理　　（印）

总务部部长彭素民副署

财务部部长林业明副署

据《国父全集》第四册（转录《本部公报》一卷二十九号）

给王京歧等委任状

（一九二三年九月三日）

委任王京歧为里昂中国国民党分部筹备处筹备员；方棣棠为比国中国国民党通讯处筹备处筹备员；周恩来、尹宽为巴黎中国国民党通讯处筹备处筹备员。此状。

总　　理　　（印）

总务部部长彭素民副署

据《国父全集》第四册（转录《本部公报》一卷二十九号）

给李冠英等委任状

（一九二三年九月三日）

委任李冠英为印京中国国民党支部总务科正主任；黄铭章为

印京中国国民党支部总务科副主任；朱云阶为印京中国国民党支部执行部书记；刘继新、王镜湖、曾德天、谢远桥、梁秀芳、李简宾、廖彩辉、杨泽民、黄应辉、侯汉渠、李汉民、陈家祥、熊振明、叶文皋、张国扬、叶祖祥为印京中国国民党支部干事；张宴宾为印京中国国民党支部评议部书记；谭良策、邹邦兴、廖命、陈乐从、钟汉良、丘珍华、洪彦才、高希文、黄松吉、朱益均、邓荫堂、刘云轩、钟属汉、叶伟君、黄木樨、李声鸣、李幼珊、刘日贵、林文光、刘悦吾、刁寿南、秦琛泉、陈冠元、李植南、谢孟杰、廖汉刚、钟玉堂、李必英、王辅臣、凌振均、陈春馥、王秉植为印京中国国民党支部评议部评议员。此状。

总　　　理　　　（印）

总务部部长彭素民副署

据《国父全集》第四册（转录《本部公报》一卷二十九号）

给廖仲恺的训令

（一九二三年九月三日）

大元帅训令第二八五号

令广东省长廖仲恺

据大本营粮食管理处督办赵士觐呈称："窃士觐奉令督办粮食管理处事宜，经将与港商、盐商接洽情形呈报在案。惟迩来商民对于政府措施未甚明了，际此军事未结束以前，若责其投资合办，类多迟疑观望。士觐以为统筹粮食，系奉大元帅民生主意〔义〕为实验之初阶，势难听其久延，再四思维，惟有另筹资本办理。近与财政厅长邹面商办法，适有耆民曾介眉举报黄沙官产一宗，林达举报芳村官产一宗，李铨举报旧藩司前惠爱路官产一宗，并恳士觐及黄隆生向财政厅请求派员专理，以免隔阂。经邹厅长特别指定该上项官产由财厅派员协同士觐、黄隆生三人处理,所得产价,以一半拨归职处办理粮食,余一半由财厅拨充军饷。兹准财政厅邹函开:'案查清理官产处系奉令归本厅管辖处理,现据民人曾介眉举报黄沙官产、林达举报芳村官产、李铨举报惠爱路官产,均请求由厅专案处理,现由厅遴选委员一人,专请执事督同分别妥办。此系特别要案,并希面禀帅座陈明一切,着手勘查'等由。准此,现拟日间开始勘查,兹特陈请钧座令饬财政厅,将曾介眉、林达、李铨所举报之官产产价总额照拨一半,归职处以为办理粮食之用,是否有当,伏候钧令祗遵"等情。据此,除指令照准外,合行令该省长即便转令广东财政厅长遵照办理。此令。

中华民国十二年九月三日

据《大本营公报》第二十八号

给张开儒的指令

（一九二三年九月三日）

大元帅指令第四四七号

　　令大本营参谋长张开儒

　　呈称陆军测量局局长黄为材呈请辞职并请给发积欠薪饷,转呈鉴核由。

　　呈悉。陆军测量局局长兼测量学校校长黄为材,业明令准辞本兼各职,并令行会计司给发该局积欠经费矣。仰即知照。此令。

中华民国十二年九月三日

据《大本营公报》第二十八号

命胡汉民杨庶堪拟稿慰问日灾令[*]

（一九二三年九月二至四日间）

汉民、沧白拟稿作答，并慰问日灾。另作一函致慰田中
将军①。

据《国父全集》第四册（转录史委会藏抄件）

致犬养毅等函^{**}

（一九二三年九月二至四日间）

比闻贵国地震海啸，遂成巨灾。同种比邻之邦，交游宅居之
地，罹兹惨变，恒悼逾恒。文自战地归来，留意讯访，幸挚友良朋，
尚庆无恙，悬情之恫，差幸轻减。想展伟略，纾宏规，指顾之顷，顿
恢旧观。特修寸戋，遥寄侍右，敬候兴居。并祝
平安

据《广州民国日报》一九二三年九月二十五日《孙大元帅慰问日本朝野名流》

＊　九月一日日本发生大地震，生命财产遭受重大损失。文中"日灾"系指此事。
原函未署日期，据内容及下篇《致日本国摄政裕仁亲王电》，时间应在九月四日前。今酌
定为九月二至四日间。

①　田中将军：即日本陆军大臣田中义一。

＊＊　孙中山闻日本发生大地震，分致函犬养毅、福田雅太郎、大仓喜八郎、藤村义
郎、久京房之助、头山满、萱野长知、宫崎寅藏家属等表示慰问。原函未署日期，按内容
与下篇相关，日期应在九月四日前，今酌定为九月二至四日间。

致日本国摄政裕仁亲王电 [*]

（一九二三年九月四日）

　　东京摄政王阁下：值贵国京城和国家遭受空前灾难，造成生命财产损失之际，请接受中国人民的深切慰问。我深信日本举国必将本着素有的勇气与刚毅精神对待这一事件。孙逸仙。

据广东省文史馆藏复印件英文稿译出（段云章译，胡守为校）

给雷揖臣邝林委任状

（一九二三年九月四日）

　　委任雷揖臣、邝林为林肯总统船中国国民党通讯处筹备处筹备员。此状。

总　　　理　　　（印）

总务部部长彭素民副署

据《国父全集》第四册（转录《本部公报》一卷二十九号）

---

　　* 原件有孙中山英文批文；致电日本领事馆，一九二三年九月四日。受电人署摄政王。按从一九二一年十一月二十五日起，皇太子裕仁亲王任摄政，故收电人应为裕仁。

命传谕陕西各军将领讨贼救国令[*]

（一九二三年九月四日）

密令

　　派大本营出勤委员李自立、赵西山前赴陕西传谕同志各军将领迅速协同一致，讨贼救国。此令。

孙文（印）

中华民国十二年九月四日

据《团结报》一九八三年七月三十日

致卢师谛函^{**}

（一九二三年九月五日）

樟木头探送卢军长师谛鉴：

　　顷据许总司令、刘总司令由惠、博来报告，略称："我东路第八旅及杨锦龙旅于三日在永湖遇敌军约三千人，激战一日夜，经将敌人击溃，夺获军用品无算。现淡水已无敌军"等语。仰该军长即率全部开往淡水接防，以便许军进攻平山，勿稍延缓为要。

　　＊　这份"密令"是孙中山用墨笔正楷书于半尺白绫之上，中间有七公分见方的正方形大红印："中华民国陆海军大元帅之印"，左下方有孙中山亲笔签名"孙文"，并盖有"孙文之印"。原件一直由赵西山的女儿赵玉华保存，后献出。据《团结报》作者考证，"密令"中的传谕对象系陕西靖国军将领于右任、张钫、曹俊夫、胡景翼等，令其讨伐的"贼"系指北洋军阀在陕西的代理人刘振华、吴新田等。

　　＊＊　原函未署年月。据东路讨贼军在永湖与敌军激战是在一九二三年九月，故此函时间应是一九二三年九月五日。

孙文　歌（印）

据广东省文史馆藏原件影印

复中央干部会议电[*]

（一九二三年九月五日）

　　精卫、慧生并转干部会议诸君鉴：一、黎南下，据浙卢意，只承认其私人资格，似未能遽组政府。闻此次乃由段系利用，亦未便置词，以拆台为取得吾党同意故也，由党宣布反对非宜，仍以不理为是。二、川、湘为吾党支配，搭台当不能得多数赞同，团结西南，必联其当道。力唱党义，乃为正办，余均苟且，不能共肩救国之任。诸兄良策，亦愿闻之。孙文。歌。

据《国父全集》第三册（转录史委会藏"中央干部会议纪事"原件）

任命梁楚三蒋道日职务令

（一九二三年九月五日）

大元帅令

　　任命梁楚三、蒋道日为大本营谘议。此令。

中华民国十二年九月五日

据《大本营公报》第二十八号

---

　　[*]　黎元洪于本年六月被直系军阀迫胁辞总统职出京到天津后，仍进行复职活动，希图南下上海，重开国会，重组政府。为此，国民党中央干部会议于八月三十一日和九月三日在上海两次讨论黎元洪南下问题。决定宣布两事：一、反对黎元洪以总统名义组织类似政府之一切机关；二、重申孙中山前电，劝国民党八议员勿出席在上海召开的国会。

任命邹竞职务令

（一九二三年九月五日）

委邹竞为上校参谋。此令。

孙　文

据谭编《总理遗墨》第三辑

任命李蟠职务令

（一九二三年九月五日）

任命李蟠为大元帅行营秘书。此令。

孙　文

民国十二年九月五日

据中国革命博物馆藏原件

给廖仲恺的训令

（一九二三年九月五日）

大元帅训令第二八六号

令广东省长廖仲恺

现在军用浩繁，着该省长饬令香山、顺德、新会、台山、南海、番禺、开平、鹤山等县一律协力筹助。香山县应每日筹解三千元，顺德县应每日筹解二千五百元，新会县除解西江财政整理处外，应每日筹解一千元，台山县除解西江财政整理处外，应每日筹解一千五百元,南海县应每日筹解一千五百元,番禺县应每日筹解八百元,开平、鹤山两县除解西江财政整理处外,应每日筹解八百元,均应一律解缴大本营会计司核收,以资应付。事关军需,勿得延误。并着该省长严行督催,毋许宽假,各该县长倘有奉行不力,不能照数解缴者,应即行撤任,以示惩戒。切切。勿违。此令。

中华民国十二年九月五日

据《大本营公报》第二十八号

给伍朝枢的指令 *

（一九二三年九月五日）

大元帅指令第四四九号

令大本营外交部长伍朝枢

准义大利赠送财政部长叶恭绰勋章由。

呈悉。义大利国赠送大本营财政部长叶恭绰勋章,即准其收受佩带〔戴〕。此令。

中华民国十二年九月五日

据《大本营公报》第二十八号

给朱和中的指令

（一九二三年九月五日）

大元帅指令第四五一号

---

　　*　驻香港意大利领事来函要给叶恭绰颁赠勋章,九月五日,伍朝枢呈请孙中山指示应否收受佩戴。

令广东兵工厂厂长朱和中

呈滇军第三军拟备价制造手机关枪应否照造由。

呈悉。所有该厂制造手机关枪仍准照六九号命令①办理。此令。

中华民国十二年九月五日

据《大本营公报》第二十八号

给赵梯昆的指令

（一九二三年九月六日）

大元帅指令第四五二号

令海军司令部参谋长赵梯昆

呈报八月二十九日完全克复藤县由。

呈悉。该参谋长编成浅水舰队，协同各军，攻克名城，将士忠勇，至堪欣慰。仰即传令嘉奖，以励有功。此令。

中华民国十二年九月六日

据《大本营公报》第二十八号

致谭延闿电

（一九二三年九月七日）

急。耒阳探转谭总司令鉴：迭电均悉。该总司令奉命入湘，兴师讨逆，出兵未及一月，已迭下名城，收复省垣，行师之速，立功之

---

① 六九号命令：系命令兵工厂长将所造手机关枪悉解大元帅卫士用，不得发给各军。

伟,足征该总司令指挥若定,诸将士有勇知方,至堪嘉尚;亦见仗义执顺,以临残逆,民意攸归,军威自壮,得道多助,易奏肤功也。宜乘胜分遣将卒,戡定全湘,西联川军,以待后命。溽暑用兵,前敌诸将士勤苦堪念,仰即传令慰劳,勖竟全功。大元帅。阳。

据《大本营公报》第二十八号

批胡汉民等呈

(一九二三年九月八日)

呈及判决书并悉。该犯前财政厅长广东省银行行长程天斗,去年于改道攻赣之际,本大元帅宠以重任,责令筹备饷糈,应如何洁己奉公,妥筹接济,以利军行。兹据来呈及判决书所称:该犯竟侵吞省银行公款至叁佰捌拾余万之巨,以至军需无着,北伐饷辍,师出无功。追维前事,殊堪痛恨,自应如文处以死刑,以昭炯戒。至来呈所称该犯奔走国事,侍余有年,不无前劳可念,可否法外施仁,予以减免,俾图自新等情。仰即责令该犯于七日内将侵吞公款叁佰捌拾余万元悉数交出,再行呈候减免,如逾期不缴或交不足额,应即照原判执行,万难再予宽贷。仰即知照。此批。

文

据中国革命博物馆藏原件

附:胡汉民等呈

呈为呈请核示判决书,仰乞睿鉴事:窃奉钧令组织特别军法会审,审理前广东省银行行长兼财政厅长程天斗侵吞军饷一案等因。奉此,汉民遵即会商,悉心研讯,将广东省银行各数目详细核算。

查明程天斗实侵吞纸币二百三十七万元,又库存现金私提各款一百五十余万元,合计侵吞公款三百八十余万元。虽供词闪铄,坚不承认,而据证人汪宗洙及黄伯诚、杨子毅、林文铨等指攻确凿,已无置辩之余地,应亟依法拟处治以应得之罪。理合将判决书备文呈请察核,是否有当,伏候指令祗遵。再查被告人程天斗,奔走国事随侍钧座有年,北伐用兵之际,尚能筹济军需。此次虽陷刑章,不无前劳可念。我大元帅威中寓爱,法外施仁,可否减免,准予自新之处,出自钧裁,合并陈明。谨呈

大元帅

计呈程天斗判决书一本。

胡汉民、程潜、罗翼群(印)

中华民国十二年九月八日

据《大本营公报》第三十号(一九二三年九月二十八日版)

给陈安仁委任状

(一九二三年九月十日)

委任陈安仁为中国国民党南洋群岛特派员。此状。

总　　　理　　　(印)

总务部部长彭素民副署

代理党务部部长孙镜副署

财务部部长林业明副署

宣传部部长叶楚伧副署

交际部部长张秋白副署

据《国父全集》第四册(转录《本部公报》一卷二十九号)

给董方域等委任状

（一九二三年九月十日）

　　委任董方域、鲍庆香、陈柏年为中国国民党本部宣传部宣传员。此状。

总　　　理　　　（印）

总务部部长彭素民副署

宣传部部长叶楚伧副署

据《国父全集》第四册（转录《本部公报》一卷二十九号）

给罗翼群的指令

（一九二三年九月十日）

大元帅指令第四五四号

　　令大本营兵站总监罗翼群

　　呈复刘军长玉山请设军医院一案，据卫生局查复，无设立之必要。抄呈野战医院薪饷表请饬遵由。

　　呈悉。据呈该军无设立军医院之必要，应准如所议，已令行刘军长遵照缓办矣。此令。

中华民国十二年九月十日

据《大本营公报》第二十九号（一九二三年九月二十一日版）

批魏邦平呈*

（一九二三年九月上旬）

必须全数交出，方能免死。

文

据中国革命博物馆藏原件

致胡汉民电

（一九二三年九月十一日）

　　速由无线电传令永丰舰长：澳头我军退却，但两日后可恢复。现杨总司令希闵亲率滇军由龙岗出击淡水、平山之敌，该舰长搜击海上偷渡之敌，毋使漏网；并相机与杨总司令联络，协同动作。若无线电不通，着盐运使派安北舰传令，并助永丰击敌。再绍基已赴龙岗、淡水矣，可慰也。

据古应芬《孙大元帅东征日记》

任命赵锡昌职务令

（一九二三年九月十一日）

　　大元帅令

　　＊　九月七日，魏邦平呈报：程天斗家属无法交出全部赃款，只能交出三十万，可否交出此数即贷程一死。批件未署日期。魏呈由程潜带往石龙，应在七日后一二日间，今据此酌定为九月上旬。

任命赵锡昌为大本营谘议。此令。

中华民国十二年九月十一日

据《大本营公报》第二十九号

给王棠的训令

（一九二三年九月十二日）

大元帅训令第二九○号

令大本营会计司长王棠

据大本营参军长朱培德呈称:"呈为呈请发给川资俾便回籍徐图报效事:案奉钧府发下东路讨贼军第三旅职员桑文俊等呈称:'呈为联名吁恳恤资回沪,俾免沦落,为国宣劳,巩固政府事:窃职员等籍多三江、直、鲁、豫、鄂,力谋革命,矢志护法,昔列粤军,平桂援赣,靡役不从。旋陈逆叛变,绝我粮道,转战而定八闽。讨贼令下,间关日日东下,师次潮汕,陈逆已遁。迨今春沈贼勾引北军,谋叛近畿,陈逆又复变乱,冀欲乘虚内犯。我军转战旬日,始与联军会合作战,各地阻遏惠援。职员等正欲协心进取,不料月初旅长去职,复下解散职员之令,且各给二十元回籍。职员等领此意外,措手无从,惟有相率来省,寄食旅次。然囊内空虚,衣难蔽体,回忆连年转战数省,恨不马革裹尸,职员等虽矢一身许国,奈用武无地,行见穷困,势必作浪死,心能甘乎!刻幸北无政府,人心皇皇,浙卢、奉张虽联合一致,而荆棘遍地,尚待铲除。语云:先发制人,此其时也。吴贼野心,世所共知,阿瞒①奸险,路人皆见,言念及此,目裂发指,若不速加制止,患将无穷。职员等管见所及,雄心鼓舞,是以

---

① 阿瞒:指曹锟。

联恳大元帅赏给川资,乘此回申,各转内地,或招旧部,或运用军队,抑暗杀破坏,纵不能尽数铲除,亦可牵制,且使逆贼寒心。我大元帅得以从容建设,应时进取,职员等亦得藉此稍偿素愿,不负有生,一举两得,利莫大焉。伏恳大元帅俯鉴下情,准如所请,实为德便'等情。下处并奉批示:'查明办理'等因。奉此,遵即派副官黎工饮前往查明去后,旋据该副官呈报称:'副官奉令前往华宁里怡昌客栈,窃查桑文俊等均属东路讨贼军第三旅职员,均有该军委任状、襟章为证,谨将各员职别,开单呈请鉴核'等情。据此,窃查桑文俊等确系东路讨贼军第三旅职员,且皆久经战阵,为国宣劳。今该旅职员既被解散,倘任其沦落异域,不加矜恤,殊失我大元帅泽及群生之旨。职再三思维,谨拟每名发给川资二十元,照二十一名计算,合共需银四百二十元。如此,则公家之耗费有限,而彼等之感德无穷,伏恳我大元帅俯如所请,迅饬会计司将款交处,再由职处派副官黎工饮代购船票二十一张,仍将余款分给彼等,以免再行流连。所有呈请发给川资缘由,理合具文恭呈钧座,是否有当,伏乞鉴核指令祗遵,实为德便"等情前来。据此,除指令照准外,合行令仰该司长即便遵照,迅将该项川资四百二十元拨交参军处核收,转给第三旅职员。人名表一纸附发。此令。

中华民国十二年九月十二日

给杨希闵等的训令

（一九二三年九月十三日）

大元帅训令第二九一号

　　令中央直辖滇军总司令兼广州卫戍总司令兼中央直辖滇军第

一军军长杨希闵、中央直辖第一军军长朱培德、中央直辖西路讨贼军总司令刘震寰、东路讨贼军总司令许崇智、东路讨贼军第三军军长李福林、中央直辖第三军军长卢师谛、中央直辖第七军军长刘玉山、广东江防司令杨廷培、广东海防司令陈策、高雷讨贼军总司令兼绥靖处处长林树巍、中央直辖广东讨贼军第四军军长梁鸿楷、海防舰队司令部参谋长赵梯昆、中央直辖第二军军长范石生、中央直辖第三军军长蒋光亮、西江善后督办李济深

据广东电政监督兼广州电报局局长范其务呈称:"窃职局于九月五日据韶州电报局局长卢菊墀江日电称:'本月江日接来广局邮递之电报一件,内有广州局去军第一二三七号送朱旅长收一件,收到后即照送去,旋由朱旅长派兵来局,将局长押解回部,不由分说,即行将局长捆绑,并令吊打枪毙,幸得彭县长飞行到旅部保领回局,并限令将该报何故交邮各情形查复。窃局长奉令来韶未及一月,各路杆线早已修通整理,幸无陨越。此次之事,局长生命垂危,乞火速派专员来韶,与该军交涉。局长奉职无状,恳准予解职,听候办理。临电不胜急切待命之至'等情前来。查广州至韶州原有电线三条,第二线前由滇军总部借安电话,第三线又为兵站部电话队借用。现广州通韶关只得一线,遇与源潭通报时,即不能与英德、韶州通报,遇与英德通报时,即不能与韶州、源潭通报,且军报繁多,至多延阻。此次韶州电报局长接到广局邮递之电报一件,内有广州局去军电第一千二百三十七号送朱旅长收一件,原系本月一日线阻修理,迫得邮递,该局长照收照送,本无过错,朱旅长不问理由,竟行捆绑吊打,威施无辜之人,来日方长,电政何堪设想。况广韶三线,今仅得一线,现目〔值〕军事时期,报务堆积,线不敷用,亦为军队兵站借线所致,延滞之咎,电政界实难完全负责。除咨会

外,理合呈请帅座通令驻防各军,对于电报之迟速,务须详察因由,不得任意苛责。即行营电报材料欠缺,只能向职处拨给,不能在就近各局携取,以维电政,实为德便"等情前来。据此,除指令照准外,合行令仰该参谋长、司令、总司令、督办、军长即便遵照转饬所部,嗣后对于电报迟速,务须详察因由,不得任意苛责电局人员,凡需用电报材料,亦须依照手续,向该电政监督处拨给,不能在就地各局任意携取,以维电政而利交通。此令。

中华民国十二年九月十三日

据《大本营公报》第二十九号

给程潜的训令

(一九二三年九月十三日)

大元帅训令第二九二号

令大本营军政部长程潜

据广东虎门要塞司令廖湘芸呈称:"案查职部接管卷内,旧存前清专备接差燃放礼炮之土药一库,约三千磅,并废土炮九十二门,废土炮床六架,约三百五十余吨。查此项土药已不适用,且年深月久,渐失燃性。废炮经莫前督卖去一千余吨,遗留此数,堆置炮台,毫不适用,又不雅观。丁兹饷糈奇绌,职部应领伙食公费,积欠两月有余,未曾领到,现已罗掘俱穷,无从筹垫,拟将此项土药、废炮,招商投变,废物利用,以济急需。所有拟变卖土药、废炮原由,是否可行,理合备文呈请帅座察核,指令祗遵"等情。据此,除指令呈悉,所请是否可行,候行令大本营军政部长查明具复再行核办外,合行令该部长遵照,即便查明情形复候核办,是为至要。此令。

中华民国十二年九月十三日

据《大本营公报》第二十九号

给罗翼群的指令 *

（一九二三年九月十三日）

大元帅指令第四六〇号

令大本营兵站罗翼群

呈复忠信电船公司饰词耸听，希图抗匿，谨将办理经过情形并抄结，呈请察核令遵由

呈及抄结均悉。该公司轮船三艘，应照常暂留总舰部应用。仰即知照。此令。

中华民国十二年九月十三日

据《大本营公报》第二十九号

准任郑文轩职务令

（一九二三年九月十四日）

大元帅令

大本营财政部长叶恭绰呈请任命郑文轩为大本营财政部秘书。应照准。此令。

中华民国十二年九月十四日

据《大本营公报》第三十号

---

* 九月八日，兵站总监罗翼群呈：因军需孔亟，需租用忠信电船公司备用电船，但该公司饰词耸听，希图抗匿，请示核办。

给廖仲恺等的训令

（一九二三年九月十四日）

大元帅训令第二九三号

　　令广东省长廖仲恺、中央直辖滇军总司令兼广州卫戍总司令兼中央直辖滇军第一军军长杨希闵、中央直辖第一军军长朱培德、东路讨贼军总司令许崇智、东路讨贼军第三军军长李福林、中央直辖第三军军长卢师谛、中央直辖第七军军长刘玉山、广东江防司令杨廷培、广东海防司令陈策、高雷讨贼军总司令兼绥靖处处长林树巍、中央直辖广东讨贼军第四军军长梁鸿楷、海军舰队司令部参谋赵梯昆、中央直辖滇军第二军军长范石生、中央直辖滇军第三军军长蒋光亮、西江善后督办李济深

　　据中央直辖两路讨贼军总司令刘震寰呈称："据职部湘军总指挥廖湘芸呈报：'职属独立第二支队司令孙悦隆新收编之第一营营长张合、第二营营长王润女、营副陈嘉旺等，当调其部队驻防虎门，颇就范围，似有改过自新之状。顷奉大元帅密谕：张合受逆党运动。又据篁竹绅耆携带打单证据来部报告，王润女、陈嘉旺野心不死，时出抢劫，扰害人民。该营长等屡经严令诰诫，毫不改悔，近且暗受逆党运动，窃图暴举，响应敌人。似此怙恶不悛又复包藏逆志，若不及早铲除，势必养成大患。遂于本月二十五日拂晓，派队前往将该张、王两营全数缴械解散，登时所获要犯王辉、方洪、王珍、王明等四名讯供不讳，比经枪决。其余各犯俟研讯明白，分别办理。惟该首恶张合、王润女、陈嘉旺等三名在事前他往，漏脱未

获。恐犹贼心不死,仍集余党为害地方,亟应呈请钧座转呈大元帅通令各友军警一体协缉,务获归案究办,以肃军纪而靖逆氛'等情。据此,除指令该总指挥严密防范侦缉,并通令职部各部队一体协缉外,理合呈请钧座,准予通令各军警一体协缉,务获惩办,以靖逆氛而遏乱萌"等情前来。除指令照准外,合行令仰该省长、总司令、军长、司令、参谋长、督办转饬所属,一体协缉,务获惩办。此令。

中华民国十二年九月十四日

据《大本营公报》第三十号

给廖仲恺等的训令

(一九二三年九月十五日)

大元帅训令第二九四号

令广东省长廖仲恺、中央直辖滇军总司令兼广州卫戍总司令兼中央直辖滇军第一军军长杨希闵、中央直辖西路讨贼军总司令刘震寰、东路讨贼军总司令许崇智、中央直辖第一军军长朱培德、中央直辖第三军军长卢师谛、中央直辖第七军军长刘玉山、东路讨贼军第三军军长李福林、中央直辖广东讨贼军第四军军长梁鸿楷、中央直辖滇军第二军军长范石生、中央直辖滇军第三军军长蒋光亮、广东江防司令杨廷培、西江善后督办李济深

查近日有用广三铁路附近财政处名目,在佛山等处征收商业牌照费,殊属不合。须知此次所征收商业牌照费,系由本大元帅指明用途,饬由广东财政厅令行各委任经收之各县长或专员实行确解,由该厅总司其事,以专责成。其他各机关人员,一律不许有截留及抵解情事,以免统系凌乱,妨碍进行。况该项商业牌照费,须

由法定财政机关发给牌照,为商业资本之保证,然后在法律上始有根据,其保障始能确实。凡非财厅所发之牌照,当然一切不生效力。若用广三铁路附近财政处名目征收商业牌照费,非特与本大元帅所指定用途有碍,亦且与保障商业之旨相悖。除饬令滇军蒋军长查明立予取销,并分令各该军事长官、滇军蒋军长查明立予取销,并饬广东省长通令各地方机关、广东省长通饬各地方机关遵照并分令各该军事长官一体遵照外,合行令仰省长即便通令所属各地方机关一体遵照办理。总司令、司令、军长、督办转知所属一体遵照办理、该军长迅行查明立予取销。切切。此令。

中华民国十二年九月十五日

据《大本营公报》第三十号

复叶恭绰函

(一九二三年九月十六日)

誉虎兄鉴:

六日函悉。林、黄①二人如有诚意来归,并有办法可行,当无不曲就,兄如有路当可进行。近日吾军在博罗、淡水两路皆大得手,已将来犯之敌全数击退。淡水方面已追至平山而占领之,博罗已追击,派尾、惠城已全在合围之中,不日可下。

惟此时军需极急,甚望兄之筹画早日成功,得以应此要需。至于造币厂,则更不能再有延搁。如兄之路果受日本天灾之影响,则可由兄自动令海滨继续法国银行之议,由法人承办,闻此路亦能照足。兄之合同,惟要以大沙头地担保,此当可照准也。此事当以速

---

①　林、黄:林虎、黄大伟。

办为佳,否则军需恐有一时不继,则影响于大局不少也,望为留意。
此候
时祉
　　肇觉兄统此不另。

孙　文
据叶编《总理遗墨》

致叶恭绰函
(一九二三年九月十六日)

誉虎兄鉴:

　　造币厂事,邹建廷兄有一路更较他路为有把握,兹着他来面
商,望为接洽是荷。此致,即候
筹祺

孙文　中华民国十二年九月十六日
据叶编《总理遗墨》

复加拉罕电 *
(一九二三年九月十六日)

　　苏维埃社会主义共和国联合全权代表加拉罕君鉴:阁下对余
与新俄友谊之尊重,使余深为感激。中俄两国之真实利益,使双方
采取一种共同政策,俾吾人得与列强平等相处,及脱离国际帝国主

---

　　* 九月二日加拉罕抵京后,致电孙中山,望其促进中俄亲善,以谋求两大民族之
自由与和平发展。此为孙中山之复电,原件未署明时间,据《苏联对外政策文件集》第六
卷,《复加拉罕电》(莫斯科一九六二年出版),时间为一九二三年九月十六日。

义之政治、经济的压迫。余断言，一切对于贵国所持意见之批评，均不足阻余与贵国拥护此种实〈际〉利益。阁下抵华，备受同情与欢迎，因而越信实现中俄亲善之可能，此言诚是。余深信中国国民诚挚的希冀贵代表团之成功，尤以对于正式承认苏维埃政府，是有诚恳的愿望。但阁下最大之困难，即与彼不独完全不能代表民意、且已失去国家政府的外貌之政治团体进行磋商，彼辈之外交政策，实际上仰列强之鼻息，远甚于根据独立自主的中国之利益。北京招待阁下时，阁下已得中国阿谀外人之好例。彼请阁下以美国为模范，而阁下则驳之以"俄国永不追随美国；更决不签署于某一牒文，若临城为通牒者；俄国决不要求治外法权及强迫订约，在中国组织司法、行政机关；凡损及中国主权之种种利益，俄国均愿放弃；俄国对于中俄关系已建设绝对平等之原则"等语，可谓切当之致〔至〕。余代表中国国民，对于阁下向此北京主人的伶俐仆役，训以深堪志念的政治现实论，谨致赞扬与感谢之忱。孙逸仙。

据上海《民国日报》一九二三年十月九日《孙大元帅与加拉罕电》

附：同题异文

我对新俄国始终不渝的友谊，得到您们高度的评价，使我深为感动。我确信，对您所捍卫的思想体系的任何批评，不可能妨碍也没有妨碍我和您的共同看法：我们两国真正的利益要求制定一个共同的政策，这个政策使我们能够在和其他大国平等的条件下生活，并使我们从凭借武力及帝国主义的经济方法而行动的国际体系所强加的政治经济奴役中摆脱出来。

您说得对，您到中国后显示出来的给予您的友好和殷勤招待使您重新感到有了信心。我深信，我的同胞真诚的希望您的使命成功，尤其是在关于正式承认苏维埃政府问题。但是，您的最大的困难在于负责与您谈判的政治集团，它除了绝对不能代表中国人民以外，且已失去国家政府的样子。它的外交实质上宁愿遵照某些外国列强的愿望和指示，也不把国家的独立和主权这个准则作为中国的切身利益。

在被任命来和您进行谈判的北京代表①为您举行的招待会上，您已看到中国效忠外国利益这种奴颜婢膝行为的明显例子。他建议您按照美国的榜样制定苏维埃政策，而您以应有的方式回答了他，声明"俄国永远不会仿效美国的榜样，而且也不会在像临城照会这样的文件上面签字。俄国任何时候也不要求治外法权和领事裁判权，同样也不会在中国领土上设立法庭或行政机关。俄国放弃侵犯中国人民主权和利益的所有租借权和特权。俄国的宗旨在同中国的关系方面确立完全和绝对平等的原则"。

我应该以中国人民的名义向您致敬，并感谢您给现在的北京主子这个忠顺奴仆上了难忘的现实主义政治的这一课。

孙逸仙

据《苏联对外政策文件集》第六卷（莫斯科一九六二年出版）第四三六页俄文译出（郭景荣译，蔡鸿生校）

复加拉罕函

（一九二三年九月十七日）

亲爱的加拉罕同志：

我必须证实您的非常宝贵的通知已收到了，这个通知是我正

---

①　北京政府的谈判代表为王正廷。

在前方与军事领导人举行会议的时候转给我的。这就是我延迟到昨天才发出回电的原因。现随信附上电报副本作为说明。

我未必需要表明，您可以期望我能够给予您的帮助，以使您在中国的目前使命得到进展。然而，您会发现和北京集团的谈判是非常困难的，北京集团在其同俄国的关系事实上执行的是使馆区的命令。王正廷在祝词中要您仿效美国的榜样，就表明左右他同您进行谈判的势力的所在。

我毫不怀疑，北京政府一定会力求把正式承认苏维埃政府的条件，同美国和其它资本主义列强承认曹锟所领导的任何一个新的行政当局的条件联系起来。

如果您发现没有希望在不损害中国人民的主权、并使新俄国和其他列强处于国际平等的条件下和北京谈判，您也许会明白，到广州与我现在组织的新政府进行谈判是适合时宜的，以免空手回莫斯科。资本主义列强将试图通过北京和利用北京使苏维埃俄国遭受一次新的外交失败。但是，请您时刻注意，我已经准备并且现在就可能粉碎任何使您和您的政府蒙受侮辱的企图。

　　　　　　　　　　　　　　　您的非常真诚的孙逸仙

据《苏联对外政策文件集》第六卷（莫斯科一九六二年出版）第四三六页俄文译出（郭景荣译，蔡鸿生校）

致胡汉民杨庶堪函

（一九二三年九月十七日）

汉民、沧白兄鉴：

手机关枪不准各军定造，只造为卫士队之用，请为注意，切勿再发手令为荷。以前所发者着即取消。

孙文 中华民国十二年九月十七日

据谭编《总理遗墨》第一辑

任命卢谔生职务令

（一九二三年九月十七日）

大元帅令

　　任命卢谔生署理大本营财政部第二局局长。此令。

中华民国十二年九月十七日

据《大本营公报》第三十号

任命何克夫职务令

（一九二三年九月十七日）

大元帅令

　　任命何克夫为连阳绥靖处长。此令。

中华民国十二年九月十七日

据《大本营公报》第三十号

准免卢谔生职务令

（一九二三年九月十七日）

大元帅令

　　大本营财政部长叶恭绰呈称秘书卢谔生另有任用，请免本职。

卢谔生准免本职。此令。

中华民国十二年九月十七日

据《大本营公报》第三十号

命徐天琛部暂归胡谦指挥令

（一九二三年九月十七日）

　　着该团长迅率所部开赴增城暂归胡所长谦指挥调遣。此令。
右令徐团长天琛。

孙　文

中华民国十二年九月十七日

据《国父全集》第四册（转录史委会藏原件影印）

给刘玉山的训令

（一九二三年九月十七日）

大元帅训令第二九五号

　　令中央直辖第七军军长刘玉山

　　据中央直辖第七军第三师长陈天太呈称："窃师长去岁奉令讨
贼，率师东下，旧日部队留桂尚多，现因转战数月，前敌士兵伤亡甚
众，亟应从事补充。前经令饬陈旅长先觉遄返梧、濛，召集旧部，预
备补充。兹据报称，业经召集七百余人，集中梧州人和圩听候调遣
等语。除由师长电调该旅长克日率队来粤听候补充外，理合备文
呈请察核，俯赐电饬西江驻防各军一体知照，俾免误会而利遄行，
实为公便"等情前来。据此，除电饬西江善后督办转饬驻防各军一
体知照外，合行令仰该军长即便转令该师长知照。此令。
中华民国十二年九月十七日

据《大本营公报》第三十号

复林义顺函

（一九二三年九月十八日）

顷奉贵公子结婚礼帖，殊深感谢。徒以海洋迢递，未克参与盛典为歉。兹特肃缄，谨以挚诚之意，以表贺忱。此候
林先生台鉴

　　　　　　　孙逸仙复　一九二三年九月十八日

据《国父全集》第三册(转录史委会藏原件影印)

准任寸性奇职务令

（一九二三年九月十八日）

大元帅令

中央直辖滇军总司令杨希闵呈请任命寸性奇为中央直辖滇军宪兵司令。应照准。此令。

中华民国十二年九月十八日

据《大本营公报》第三十号

免王棠职务令

（一九二三年九月十八日）

大元帅令

大本营会计司司长王棠另有任用，应免本职。此令。

中华民国十二年九月十八日

据《大本营公报》第三十号

任命王棠职务令

（一九二三年九月十八日）

大元帅令

　　任命王棠为东江商运局局长。此令。

中华民国十二年九月十八日

据《大本营公报》第三十号

任命黄隆生职务令

（一九二三年九月十八日）

大元帅令

　　任命黄隆生为大本营会计司司长。此令。

中华民国十二年九月十八日

据《大本营公报》第三十号

任命欧阳格职务令

（一九二三年九月十八日）

大元帅令

　　任命欧阳格为大本营参军。此令。

中华民国十二年九月十八日

据《大本营公报》第三十号

任命李宗黄职务令

（一九二三年九月十八日）

大元帅令

任命李宗黄为大本营参议。此令。

中华民国十二年九月十八日

据《大本营公报》第三十号

给杨希闵等的训令

（一九二三年九月十八日）

大元帅训令第二九六号

令中央直辖滇军总司令兼广州卫戍总司令兼中央直辖滇军第一军军长杨希闵、中央直辖第一军军长朱培德、中央直辖西路讨贼军总司令刘震寰、东路讨贼军总司令许崇智、东路讨贼军第三军军长李福林、中央直辖第三军军长卢师谛、中央直辖第七军军长刘玉山、中央直辖广东讨贼军第四军军长梁鸿楷、中央直辖滇军第二军军长范石生、中央直辖滇军第三军军长蒋光亮、西江善后督办李济深

据大本营兵站总监罗翼群呈称："现据职部卫生局长李奉藻呈称：'窃自北江战事发生以来，伤病官兵留医本部后方病院及第一、第二分院数达五千余人，除医愈归营外，现尚约三千之数。其留医私立各医院约五百人，各军后方病院暨陆军医院共约八百人，统计约共四千余人。据调查所得，医理全愈人数约居三分之一，虽经各

医官劝导,多不肯离院。其中即难免有滋事、打架、聚赌、吸烟等弊。亟应饬回前方,一可增加战斗能力,二可减轻公家负担,三可疏通病室,以便收容继至者。现在东江战事方殷,伤病官兵源源而至,后方各病院及市立各医院,均有人满之患,可否即由钧部转呈请大元帅,饬令各军长官派员到各医院,将伤病业已痊愈之士兵提回前方服务。理合具文呈请察核施行'等情前来。据此,查该局长呈称各节,尚属实情,据呈前情,理合备文转呈帅座,准予分令各军长官查照办理,实为公便"等情。据此,除指令照准并分令各军长官遵照办理外,合行令仰该军长、总司令、督办即便遵照办理。此令。

中华民国十二年九月十八日

据《大本营公报》第三十号

给廖仲恺的训令

（一九二三年九月十八日）

大元帅训令第二九七号

　　令广东省长廖仲恺

　　据广东财政厅长邹鲁呈称:"据南海县县长李宝祥呈称:'案奉钧厅令饬举办商业牌照费,当以佛山为繁盛市镇,委员前往开办,呈报在案。兹据该委员等面称:遵往设局筹办,分投晓导,颇有端绪。讵忽有广三路附近财政处布告,内称广三铁路附近各埠商业牌照税,呈准奉令委该处征收,谕饬商民前赴该处缴税领照等语。因之商民群相观望,请示办法前来。伏查县属商业牌照费,奉饬由职县办理。广三铁路附近财政处又在佛山布告,奉准由该处征收,是否钧处所准,语虽模糊,实淆观听。有兹原因,不特于职县进行障碍,即商人亦无所适从。理合将揭存该处布告一张呈缴察核,究应如何办理,伏候指令祗遵。计缴广三铁路附近财政处布告一纸'等情。据此,查此次举办商业牌照费,系遵照钧座命令,依据条例及细则之规定,应由职厅主管。需用各种牌照并应由职厅印发,迭经呈奉核准,通饬所属机关遵照在案。兹据该县长所呈,广三铁路附近财政处布告征收佛山牌照费一节,查佛山镇先经职厅令南海县署委办理。据呈前情,究应如何之处,理合据情呈请核示,转饬祗遵"等情。据此,除已令行滇军第三军蒋军长饬即取销并通令外,合行令仰该省长转令财政厅长知照。此令。

中华民国十二年九月十八日

据《大本营公报》第三十号

给王棠的训令

(一九二三年九月十八日)

大元帅训令第二九八号

　　令东江商运局局长王棠

　　东江自逆党变乱以来,商货停滞,土产不能运出,要需不能运入,加之两次水灾,损失无算。石龙以上十数县农工失业,人民困苦颠连,情殊可悯,不有救济,将伊胡底?特设商运局以济时势之穷,而救灾区之困。着该局长悉心调查,妥筹善法,务使运输利便,而东江上游之十数县土货,得以畅销,需要有所取给,俾农工生计得以复原,人民困苦早日消灭,以副设局之本旨,有厚望焉。此令。

中华民国十二年九月十八日

据《大本营公报》第三十号

给伍朝枢的训令

（一九二三年九月十九日）

大元帅训令第二九九号

　　令大本营外交部长伍朝枢

　　据南洋砂朥越国民党分部刘友珊及郭川衡函称："敝处辖境咪厘埠于七月九日煤油矿华工某，因与一番妇言词暧昧，忽来一爪哇人持刀行凶，遂至口角互殴，同逮警区。当时有华工少数同业，目睹爪哇人骄横无状，不忍袖手旁观，追随探视，或亦有所陈情于警署长官。而同时华侨工商各界数十百人以未明肇事真相，耳目喧传，麇集署前。不意警署长官遽下令迫群众退散，于时人数杂遝，多隶鲁籍，言语不通，未遑趋避，而士兵已操械任意冲挞，未几复实弹开火。排枪一发，当场惨毙华侨一十二名，重伤者四十余名，舁赴医院不治者二名，而流弹直透人群，致对街无辜商店亦遭池鱼之殃。案情重大，实我华侨数十年来罕闻之浩劫。噩耗传至敝处，阖埠震惊，刻已函致驻哑庇中国领事，请其电促政府从速严重交涉。查本案原起双方，或各不得辞其咎，然商店营业，行人驻足，于律何罪，竟至惨死？彼居留政府弁髦法律，草菅人命，至于此极，来日大难，殷忧未已，剥肤挖髓，行无噍类。国民一息尚存，势难缄默，国体攸关，政府亦恶得置若罔闻？伏思我孙总理爱国爱民，海内外同志共守不渝，于兹事出非常，骇人听闻，意外之变，其必速筹相当对付之策，而有以慰我异域侨胞于水深火热之际无疑矣。同人等不胜徬徨盼切之至"等情前来。据此，查南洋群岛之开辟，我华侨实居首功，今日侨居南洋各岛之同胞，即当年荜路蓝缕、披荆斩棘者之后裔,该所在地政府对于我华侨,论功宜有相当报酬,论法宜予尽力保护。乃年来南洋各岛中,我华侨被该处土人惨杀之耗,迭有所闻,而尤以此次杀毙十余人、杀伤四十余人为最烈。该所在地政府,既迭颁苛例,剥削我华侨之自由,复屡纵容军警,伤残我华侨之生命。该所在地政府如此行为,对外为蔑视国际友谊,对内为弁髦自国法律,不惟人道正谊所不容,亦文明国家法律所不许。合行令仰该部长即向英国领事提出抗议,要求依法补恤惩凶,以慰侨望而警凶横。是为至要。切切。此令。

中华民国十二年九月十九日

据《大本营公报》第三十号

给赵士北等的训令

（一九二三年九月十九日）

大元帅训令第三〇〇号

　　令大理院院长赵士北、大本营军政部长程潜、广东省长廖仲恺

　　据大本营财政部长叶恭绰呈称:"窃以印花税为国税之一,应由本部直接派员征收,并照章得招商承办,历经照办有案。当此财政困难,军需孔亟,亟应设法推行,以裕税收。前据商人张式博条陈爆竹类征收印花税办法前来,本部以爆竹类与烟酒同为消耗物品,自可援照烟酒贴有印花税票条例办理。其税率暂按烟酒税则减半征收,定为照物价十分之一征收。所拟办法,经本部详加复核,尚属可行,现拟仍归本部直接管辖,并暂以广东全省境内先行试办,俟办有成,再酌量情形,次第推行。当由本部委任该商张式博充广东全省爆竹类印花税总办,准其在广东省域设立广东全省爆竹类印花税分处,其省河及广东全省各属,准其分设支处,或派

委专员委托商店设法推销；并援商人承办税捐认额包征办法，责令每年暂以包销爆竹类印花税票价十二万元，为其征缴定额。如办有成效，再将定额酌量增加；倘销不足额，得照章责令赔缴，或酌予罚款，并得撤销包办原案，另行派员或招商承办，俾昭公允。业据张式博缴呈票价、请领税票，刊刻关防，呈报启用各在案。惟印花税推行，于爆竹类事属创办，承办商人于事前调查及开办经费垫支较巨，特准于三个月试办期内，领票售票均以毫银伸算，并给予补助经费一成，以示体恤而资奖励。一面由部规定，自本年九月十六日起至十二月十五日止为试办期限，以促进行而示限制。又虑推行之初，或其所派调查、稽查、劝销各员，有与商家牴牾或骚扰情事，致碍进行而招反感；并于章程内规定，须由该处地方官厅警察区署，或商会派员会同前往，以防流弊而杜口实。但事前调查、劝销及此后稽查、惩罚，有需各该处地方官厅、警察区署暨各商会协助及各军队保护之处正多，除由本部咨行各机关查照，并由该商自与各商会接洽外，拟请大元帅训令大理院、大本营军政部、暨广东省长转行所属遵照。兹由本部根据该商所拟征收爆竹类印花税办法，分别编正改订，核定为征收广东全省爆竹类印花税暂行章程二十六条，及招商承办广东全省爆竹类印花税暂行章程十八条，理合照录该项章程，备文呈报大元帅鉴核备案。其征收章程内分别订有罚则，应请明令公布施行，用昭慎重。至该章程附表应订税额，已饬令该商查明呈报本部核定，届时再行专案呈报，合并附陈"等情。据此，查所拟事属可行，应予照准，除指令并分令外，合将暂行章程抄发，仰该院长即便转饬所属一体遵照办理。此令。

计抄发暂行章程二份①。

中华民国十二年九月十九日

据《大本营公报》第三十号

给程潜的训令

（一九二三年九月二十日）

大元帅训令第三〇一号

　　令大本营军政部长程潜

　　据广东兵工厂厂长朱和中呈称："窃查职厂内枪厂，从前每日只出枪十余枝，连开夜工亦不过二十余枝。自和中到差，极力整顿，加开夜工未尝间断；并于每日上下午放工时派各工匠轮班接替，务令机器不停。每日工作时间将及十五点钟之久，工人固属辛劳，机器之能力亦尽。现出枪至三十五枝，实不能再多，此固开厂以来所仅见，乃各军之备价来请造枪者，未知其中为难情形，不加体谅，已造者尚欲加多，未造者更多烦言，分配不敷，争论不决，终日解说，舌敝唇焦，穷于应付。计各军携有帅令并已交款造枪者，共有九处，即每日每处交枪五枝，亦需四十五枝。惟职厂所出之枪，充其量不过三十五枝，实在不敷分配，极感困难；倘日后再有请造者，不知如何应付，再四思维，惟有拟具办法四条，并开列收款交枪数目表二纸，备文呈请察核，恳请令饬各军遵照，实为公便，是否有当，伏祈指令祗遵"等情，并拟具各军请造枪枝办法前来。据此，除指令准如所请办理外，合行令仰该部长即便通行各军查照办理，

----

　　①　该训令中抄发的章程二份为：《征收广东全省爆竹类印花税暂行章程》，计二十六条；《招商承办广东全省爆竹类印花税暂行章程》，计十八条。内容从略。

办法抄发。此令。

　　计抄发规定各军请造枪枝办法一纸。

中华民国十二年九月廿日

据《大本营公报》第三十号

给赵士北的训令

（一九二三年九月二十一日）

大元帅训令第三〇三号

　　令大理院长兼管司法行政事务赵士北

　　据广州律师公会会长赵敬等呈称："窃据会员关作璜、钱树芬、温天铎、曾传鲁、霍鸾藻等提议：'以大理院新颁律师领用小章规程第三、第四、第五、第八、第九各条所定理由，于法律事实间有未合，应请修正'等语，附请议书一件前来。当经于本年九月九日召集大会解决，嗣因法定人数不足，改开评议会，议决结果认为大理院新颁律师领用小章规程，有应行修正及明示办法者，厥有六端，理合查照。是日议决案造具请求书，备文呈请钧座，伏乞俯予令行该院采纳，如议修正，以利遵行，实为公便。并查该院自新章颁布后，对于律师代理诉讼行为未领院颁小章者，概行批驳，对于诉讼上不变期间，殊多窒碍，似无因律师小章而剥夺当事人法律赋予诉权之理，拟请钧座指令，准予于大理院新颁律师领用小章规程未修正以前，仍准沿用原日律师图章，更叨德便"等情，附呈请求书及规程前来。据此，查该呈所列各节不无可采之处，合行令交该院长酌量办理。请求书附发。此令。

中华民国十二年九月廿一日

据《大本营公报》第三十一号（一九二三年十月五日版）

给胡汉民等的指令

（一九二三年九月二十一日）

大元帅指令第四七六号

令大本营军法裁判官程潜、胡汉民、罗翼群

呈为遵令审理程天斗侵吞军饷一案拟具判决书，请予察核示遵由。

呈悉。所称该犯奔走国事有年，不无前劳可念，可否法外施仁，予以减免，俾其自新等情。程天斗准予特赦。此令。

中华民国十二年九月廿一日

据《大本营公报》第三十号

复邹鲁电[*]

（一九二三年九月二十二日）

坚密。马电悉。如有此事，当为季龙私人之意，于我无关。因季前往洛，乃为私人行动，非我代表。孙文。祃。（九月二十二日）

据《国父全集》第三册（转录史委会藏抄件）

致胡汉民电

（一九二三年九月二十四日）

提前万急。广州大本营胡总参议鉴：（公密）。下电希致组安。

---

[*]　徐谦（季龙）本受命联络直系军人冯玉祥，而徐却赴洛阳吴佩孚处活动。孙中山在得到邹鲁关于这方面的报告后，特复此电。

文曰:"衡州谭总司令鉴:(组密)。益之所部原拟调湘,其前锋已抵湘境,嗣因东江战事仍未结束,博罗之逆虽窜西,惠城未下,林、洪两逆后由闽边移至,图解惠围,不得不调朱部来惠,俟彼到时,聚而歼之,为一劳永逸计。如东江解决,即各军皆可入湘以奠全局,不独朱部已也。大元帅。"此电拍发后并钞示廪丞为盼。大元帅。敬。(印)。文。九月二十四日。

据中国革命博物馆藏原件

任命马晓军职务令
（一九二三年九月二十六日）

大元帅令
　　任命马晓军为大本营参军。此令。
中华民国十二年九月廿六日

据《大本营公报》第三十一号

任命马伯麟职务令
（一九二三年九月二十六日）

大元帅令
　　任命马伯麟为长洲要塞司令。此令。
中华民国十二年九月廿六日

据《大本营公报》第三十一号

撤销鱼雷局令

（一九二三年九月二十六日）

大元帅令

　　鱼雷局着即撤销，所有鱼雷事宜，暂归长洲要塞司令管理。此令。

中华民国十二年九月廿六日

据《大本营公报》第三十一号

给廖仲恺的训令

（一九二三年九月二十六日）

大元帅训令第三〇四号

　　令广东省长廖仲恺

　　据佛山商会会长陈恭受等呈称："案查佛山碉楼缘起于民国四年龙上将军、李巡按使①莅粤时代。因佛镇为省城屏蔽，地当要冲，户口殷繁，商旅辐辏，一遇事变无险可守。三年冬十一月，股匪扑攻佛山，幸赖军队击退，地方得以保全。镇人鉴戒前车，绸缪未雨，是以会集绅商而有建设碉楼之议，其建筑费初由佛山商会团保局收支所合力借筹，以为之倡，复向镇内店户抽收一月租捐，并在平粜帐款各项下多方凑集，共费地方款三万二千余元，择定火车头、太平沙、聚龙沙、东莞地、文昌沙、文塔脚、平政桥、白花社、大基

---

①　龙上将军、李巡按使：即龙济光、李国筠。

尾、永安社学、城门头等处兴筑碉楼十一座，凡数阅月始告竣事。从此壁垒一新，防卫周密，为邦人士所乐观厥成，亦守土者宜永保勿替也。近闻佛山官产清理分处为军饷紧迫，遽将碉楼十一座共估价数千元立行变毁。夫筹饷固军事大计，筹防亦地方要图，若只顾军事于目前，而置地方于脑后，顾彼失此，甚非所以安内而防外也。今碉楼虽无护勇守望，然有客军驻防，佛山暂亦足资镇慑。但防军抽调靡常，一旦地方空虚，碉楼即须拨团握〔据〕守，居高临下，以逸待劳，洵为地方要隘。是以碉楼之存废，关乎全镇之安危，与别项建筑物业利害轻重，要不可同日语也。现我佛山各界团体及全镇公民，于九月十二日假座佛山商会大集会议，佥以碉楼工程浩大，当年几费经营，艰难缔造，然后克底于成，至今垫款尚未归还清楚，倘竟废诸一旦，不避千夫所指，徒供一掷之需，窃为地方危之。今镇人心理，惩前毖后，咸主张一致保留。理合将各团体及全镇公民会议缘由，备文呈请睿鉴，俯赐檄饬广东全省官产清理处转令佛山镇官产清理分处主任胡思清，爱惜物力，尊重地方，将毁变碉楼案取销，制止承办商人，即日停工，以顺人心而顾清议，实为公便"等情前来。据此，查佛山镇各碉楼，据称系地方团体集资所建筑，为全镇防卫之要隘，自应予以保留，以重防务。合行令仰该省长遵照转饬办理。此令。

中华民国十二年九月廿六日

据《大本营公报》第三十一号

任命林翔职务令

（一九二三年九月二十七日）

大元帅令

任命林翔为大本营审计局局长。此令。

中华民国十二年九月廿七日

据《大本营公报》第三十一号

准刘纪文辞职令

（一九二三年九月二十七日）

大元帅令

大本营审计局局长刘纪文呈请辞职。刘纪文准免本职。此令。

中华民国十二年九月廿七日

据《大本营公报》第三十一号

优恤杨仙逸等令

（一九二三年九月二十七日）

大元帅令

故航空局局长杨仙逸、长洲要塞司令苏从山、鱼雷局局长谢铁良,均技术湛深,志行纯洁,尽瘁国事,懋著勋劳。本大元帅正倚为干城心腹之寄,此次在白沙堆轮次猝遭变故,死事其〔甚〕惨。遽闻凶耗,震悼殊深。杨仙逸、苏从山、谢铁良均追赠陆军中将,并着军政部照陆军中将阵亡例,从优议恤,以彰忠荩而慰烈魂。此令。

中华民国十二年九月廿七日

据《大本营公报》第三十一号

任命甘蕃职务令

（一九二三年九月二十八日）

大元帅令

　　任命甘蕃为大本营谘议。此令。

中华民国十二年九月廿八日

据《大本营公报》第三十一号

准任蔡慎职务令

（一九二三年九月二十八日）

大元帅令

　　大本营兵站总监罗翼群呈请任命蔡慎为大本营兵站第三支部长。应照准。此令。

中华民国十二年九月廿八日

据《大本营公报》第三十一号

给程潜的训令

（一九二三年九月二十八日）

大元帅训令第三○七号

　　令大本营军政部长程潜

　　据乳源县县长欧维纲巧日代电称："职县八月宥日邮电报告，拿获自称大元帅直辖讨〈贼〉军第二路独立支队司令阙应麟、副官李祥茂等二名在乳招抚绿林,运动军队,希图扰乱。讯据供认不讳,请予分别将阙应麟处以死刑,李祥茂处以四等有期徒刑一年一案,谅经早邀钧鉴。现奉省长、杨总司令指令开:'既据邮电呈报大元帅,仍候核示祗遵'等因。奉此,迄今尚未奉到批示,合再邮电,呈请察核。应如何办理之处,伏乞即迅赐电示祗遵"等情。据此,合行令仰该部长即便查明阙应麟、李祥茂等是否冒充军官,及所犯如果情确,应即依法惩治,以儆效尤。仍将办理情形呈复。此令。

中华民国十二年九月廿八日

据《大本营公报》第三十一号

给李济深的训令

（一九二三年九月二十八日）

大元帅训令第三〇八号

令西江善后督办李济深

据广东省长廖仲恺呈称:"现据粤海关监督傅秉常呈称:'现据开平口征收税委员呈称:现准中央直辖广东讨贼军第一师军需处函开:现奉西江善后处督办李电令,内开二本署设财政整理处,统一西江财政事宜。查四邑各属税收,向由江门大本营办事处办理,仰该员暂行接收,继续办理等因。奉此,遵于本月二十二日暂行接收,继续办理,除分函外,相应函达,即希查照等由。准此,理合备文呈请察核,指示每月征收税款如何解缴,俾得祗遵等情前来。查关税为国家收入,系解中央之款,与他项税收不同,除令饬该口委员毋得擅行拨解外,理合备文呈报钧署察核,转呈大元帅令饬西江善后李督办,毋得截留关款,以重国库'等由。准此,查该监督所呈各情,系为统一关税起见,理合呈请帅座察核,俯赐令饬西江善后李督办,毋得截留关款,以重国库,实为公便"等情前来。据此,除指令呈悉,准如所请令行西江善后督办遵照办理外,合行令仰该督办即便遵照办理为要。此令。

中华民国十二年九月廿八日

据《大本营公报》第三十一号

给刘纪文的指令

(一九二三年九月二十八日)

大元帅指令第四七九号

令大本营审计局局长刘纪文

呈请辞职并请任李蟠接替由。

呈悉。所请辞职之处应照准,递遗该缺已有明令任命林翔接替矣。仰即知照。此令。

中华民国十二年九月廿八日

据《大本营公报》第三十一号

给罗翼群的指令二件

(一九二三年九月二十八日)

一

大元帅指令第四八〇号

令大本营兵站总监罗翼群[①]

---

① 据审计局所定章程,准尉等级薪水应照规定九折计算,而准尉为最末级,薪水仅三十元。九月二十一日,罗翼群呈请将获三十元以下薪俸者,给予全薪,准予免折。

呈请该部职员月薪在三十元以下者准予免折，及裁撤分站闲员，拟派出各所供职，与编制原定额略有增加，请鉴核训示，饬局知照由。

呈悉。该部职员月薪在三十元以下者准予免折。惟该部所辖各所用人，仍须认真核实，不得为安置闲员计，致涉冗滥。仰即知照。此令。

中华民国十二年九月廿八日

据《大本营公报》第三十一号

二

大元帅指令第四八一号

令大本营兵站总监罗翼群①

呈送该兵站第三支部长兼军车管理处职务蔡慎履历，请加任命并令军政部加令委任由。

呈悉。准予任命蔡慎为大本营兵站第三支部长，所兼军车管理处职务，仰该总监自行咨请军政部查照加委可也。此令。

中华民国十二年九月廿八日

据《大本营公报》第三十一号

给廖仲恺的指令*

（一九二三年九月二十八日）

大元帅指令第四八三号

---

① 九月二十一日，大本营兵站总监罗翼群呈请，以蔡慎接替兵站第三支部长冯启民遗缺，请加任命，并令军政部加令委任。

* 据粤海关监督傅秉常呈报：广东省长廖仲恺于九月二十四日呈请大元帅，饬令西江善后督办毋得截留关款，以统一关税。

令广东省长廖仲恺

呈请令饬西江善后督办毋得截留关款以重国库由。

呈悉。准如所请。令行西江善后督办遵照办理。仰即知照。此令。

中华民国十二年九月廿八日

据《大本营公报》第三十一号

给罗翼群的训令

（一九二三年九月二十九日）

大元帅训令第三〇九号

令大本营兵站总监罗翼群

据大本营审计局长刘纪文呈称："案奉钧帅发下大本营兵站总监罗翼群原呈一件，补签十二年六月份原预算书一本，输送队、守备队饷章表各一册，谕令审查等因。奉此，当即遵照核办。查该原预算补签各节，尚属核实，应准备案。惟东路讨贼军第十四路司令部军队，是否全部拨归总监兼辖，抑或指拨二营担任守备，若仅得二营，编为统领部已属通融办理，该队照各路司令部编制，似属不合，而于额定薪饷公费之外，另加活支及死亡、医药等费六百余元，亦欠充分理由。至该部拨归兵站总监后，是否不另向东路讨贼军总司令部报销薪饷，仍应明白声叙，俾便审查。至输送队所列饷薪，间有违背定章者，均经逐一签出，使之改正。奉令前因，除将补签原预算书暂留职局，俟核定后再行呈发外，所有该部原呈及所属守备队、输送队饷章表各一册，理合随文呈缴钧帅，伏祈发还改编，实为公便。再据该部预算书，说明栏内声叙第二、第三卫生队，第二、第三、第四野战病院，后方病院第一、第二分院掩埋队，第一、第

二、第三伤兵收容所,各详细数目,应自调齐再行呈核等语。现阅时已久,尚未奉转下局有关统计。又,以后该部无论呈缴预算、计算或所属饷章表,均应照缮三份,俾便存发,统祈迅赐饬遵"等情。据此,除指令照准外,合行令仰该总监即便按照呈开各节,明白声叙,并将签发守备队、输送队饷章表,依照改编呈候备案。仍迅将卫生队、野战后方各病院暨掩埋队、伤兵收容所等处,数目调齐,列呈候核。饷章表二册并发。此令。

中华民国十二年九月廿九日

据《大本营公报》第三十一号

给杨希闵的训令

（一九二三年九月二十九日）

大元帅训令第三一〇号

令中央直辖滇军总司令杨希闵

据广东电政监督兼广州电报局局长范其务呈称:"案据源潭电报局局长胡瑞昌呈称:'职局至韶州及广州,均原设一、二、三线,其韶州二、三及广州二线,固已被军队搭挂电话用去。而现在用以工作之韶州一线,每日亦有电话发现多次,广韶直达固属窒碍,而源韶工作因此亦时有不灵。乞设法转请卸去,以利交通'等情前来。查广韶原设有三线,其第二、第三线,系被军队搭挂电话,广韶局只有第一线以供工作,每日均仍有电话发现,不特广韶不能直达,而源韶亦因此不能工作。尚属实情,理合呈请钧座察核,乞准令饬驻防沿途各军队,如挂电话线须一律挂第二线,勿再搭挂第一、第三线,免生窒碍,以利交通,实为公便"等情前来。据此,除指令照准外,合行令仰该总司令,即便遵照。转饬驻广州至韶关各军,嗣后悬挂电话线,须一律搭挂第二线,勿再搭挂第一、第三两线,以免窒碍而利交通为要。此令。

中华民国十二年九月廿九日

给赵士觐的指令

（一九二三年九月二十九日）

大元帅指令第四八六号

令大本营粮食管理处督办赵士觐

呈为省河引盐现已脱清,请准由管理处采办沿海余盐二十万包运省,以济民食而裕库收由。

呈悉。所请准由粮食管理处采办沿海余盐二十万包运省应销,以济民食而裕库收,事属可行,应准照办,并着即筹议,详细章则,呈候核定。此令。

中华民国十二年九月廿九日

任命陈友仁职务令

（一九二三年九月三十日）

大元帅令

任命陈友仁为航空局局长。此令。

中华民国十二年九月卅日

任命郭泰祺职务令

（一九二三年九月三十日）

大元帅令

　　任命郭泰祺为大本营外交部次长。此令。

中华民国十二年九月卅日

据《大本营公报》第三十二号（一九二三年十月十二日出版）

命许崇智古应芬查办作弊人员令 *

（一九二三年九月三十日）

　　着秘书处拟两命令如左：

　　一、着许崇智查办兵站作弊人员。

　　一、着古应芬查办各财政机关内部人员之积弊。

孙　文

据谭编《总理遗墨》第三辑

命查核各机关公款出纳情形令

（一九二三年九月三十日）

大元帅令

　　自军兴以来，需款孔亟，分设机关职司财政，戎马倥偬，监督或

---

　　*　此件未署时间，今所标时间系参照《大本营公报》内容相同之命令的日期酌定。

疏,利之所汇,弊窦易生,非考核整饬,点滴归公,无以昭示人民,慎重国币。兹特派行营秘书长古应芬,秉公查办。自两广盐运使署、广东财政厅、市政厅、公安局、官产处等各机关所有经理财政职员,一切公款出纳事件,着一律分别查核,条列情状,呈候裁夺。切切。此令。

中华民国十二年九月卅日

据《大本营公报》第三十二号

命查核兵站人员办事情形令

（一九二三年九月三十日）

大元帅令

自兵站设立于今数月,供给军需关系重大。比日人言啧啧,指摘孔多。事以久而弊生,人亦众而难齐。不有整饬,无以别是非而明赏罚,综名实而示惩劝。兹特派东路讨贼军总司令许崇智秉公查办。仰即分别贤愚,详具功罪条列情状,呈复核夺。切切。此令。

中华民国十二年九月卅日

据《大本营公报》第三十二号

给邓泽如的训令

（一九二三年九月三十日）

大元帅训令第三一一号

令两广盐运使邓泽如

据广东省长廖仲恺呈称:"现准大本营建设部长林森函开:'黄花岗七十二烈士墓场,现已拓地五十余亩,所种花木、果树日渐成林。历来只雇长工一人专为看守坟墓,不及兼顾灌溉树木,以致旧植花木失时培养,多半凋谢。际此秋令风高,遍地蔓草,人稀地广,时见牛马奔窜。而红花岗四烈士墓场,向无工人看守,其荒芜丛杂,殆有甚于黄花岗。广州自整顿市政以来,中西人士来粤观光者,常到七十二烈士及四烈士坟场瞻仰。设非增雇工人料理花木,粪除芜秽,则坟场日就荒凉,有失观瞻,实堪抱憾。兹特沥情函请省公署立案,按月给发毫洋一百元,为添雇工人花匠薪资伙食等用,其余款项,则为工具、肥料、种子之用,并希呈请大元帅核准,指令盐运使署由盐余项下支付,以垂永久。俾便按期具领,并将所有支出用途造册呈报省公署鉴核,以重公款而清手续'等由。准此,查黄花岗七十二烈士与红花岗四烈士坟场,中西人士时多来游、凭吊,自未便任令荒废,致失观瞻。现准建设部林部长函请,在于运库盐税盈余项下,按月提拨毫洋一百元交给该坟场经理人,为添雇花匠、工役薪伙及工具、肥料、种子之用,筹有常之经费,阐先烈之幽光。似属可行,理合备文呈请大元帅鉴核俯赐,檄行广东盐运使立案照办,按月列册报销,以垂久远,实为公便"等情。据此,除指令照准外,合行令仰该盐运使即便查照办理。此令。

中华民国十二年九月卅日

据《大本营公报》第三十二号

致胡汉民朱培德电*

(一九二三年九月)

提前万急。广州大本营胡总参议朱参军长鉴:(公密)益兄个、

---

*　原件未署日期。按林虎、洪兆麟率军从闽边来援惠,事在九月下旬,与九月二十四日《致胡汉民电》内容相关,故置于此。

祃两电均悉。探报林、洪两逆均来援惠，我军不能不厚集大队，聚而歼之，为一劳永逸之计。望益兄迅将全部克日调回，所需各款，希展兄妥为筹付。切盼。大元帅文。

据中国革命博物馆藏原件

给何克夫的训令
（一九二三年九月）

训令

　　着即率所部进攻富贺，扫灭该处敌人而固守之。此令
何克夫

孙　　文

民国十二年九月

据《国父全集》第四册（转录史委会藏原件影印）

复何东电二件 *
（一九二三年十月一日）

一

　　何东爵士鉴：予素来主张南北和平统一，今君倡议南北各方领袖应开平等联席会议，予极表赞同。孙文。

二

　　何东爵士鉴：阁下发起各领袖联席会议，弟届时当躬亲列席，

＊　　何东在上海发起和平通电，并致电各方领袖。

专此奉闻。孙逸仙。

据《广州民国日报》一九二三年十月二日《大元帅复何东之两电》

颁给郑螺生奖凭证明
（一九二三年十月一日）

大元帅发给奖凭事：自逆贼叛国，挞伐用张，师行裹粮，需财孔亟，常赖海外侨胞踊跃输将，藉济财政之困，促成革命之成功；凡兹义举，奖典应颁。

兹据中央筹饷会汇报，查有郑螺生捐助军饷，合于奖章条例第八条规定，呈请给予一等金质奖章一枚。除准予发给一等金质奖章用示奖励外，合填给奖凭，以资证明。

右给郑螺生

中华民国十二年十月一日

据黄警顽编《南洋霹雳华侨革命史迹》（上海文华美术图书公司印行）

给徐绍桢的指令
（一九二三年十月一日）

大元帅指令第四八九号

令大本营内政部长徐绍桢

呈请褒扬寿妇郑黄氏由。

呈悉。准予题颁"百龄人瑞"四字匾额，并给予银质褒章一枚。仰即转给具领。此令。

中华民国十二年十月一日

据《大本营公报》第三十二号

任命张国威职务令

（一九二三年十月二日）

大元帅令

　　任命张国威为大元帅行营参谋。此令。

中华民国十二年十月二日

据《大本营公报》第三十二号

准任余壮鸣胡家弼职务令

（一九二三年十月二日）

大元帅令

　　大本营参军长朱培德呈请任命余壮鸣、胡家弼为大本营参军处上校副官。均照准。此令。

中华民国十二年十月二日

据《大本营公报》第三十二号

给廖仲恺的训令

（一九二三年十月二日）

大元帅训令第三一二号

　　令广东省长廖仲恺

　　前因军用浩繁，令由该省长转饬各县分筹的款缴解来营，以资应用，至今多日未著成效。兹仰该省长于所属各县设立筹饷局，遴派得力人员专管各县所有正杂税捐征收事宜,并于省会设立大本营筹饷总局,由该省长总司其事。凡各县筹饷局缴解款项,统由总局核收,听候命令指拨。仰即克日进行,切实规划,严重监督,毋得因循,有误军需。切切。此令。

中华民国十二年十月二日

据《大本营公报》第三十二号

发给邓卓两部伙食费令

(一九二三年十月二日)

邓演达团、卓仁机旅两部伙食,由十月十六日起归回第一师部发给,大本营所发伙食至是月十五止截。此令。

孙　文

据谭编《总理遗墨》第一辑

给廖仲恺的训令

(一九二三年十月三日)

大元帅训令第三一三号

令广东省长廖仲恺

迭据前敌报告:"惠州、惠阳逆军绝粮数日,逃散渐多,两城旦夕可下"等情。东江用兵以来,敌军凭依惠城之险,抗拒经月,现其兵已绝粮,居民愈可概见,哀此无辜罹兹惨祸,仰该省长转饬各善堂,迅行预办米粮一百万斤以上,一俟城下之日,即行飞运前往赈济穷乏,毋得迟延,致令他日无数民人转成饿莩。切切。此令。

中华民国十二年十月三日

据《大本营公报》第三十二号

给林森的指令

（一九二三年十月四日）

大元帅指令第四九二号

令大本营建设部长林森

呈缴拟订《暂行工艺品奖励章程》请鉴核明令施行由。

呈及章程均悉。准如所拟办理。此令。

中华民国十二年十月四日

附:林 森 呈

呈为拟订《暂行工艺品奖励章程》仰祈鉴核事:窃富国之道,工商为重,改良商品,工艺为先。吾国工业方在萌芽,提倡奖励,责在政府。本部设有工商局,关于奖励工业事项,不可无章程规定,以资奖励而策进行。兹拟订《暂行工艺品奖励章程》十八条,理合缮具清折,呈请鉴察,伏祈明令施行,实为公便。谨呈

大元帅

附呈《暂行工艺品奖励章程》一扣。

大本营建设部长林森(印)

中华民国十二年九月廿四日

暂行工艺品奖励章程

第一条　关于工艺上之物品及方法,首先发明及改良或应用

外国成法制造物品著有成绩者,得按照本章程呈请奖励。

第二条　享有奖励权利者,以中国人民为限。

第三条　奖励之类别分列于下:

(一)凡关于工艺上之物品及方法,首先发明或改良者,得呈请专利,其年限定为三年、五年二种,由建设部核准。此项限期,均由批准之日起算。

(二)凡应用外国成法制造物品著有成绩者,呈请给予褒状。

第四条　下列之工艺品不得呈请奖励:

(一)有紊乱秩序妨害风俗之虞者。

(二)业有同样发明或改良呈请核准在先者。

第五条　下列之工艺品不得呈请专利:

(一)饮食品。

(二)医药品。

工艺品之发明或改良,有关公益须普及者,得不予专利,或加以限制。

第六条　呈请文受理后,经审查准予专利者,由部发给执照,准予褒奖者,由部发给褒状。

第七条　呈请奖励者应于呈文外,将详细说明书及图式、制品、模型等件呈部审查。

第八条　呈请奖励者应按下列照费、褒状费随同呈文缴纳。

(一)专利三年者五十元。

(二)专利五年者一百元。

(三)褒状五元。以上照费、褒状费,如不准奖励时,仍将原费发还。

第九条　已经核准奖励之制造品,其呈请人之姓名、商号、制品名称、种类、专利年限、专利执照或褒状之号数,均应于公报公布之。

第十条　工艺品之发明或改良为军事上应守秘密者,得依主管官署之请求,不予专利,或加以限制,但应由主管官署给与相当报酬。

第十一条　已得专利者于专利期内,复将其专利物品所有发明改良者,再呈请核准专利。

第十二条　呈请人所发明或改良之物品,有一部分与先行呈请之物品相同者,其相同之部分应准先行呈请者享有专利权。

第十三条　专利权得承继或转移之,但须呈请建设部核准换给执照。

第十四条　在专利年限以内,如有他人私自仿造防(妨)害专利权时,享有专利权者得呈请禁止。

第十五条　已得专利者如有下列情事之一,其专利权应即取消:

(一)已得专利权自给照之日起,满一年尚未实行制造营业者。

(二)贩运外国货品冒充自制专利品发行者。

(三)所制物品与说明书所载或与各样模型不符者。

(四)专利期内无故休业一年以上者。

(五)违反本章程第四条所规定者。

(六)以诈伪方法矇请核准者。在专利年限内建设部认为必要时得遴派专员检查专利品之制造事项。

第十六条　专利年限期满或取消,应于公报公布之。

第十七条　《暂行工艺品奖励章程施行细则》由大本营建设部定之。

第十八条　本章程自公布之日施行。

据《大本营公报》第三十二号

致张国桢电

（一九二三年十月五日）

急。博罗转东路讨贼军张总指挥鉴：东电悉。此次河源之战，各将士奋勇效命，克复名城，本大元帅实深嘉慰。仰即传谕嘉奖。大元帅。歌。（印）

据《广州民国日报》一九二三年十月九日
《大元帅嘉奖克复河源将士歌电》

通缉吕春荣令

（一九二三年十月五日）

大元帅令

据高雷讨贼军总司令兼绥靖处处长林树巍呈报："东路讨贼军第四师师长吕春荣，蓄意谋叛已非一日，曲予优容，冀其悔悟，讵鬼蜮存心，冥顽罔觉。此次钦廉告警，令其布置防务，乃竟勾结逆军，谋为不轨，经各将领一致通电声其罪状，似此逆迹昭著，难再姑容，请将吕春荣褫职通缉获办"等情。查东路讨贼军第四师师长吕春荣甘心附逆，罪无可逭，着即褫夺本职，仰各军长官一体严拿，务获解办，以儆凶顽而肃军纪。此令。

中华民国十二年十月五日

据《大本营公报》第三十二号

给孙科的训令

（一九二三年十月五日）

大元帅训令第三一五号

令广州市市长孙科

据前大本营审计局局长刘纪文呈称："窃纪文前由林业明附来军用公债券一箱共十一包，内五元券五包，每包五百张，由三千零一号起至五千五百号止，计二千五百张；一十元券五包，每包五百张，由二千五百零一号起至五千号止，计二千五百张；一百元券一包，共五百张，由四万一千零零一号起至四万一千五百号止。该券附到后，经即通讯各处，请将原收条改换。计到换者由三千零零一号起至三千零四十八号止。简崇光经手，共换去四十八张十元券，由二千五百零一号起至二千五百二十九号止；简崇光、陈迫清、戴金华等经手，共换去二十九张一百元券，由四万一千零零二号起至四万一千零一十三号止；简崇光、吴庆余经手，共换去十二张。其余存贮者，计五元券由三千零四十九号起至五千五百号止，共余二千四百五十二张十元券；由二千五百三十号起至五千号止，共余二千四百七十一张一百元券；由四万一千零零一号、四万一千零一十四号起至四万一千五百号止，共余四百八十八张。除将该券暂行存贮外，理合具文，连同券额分析表暨公债收条表呈请察核。现纪文因事出洋，一时未能返粤，至所存公债券应交何处接收经理，伏祈批示祗遵"等情。据此，除指令呈表均悉，仰将公债券交由市政厅孙市长暂行接收保管外，合行令仰该市长即便遵照办理。此令。

中华民国十二年十月五日

据《大本营公报》第三十二号

给杨希闵的指令
（一九二三年十月五日）

大元帅指令第四九三号

令兼卫戍总司令杨希闵

呈复看守永捷轮船赖铭光已开释，该轮究应发还周少棠，抑给葡商志利洋行具领，请令遵由。

呈悉。永捷轮船着即先交大本营参军处候令办理。仰即遵照。此令。

中华民国十二年十月五日

据《大本营公报》第三十三号

命总务部委孙天孙张晋职务令[*]
（一九二三年十月五日）

孙天孙，奉化人，大连企业公司，长崎高等商业学校毕业，请委大连支部长。

张晋，平湖人，哈尔滨铁路局俄文秘书，请委哈尔滨支部长。

孙 文

（十月五日）着本部办理

据《国父全集》第四册（转录史委会藏原稿）

---

* 《国父全集》编者注："原稿为廖仲恺字，可能在民国十二年。"令文末注"（十月五日）"，今据此酌定此令发布时间为一九二三年十月五日。

给孙科的指令

（一九二三年十月六日）

大元帅指令第五〇五号

　　令广州市市长孙科

　　呈复查明红花岗地段四十亩均属寺尝公地，应准全段划拨广东公医校院，代兵站部抵还伤兵留医欠款，业经转饬办理，乞赐备案由。

　　呈悉。准予备案。此令。

中华民国十二年十月六日

据《大本营公报》第三十三号

与某记者的谈话*

（一九二三年十月初）

　　问：曹锟伪选已成，大元帅持如何态度？

　　答：曹锟串同无耻议员，谋之已久，今日之事，早在人人意料中。日前我曾通电宣言警告曹氏，冀其觉悟，今竟冥顽不灵，甘冒不韪，只有重行兴师北伐之一法。

　　问：北伐是否单独广东进行？

　　答：广东为护法之区，自应提挈，至关东、浙江、湖南等省，事前

---

　　* 十月八日孙中山下令讨伐曹锟。此为下令讨伐曹锟前，某记者谒见孙中山时的谈话记录。原件未署月日，时间应是八日之前，今酌定置于此。

有反对曹氏之电文，最近有向余请问办法之表示，若广东出师，以上各省，当可沿途响应。

问：北伐军如何组织及何时可以出发？

答：现拟挑选各军之劲旅组织之，至于出师期，固愈速愈妙，不过因财政问题，稍有商量耳。余最近设一筹饷局，专向省外各县设法征收，总有一好结果。意料出师之期，总在数星期之间。

问：东江未平，与北伐有无影响？

答：广东现在兵力甚雄，东江不过有一部分，此外当可抽调军队，况料惠州数日可下，实不发生碍窒。

问：曹氏此次有无外力援助？

答：曹氏除金钱之外，其次当然借重外力，其助曹之某国人，殊属出余意表。

问：预料北庭将如何结果？

答：曹氏之于民意，久已丧失无余，爝火之光，终不能久。国人能助余为国效力，则去曹氏甚易耳，但余甚希望广东北伐，学生界出而尽力，以为后盾。

据上海《民国日报》一九二三年十月十八日《大元帅对贿选之表示》

中国国民党申讨曹锟贿选窃位宣言

（一九二三年十月七日）

本党建国方略，及护法以来勘〔戡〕乱讨贼之主张，屡经宣揭，凡我国人当已闻知。乃者曹锟跋扈，怙恶不悛，竟于本年十月五日勾结罔利无耻之吴景濂等，贿赂公行，散法窃位，几举我中华民国之纪纲道义，扫荡无遗！此而不讨，国何以立？本党特再郑重宣言,誓奋一贯之精神,伸大义于天下,为国家存正义,为国民作先锋,务使积年混秽恶浊之秽政,悉摧陷而廊〔廓〕清之! 取彼凶残,纳民轨物,庶在位无奸慝之行,政治有清明之望。更有进者,本党主张之民权主义,为直接民权。国民除选举权外,并有创制权、复决权及罢免权,庶足以制裁议会之专恣,即于现行代议制之流弊,亦能为根本之刷新。

又五权宪法中之考试、监察二权,既有以杜倖进于前,复有以惩溺职于后,尚安有崇拜金钱、丧失人格之贿选! 此尤民国百年之大计,本党愿携〔竭〕无上之真诚,以与国民努力建设者也。呜呼! 来日大难,忧心孔殷,兴亡有责,不尽欲言。邦人君子,其慎思而善处之。

中国国民党

中华民国十二年十月七日

据《中央党务月刊》第五期《本党为曹锟贿选窃位宣言》

致汪精卫电 *

（一九二三年十月八日）

精卫兄鉴:本日下令讨曹,通缉附逆国会议员,并电天津段芝泉先生、奉天张总司令、浙江卢督办,约共讨贼。孙文。庚。

据《广州民国日报》一九二三年十月十五日《大元帅致汪代表要电》

---

* 原电未署月份,据《讨伐曹锟令》发于十月八日,此电称"本日下令讨曹",故应为十月八（庚）日。

讨伐曹锟令

（一九二三年十月八日）

大元帅令

伪巡阅使曹锟，贿诱议员，迫以非法，僭窃中华民国大总统，其背叛民国，罪迹昭著。当贿选将行之顷，奉、浙当局与西南诸将领、暨海内名流硕彦、以及公私各团体，函电交争，冀阻非分。该逆充耳无闻，悍海〔然〕不顾天下之是非，其怙恶不悛，甘自绝于吾民，已可概见。年来于粤、蜀、湘、闽、桂诸省，犯顺侵疆，屡为贼害，虽被歼克，狼心未已。我同胞将士护国护法，已历年所，岂能容庇国贼妄干大位。兹特宣布罪状，申命讨伐。我全国爱国将士，无问南北，凡能一致讨贼者，悉以友军相视，共赴国难，以挽垂危之局。庶我先烈艰难缔造之国，不因逆贼而中斩，亿兆人民实利赖之。此令。

中华民国十二年十月八日

据《大本营公报》第三十三号

撤销南路高雷两讨贼军总司令令

（一九二三年十月八日）

大元帅令

南路讨贼军总司令、高雷讨贼军总司令两职均着即行撤销。此令。

中华民国十二年十月八日

据《大本营公报》第三十三号

任命黄明堂职务令

（一九二三年十月八日）

大元帅令

　　任命黄明堂为钦廉绥靖处处长。此令。

中华民国十二年十月八日

据《大本营公报》第三十三号

准任刘钺职务令

（一九二三年十月八日）

大元帅令

　　大本营参军长朱培德呈请任命刘钺为大本营参军处中校副官。应照准。此令。

中华民国十二年十月八日

据《大本营公报》第三十三号

准任陈尧廷职务令

（一九二三年十月八日）

大元帅令

　　大本营秘书长杨庶堪呈请任命陈尧廷为大本营秘书处科员。应照准。此令。

中华民国十二年十月八日

据《大本营公报》第三十三号

给杨希闵廖仲恺的训令

（一九二三年十月八日）

大元帅训令第三一七号

　　令卫戍总司令杨希闵、广东省长廖仲恺

　　近有地方痞棍串同不法军人，假托各军司令部或后方办事人员名义，干涉地方行政、财政，及侵害人民商业、财物等轨外行为，殊堪痛恨。着该总司令、省长出示晓谕，严行禁止。嗣后遇有此等情事，一经查获，悉当军法从事，不得宽贷。切切。此令。

中华民国十二年十月八日

据《大本营公报》第三十三号

给杨希闵的训令

（一九二三年十月八日）

大元帅训令第三一八号

　　令中央直辖滇军总司令杨希闵

　　据广东财政厅长邹鲁呈称："现据南海县长李宝祥呈称：'窃县属九江地方，先有东路讨贼军朱联、关义和军队驻扎，将屠牛捐各项据收，迭经呈报省署在案。日前朱联所部与关义和所部冲突，招匪相助，乘机焚掠。及关义和败窜，又有滇军前往，复与朱联冲突。朱联所部退守北方，滇军遂在九江设立财政局，征收一切税项，该局业已遍贴布告开办。九江为县属繁盛市镇，职局设有粮站在墟市栅外，现因两军互战，秩序纷乱，商市停业，居民惶恐迁徙，粮站因之停收,商业牌照费亦不能办理。似此情形若不速求解决,不特地方糜烂日甚,而当此军需紧急,职县收入停滞,实于解款有碍。除呈请省长核示办理外,所有滇军在九江设立财政局,职县收款阻碍情形,理合呈报察核,指令祗遵'等情前来。理合据情呈请钧座察核俯赐指令祗遵,实为公便"等情前来。据此,除指令"呈悉。军队无自设财政局之理,候令行滇军总司令查明撤销可也"外,合行令仰该总司令即便遵照办理。此令。

中华民国十二年十月八日

据《大本营公报》第三十三号

给叶恭绰的指令

（一九二三年十月八日）

大元帅指令第五一○号

　　令大本营财政部长叶恭绰

　　呈请出洋华茶减免税厘续展期限又将届满,拟准予继续减免,展至十四年底为止,请察核明令施行由。

　　呈悉。准如所拟办理。

中华民国十二年十月八日

据《大本营公报》第三十三号

给邹鲁的指令

（一九二三年十月八日）

大元帅指令第五一二号

　　令广东财政厅长邹鲁

呈据南海县长李宝祥呈称滇军在九江设立财政局阻碍税收情形,请察核指令祗遵由。

呈悉。军队无自设财政局之理,候令行滇军总司令部查照撤销可也。此令。

中华民国十二年十月八日

据《大本营公报》第三十三号

致列强宣言

(一九二三年十月九日)

关于北京日前举行之所谓总统选举会,余须特别唤起列强之注意者,即举国反对曹锟为中国总统是也。曹氏目不识丁,未受教育,今之反对及否认其为总统者,不独因其为一千九百十二年二月间劫掠北京之人,又不独因其为临城案直、鲁、豫最高级军官之负责人,而实因其选举之种种非法与贿赂情形,玷辱有教化之国家太甚也。历史中污秽事迹甚多,而从未有此次争夺权位无耻之甚者,国民若默认此种行为,则不复能自号为有人格之国家以生存于世界,所以中国人民全体视曹锟之选举为僭窃叛逆之行为,必予以抗拒而惩伐之。吾国民此种决心,不日即有具体之表示,由足以代表人民之各首领,联合组织一中央政府。余今请列强与其驻北京之代表,避免足使僭窃者可作为国际承认或赞助之任何行动。若列强果承认曹锟,则将延长中国内乱与纷扰,使吾民对于破坏国家纪纲道德之行为,不得伸其真确之意志矣。

孙　文

中华民国十二年十月九日

据《大本营公报》第三十三号

给刘震寰的训令

（一九二三年十月九日）

大元帅训令第三一九号

　　令西路讨贼军总司令刘震寰

　　据东路讨贼军第三军军长李福林呈称："现据职部第十旅旅长萧秉良转据罗团长家驭报称：'据驻茶山站第二营第二连连长黄海清、驻樟木头站第一营第四连连长吴和义先后呈报：十月二日有西路讨贼军第九支队第一统领陈冠海率队来驻茶山圩，十月一日又有该军第十梯团长邝鸣相率队来驻樟木头，均称东莞系伊防地，理合报请察核等情。据此，窃职部前奉钧令率队保护广九车路，因车站不敷驻扎，迫得拨队分驻该路附近之茶山圩，以便照应。现据称茶山圩、樟木头两处，忽均有西路讨贼军到扎，军队复杂，稽查不便，一有警耗，误会可虞。应如何办理之处，理合报请钧座察核示遵'等情前来。窃维前次广九车路劫案，系附近土匪与新编不肖民军互相勾通。现查来扎茶山圩、樟木头陈、邝两部，多系新编土匪成军，来往商民对此已生戒心，万一再有疏虞，职部何能当此重咎。况广九沿路一带，职部驻有兵士六营，实力尚堪保护；若杂驻别路新编军队，部分复杂，平时稽查，固属不便，临时呼应，亦属不灵。殊非帅座保护该路之本旨。可否由帅座下令将新驻茶山圩、樟木头陈、邝两部调往别处驻扎，俾职部办事统一，以收实效而专责成，是否有当，伏候指令祗遵"等情前来。据此，除指令"呈悉，广九铁路一带治安，业训令责成该军长所部保护在案，该铁路沿线两傍十里内，应不准有他部分军队驻扎，候令行刘总司令转饬陈、邝两部队调往他处,以免流弊而一事权可也"外,合行令仰该总司令即便遵照办理为要。此令。

中华民国十二年十月九日

据《大本营公报》第三十三号

祭开国讨袁护国护法各役诸先烈文

（一九二三年十月十日）

惟中华民国十有二年国庆日,孙文遣代表彭素民,谨以香花纯醴致祭于开国、讨袁、护国、护法各役诸先烈之灵曰:

呜呼! 国有共和,伊谁之力? 流血断头,曰惟先烈。大功不竟,罪又谁尸? 除恶未尽,我责奚辞! 军阀官僚,安知有国。武力金钱,安能有法。国法之亡,实匪自今。袁黎冯徐,僭乱相寻。下逮于曹,横流已极。今复不图,后其何及! 艰难再造,幸有微基。先灵不泯,尚其相予。呜呼! 尚飨。

据《中央党务月刊》第五期《总理于十二年国庆日致先烈文》

在广州国民党党务会议的讲话

（一九二三年十月十日）

自民国成立以前,本党时有进步,民国成立以后,反日见退步,此无可讳言。本党自来于军事上罕获胜利,然前此每经一次失败,即精神上多一次胜利。征诸事实,第一次在广州举义失败,遍受亲朋唾骂,咸诋为大逆不道;第二次在惠州失败,则已变唾骂为怜惜;及第三次以后,如黄冈、钦廉、河口、镇南关诸役,居然有人筹助军饷,是为逐次进步之征。然屡次革命均遭失败,至武汉举义,各省响应,无意中反得成功。因及期事泄,党人多被捕杀,干部人物逃往上海,事将解散矣。工程营及炮兵营因惧祸及,遂先发难,炮击督署,两湖总督瑞澂及统制张彪,先后逃遁。时干部尚在上海,乏人主持,黎元洪见事急,匿屋中床下,党人搜索得之,以其协统也,劫之以兵,使权都督篆。无几何,北兵南下,汉口、汉阳相继失陷,武昌岌岌可危,黎元洪几走者数矣。干部急往解围,一面出师,攻克金陵。袁世凯派员议和,并盛倡君主立宪之说,以饵南军。余力持和议非是,无已,亦必使清廷退位,然后可以言和,此当日之实况也。

顾成功以后,本党势力未见增进,推思其故,殆有三端:

一、党中缺乏组织,此盖由于当日革命党人多属留学生,自由平等之见深入脑中,以为党员当绝对自由,一切联络维系之法,弃而不讲,其缺点即在于此。故其时多重用老官僚,以老官僚有经验,犹胜于革命党之无组织也。夫自由既属可贵,如空气然,不得则死。然中西历史不同,西国政府对于人民,事事干涉,故西人重视自由,有"不自由毋宁死"之说,其历史之战争,多自由之战争。若中国则不然,中国个人向极自由,以其得之极易,故不知宝贵。历史上为自由而战者,自秦末一役以后,殆不数数觏。故吾国人之于自由,正患其多,不患其少,何则?个人有自由,则团体无自由故也。吾人既为国民之一分子,又为本党之一党员,当牺牲个人之自由,以蕲国家之安全、党务之发展。吾国自推倒满清以来,国家尚不能独立,故华侨之旅居外国者,多受外人压制,因国家不自由,而个人之自由亦不能保,其害不亦彰昭较著乎?吾居日京时,尝倡此说,党员多不以为然,余屡加辨驳,犹不达斯旨。后群托日友宫崎寅藏质予,谓"先生既教人革命以求自由,今乃反对自由,不与革命之旨相刺谬乎?"予乃譬以慈善家向人捐募以益己私,是非慈善,乃

劫掠耳。革命党员只图一己之自由,而不顾公众之自由,其弊亦由
是也。众始相恍以解,是故自由一也,须随时制宜,随时制宜行之
始有利而无弊,不可一概论也。

二、光复时有一种谬说,谓"革命军起,革命党消",此说倡自热
心赞助革命之官僚某君①,如本党党员黄克强、宋渔父、章太炎等,
咸起而和之,当时几视为天经地义。自改组国民党,本党完全变为
政党,革命精神遂以消失。袁世凯并倡"军人不入党"之论,以防止
革命,因得肆无忌惮,帝制自为,皆此说阶之厉也。试观俄国革命
以来之历史如何,即可以证此说之全无价值矣。

三、本党之基础未固。党之基础何在? 在于军队。俄国革命
党能以一百英里之地,应十八面之敌,三数年间,卒将内乱外患次
第戡定者,因军队全属党人故也。去年苏维埃政府为正本清源计,
曾将〈军队〉淘汰一次,当时因假冒党员被革除军籍者三十万人。
虽间有调查不实,革出后因而自杀者,亦可见俄政府办理此事之谨
严矣。设无此庞大之党军,苏俄之势力必无今日之盛。故吾党宣
传功夫,此后应极从军队着手,庶可以立统一之基础,愿各同志注
意此着。

基〈于〉上述三种原因,故十年来党务不能尽量发展,观之俄
国,吾人殊有愧色! 俄国革命六年,其成绩既如此伟大;吾国革命
十二年,成绩无甚可述。故此后欲以党治国,应效法俄人,首须立
远大之眼光,不可斤斤于目前之小利。昔吾在欧时,遇俄国革命党
某君,彼询吾中国革命期以若干年成功? 吾答以三十年。吾意以
三十年之期已久,讵彼反讶其速。吾乃转以俄国革命之年期叩彼。
某君曰:自吾今日起,无日无时不行革命,亦须期诸百年,然后可

————————

　　① 某君:指张謇。

成。吾乃大愧服，以其志趣之远大也。盖革命为非常事业，苟获成功，其所贻留于后世者，远出巨万金钞之上。常人只知积金钞以遗子孙，不知金钞之为物最不可靠。如吾粤之潘、卢、伍、叶，家资均千万以上，至今日其子孙尚有流为乞丐者。若实行三民主义、五权宪法，可使世世利食无穷。人人饮食居处，均极丰赡，无贫困转徙之虑，同为子孙计，而有效无效悬绝如此，吾人亦可知所别择矣。昔文王以百里王天下，即以其能施行仁政，使万民皆蒙乐利也。故吾国人追思往古，动称唐虞三代，其时确为太平盛世，人人安居乐业，为后世所不可企及。本党目的即在达到此种境地。

　　总之，为党员者须一意办党，不可贪图做官；并当牺牲一己之自由，以谋公众之自由。现既觉悟前此种种之失，今后应当振刷精神，实行奋斗，一味向上发展，从此一步一步做去，前途实有无穷之希望也。

据《广州民国日报》一九二三年十月二十二日、二十四日
《大元帅党务进行之训示》

致上海本部职员电

（一九二三年十月十一日）

　　本部职员公鉴：本部应改组，各部不设正副部长；设主任一人，干事、书记各二人。所余职员，听候遴用。总理全权代表及总理办公处一并裁撤。总理孙文。真。

据《国父全集》第三册（转录史委会藏《会议记事》）

复全国学生总会电 *
（一九二三年十月十一日）

上海全国学生联合会总会鉴：青电悉。庚日已下令讨贼，联合义师，共纾国难。仗义执言，全国同胞，晓然是非顺逆之所在，则深望于诸君子也。孙文。真。

据上海《民国日报》一九二三年十月十四日《孙大元帅讨贼》

任命方寿龄职务令
（一九二三年十月十一日）

大元帅令

委任方寿龄为大元帅行营中校参谋。此令。

中华民国十二年十月十一日

据《大本营公报》第三十三号

命照前数发制弹厂费令
（一九二三年十月十一日）

前取消财政厅官产处各发制弹厂费每日五百元，着令仍依前数发给。此令。

孙　文

据谭编《总理遗墨》第一辑

---

* 十月九日，全国学生联合会总会致电孙中山，要求兴师讨伐贿选总统曹锟。

给杨希闵的训令

（一九二三年十月十二日）

大元帅训令第三二〇号

　　令中央直辖滇军总司令杨希闵、中央直辖西路讨贼军总司令

　　刘震寰、东路讨贼军总司令许崇智

　　查惠州被围百日，内城人民疾苦饥困，殊堪悯恻。前以城破在即，经谕令广州各善堂筹备大宗粮食前往散赈，以慰穷黎在案。现虑城破之际，我军与逆军于内城或生冲突，致人民荡析离居，尤非本大元帅视民如伤之意，故须豫筹安抚，使不至以饥疲之身，复感兵燹之苦。兹派邓团长演达为惠城安抚委员，克日前往，会同该地方士商妥筹安抚方法，务使城破之日，该民不罹兵灾，不生疾苦，是为至要。该团长行抵该地后，所有安抚事宜，应商承许总司令办理。除分行前敌各总司令知照外，仰即遵照。此令。

中华民国十二年十月十二日

据《大本营公报》第三十三号

给程潜等的训令

（一九二三年十月十二日）

大元帅训令第三二一号

　　令大本营军政部长程潜、中央直辖滇军总司令兼广州卫戍总

　　司令杨希闵、东路讨贼军总司令许崇智、西路讨贼军总司令刘

　　震寰、中央直辖第一军军长朱培德、中央直辖第三军军长卢师

谛、中央直辖第七军军长刘玉山、大本营命令传达所所长胡谦、大本营兵站总监罗翼群

现在战争区域渐狭,兵站总监部及所辖各支部站所,应着一律撤销,以节糜费。惟暂留卫生局及所辖各病院卫生队,办理伤病官兵及补充卫生局材料事宜,归军政部统辖。自十月十六日起,所有作战各部队给养,由各部队自行办理,定为每人每月折发毫洋叁元,又草鞋洋四毫,由军政部核明直接给领。查东江自军兴以来,久罹兵燹,重以淫雨为灾,困苦已达极点。自十月十六日以后,各军长官应严行督率部众,对于所需食物用品,应一律平价买入,不得有向民间征发及强勒情事。本大元帅当另行派员,严密查察,务期无使有上项情弊滋生,以维军纪而恤民艰。除通令外,合行令仰该军长、部长、总司令、所长、总监即便转饬所属一体遵照。切切。此令。

中华民国十二年十月十二日

据《大本营公报》第三十三号

发给参谋部特别费令

（一九二三年十月十二日）

着市政厅长发给参谋部特别费九百元。此令。

据《研究中山先生的史料与史学》中许师慎
《〈国父全集〉未刊载的重要史料》

任命田钟毂职务令

（一九二三年十月十三日）

大元帅令

任命田钟毅为大本营高级参谋。此令。

中华民国十二年十月十三日

据《大本营公报》第三十三号

任命陈中孚职务令

（一九二三年十月十三日）

大元帅令

　　任命陈中孚为大本营参议。此令。

中华民国十二年十月十三日

据《大本营公报》第三十三号

准任宋韬石汝霖职务令

（一九二三年十月十三日）

大元帅令

　　大本营参军长朱培德呈请任命宋韬、石汝霖为大本营参军处少校副官。应照准。此令。

中华民国十二年十月十三日

据《大本营公报》第三十三号

任命周道万职务令

（一九二三年十月十三日）

大元帅令

　　任命周道万为大本营谘议。此令。

中华民国十二年十月十三日

据《大本营公报》第三十三号

委派徐苏中职务令

（一九二三年十月十三日）

大元帅令

　　派徐苏中为大本营宣传委员。此令。

中华民国十二年十月十三日

据《大本营公报》第三十三号

命公布各财政机关收支数目令

（一九二三年十月十三日）

大元帅令

　　着大本营审计局局长林翔将大本营成立以来各财政机关收支数目汇成简明统计表,于本月二十日以前,公布于大本营公报并广州各报,以后每月依照此例公布一次。此令。

中华民国十二年十月十三日

据《大本营公报》第三十三号

给刘震寰的指令

（一九二三年十月十三日）

大元帅指令第五二二号

　　令中央直辖西路讨贼军总司令刘震寰

呈报积欠该军军饷数目,拟请由财政厅牌照费项下饬拨由。

呈悉。该军饷糈支绌,素所深知。惟财政厅所收商业牌照费,多已指定用途,仰俟广东大局底定,财政统一,再行设法拨给可也。此令。

中华民国十二年十月十三日

据《大本营公报》第三十三号

复 谢 持 电

（一九二三年十月十四日）

慧生兄:元电悉。开会可用干部会议名义召集。文。寒。

据《国父全集》第三册(转录史委会藏《会议纪事》)

给李庆标委任状

（一九二三年十月十四日）

委任状:委任李庆标为缅甸中国国民党支部副部长。此状。

中国国民党总理孙文
总务部部长彭素民
代理党务部部长孙镜
财政部部长林业明
宣传部部长叶楚伧
交际部部长张秋白

中华民国十二年十月十四日

据《国父全集》第四册(转录史委会藏原件影印)

给邝金保委任状

（一九二三年十月十四日）

委任状：委任邝金保为缅甸中国国民党支部宣传科正主任。此状。

中国国民党总理孙文

总务部部长彭素民

宣传部部长叶楚伧

中华民国十二年十月十四日

据《国父全集》第四册（转录史委会藏原件影印）

委派吴公干职务令

（一九二三年十月十四日）

大元帅令

派吴公干为大本营宣传员。此令。

中华民国十二年十月十四日

据《大本营公报》第三十四号（一九二三年七月二十六日版）

给朱伟民委任状

（一九二三年十月十四日）

委任状：委任朱伟民为缅甸中国国民党支部党务科副主任。此状。

中国国民党总理孙文

总务部部长彭素民

代理党务部部长孙镜

中华民国十二年十月十四日

据《国父全集》第四册（转录史委会藏原件影印）

给许大德委任状

（一九二三年十月十四日）

委任状：委任许大德为缅甸中国国民党支部干事。此状。

中国国民党总理孙文

总务部部长彭素民

中华民国十二年十月十四日

据《国父全集》第四册（转录史委会藏原件影印）

给黄振兴委任状

（一九二三年十月十四日）

委任状：委任黄振兴为缅甸中国国民党支部干事。此状。

中国国民党总理孙文

总务部部长彭素民

中华民国十二年十月十四日

据《国父全集》第四册（转录史委会藏原件影印）

给何荫三委任状

（一九二三年十月十四日）

委任状:委任何荫三为缅甸中国国民党支部评议部评议员。
此状。

中国国民党总理孙文

总务部部长彭素民

中华民国十二年十月十四日

据《国父全集》第四册(转录史委会藏原件影印)

给符众委任状

（一九二三年十月十四日）

委任状:委任符众为双溪大年中国国民党分部党务科主任。
此状。

中国国民党总理孙文

总务部部长彭素民

代理党务部部长孙镜

中华民国十二年十月十四日

据《国父全集》第四册(转录史委会藏原件影印)

任命狄侃职务令

（一九二三年十月十四日）

大元帅令

　　任命狄侃为大本营秘书。此令。

中华民国十二年十月十四日

据《大本营公报》第三十四号

任命邝公耀王度职务令

（一九二三年十月十四日）

大元帅令

　　任命邝公耀、王度为大本营咨议。此令。

中华民国十二年十月十四日

据《大本营公报》第三十四号

准李根沄部通过梧州令

（一九二三年十月十四日）

　　着发令梧防，准李根云〔沄〕军队约四五百人通过。

文

中华民国十二年十月十四日

据谭编《总理遗墨》第一辑

在广州中国国民党恳亲大会的演说[*]

（一九二三年十月十五日）

同志诸君：

今天是本党恳亲大会继续开会的日期。诸君这次到广东来开恳亲大会，是要做一些什么事呢？诸君要知道应该做些什么事，便先要知道本党是什么性质。本党自成立以来，始终都是革命党。辛亥年革命推翻满清、创造民国，一直到今日，徒有民国之名，毫无民国之实。关于民国的幸福，人民丝毫都没有享到。今年是民国十二年。在这十二年之中，人民不但是没有享民国的幸福，并且各省发生战事，到处都有兵变，年年都是受痛苦。这是什么原故呢？就是由于革命没有成功。因为革命没有成功，所以真正的民国，无从建设。我们从此要建设民国，所以还要来革命。民国一天没有建设好，本党就要奋斗一天。诸君都是本党的党员，便要担负这个奋斗的责任。

本党最发达的地方，是海外各埠。海外华侨很多的地方，都有中国国民党。华侨的思想开通较早，明白本党的主义在先，所以他们革命也是在先，每次起革命都是得海外同志的力量。但是本党在辛亥年革命，能够推翻满清、创造民国，何以十二年以来，不能一气呵成，建设民国呢？就是因为国内大多数人民还不明白民国的道理，不了解本党的主义。因为大多数人民不了解本党的主义，所以本党在中国革命，从前的破坏成功，现在的建设不能成功。我们

---

*　中国国民党恳亲大会从一九二三年十月十日开始，为期一周。

要本党的革命,自破坏以至建设彻底做成功,还要国内外同志大多数都担负这个责任,更行努力去奋斗。

本党政府此刻建设在广东,在这个政府所管辖之地,国内人民加入本党者寥寥无几。回想南京政府成立之时,本党的党务该是何等发达,本党的气象该是何等蓬勃!何以本党在南京政府之时便那样兴盛,此刻在广东反不如前呢?原因就是在本党分子此刻过于复杂,党内的人格太不齐,令外人看不起,所以外人都不情愿加入,帮助本党来奋斗。譬如许多党员,总是想做大官。如果是得志的,做了大官便心满意足;这些党员的心理,以为达到了做官的目的,革命事业便算了结一样。若是不得志的,不能做大官,便反对本党,去赞成敌党。至于热心党务、真正为本党主义去奋斗的,固然是很不少,但是大多数党员都是以加入本党为做官的终南捷径。因为加入本党的目的都是在做官,所以党员的人格便非常卑劣,本党的分子便非常复杂。诸君现在这地开恳亲大会,要想振兴党务,讨论的事件当然是很多,照本总理看起来,最要紧的事,是应该乘此机会把那些不良的分子设法去淘汰。那些不良的分子都淘汰完了,留下来的分子自然是很优秀的,大家从此便可以振作精神,一致为主义去奋斗。做党员的精神是在什么地方呢?就是能够为主义去牺牲。大家为党做事,事无大小,必须持以毅力,彻底做成功。平日立志,应该想做大事,不可想做大官。如果存心做大官,便失去党员的真精神!

本总理向来主张以党治国。以党治国的这一说,是什么意思呢?是不是所有的党员都要做官,才算是治国呢?如果党员的存心都以为要用党人做官,才算是以党治国,那种思想便是大错。大家都知道,满人灭了中国之后,就是以满清治中国。试问当满清的时候,全国所有的大官是不是都用满洲人去做,才算是满清治中国呢？完全不是的。最初满清入关的时候，便用洪承畴治中国。洪承畴是什么人呢？洪承畴就是汉人。到了后来，满清更用许多汉人来治中国。推到春秋战国的时候，有很多国家都是聘用客卿治国，象李斯相秦、楚材晋用，都是用外来的人治国家。因为要某人做某官，就是要那一个人去做那一件事。如果那个人的才能可以做那件事，才可以使他做那个官。若是他的才能不能做那件事，他一定要去做那个官，便是不胜任，便没有好结果。好象诸君在家内要有好菜吃，便要专请一个好厨子；要做好衣穿，便要专请一个好裁缝；要做好屋住，便要专请一个好建筑工程师。这些厨子、裁缝和建筑工程师的任务，在诸君自己家内的人不能够说都可以做得到。诸君自己家内的人，不能够说都要做厨子、裁缝和建筑工程师。诸君要请厨子、裁缝和建筑工程师，家内的人便不能一定要反对。国就是大众的一个大家庭，国事就是和家事一样。如果说要党员做官才算是以党治国，那么，本党的党员现在有三十多万，广东的知县只有九十多个，其余的大官更是很少，用这样少的官怎么能够分配到这样多的党员呢！所谓以党治国，并不是要党员都做官，然后中国才可以治；是要本党的主义实行，全国人都遵守本党的主义，中国然后才可以治。简而言之，以党治国并不是用本党的党员治国，是用本党的主义治国，诸君要辨别得很清楚。至于本党党员若是确为人才，能胜大任的，自当优先任用，以便实行本党的主义。倘若有一件事发生，在一个时机或者一个地方，于本党中求不出相当人才，自非借才于党外不可。

本党自成立以来，在国内进步很慢，在海外进步很快；但是到民国以后，就是海外进步也不很快。这是什么原故呢？就是由于一般华侨党员，自以为革命成功，我是党员应该得官做，如果得不到官做，便心灰意懒，失却原来奋斗的精神。所以弄到海外各处党

务,至今都没有朝气,各处都是暮气很深,前途是很危险的。我们
要除去现在的暮气,恢复朝气,便要诸君恢复从前为党奋斗之精
神,要存心做大事,不可存心做大官,然后本党才可望蒸蒸日上,不
致失败。若长此以往,本党前途便很危险,便要失败。本党革命在
十二年以前,过去的失败,不知道有了多少次。譬如在辛亥年,假
若有好方法能实行以党治国,我相信从南京政府以后,决不致弄到
今日,象这样的大失败。但是失之东隅,还可以收之桑榆,亡羊补
牢,还未为晚。诸君在广东开恳亲大会,能够研究从前的错误,赶
快改良,所谓“以前种种,譬如昨日死;以后种种,譬如今日生”,从
今日以后,便消灭以往的错误,从新振作精神,发奋有为,本党前
途,还是有无穷的大希望。

本党自成立以来,成功的次数少,失败的次数多。现在得到广
东这片干净土做我们的策源地,可算是一个小小的成功。诸君这
次到此地来开恳亲大会,也是一个不易得的机会。试问这个地盘,
今天归我们所有,将来能不能够保守呢? 诸君今年在此地开恳亲
大会,明年还可不可以再在此地开恳亲大会呢? 以后可不可以永
远在此地开恳亲大会呢? 这个“可不可以”没有别的问题,只问我
们自己能不能够尽心尽力,求一个保守这个地盘的方法。如果能
够求得保守这个地盘的方法,并且把那个方法能够发扬光大,诸君
此后不但是年年可以在广东开恳亲大会,并且可以把这个恳亲大
会移到南京、北京去开。这个保守地盘的方法是什么呢? 就是在
得人心。人心一得,这个地盘便永远归我们所有,别人便争夺不
去。人心一失,这个地盘便要归别人所有,不但是诸君不能再来开
恳亲大会,就是本党的无论什么事业都不能在此地做。人心就是
立国的大根本。辛亥年满清之所以亡,是亡于他们失去了这个根
本;民国之所以成,就是成于我们得到了这个根本。我们现在要保

守这个地盘,便要得广东的人心。以后要扩充这个地盘,吸收各省,统一全国,便要得各省的人心,得全国的人心。

得人心的方法很多,第一是要本党现在的党员,人格高尚,行为正大。不可居心发财,想做大官;要立志牺牲,想做大事,使全国佩服,全国人都信仰。然后本党的基础才能够巩固,本党的地盘才能够保守。我每次要诸君革命,总是劝诸君牺牲。今日说要牺牲,明日也说要牺牲,究竟要牺牲到什么时候为止境呢? 民国一天没有建设成功,三民主义一天没有完全实行,我们的牺牲便没有一天的止境。要三民主义完全实行,我们革命彻底成功,那才是我们牺牲的止境,那才是我们牺牲的报酬。

第二是要诸君注重宣传,教本党以外的人都明白本党的主义,欢迎本党的主义,然后本党施行主义便无阻力,便无反抗。本党在辛亥年革命成功的道理,就是由于一般先烈自己能够牺牲,为主义去奋斗,并且把本党的主义宣传到全国人民,令全国人心都赞成革命,所以武昌起义一经发动,便全国响应。当时武昌的革命军,没有离开武昌一步,没有打到各省,各省便同时响应来革命,就是由于各省人民受过了本党主义的宣传。现在本党放弃宣传,这是一个大错误! 至于不肖党员,行为不正,或假本党党员名义在外招谣〔摇〕,更是失全国人心的大原因。

本总理知道,本党党员固然不能说是人人都好,但是相信本党的主义的确是适合中国国情,顺应世界潮流,建设新国家一个最完全的主义。诸君把这个主义宣传到全国,使全国人民都赞成,全国人民都欢迎,便是用这个主义去统一全国人民的心理。到了全国人民的心理都被本党统一了,本党自然可以统一全国,实行三民主义,建设一个驾乎欧美之上的真民国。要达这个目的,便要诸君实行普通的宣传。宣传就是劝人。要劝世人都明白本党主义,都来倾向本党,便要诸君自己先明白三民主义、五权宪法,知道怎么样去宣传。到了知道怎么样去宣传,那便是宣传人才。要有很多的宣传人才,非要办一个宣传学校,慢慢的养成不可。依我看,诸君今天开这样的盛会,要有好成绩,最要紧的事是先办一个宣传学校,养成这种人才。如果这种学校办成了,我在每星期之中,也可以抽出多少时间到学校来演讲,担负教师的责任。

我从前提倡革命,常常遇到很多的反对人。过细考察那些反对人的心理,大概都是挟持成见,不肯改变。我总是用尽方法去开导,反复规劝,以至于了解而后已。并且把那些最反对的心理,变成最赞成的心理,热心为本党尽力,替本党的主义去奋斗。由这样看起来,此刻想实行本党主义,要从这个恳亲会闭会以后本党的党务便能够进步,还是非从宣传上做工夫不可。宣传工夫,就是以党治国的第一步工夫。现在广东的人民号称三千万,本党党员有三十万,如果一个人能够宣传十个人,在一年之后便可以得三百万人的同志,在三年之后便可以得一千五百万人的同志。有了一千五百万人的同志,就是广东的人心有了一半来归化本党;到了广东的人心有一半归化本党,本党便可实行以党治粤。再用一千五百万做基本,推广到各省去宣传,一传十,十传百,百传千,不到三五年,便可以传到四万万。到了四万万人都受过了本党的宣传,四万万人的心理便要归化本党;到了四万万人的心理都归化本党,本党便可实行以党治国。现在广东的三千万人之中,真正明白本党主义的人几几乎不及三万,只有[三]千分之一,力量实在是太薄弱;但是能够利用这三万人做基本,到处去宣传,还是很有效力,前途还是很有希望。譬如本党从前在日本组织同盟会所得的会员,不过一万多学生,他们回国之后到各省去宣传,便收辛亥年武昌起义登高一呼,全国响应,不到半年全国就统一的大效果。由这样看起来,革命的发起人不怕少,只要大家负起责任来,到各处去宣传,前途总是很有希望的。

我们从前去革命,不但是自己的性命难保,并且还有抄家灭族的危险。我们从前有那样的大危险,还能够去革命,那是什么原故呢?就是由于我们富于牺牲的精神。因为我们有很大的牺牲精神,所以后来革命能够成功。我们现在革命要象以前的一样成功,那么,今天的恳亲会不但是形式上要振作精神,并且要大家从今天起,把从前的牺牲精神再恢复起来。如果大家恢复了从前的牺牲精神,便不怕有什么难事,便不愁现在的革命做不成功。我们无论做什么事,只要问心无愧,凭真理去做,就是牺牲了,还是很荣耀。象黄花岗的七十二烈士、打死孚琦的温生财,为主义去革命,成仁取义,留名千古,至今谁人不敬仰他们呢?就是千载之后,谁人又不去纪念他们呢?他们那些人的牺牲,真是虽死犹生,死在九泉之下都是很瞑目的。古人说:"死有重于泰山,有轻于鸿毛。"盖人类牺牲的价值,有比生命还要贵重的,就是真理和名誉。七十二烈士和温生财为真理和名誉而死,他们死后的酬报,不只是立纪念的石碑;革命成功,中国富强,全国人民都可以享幸福,那就是他们的大酬报!我们要得将来的大酬报,眼前便不能不牺牲。那种大酬报,不是一年两年就可以得到的,或者要十年八年二十年才可以得到。凡百事业,收效愈速,利益愈小;收效愈迟,利益愈大。我们革命要收国强民富的大利益,眼光便要远大,要为十年百年之后来打算,不要为眼前来打算。

我们国民党就是革命党。革命的方法,有军事的奋斗,有宣传的奋斗。军事的奋斗,是推翻不良的政府,赶走一般军阀官僚;宣传的奋斗,是改变不良的社会,感化人群。要消灭那一般军阀,军事的奋斗固然是很重要;但是改造国家,还要根本上自人民的心理改造起,所以感化人群的奋斗更是重要。因为这个原因,诸君从今以后,便要尽力去宣传,介绍国人加入本党。在一年之中,不要做很多的事,只要一个人感化十个人,介绍十个人入党。我想一个人介绍十个人,不是难事。再过一年二年以后,便是以十传百,百传千,推广到全国,那就是全国的人心完全被本党所感化。到了全国的人心都归化于本党,就是本党的革命大告成功。

据黄昌谷编《孙中山先生演说集》(上海民智书局
一九二六年二月出版)《党员不可存心做官》

命发给野战病院及卫生队给养费令

(一九二三年十月十五日)

　　着市政厅长自十月十六日起至十月三十一日止,每日发给军政部转发前后方野战病院及卫生队官兵给养费七百一十二元整。此令。

孙　文

中华民国十二年十月十五日

据《国父全集》第四册(转录史委会藏原件影印)

命东江各军不得勒收商船来往费令

(一九二三年十月十五日)

　　通令东江各军队长官禁止沿途各军队勒收商船来往费,自通令之日起如仍有违犯者,严行究治。切切。此令。

文　十二、十、十五

据谭编《总理遗墨》第三辑

给廖仲恺等的训令

（一九二三年十月十五日）

大元帅训令第三二二号

令广东省长廖仲恺、高雷绥靖处处长林树巍、钦廉绥靖处处长黄明堂

据中央直辖西路讨贼军总司令刘震寰呈称:"窃据职部琼崖别动队司令王鸣亚呈称:'为逆贼仇义、任意焚屠、惨无人道、请予援力以便杀贼事;窃职奉令组军讨逆,业于六月间派职部第二支队司令丘海云赍呈晋谒,并属面陈一切,请示机宜。旋奉钧示,以协同陈司令继虞共同动作等因。当即遵示积极进行。讵邓逆本殷,被我军进攻日亟,计不得逞,为探悉我军第二支队司令丘海云家居澄迈,第三支队司令王贻塈家居临高,其所部健儿,亦以澄迈、临高、儋县三县为多,因之邓逆钉恨,亦即以澄、临、儋三县之人为最。而三县密迩琼城,未为我军克复,该逆遂于夏历七月间,先后派伪旅长陈凤起、营副李业玉率逆队会同澄迈县附逆县长蔡邦献、临高县附逆县长王良弼、儋县附逆县长吴卓峰等,率该县游击队为先导,下乡先将我军第二支队司令丘海云、第三支队司令王贻塈所居之村庄焚毁净尽,次将义军之亲属族邻屋宇,逢人便行掳杀,逢屋即便焚掠,甚至该乡男女老稚,当时奔避不及被掳者,竟施以钉目、钉口、钉指等非刑,令求死不得,以泄其愤。且当逆队在临高下乡焚屠之时,有文潭等乡妇百余跪地哀求,冀免焚杀,而逆旅长陈凤起竟以机关枪扫射尽毙,其惨无人道,洵出黄巢、张献忠之上。月前迭据职部丘司令海云、王司令贻塈等先后据所部呈报转前来,计

澄、临、儋三县该司令等及其所部义乡,被逆队屠杀者六百余名,被焚掠者计五千余家,曾经职派员查勘属实,其详数列单附呈。此外各县义军及非附义之各乡,被逆队零星蹂躏者,尤数不胜数。忖思职部丘、王两员奉命讨贼,早已置身家于度外,虽粉身碎骨,在所不计。然所部义乡罹此焚屠,致令死者骸骨无收,生者栖身无所,其颠连惨苦,不独见者伤心,即闻者亦无不发指。今逆贼若此猖獗,倘不早图扑灭,恐此后重罹逆祸,未有纪极。当时我军闻此恶耗,莫不奋跃狂呼,摩拳嚼齿,立欲与逆搏击者,察其义愤勃结,壮志飙发,军心大有可用。只以逆队子弹充足,我军子弹短欠,驱血肉之躯敌其枪炮,究属无济。为此具呈陈明,敬恳军麾俯念逆祸日炽,毒我逆军,迅派得力军队,渡琼援助。即或以东江逆贼未靖,未便分军,亦恳拨给子弹,以充军实而便杀贼。并恳分别转请大元帅、省长,令行所属各营、县通缉附逆县长蔡邦献、王良弼、吴卓峰等,解案惩办,俾清余孽而伸民冤,不胜迫切待命之至。计呈各县被焚屠详细表一纸'等情。据此,查邓逆本殷,窃据琼城,滋扰地方,前经令饬该司令王鸣亚会同各友军就近协力进剿,以靖地方。兹据前情,该逆竟敢迁怒良民,焚杀无辜,蹂躏三县人民,焚掠数百户口,实属罪大恶极。除指令该司令仍督率所部相机进剿外,理合缮录所呈被害地方人数,列单具文,呈请钧府迅予通令各军,一体协剿。并转饬广东省长,将附逆各县县长通缉归案惩办,以除逆氛而安闾阎,实为德便”等语。并录呈被害地方人数单前来。除指令“呈及清单均悉。仰候令行高、雷、钦、廉等处绥靖处相机协剿,并饬广东省长查照通缉归案惩办可也”并分令外,合行令仰该省、处长即便查照,转饬所属一体严缉,务获惩办,所部相机协剿,以安地方。清单抄发。此令。

中华民国十二年十月十五日

给赵梯昆的指令

（一九二三年十月十五日）

大元帅指令第五二四号

　　令永翔舰舰长兼海军司令部参谋长赵梯昆

　　呈为因母病故，恳请辞去本兼各职由。

　　呈悉。国家多故，正深倚畀。移孝作忠，古有明训。着给假两星期，在职治丧。所请辞职之处，应毋庸议。此令。

中华民国十二年十月十五日

据《大本营公报》第三十四号

给刘震寰的指令

（一九二三年十月十五日）

大元帅指令第五二五号

　　令中央直辖西路讨贼军总司令刘震寰

　　呈报邓本殷惨杀琼民，焚掠澄、临、儋三县附义乡民五千余家，录呈被害地方人数单，请迅予通令各军一体协剿，并饬广东省长将附逆三县长通缉归案惩办由。

　　呈及清单均悉。仰候令行高、雷、钦、廉等处绥靖处相机协剿，并饬广东省长查照通缉归案惩办可也。此令。

中华民国十二年十月十五日

据《大本营公报》第三十四号

发给东江部队给养及草鞋费令

（一九二三年十月十五日）

着市政厅厅长自十月十六日起至十月三十一日止，每日发给滇军总司令部所辖东江各部队官兵、兵站给养及草鞋费贰千零四十元整。此令。

据《研究中山先生的史料与史学》中许师慎

《〈国父全集〉未刊载的重要史料》

复黎元洪函[*]

（一九二三年十月十六日）

宋卿先生执事：

曩日奉电[1]，适文督师东江，致稽裁答。复初[2]来粤，藉奉手教，雅意殷拳，诵之百感。精卫函电亦屡述盛意，良用钦迟。

辛亥之役，公实伟烈，持此不坠，令名将炳于无穷。感念前劳，低回未已。

时局日棘，魑魅横肆，来示所谓非通力合作，不足以扶持正谊，铲除强权，洵今日之笃论也。追随之说，岂所克当。公我天职，斯时固未遑遐逸也。

　　＊　此函未署年分，据内容系黎元洪被北洋军阀曹锟逼出北京至沪之事，应是一九二三年。

　　①　黎元洪南下至沪后，欲在上海重组政府，致电孙中山请予支持。

　　②　复初：即郭泰祺。

　　海上清豫,能否命驾来游是邦,拥彗清尘,伫候教益,匪唯私幸,民国实利赖之。延望维劳,至深企祷。

　　手此即颂

勋祺不庄具

孙文　十月十六日

据北京图书馆编《文献》第九辑

命海防舰队饷项煤价归行营金库支发令

（一九二三年十月十六日）

　　海防舰队已令限于十月二十日集中虎门,直接受行营调遣。自二十日起,着西江督办将该舰队饷项煤价,悉缴归行营金库长支发。此令。

西江督办李济深、海防司令陈策

文

中华民国十二年十月十六日

据谭编《总理遗墨》第一辑

给杨希闵等的训令

（一九二三年十月十六日）

大元帅训令第三二三号

　　令中央直辖滇军总司令兼广州卫戍总司令兼中央直辖滇军第一军军长杨希闵、中央直辖第一军军长朱培德、中央直辖西路讨贼军总司令刘震寰、东路讨贼军总司令许崇智、东路讨贼军第三军军长李福林、中央直辖第三军军长卢师谛、中央直辖第七军军长刘玉山、中央直辖广东讨贼军第四军军长梁鸿楷、中央直辖滇军第二军军长范石生、中央直辖滇军第三军军长蒋光亮、西江善后督办李济深

据广州市市长孙科呈称:"现据车商函称:'各路军队连日拉去车夫数百名,以致各车夫闻风逃匿,市面交通顿形窒碍'等情。据此,职厅核属实情。查各该车夫原有正当执业,且关系饷源,若任意乱拉,影响所及,实非浅鲜。理合敬呈钧察,伏乞转令各部军队,嗣后需用夫役,毋再拉及车夫,以利交通而维饷源,实为德便"等情前来。查任意拉夫,原于例禁,车夫关系市面交通,尤未便令其充作军队输卒,合行令仰该督办、总司令、军长即便遵照,转饬所部一体严禁。此令。

中华民国十二年十月十六日

据《大本营公报》第三十四号

给陈兴汉的指令

(一九二三年十月十六日)

大元帅指令第五二八号

令管理粤汉铁路事务陈兴汉

呈请辞职由。

呈悉。该管理任事勤劳,正资倚畀,所请辞职之处,应毋庸议。此令。

中华民国十二年十月十六日

据《大本营公报》第三十四号

给邹鲁的指令

（一九二三年十月十六日）

大元帅指令第五二九号

　　令广东财政厅长邹鲁

　　呈报派员接收蒋军长①交还各征收机关由。

　　呈及清折均悉。仰该厅长依照向章认真办理，以明统系而裕
库收。此令。

中华民国十二年十月十六日

据《大本营公报》第三十四号

复上海中央干部会议电

（一九二三年十月十七日）

　　干部会议鉴：删电悉。一、章程可修改，将有大改革及扩张，望
仍照前电，暂以部长为主任。二、裁员之际，不必添委。孙文。篠。

据《国父全集》第三册（转录史委会藏原稿）

给徐绍桢等的训令

（一九二三年十月十七日）

大元帅训令第三二四号

---

　　①　蒋军长：即中央直辖滇军第三军军长蒋光亮。

令大本营内政部长徐绍桢、大本营外交部长伍朝枢、大本营财政部长叶恭绰、大本营建设部长林森、大本营军政部长程潜、广东省长廖仲恺、两广盐运使邓泽如、广东财政厅长邹鲁、广州市市长孙科、广东全省官产清理处处长梅光培、大本营会计司长黄隆生、中央直辖滇军总司令兼广州卫戍总司令杨希闵、中央直辖西路讨贼军总司令刘震寰、东路讨贼军总司令许崇智、广东江防司令杨廷培、广东海防司令陈策、海军舰队司令部参谋长赵梯崑、西江善后督办李济深

据大本营审计局长林翔呈称："窃查职局审计之虚实，须以预算为依归，若预算未经核定，则审计失其标准。职局自成立以来，迭经刘前局长①呈请通令各机关依照财政部颁行预算格式，造具预算书呈由钧帅核定发局备案，以为审查计算之根据。现查接管卷内，未奉令发核准各机关预算案，于审计无所依据，理合具文呈请钧帅，将军民各机关已造呈之预算，核准发局。其未造者，亦请通令从速补造，呈由钧帅核准转发，以重计政而利审查"等情。据此，查各机关预算，前据审计局呈经于二六八号训令，各军政长官迅行分别补造、编造在案，兹复据呈前情，除分令外，合行令仰该处长、厅长、省长、部长、总司令、参谋长、司长、司令、督办、运使查照迅遵前令办理，以重计政。此令。

中华民国十二年十月十七日

据《大本营公报》第三十四号

---

① 刘前局长：即刘纪文。

给杨希闵等的训令

（一九二三年十月十七日）

大元帅训令第三二五号

　　令中央直辖滇军总司令兼中央直辖滇军第一军军长兼广州卫戍总司令杨希闵、中央直辖第一军军长朱培德、中央直辖西路讨贼军总司令刘震寰、东路讨贼军总司令许崇智、东路讨贼军第三军军长李福林、中央直辖第三军军长卢师谛、中央直辖第七军军长刘玉山、中央直辖广东讨贼军第四军军长梁鸿楷、中央直辖滇军第二军军长范石生、中央直辖滇军第三军军长蒋光亮、西江善后督办李济深

　　此次用兵东江，原为吊民伐罪。刻下战事区域缩小，亟应奖励商船贸易，以纾地方疾困。近闻驻扎东江各军队，有沿途勒收商船往来费情事，殊非护商卫民之道。合行令仰该总司令、军长、督办，转饬所部，自奉令之日起一体禁止，如敢故违，严行究治。切切。此令。

中华民国十二年十月十七日

据《大本营公报》第三十四号

给廖仲恺的指令二件

（一九二三年十月十七日）

一

大元帅指令第五三一号

令广东省长廖仲恺

呈报奉令设立筹饷局，拟定组织办法及总局暨各属分局简章，请察核令遵由。

呈及办法暨各简章均悉。准如所拟办理。仰即切实进行，以裕饷需而利戎机。此令。

中华民国十二年十月十七日

附：大本营筹饷局组织办法

一　筹饷总局系于军事期内特别设置，专理筹饷事宜，遵照帅令在省会设立，名为大本营筹饷总局，由省长总司其事，省长为总办，财政厅长为会办。

一　所属各县分别酌设筹饷局，专管各县正杂税捐及一切收入，由县查案，划交筹饷局会同催收。

一　各县筹饷局缴解款项，统由总局核收，听候命令指拨。

一　各县筹饷局缴解款项，由总局先发临时收据，汇行财政厅，转交金库补收，另发正式印收，发回备案。

一　各县筹饷局应将专管正杂税捐及一切收入款目名称、额收，先行列表呈报总局备查。

一　各县筹饷局按日派解数目，应由总局指定照解，如逾定限或任意延玩，核明情节轻重，分别记过撤惩。

一　各县正杂税捐统由筹饷局负责批解，无论何项机关不得截留，违者以抗阻命令呈请帅府惩处。

一　筹饷总局编配办事设置员司及各县筹饷局选派专员，均由省长另核呈定公布。

一　筹饷总局组织办法，呈明帅府核定，如有未尽事宜，或有应议增修之处,均由总局随时呈核办理。

大本营筹饷总局设置员司简章

一　筹饷总局遵奉明令,由省长总司其事,省长为总办,财政厅长为会办。

一　局内设置员司照左列之支配:

(甲)设总稽核一员;

(乙)设文案二员;

(丙)设会计一员;

(丁)设书记二员。

一　筹饷总局专理筹饷,对于规划监督,由总办总其成。

一　总稽核秉承总办,查催考核各属筹饷局收解款目一切事宜。

一　文案、会计秉承总办,分理、撰拟文牍核算收支事宜。

一　局内设置员司,拟由省署财政科及原充会计人员选派兼任,酌发津贴,不支薪俸,以节经费。

一　局内经费杂支,均从节省,按月核实报销。

各县筹饷局设置员司简章

一　各筹饷局由省署遴员专管,名为筹饷局专员。

一　各筹饷局办事进行,直接大本营筹饷总局。

一　局内设置员司照左列之支配:

(甲)设文牍一员;

(乙)设会计一员;

（丙）设书记一员。

一　文牍、会计员秉承专员，分理、撰拟文牍、核算收支事宜。

一　局内经费照支列规定支销：

（甲）专员月薪一百五十元；

（乙）文牍、会计月支六十元；

（丙）书记月支四十元；

（丁）杂支五十元。

一　局内经费杂支，按月应呈明总局核饬拨支，不得任意混销。

二

大元帅指令第五三三号

令广东省长廖仲恺

呈请通令各军，嗣后对于市政厅处理市产事项，勿再干预，以清权限由。

呈悉。准如所请，候令行各军，一体知照。此令。

中华民国十二年十月十七日

据《大本营公报》第三十四号

命停发邓卓两部伙食费令

（一九二三年十月十七日）

前令盐运使每日拨给邓演达部伙食费五百元、卓仁机部伙食费壹百七十五元，着于本月十五日一律停止支付，自本月十六日起着每日发给该部转发卫生局经费陆百元。此令。

右令程部长潜。

孙　文

中华民国十二年十月十七日

据《国父全集》第四册(转录史委会藏原件影印)

通缉附逆国会议员令

（一九二三年十月十八日）

大元帅令

　　此次国贼曹锟输金国会议员，以贿成选，妄干大位，业经宣布罪状，申命讨伐。而所谓国会议员，多以非法分子滥行列席，秽德腥闻，彰播远迩。议员职责在代表人民监督政府，乃贪赇受贿，危害国家，法律纪纲斩焉俱尽，不有严惩重罚，无以禁贪邪而儆淫顽。着护法各省区长官，将此次附逆国会议员一律查明，通缉惩办，以昭炯戒而立国纪。此令。

中华民国十二年十月十八日

据《大本营公报》第三十三号

任命刘冠群职务令

（一九二三年十月十八日）

大元帅令

　　任命刘冠群为大本营谘议。此令。

中华民国十二年十月十八日

据《大本营公报》第三十四号

命将捐税解缴军政部令

（一九二三年十月十八日）

公安局每日所收之旅馆捐、码头游戏捐、戏馆捐，着悉数解缴军政部应用。此令。

军政部部长程潜

孙　文

中华民国十二年十月十八日

据《国父全集》第四册（转录史委会藏原件影印）

给鲍罗庭委任状

（一九二三年十月十八日）

委任鲍罗庭为国民党组织教练员。此状。

孙　文

中华民国十二年十月十八日

据中山大学孙中山纪念馆藏原件影印

给刘玉山等的训令

（一九二三年十月十八日）

大元帅训令第三二六号

令中央直辖第七军军长刘玉山、中央直辖第一军军长朱培德、东路讨贼军第三军军长李福林、中央直辖滇军第三军军长蒋光亮、中央直辖滇军总司令兼滇军第一军军长兼广州卫戍总司令杨希闵、中央直辖滇军第二军军长范石生、东路讨贼军总司令许崇智、中央直辖西路讨贼军总司令刘震寰、中央直辖第三军军长卢师谛、中央直辖广东讨贼军第四军军长梁鸿楷、西江善后督办李济深

据广东无线电报总局局长冯伟呈称："现据博罗第一站马队无线电领班张介眉回省面称：'该站无线电机球损坏，不能通报，经将该电球带回修理。查军用电机于通电三小时，即须休息，否则电球烧坏，故发电文不宜太长。并请呈明转饬，此后所发电文以简为主'各等情。据此，理合呈请钧帅通令前敌各机关，所有来往电文，以不过百字为合"等情。据此，除指令照准外，合行令仰该军长、总司令、督办即便查照，并转饬所属一体查照办理。此令。

中华民国十二年十月十八日

据《大本营公报》第三十四号

给廖仲恺的指令

（一九二三年十月十八日）

大元帅指令第五三六号

令广东省长廖仲恺

呈请由省署设立土地局，试办广州市土地税，编就广东都市土地税条例草案，请令准施行由。

呈及草案均悉。所编《广东都市土地税条例》尚属妥善，应准予公布，即先由广州市试办，余并如所拟办理。此令。

中华民国十二年十月十八日

附一:广东都市土地税条例草案理由书

　　土地为生产之要素,而又有限之物也。工业商务发达之区,人口繁殖,欲望增进,需用土地以为生产日益多,求过于供,则地价自然腾贵,无待人工之改良,是以土地增价,实为社会之产品。地价贵则地租随之,地主不劳,坐收增益,而商贾劳工勤劳终岁,反博得负担之增加,物之不平,孰有过于此者? 前英国财务大臣雷佐治之言曰:现在我国土地制度之最缺点,在使社会不能自收人民合作之利益,而反自处高抬地价之罪以谢地主,言之可慨也。此种现象随处皆是,岂独英伦一隅已哉? 我广州市自拆城辟路后,数年之间,地价骤增数倍,地租之贵,决非一般人民之力可能负担者。虽曰出诸自然趋势,岂非社会经济制度之不良有以致之哉?

　　我孙大元帅目睹社会失序,贫富悬殊,阶级战争其端已肇,慨然以改革社会为己任,创平均地权之说,以为改良社会经济之方,整理国家租税之具,其要旨系土地皆有税,且重课其不劳而获之收益。夫地价税,良税也,重征之不以为苛。由社会道德方面言之,重税土地则地价贱,地价贱则地租低落,而使用土地之权得以平均。请申言之:地价者,土地收益以普通利率还完之数也。地税者,不能转嫁之负担也。地税不能转嫁,自当向土地收益扣除,土地收益之减少,还完之数亦随之小。埃尔兰学者巴氏谓:经营土地不过求收益而已。凡减少其收益者,即减少其售价,是土地价税,减少地价之具也,地价未税之值也。地价既减,人人得以贱租使用土地,故曰平均地权。不宁惟是,税重而不能转嫁,则繁庶区内向无收益之空地,当变为有建筑地,以求收益。有建筑地如逐渐增加,而需求居常不改,地租降落可立而待也。由国家理财方面讨论之,土地为适宜课税之物,理由有数端:(一)土地为有形不动之物,按物征收无可逃避。(二)地价易于考定,以相邻间土地之买卖价格,及其本身状态评定之,估价无过高或过低之弊。(三)土地不能伸缩,地价涨落比较别物为有常,税收额可预定。(四)我国田亩有赋,其它土地不征租税,原贵普及,彼税而此免,岂得谓平?且纳税能力,宅地远胜于田亩。(五)我国近来国用浩大,杂税繁兴,制度紊乱,苛扰人民,亟待整理以舒民困而裕国计。倘土地价税全国举办,以四百万方英里之土地,其间名城大邑何止千百,每年收入当以百兆计。行之有效,则所有不良之税,自可一律废除,舍繁归简,即整理税制之道也。

附二:广东都市土地税条例

第一章　总　　则

第一条　条文所用名词之解释:

一、宅地:凡都市内人烟稠密处所,可作建筑、住居、营业或制造场所之用之土地,即为宅地。

二、无建筑宅地:宅地区域内之空地,或虽设有临时建筑物之宅地,均称为无建筑宅地。

三、农地:在都市内除宅地区域外,所有农田、菜地、果园、苗圃、鱼塘、桑基及其它种植之土地,均包括之。

四、旷地:都市区域内除宅地或农地外,均属旷地。

五、土地改良:于都市土地上建筑、增筑、或改筑房屋、道路、沟渠及其他工作物等,有使土地增加效用而能耐久者,谓之土地改良。

六、土地改良费：改良土地有形之资本，谓之土地改良费。

七、地税：包括普通地税、土地增加税而言。

八、地价：指地价评议会判定之地价。

九、土地增价：凡土地现时价额超出于前判定之地价，其超出之价数即为土地增价。

十、关系人：指有土地权利关系者而言。

十一、铺底顶手：指限于经领有登记局之铺底顶手登记完毕证者。

十二、铺底权利人：即铺底顶手所有人。

第二条　城市、商埠、乡镇，其人口在五万人以上者，均适用本条条例，但须依照第三条之规定行之。

第三条　各都市施行本条例之时期，由广东省长斟酌地方情形，随时以命令定之。

第四条　有税地分为左列三种：

一、宅地。甲，有建筑宅地；乙，无建筑宅地。

二、农地。

三、旷地。

第五条　施行本条例都市之行政长官，应依都市之情形酌拟宅地区域，呈由省长核定公布之。

都市行政长官认为有变更宅地区域界线之必要时，得将情形及酌拟变更界线绘图附说，呈由省长核定公布之。

第六条　都市内未经公布为宅地区域之土地，而有建筑房屋能作住居、营业或制造场所之用者，作有建筑宅地论，但栅厂蓬寮不在此限。

第二章　普通地税

第七条　每年征收普通地税之令（定）率如左：

一、有建筑宅地，征收地价千分之十。

二、无建筑宅地，征收地价千分之十五。

三、农地，征收地价千分之八。

四、旷地，征收地价千分之四。

第八条　全年普通地税依左定期限征收之：

第一期：一月一日至一月三十一日。

第二期：七月一日至七月三十一日。

地方遇有特别情形，不能依前项所定期限纳税时，都市行政长官须将情形具报，由省长核明展期征收之。

第九条　都市行政长官认为地方情形有必要时，得请求省长将第七条第二款规定之税率加重或减轻之。

第十条　免税土地依左列各款定之：

一、关于教育慈善使用之土地；

二、寺庙、庵观、福音堂；

三、公立免费之游戏公园；

四、公共墓地；

五、公立劝业场；

六、其他土地得省长或都市行政长官指定免税者。

前项之规定，限于自己所有或承典及永租土地适用之。

第十一条　前条所列一、二、三、四、五、六各款之土地，如有以一部或全部为有偿的或赠与他人作营利事业者，不得享受第十条规定之待遇。

第三章　　地价之判定及登记

第十二条　　凡关于土地权利成立所有之书据,无论已未经登记局登记,限于本条例施行之日起,四个月内连同抄白书据一份,申报地价书一纸,呈缴土地局查验登记。

第十三条　　缴验书据每件应征费银一元。

第十四条　　申报地价书须依式填报左列事项:

一、姓名(土地所有人、永租人、典主或铺底权人)

书据如系用堂名,须加该堂代表人名;如系店名加该店主事人名;如系二人以上共有,则用第一人之名;

二、通信处所(如处所变更时须即申报);

三、土地种类;

四、座落;

五、面积;

六、每井价值;

七、全段地价;

八、改良费额;

九、前项投资时期;

十、年租;

十一、如有永租、典当或铺底关系须详细报明;

十二、土地现充何用。

第十五条　　各种地价当事人依限申报后,由地价评议会审查其申报地价之当否,分别判定之,但有铺底顶手关系者,须照第二十四条之规定办理。

第十六条　　地价判定后,地价评议会即将判定之地价,通知土地所有人、永租人或典主。

第十七条　土地所有人、永租人或典主，认判定地价为不合时，得自收到通知书之日起，三十日内向地价评议会申述异议请求复判。

地价评议会对于当事人申述异议所为之复判为最终之判决。

第十八条　土地所有人、永租人或典主，认复判地价为不满意时，得自收到通知书之日起，十五日内申请都市税务官署将土地征收之，其征收地价之标准规定如左：

一、复判地价与申报地价相差百分之一十或以下者，由税务官署照复判地价征收之。

二、复判地价与申报地价相差超过百分之一十者，由税务官署照申报地价加百分之一十征收之。

第十九条　各有税地变更其种类时，土地所有人及关系人应于变更前，将变更事由呈由地价评议会核准，并于变更程序完毕后十日内，呈报土地局登记。

第二十条　凡有税地变为无税地或无税地变为有税地，其土地所有人、关系人应于变更前将变更事由申请土地局核准，并于变更程序完毕后十日内呈报登记。

第二十一条　无税地变为有税地，其土地所有人限于变更程序完毕后十日内，应将地价申报，由地价评议会依于申报价额与土地状况及相邻土地价格之比例判定登记。

第二十二条　凡土地之让与、永租或典当，须于契约成立时呈报登记。

第二十三条　永租权、典当权、铺底权及其他土地之地租如有变更或修改时，关系人限自变更或修改之日起十日内，声请土地局修正登记。

第二十四条　有铺底关系宅地之地价，以全年租金之十二倍及铺底顶手金额合成计算之。

第二十五条　土地改良费于地税征收时,应由地价项下扣出半数免除之,但以经地价评议会核定登记者为限。

第二十六条　土地局地价评议会规则及登记规则另定之。

第四章　普通地税之纳税人

第二十七条　有铺底关系宅地之普通地税,其土地所有人应照年租十二倍缴纳,其铺底权利人应照铺底顶手金额缴纳。

第二十八条　有典当关系土地之普通地税,由典主缴纳。

第二十九条　永租地税由永租人缴纳之。

第三十条　其他地税概由土地所有人缴纳之。

第五章　土地增价税

第三十一条　土地增价税率列左:

一、土地增价超过百分之一十至百分之五十者,课百分之一十。

二、超过百分之五十至百分之一百者,课百分之十五。

三、超过百分之一百至百分之一百五十者,课百分之二十。

四、超过百分之一百五十至百分之二百者,课百分之二十五。

五、超过百分之二百者,课百分之三十。

第三十二条　土地增价免税之定率列左:

一、土地增价在百分之一十或以下者。

二、农地或旷地每亩地价二百元以下者。

三、宅地全段地价在五百元以下者。

第三十三条　土地增价税之征收办法列左:

一、土地转卖时,出卖人照现时地价扣除原价,或最后经纳增价税之地价额,及改良费之半数所余之额依率缴纳。

二、土地继承时,继承人照现实地价扣除被继承人原价,或最后经纳增价税之地价额,及改良费之半数所余之额依率缴纳。

三、土地权或永租权经十五年未有转移时,土地所有人或永租人照现时地价扣除前十五年地价及改良费之半数,所余之额依率缴纳。

第三十四条　土地所有人于土地典当满期赎回时,或典主于期满断典取得土地所有权时,应照现时地价扣除典产原契成立时所值地价,及典当后土地改良费之半数,所余之额依率缴纳。

第三十五条　违背第十二条、第十九条至第二十三条之规定者,处以五元以上百元以下之罚金。

第三十六条　本条例如有未尽事宜,得随时修改之。

第三十七条　本条例由大元帅核准公布施行。

附:说　明

一、土地税分为普通地税、土地增价税二种。前种按值抽税,凡价值相等之同种土地,一律受同等之待遇,办法本甚公平,但未足以对付不劳增益,是以普通地税之外,复设土地增价税以补其罅漏。土地增价既系社会之产品,不劳之增益不应全入私人囊中,政府征收一部,以办社会事,自无不合之理。

二、土地亦有因人工改良而增价者,此种增价不得谓之不劳而获,地主之功亦有足纪者,拟免除改良费之半数,借以奖励良好建筑。

三、繁庶都市中,无建筑宅地为最适宜之投机物,税率应较他种为重,以防止投机,并迫促弃地变为有用之地。

惟地方有时而衰落,衰落之地其租必贱,无建筑物者,应减轻税率以昭平允。

四、旷地征收普通地价千分之四,表面上似过轻,恐为投机家所利用。究其实,所谓旷地,大抵未经改良不能使用,难求近利。千分之四已属太重,过此恐难担负。

查英国旷地每磅征半个边士,未及千分之三,有税无收,已不适于投机,而况另有土地增价税以取缔之。

五、政府征收土地,其权利关系人直接或间接必受有一种损失,应照申报地价增加些少,以为弥缝。

六、有铺底顶手关系之土地,其地租不得任意增加,若以相邻间无铺底顶手土地之价值为纳税之标准,则殊非平允,故以年租十二倍计之。

铺底顶手权已视为土地权,其金额亦应视为地价。

据《大本营公报》第三十四号

致上海事务所电

（一九二三年十月十九日）

事务所诸同志鉴:已委廖仲恺、汪精卫、张继、戴季陶、李大钊为国民党改组委员。请孙伯兰密电北京李大钊即来沪会商。孙文。皓。

据《国父全集》第三册(转录史委会藏《会议纪事》)

命办理革命纪念会令

（一九二三年十月十九日）

着革命纪念会发起人邓泽如、邓慕韩等接收长堤旧官纸局，从速办理革命纪念会事宜。此令。

孙　文

民国十二年十月十九日

据《国父全集》第四册（转录史委会藏原件影印）

给林森的指令

（一九二三年十月十九日）

大元帅指令第五三七号

令大本营建设部长林森

呈拟《暂行工艺品奖励章程施行细则》，请备案由。

呈及细则均悉，准予备案。此令。

中华民国十二年十月十九日

附：暂行工艺品奖励章程施行细则

第一章　总　则

第一条　呈请奖励者，其呈文及说明书等件，须用中国文字记之；如说明书内有科学专门名词，必须用外国语者，亦当附加译文。

第二条　呈请专利之呈文图说等件,由邮局寄送者,必须挂号。本部即据发寄地邮局戳记之时日,认定呈请人之先后。

第三条　如呈请专利之说明书、图式样本、模型不明晰或不完备者,本部应令原具呈人详细补呈。此项补呈须于批示之日起三个月以内投递到部,过期不补呈者,前呈之优先权作为无效。

第四条　凡呈文有下列各款之一者,概不受理:一、违背奖励章程第一、第二、第四、第五等条规定者;二、未附缴考验费、照费、褒费及呈文公费者。

第二章　呈　请

第五条　随呈文呈送之说明书,应详载下列事项:一、发明或改良之名称;二、发明或改良之主旨;三、如系机械品应详载机械之构造及运用方法(按照图式符号详细说明);四、如系化学品,应列举所用原料之名称与产地及其制造方法;五、请求专利之范围;六、请奖之类别(专利或褒状);七、呈请专利之年限。前项第三及第四款之说明,应用密封呈递,于封面注明由考验专员开拆字样。

第六条　凡以机械品呈请奖励者,应将模型或机械呈送到部,并须附呈机械图式。其图式应按下列各图分别绘之:一、正面图;二、平面图;三、侧面图;四、请奖各部分之详细图。以上各图式均须注明符号、尺寸并用墨水绘画。

第七条　凡以化学品呈请奖励者,应将发明或改良之物品送呈到部,以凭考验。

第八条　机械模型或发明及改良之物品,如于邮送时有损坏,应饬令呈请人补送之。

第九条　呈请人须按照下列各款,随呈文缴纳公费:一、请给专利(五元);二、请给褒状(二元);三、请求专利权之转移(十元);

四、请求专利之继承(五元);五、专利执照遗失补发(十元);六、褒状遗失请补发(二元);七、专利权妨害之呈请禁止(十元)。

第三章　审　查

第十条　关于奖品之审查承认为必要时,得令原具呈人自行来部,当面试验,考验费依照工业试验所试验章程征收之。

第十一条　关于奖励品之审查终了后,应由审查员出具审查书,记载下列事项:一、制品之名称;二、呈请人之姓名、商号;三、请奖之类别(专利或褒状);四、给奖之类别(专利或褒状);五、审定之主文及理由;六、审定之年月日。

第四章　奖　励

第十二条　呈请案既经核准,当即发给奖励执照或褒状,并将审查书抄给阅看。

第十三条　奖励注册底簿,当载下列事项:(一)专利执照或褒状之号数;(二)准与奖励之工艺品名称;(三)呈请人之姓名、住址、商号;(四)如系专利之无效取消者,则载其事由及事由发生之年月日;(五)如系专利之转移或继承,则载其事由;(六)如系专利执照之补发,则载其事由及补发之年月日;(七)如系褒状之补发,则载其事由及补发之年月日;(八)注册之年月日。

第十四条　专利执照及褒状,如有遗失及毁失时,得于登载公报及当地新闻纸一月以后,取得资本殷实并经本部注册之公司、商号证明书,请求补发。

第五章　继承或转移

第十五条　专利权之移转,呈请换给执照时,应由当事人连署,并附呈移转之合同契约,由部核准。

第十六条　因继承移转而取得专利权者,于呈请换照时,应将原有执照缴还本部注销之。专利权移转或继承后,仍依原有专利年限计算。

第六章　取　消

第十七条　已给专利执照之制品届专利年限期满时,本部应将专利者姓名、制品、名称及专利执照号数登载公报,公布取消之。

第十八条　已得专利者,如因工艺品奖励章程第十五条规定之情事,取消其专利权时,应由本部将取消理由、专利者姓名、制品名称及专利执照号数登载公报,公布取消之。前项专利权取消时,应令将专利执照缴还本部注销之。

第七章　查　禁

第十九条　凡依奖励章程第十四条规定,呈请禁止者,应详细记载发觉私自仿造之实在情形,并将私自仿造物品呈部查验。

第廿条　前条呈请经本部审查结果,认为证据确实者,即由部饬令地方官厅严行处罚。

第八章　公　布

第廿一条　专利之准许、批驳、满期及取消,均按日于公报逐件公布之。

第九章　附　则

第廿二条　本细则自公布日施行。

据《大本营公报》第三十四号

给朱培德的指令

（一九二三年十月二十日）

大元帅指令第五三九号

　　令大本营参军长朱培德

　　呈复前大本营参谋何福昌宾〔实〕犯有通敌嫌疑，致正典刑。前云南参议员蒋应澍函称各节不符，请睿裁由。

　　呈悉。何福昌既因通敌致正典刑，蒋议员所称各节，着毋庸议。此令。

中华民国十二年十月廿日

据《大本营公报》第三十四号

在广州全国青年联合会的演说 *

（一九二三年十月二十日）

中国基督教青年会诸君：

　　今天欢迎诸君，蒙诸君光临，兄弟是很荣幸的。兄弟今天在广州开这个欢迎会，是用两种资格：一种是代表西南诸省，用西南行政首长的资格；二种是代表中国国民党，用国民党领袖的资格，来欢迎中国青年会全体诸君（鼓掌）。就你们青年会说，可以被人欢迎之点极多，不是一言可以说得尽的。专拿青年会的宗旨讲，是用

---

　　* 全国青年联合会自十月十七日至二十一日在广州开会，二十日，孙中山在广东省议会欢迎全国青年会上作了这一演说。

体育、智育、德育三项标题来救国,就是这一件,便应该被人欢迎。所以青年会是我们想救国的党人所应该欢迎的(鼓掌)。救国事业,从前用大多数的号召,在国内进行的很少,只有国民党全体主张舍身救国。民国成立十多年,没有大团体表示来救国。用大团体表示来救国,在广州开会,这是头一次(鼓掌)。所以国民党对于这项表示,是特别欢迎的(鼓掌)。

我们人类的天职,是应该做些什么事呢?最重要的,就是要令人群社会,天天进步。要人类天天进步的方法,当然是在合大家力量,用一种宗旨,互相劝勉,彼此身体力行,造成顶好的人格。人类的人格既好,社会当然进步。我们社会经过古今许多人群的改良,自草昧初开以至现在,已经进步了很多。但是现在社会的道德范围,还没有进步到极点。就人类的来源讲,基督教说世界人类是上帝六日造成的。近来科学中的进化论家说,人类是由极单简的动物,慢慢变成复杂的动物,以至于猩猩,更进而成人。由动物变到人类,至今还不甚久,所以人的本源便是动物,所赋的天性,便有多少动物性质。换一句话说,就是人本来是兽,所以带有多少兽性,人性很少。我们要人类进步,是在造就高尚人格。要人类有高尚人格,就在减少兽性,增多人性。没有兽性,自然不至于作恶。完全是人性,自然道德高尚;道德既高尚,所做的事情,当然是向轨道而行,日日求进步,所谓"人为万物之灵"。科学和宗教冲突之点,就在所见人类来源之不同。由这一点所见之不同,便生出科学与宗教之争,至今还没有止境。惟是人类的知识,是天天进步的。今日人类的知识,和古时大不相同。今日人类的知识,多是科学的知识。古时人类的知识,多是宗教的感觉。科学的知识,不服从迷信,对于一件事,须用观察和实验的方法,过细去研究,研究屡次不错,始认定为知识。宗教的感觉,专是服从古人的经传。古人所说的话,不管他是对不对,总是服从,所以说是迷信。就宗教和科学比较起来,科学自然较优。譬如现在我们用眼光看远方之物,多用千里镜帮助,看得很清楚。千里镜是近来科学发明的,古时没有科学,所以没有千里镜,看远方之物,当然不及现在看得清楚,这就是宗教不及科学。因为这样的原故,现在宗教知道专迷信古人经传之不方便的地方很多,便有主张更改新旧约的,推广约中的文字范围,以补古人所说之不足。至于宗教的优点,是讲到人同神的关系,或同天的关系,古人所谓天人一体。依进化的道理推测起来,人是由动物进化而成,既成人形,当从人形更进化而入于神圣。是故欲造成人格,必当消灭兽性,发生神性,那么,才算是人类进步到了极点。

中国青年会,是美国人介绍过来的。现在各省很发达,中国会员有七八万人,团结起来,已经成了一个很坚固的团体。兄弟在二三十年前,便和这个团体来往,这个团体中的朋友也很多。但那个时候一些朋友,如果讲到国事,便说我们不问政治,所以不谈国事。我们革命的人听了,便很以为奇怪,便猜疑起来,究竟青年会所做的是些什么事情呢?结合这个团体是什么用意呢?后来我有一次到美国,遇到选举总统的时候,看见无论那一界的人民,想知道对于某地某人运动总统,某地对于某人选举票数的多少,种种新闻,每分钟每秒钟都是非常注意,其热心选举胜败之状态,真是举国若狂。而青年会的会员,尤其热心讨论。讨论选举总统,是不是谈政治呢?是不是想与闻国事呢?而介绍到中国来的青年会,便说不问政治,我也莫名其妙。

"政治"二字的意识,译成英文是 Politics。英文 Politics 的意思很广,用途很多。譬如我从前有一次在外国人家内吃晚饭,吃完之后,主妇对他的家人说:"No Family Politics to-night"(欢笑)。

这句话直翻译过来，便是"今晚不谈家庭政治"。就讲话的意思翻译过来，便是"今晚不谈家庭是非"。故就 Politics 这个字讲，有三个意思：一个是国政，就是政府中所行的国家大事；一个是党争，就是政党中彼此所用的诡谋；一个是说是非，就是像以前所举的家庭是非之例。外国人普通把是非都说是 Politics，因为不想谈人的是非，所以说"No Politics"。我们中国留学生在外国，听到说"No Politics"的话太多，不过细研究这个字用时的意思，一回到国内，便说外国人都不谈政治，所以我们不问政治。试问外国人果真不问政治？为甚么欧战期内，在中国的各国人都回去舍身打仗呢？舍身打仗是不是问政治呢？再者在中国传教的，有德国人、法国人、英国人、美国人，他们的教堂虽然不同，他们所奉的神都是耶稣上帝，所以他们本国之内，所奉的宗教都是大概相同。到了开战之后，各国教徒还是各卫其国，彼此残杀。就这个情形说，是宗教为重呢，还是政治为重呢？宗教徒是不是问政治呢？宗教徒是问政治的。所以今晚兄弟也来同诸君谈一谈政治。

说到政治，便要讲国家。国家的责任，是设立政府，为人民谋幸福。政府这个东西，近来各国学者有的说是可以保护人民，代谋幸福，主张是应该有的。有的说是干涉人民的幸福，威权太大，应该把他减少，减少至于零，便主张不应该有，而成无政府。这项学说在俄国顶发达，因为他们从前的专制政府过于暴虐，要打破他，便主张无政府。究竟政府在人类中是有没有用呢？在座诸君是主张改良人类来救国家的，自然不说政府是无用的。人民在国家之内，国家根基所以能稳固之理，便是在人民的文明进步，互相团结，拱卫国家。人民的文明进步，在人民的自身本来可以做得到。不过有了政府，加以提倡和辅助的工夫，进步得更快。所以我们要社会的文明很高，人类进步得很快，政府不是无用的。如果有了良政府,社会的文明便有进步,便进步得很快。若是有了不良政府,社会的文明,便进步得很慢,便没有进步。这种成例,今古中外极多。在我们中国,自有史四千余年以来,社会极文明的时候,莫如周朝,那时候种种哲学和科学的文物制度,外国到今日才有的,中国三千年以前便老早有了。我们推究周朝何以有那么好的文明呢? 便是因为有文、武、成、康的良政府。到了秦始皇焚书坑儒以后,政府便不良,文明便退化。弄到古时已经有了的文明,到后来几几乎绝迹。到了满清政府,更是一代不如一代,几几乎有亡国灭种之忧。十二年前,许多志士要救国保种,便去革命,推倒满清,成立民国,想用人民自己的能力去挽救国家。但是民国成立了十二年以来,徒有民国之名,毫无民国之实。满清政府虽然已经推倒,满清的余毒还未肃清,所有留存下来的官僚武人,都把政府霸占住了。所以民国还不是在人民之手,完全是在武人官僚之手(鼓掌)。我们从前因为有革命志士的奋斗,所以不亡于满清政府之手。以后如果不继续奋斗,便要亡于满清武人官僚之手。我们要那一般武人官僚不亡中国,便要请大家同心协力去奋斗(鼓掌)。

青年会的宗旨,注重体育、智育、德育三项,改良人类来救国,是全国所欢迎的(鼓掌)。国家是人类凑合而成,人人都有机会,可以造成一个好国家(鼓掌)。我们要造成一个好国家,便先要人人有好人格。中国的团体中有好人格的,就是青年会(鼓掌)。所以青年会是造成好国家的好团体(鼓掌)。青年会的会员已经有了七八万人,这七八万人中不能说个个程度都齐,但我相信总有几千人是有好人格的。因为这几千人才的提倡,所以令青年会成了一个有人格的团体,所以令全国有志的青年,多喜入会造成好人格。我们要问政治的人,想中国改良成一个好国家,便是想得有一个机会,令四万万人都变成好人格(鼓掌)。这个方法是在什么地方呢?

要正本清源,自根本上做工夫,便是在改良人格来救国(鼓掌)。这便是以国家全体变成青年会(鼓掌),然后多数国民的人格才能够养成(鼓掌),然后四万万人才都有人格(鼓掌)。外国人到中国来,从前还没有想到这着,诸君已经想到这着并且做到这着,所以改良人格来救国这一说,当是中国的出产物(鼓掌)。

中国青年会是美国传来的。美国经过欧战之后,是世界上第一个富强的国家。人民不必管国家的事情,不必代政府去奋斗,便可享头等国民资格的尊荣,所以美国人对于管国事的道理,便不传到中国来。但是美国有良政府,中国的政府不良。青年会在美国便可学美国人一样,至于在中国能不能学美国人一样呢?诸君有已经到过美国的,都记得到美国境上岸的时候,无论所坐的船位是那一等,美国人便来盘问:"你是中国人呀?是日本人呢?"如果是日本人,便可自由上岸。如果是中国人,便要入关检查,必须麻烦好几日,始可自由上岸。兄弟有一次到美国,在关内住过了三星期,但我还是很侥幸的。有不幸的,甚至空花旅费光阴和所受检查的种种痛苦,见到美国而不能上岸,由原船送回中国。美国人主张智育、德育、体育;组织青年会来改良个人社会,这是很好的。但是不可专学美国人,只管自己,不管国事。因为他们和我们的地位,有大大的不相同。我们就是出外旅行,如果他们知道是中国人,就是像从前旧金山的大旅馆,也不许我们住。上海从前的外国公园,便写出招牌说:"狗同中国人不许入。"像这样一想,便知道中国人在世界上是什么地位。讲到中国人口有四万万,文明有四千多年的历史,为甚么我们的国际地位一落千丈呢?这就是因为我们中国人不自振作,所谓堕落。堕落的原因,就是在不讲人格。我们要恢复国际的地位,须要我们不堕落;要不堕落,便先要讲人格。青年会在中国已经成立了二十余年,会员的人格,固然不能说人人都好,或者有一部分不好,但是全体的人格,是已经养成了(鼓掌)。
全体的人格既经养成,究竟有什么用处呢? 来做些什么事呢? 你
们应该做的事,简单的说,就是你们所主张的"人格救国"(鼓掌)。
中国人的人格,堕落已极,象那些官僚武人,只知道升官发财,自私
自利,什么国事都不管,人格是不是堕落呢? 我们要救国,必先要
除去他们。要除去他们,不是一两个人可以做得到的,所以我们不
可专靠个人去救国(鼓掌),必须要大多数同心协力去做,这就是应
该以青年会的团体去救国(鼓掌)。讲到团体救国,国民党为国牺
牲身家,是最诚心诚意去救国的。党中最著明的人物,就有黄花岗
七十二烈士。七十二烈士之前,更有陆皓东、史坚如。陆皓东、史
坚如是青年会的会员,又兼国民党的党员,所以他们是以青年会的
人格和国民党的资格来牺牲的(鼓掌)。但是青年会的会员,也有
走到北京去做官的。他们那些做官的会员,拿陆皓东、史坚如比较
起来,人格是不是有天壤之别呢? 假如那些做官的会员,走到香
港、广东来,安见不能做陆皓东、史坚如呢? 所以我们一生做事,万
不可走错了路。如果不走错路,便可来救国。什么人来救国,都是
被人欢迎的。国民党的分子虽然很复杂,但是没有革命之前,各党
员已经知道有抄家灭族的危险,还要加入来救国。故在革命之前,
他们的人格,是很被人欢迎的(鼓掌)。到了革命之后,各党员知道
没有抄家灭族的危险,只有升官发财的好处,所以分子越变越杂。
这次国民党在广州开大会,当中所讨论最重要之问题,就是要想方
法来淘汰他们(鼓掌)。如果这一层能够做到,便可以和你们青年
会并驾齐驱(鼓掌)。

　　兄弟对于青年会是有很大希望的。此时在广州开会,讨论的
问题自然很多,万不可徒托空言,散会之后便不理他,必须各回各
的地方,实行用青年会所提倡的人格去救国(鼓掌)。到底青年会

有没有这项能力呢？就我三十多年革命的经验看来,青年会实在
有这项能力(鼓掌)。诸君不可把自己的能力看轻了,实在是可以
做得到的。但是诸君的能力究竟在什么地方呢？就青年会的历史
说,成立已经有了二十多年,至今始提倡救国,不知我们国民党做
革命救国事业,已经有了二十多年,至今也还没有成功。但是诸君
如果自今天发起来救国,还不为迟,且正合其时。因为现在的情
形,和从前大不相同,譬如就城市的交通讲,我们从前革命的时候,
广州只有轿子,没有汽车,现在便有了汽车。我们要到一处地方,
是坐轿子快些呢？还是坐汽车快些呢？坐汽车当然是快些。现在
无论做什么事,都是容易些快些。所以诸君现在来救国,成功极
快,好比是坐汽车(鼓掌)。我们国民党坐轿子,用二十年走的路,
还没有走到。你们坐汽车,一下便可以走到(鼓掌)。至如我们国
民党从前革命,各省响应,把满清政府已经消灭了,而满清留下来
的官僚武人,还没有消灭,所以弄到民国至今有名无实。国民党所
主张的民国,还没有做成功。现在四川在国民党手内,湖南也在国
民党手内,两广更不必说,就是其他各省,欢迎三民主义的也是很
多。象这样说,国民党的武力虽然失败,国民党的主义还没有失
败。然而仍未大功告成者,其原因究竟在什么地方呢？这个原因
单简的说,便是在全国大多数人民,还不十分明白革命的道理;人
民不明白革命道理的原因,便是在没有普遍的宣传。如果国民党
有青年会的完全组织,到处宣传革命的道理,使人民十分了解,人
民自然欢迎我们的主义,来建设民国,民国当老早成功了。贵会在
二十二行省之内,都有很完备的机关,宣传你们的主义,使全国青
年子弟,明白你们救国的道理,这就是你们救国的能力。我们革命
的总机关,从前设在日本东京,当时有一万多人,发起救国,提倡革
命的风潮,这万余人不久便回到国内,分散各省,宣传我们的主义。

那时候牺牲的精神很大,所以一经武汉发起,便把满清政府推翻。到革命之后,牺牲的精神渐渐消灭,所以我们的能力渐渐减少。而且做国民党员是要杀头的,做青年会员是不怕杀头的。因之我们想推〔扩〕充党员,比你们增加会员不知道难几多倍。至于现在国民党范围之内的各省分,做国民党员虽然不至杀头,但是人人都以入党为做官的终南捷径,所以分子更复杂(鼓掌)。以青年会容易扩充会员之情形说,如果大家合力奋斗去救国,是很有希望的。不过要想救国,必须把自己的长处,用在适当的地方去做,然后才有好成绩。若是用之不当,就是以你们现在这样大的能力,到十年二十年之后,恐怕没有好成绩。从前庄子说:"宋人有善为不龟手之药者,世世以洴澼絖为事。客闻之,请置其方百金。聚族而谋曰:'我世世为洴澼絖,不过数金,今一朝而鬻技百金,请与之。'以说吴王,越有难,吴王使之将,冬与越人水战,大破越人,裂地而封之。能不龟手一也,或以封,或不免于洴澼絖,则所用之异也。"这几句话的意思,就是保护手在冬天不至破裂的那种药,宋人用之不适当,世世仅供漂布后涂手之用。吴人用之适当,便供水兵冬天耐战之用,而得一个国家。你们青年会这样大的能力,如果用得其当,便可以救国,便可以用青年会的全体来救国(鼓掌)。

兄弟今天对于诸君有一个贡献,诸君在没有听到这个贡献之先,勿以为我是国民党的领袖,国民党向来革命,是用手枪炸弹的,即以为我贡献到诸君的,也是要诸君去用手枪炸弹(欢笑),那便错了。这个方法,我们已经做过了。诸君都知道改良社会可以分作破坏和建设两部分:破坏的事,我们国民党已经做过;建设的事,还一点儿都没有做。过细分起来,千头万绪,不过当中有一件最重要的事,我们要知道这件最重要的是什么事?须先要明白我们的国情。现在北京城内,是曹锟做中华民国的大总统了! 中华民国这个名词,是兄弟从前创称的。这个名词到底是什么东西呢？诸君自然知道中华民国和"中华帝国"不同,帝国是以皇帝一人为主,民国是以四万万人为主。我们要想是真正以人民为主,造成一个驾乎万国之上的国家,必须要国家的政治,做成一个"全民政治"。世界上把"全民政治"说到最完全最单简的,莫过于美国大总统林肯所说的"Of the People, by the People and for the People"。这个意思译成中文,便是"民有"、"民治"、"民享"。就我们现在国情和这三层意思解释起来,自推翻满清政府,成立民国以来,可以说是民有一层已经做到了。十二年以来,政府之内,都是武人官僚把持,人民不但是不能管国事,并且日日受兵灾之祸,流离失所,何能够说到民治、民享呢？真正的"全民政治",必须先要有"民治",然后才能够说真是"民有",真是"民享"。最近北京政府所颁布的伪宪法,第一条载明"中华民国主权,为国民全体所有",这还是抄袭我从前在南京颁布的临时约法。至于国家的行政,都是由曹锟、吴佩孚任用满清的官僚和猪仔议员去办理,人民能不能够治、能不能够享呢？所以现在的中华民国,还是官治、政客治、武人治(鼓掌),不是民治(鼓掌)。现在国民党的党员,都集中广东来打仗,便是因为武人专制,反对民治。广东十几年来,总是受一般武人官僚的专制,不能施行民治。我们要打破他,所以连年用兵,因此人民便连年受兵灾的痛苦,不能建设,对于政府便生出极怨恨的心理。我们想求真正民治,一劳永逸,故不得不让人民暂时受这种痛苦。至于一般普通人民和满清留下来的官僚,程度太低,眼光太小,求苟且偷安之计,以为暂享目前太平,便算民治,那便完全错了。真正民治,是要兄弟所主张的民权主义,能够极端做到,可以让人民在本地方自治,那才完事。现在民权主义能不能有一点儿可以实行呢？是不能的。不能实行民权主义,便不能说是"民治"。不是"民治",

怎么可以说是民国呢？

　　诸君讲人格救国，我相信诸君团体的人格，是很充分的。拿充分的团体人格，来做救国的事业，兄弟所要贡献到诸君的方法，就是"地方自治"（鼓掌）。兄弟所主张的"地方自治"，是在兵事完结之后，把全国一千六百多县都划分开，将地方上的事情，让本地方人民自己去治，政府毫不干涉。但十余年来总没有这个机会可以办到。现在广东有了这个机会，难处是在人才不足（鼓掌）。兄弟所希望于诸君的，是要诸君转教全国的人民，怎么样分县自治。如果一千六百多县，县县都可以自治，中华民国便自然成立（鼓掌）。如果全国的人民不能自治，总是要靠官治，中华民国便永远不能成立（鼓掌）。现在北京许多官僚，以为要救国治国，非做总理总长不可。现在做过总理、总长的已经不少了，那一个能够救国治国呢？就是兄弟个人在开国的时候，便做总统，以后更做总裁、总统，都没有做到很多治国的事情。所以我现在相信建设民国，不是完全从上面可以做得到的；以后建设民国，还是要从下面做起来（鼓掌）。中国人普通的心理，以为无论什么事，都是要从上做起。譬如造房子，下面没有动土，没有做墙基，便老早搭一个空架子，先要上梁（欢笑），上了梁之后，然后再来做下部，是不是做事自上而下呢？外国人就不然，要做房子，先要从下做起。兄弟有一次看见一个乡下人到上海的洋街上玩，他看见有许多工人，在一处空地方挖土，挖到很深，他便奇怪起来，问旁边的人说："怎么在这样热闹的街上挖鱼塘呢？"旁边上海人说："他们不是挖鱼塘呵，他们是筑屋基来做洋房呵！"（大笑）可见中国普通人，只知道做房子，是先要从上起，不知道外国人做大房子，是先要筑一层很坚固的屋基，从下做起，然后一层加一层，便做成一所高大的洋房。诸君想救国，现在已经知道"地方自治"的方法，又有青年会团体的能力，那么，去实行"地方自治",还缺少什么呢? 单简的说,就是要懂"地方自治"中一切细微节目的人才。譬如广州在这两三年军事期内,组织市政厅,做广州市自治的事情,因为懂办市政的人才不少,所以近来的成绩,凡是游过广州的外国人,没有一个不惊奇的。倘若国家太平,更求进步,成绩当更有可观,现在不过是用广州市来试验试验罢了。诸君在青年会,研究体育、智育、德育之外,喜欢做地方事情的人,还要组织一个地方自治研究会,或办一个地方自治学校,来造就这项专门人材(鼓掌)。如果办到一年,便可得不少的人才,至多办到三年,一定可以造就很多的人才;倘若人才造成了,到我这里来投效,只要我象现在在广东一样,有权用你们,我一定给一县或者两三县,让你们去试验试验。有了成绩,再推广到全省,以至于全国,那么,中华民国便可以大治。诸君要想救国,便要先学治国。如果不知道治国,就是诸君得了一块土地,也不知道从那里治起。

中国现在四分五裂,实在不成一个国家。吴佩孚想用武力来统一,究竟可不可以成功呢? 就中国历史看起来,一定是不成功的。譬如楚汉相争的时候,项羽的兵力,本来比刘邦大的多,但是后来结果,项羽何以失败呢? 刘邦何以成功呢? 最简单的原因,就是项羽专靠武力,刘邦入关之后,便约法三章,事事总是宽宏大量,以得民心为主。就是最近袁世凯的兵力,又何等大呢? 为什么洪宪帝国,只有八十三日便没有了呢? 可见武力是不可靠的。再用历史来证明,诸君都知道:"王不待大,汤以七十里,文王以百里。"用七十里和百里这样小的土地来做根本,何以能统一中国呢? 就是因为成汤和文王,都有很好的政治。诸君想救国,拿很小的地方来施行良政治,广东很可以给你们几县做试验品。这个方法,我们国民党老早已经想到了,因为没有多少人才,所以没有施行。青年会已经有了这些人才,想来救国,必须要存一种"文王百里而王"的心思,才可以治中国(鼓掌)。诸君学成了的人才,再去教普通人民以自治的知识,须要学教士传教的方法,慢慢做去,我想用青年会的组织,这样做去,全国人民的自治能力,是一定可以培养成功的。全国人民有了自治能力,便是全国人民有了民国的国民资格,国家也好象是一个大青年会,必须要全国的人民,都要有体育、智育、德育的人格才好。诸君今天听见的这番话,万万不可随便忘记了,必须要决定去实行。兄弟今天欢迎中国基督教青年会诸君,就是这些贡献。千万希望诸君采纳这些贡献,去实行救国。如果诸君都做到了这些贡献,那便不算是空开了这个欢迎会,兄弟便恭祝诸君人格救国成功(鼓掌)!

据黄昌谷编《孙中山先生演说集》中

《国民要以人格救国》

给程潜的指令

(一九二三年十月二十一日)

大元帅指令第五四二号

令大本营军政部长程潜

呈请开办中央陆军教导团并拟具条例及军官候补生入团考验章程请核示由。

呈及条例、章程均悉。军队教育于军政前途关系至重。该部长所请举办中央陆军教导团一所,冀养成军队之基干,以徐图教育之普及,诚属切要之举,应准照办。着该部长即拟具详细办法,并开列预算呈核。此令。

中华民国十二年十月廿一日

附：程潜呈

　　呈为呈请事：窃维军队精神关系于军队之教育至为重要，而在革命时期，关系于革命精神之养成，尤为重大。盖未有驱无教育、无主义之军队，而能期以伟大之精神，冀收革命与主义之成功者。民国建立十有一年，除推倒满清一事而外，政治及社会之腐败，盖与清季不殊，而纷扰且又过之，并统一之局而不能企及，革命之成功反若日趋日远者。虽其原因不止一端，而军队之关系实为至巨，故有假革命之名，以阴为国家社会之蠹者；有方为革命健儿，忽焉又为革命叛徒者。良以军官军队无有中坚镇定之教育、确固不移之主义存于其间，譬犹乱草丛麻，随风偃仰，以是革命而冀获成功，抑何可得？潜以为补救之方，非从军队教育入手不可。拟先办中央陆军教导团一所，冀养成军队之骨干，以树立军队确定不移之精神，由此亦可以就已有之军队，而力求改善，一可以造成革命之人才，而益加精，进行之期月，必有成效可观。谨拟具《中央陆军教导团条例》及《军官候补生考验章程》各一份，呈奉钧座俯赐察核，准予施行。是否有当，伏祈训示祗遵。谨呈
大元帅孙
　　计附《中央陆军教导团条例》及《中央陆军教导团军官候补生考验章程》各一份。

军政部长程潜（印）

中华民国十二年十月十七日

附一：中央陆军教导团条例

一、陆军教导团为统一军队教育起见，养成各师旅各兵科模范，下士及军官候补生，而施以最新之军事教育。

二、陆军教导团依陆军步兵团编制，编成步兵一团及炮、工、交通、辎重兵各一连。

三、陆军教导团于团本部加设炮、工、辎重、交通科长各一员，担任各科教员。

四、陆军教导团士兵由军政部招募身体强壮、粗识文字，年龄在十八岁以上二十二岁以下者充补外，并咨令各军师旅长选送上等兵来团（细则另定），训练六个月发还原队。

五、军官候补生由军政部考试各省中学毕业以上之学生（考试细则另定），取其合格者发交陆军教导团训练，六个月升入陆军军官学校。

六、陆军教导团学、术两科以表定之。

附二：中央陆军教导团军官候补生
入团考验章程

一、资格　中学校毕业以上之学生，经军政部派员考试合格，发交陆军教导团练习者，称为军官候补生。

二、报名　自某月某日起，至某月某日止，至某处填具履历一份，带有证书者缴验证书，听候示期考试。

三、身体之检验　视力、听力、握力、肺量、高矮、体重、疾病之有无。

四、学科之考试　国文、英文、数学、小代数、平面几何、平面三角、物理、化学、中国历史、中外地理。

五、揭晓取录者听候示期入团。

据《大本营公报》第三十五号(一九二三年一月二日版)

与某记者的谈话[*]

(一九二三年十月二十二日)

问：外间传桂系将领私迎陆荣廷出台，将有举动，以冀摇撼桂局，是否？

答：北方无时不思挑拨南方，故此令陆氏再图捣乱，但陆信用久已坠地，试问其有何号召能力？而且陆年老昏惯，有何作为。此不过一种虚声，断无实力，彼自保首领且不暇也。

问：外间又传唐继尧遣滇军入柳，意欲窃桂，是否？

答：梧总〔州〕现驻重兵，布防严密，滇军未必有此举。即来亦不能越雷池一步，于桂局断不发生影响。

问：报载刘震寰拟回桂维持，其行止究如何？

答：东江平定后，本欲助刘司令回桂收拾全局，但现时势变易，北伐军急须组织，大抵刘部必须助现政府发展，或未能全部回桂。

据上海《民国日报》一九二三年十月二十二日
《大元帅对桂局之谈话》

---

* 此谈话未署月日，现所标时间系《民国日报》刊载日期。

复夏寿华函 *
(一九二三年十月二十二日)

径敬者:辱惠书,所以勖之者良厚,循回捧读,感佩至深。

三月二十九之役,我公维持庇护,备极艰苦,文所深悉,即当日同志至今犹能言之。来书所云,此间实无所闻,无稽之言,幸勿为念。

我公勚劳国事垂数十年,救国之心老而弥笃,宁有利禄之见存,即同侪中宁敢以是见疑者?文以衰老之余,谬膺艰巨,军国大事,诸待明达示我周行,尚乞勿听浮言,致生退念,至所企祷。专此布复,并颂

道绥

孙文启 十月二十二日

据中国革命博物馆藏原件

准任胡名扬职务令
(一九二三年十月二十二日)

大元帅令

---

* 夏寿华,湖南益阳人。一九一一年任广州巡警教练所所长,黄花岗起义时,曾支持与掩护革命党人。原函未署年份。按夏于一九二二年四月离广州,一九二四年五月因愤赵恒惕主湘暴政而投江,被救起后数日即去世。查函称"文以衰老之余,谬膺艰巨"等语,当系指一九二三年二月返粤设立大本营任大元帅以后事,故此函当写于一九二三年。

大本营参军长朱培德呈请调任大本营军政部少校副官胡名扬为大本营参军处少校副官。应照准。此令。

中华民国十二年十月廿二日

据《大本营公报》第三十五号

给杨希闵等的训令

（一九二三年十月二十二日）

大元帅训令第三三一号

令中央直辖滇军总司令兼广州卫戍总司令兼中央直辖滇军第一军军长杨希闵、中央直辖第一军军长朱培德、中央直辖西路讨贼军总司令刘震寰、东路讨贼军总司令许崇智、钦廉绥靖处长黄明堂、东路讨贼军第三军军长李福林、中央直辖第三军军长卢师谛、中央直辖第七军军长刘玉山、广东江防司令杨廷培、广东海防司令陈策、高雷绥靖处处长林树巍、中央直辖广东讨贼军第四军军长梁鸿楷、海军舰队司令部参谋长赵梯崑、中央直辖滇军第二军军长范石生、中央直辖滇军第三军军长蒋光亮、西江善后督办李济深

据广东省长廖仲恺呈以请通令各军，嗣后对于广州市政厅处理市产事项，勿再干预，以清权限等情。除原文有案不叙外，尾开："查回龙直街先锋庙，先经财政局核准刘利生承领，并予给照点交管业。民人何绍安事后争承，已属非是，其具呈名义暨年龄、籍贯、住址、职业，又复先后不同，显系有意混争。该市长核明饬局不予置议，自属正当办法。现当军饷紧急，厉行投变市产，以应军糈，该市长负责甚重，所请通令各军对于处理市产事项勿再干预一节，似应照准。除令复外，理合备文呈请大元帅鉴核，俯赐通令各军，嗣

后对于该厅处理市产事项,勿再干预,以清权限而免纠纷,实为公便"等情。据此,除指令"呈悉。准如所请,候令行各军一体知照"外,合行令仰该处长、军长、总司令、司令、参谋长、督办即便知照,并转饬所属一体知照。此令。

中华民国十二年十月廿二日

据《大本营公报》第三十五号

给杨希闵等的训令

(一九二三年十月二十二日)

大元帅训令第三三二号

令中央直辖滇军总司令兼广州卫戍总司令兼中央滇军第一军军长杨希闵、中央直辖第一军军长朱培德、中央直辖西路讨贼军总司令刘震寰、东路讨贼军总司令许崇智、钦廉绥靖处长黄明堂、东路讨贼军第三军军长李福林、中央直辖第三军军长卢师谛、中央直辖第七军军长刘玉山、广东江防司令杨廷培、高雷绥靖处处长林树巍、中央直辖广东讨贼军第四军军长梁鸿楷、海军舰队司令部参谋长赵梯崑、中央直辖滇军第二军军长范石生、中央直辖滇军第三军军长蒋光亮、西江善后督办李济深、中央直辖游击司令朱卓文、中央直辖第四师师长周之贞

查盐税为国家收入大宗,现当用兵之际,各路饷糈,多恃盐税为供给。兹据探报,时有不法军人串同盐枭、地痞,秘密输运盐斤进口,以至私盐充斥,军饷因而顿绌,此种不法行动,若非严行缉办,实无以维盐税而肃军纪。兹经委任广东海防司令陈策兼理盐务缉私各舰主任,着该司令务将进口私盐严密截缉,如有军人胆敢包庇,应由该司令严拿惩办。除令该司令遵照认真办理外,合行令

仰该督办、参谋长、军长、总司令、司令、处长、师长知照，严勒所部，毋得包庇私盐进口，致干法纪，是为至要。此令。

中华民国十二年十月廿二日

据《大本营公报》第三十五号

给陈策的训令

（一九二三年十月二十二日）

大元帅训令第三三二号

　　令广东海防司令陈策

　　查盐税为国家收入大宗，现当用兵之际，各路饷糈多恃盐税为供给。兹据探报，时有不法军人串同盐枭、地痞，秘密输运盐斤进口，以致私盐充斥，军饷因而顿绌。此种不法行动，若非严行缉办，实无以维盐税而肃军纪。兹经委任该司令兼理盐务缉私各舰主任，着该司令务将进口私盐严密截缉，如有军人胆敢包庇，应由该司令严拿惩办。除通令各军事长官严勒所部，毋得包庇私盐进口，致干法纪外，合行令仰该司令遵照，认真办理。此令。

中华民国十二年十月廿二日

据《大本营公报》第三十五号

致党内同志函

（一九二三年十月二十四日）

诸同志均鉴：

　　兹委廖君仲恺、邓君泽如召集本党特别会议，商量本党改组问题，详为审议，悉心擘划，务期党基巩固，党务活动，以达吾人之宗

旨目的,本总理有厚望焉。此致,敬颂

大安

孙文　十月二十四日

特派临时执行委员:胡汉民、林森、廖仲恺、邓泽如、杨庶堪、陈树人、孙科、吴铁城、谭平山。

候补委员:汪精卫、李大钊、谢英伯、古应芬、许崇清。

国民党总理孙文

据《国民党周刊》一九二三年十一月廿五日《改组特别会议》

任命万咸一万世勋职务令

(一九二三年十月二十四日)

大元帅令

任命万咸一、万世勋为大本营谘议。此令。

中华民国十二年十月廿四日

据《大本营公报》第三十五号

委派梁鸿楷职务令

(一九二三年十月二十四日)

大元帅令

特派梁鸿楷兼高雷钦廉各军总指挥。此令。

中华民国十二年十月廿四日

据《大本营公报》第三十五号

致许崇智等电

（一九二三年十月二十五日）

　　汝为、绍基、显丞三兄鉴：增城方面，我军已由平陵退至龙华。博罗、惠阳方面现在情形如何？敌之主力究在何处？此次决战究有把握否？望为详答。孙文。

据胡编《总理全集》第四集原件影印件

致蒋中正电*

（一九二三年十月二十五日）

　　孙先生来电说："谁是我们的良友，谁是我们的敌人，我们胸中都有十二分明了。"

　　孙先生又来电称谢"友邦政府及政党，派代表鲍罗廷到粤援助之热心与诚意"。又嘱"吾等与诸同志从长计议"。

据毛思诚编《民国十五年以前之蒋介石先生》第六篇（四）

准任刘通职务令

（一九二三年十月二十五日）

大元帅令

----

　　*　此电未见全文，仅见到当时访问苏俄的蒋介石致苏俄外长齐契林函的引文。该电时间据上述函称是一九二三年十月二十五日。

大本营建设部长林森呈请任命刘通为建设部秘书。应照准。此令。

中华民国十二年十月廿五日

据《大本营公报》第三十五号

委派马晓军职务令
（一九二三年十月二十五日）

大元帅令

派马晓军为抚河招抚使。此令。

中华民国十二年十月廿五日

据《大本营公报》第三十五号

给朱培德的训令
（一九二三年十月二十五日）

大元帅训令第三三三号

令中央直辖第一军军长朱培德

据湖南桂阳县公民代表劳斌等电呈开："王道以滇军司令名义，率土豪刘政携杂枪五六十枝，乘防军空虚，盘踞桂阳，胁迫官绅，肆行仇杀，包赌庇烟，比户敲索，杀人越货，掳良勒赎，无法无天，烈于匪盗。全国视听攸关，人心向背所系，我大元帅讨贼拯湘，决不忍使桂阳独遭荼毒。朱军长军纪素著，决不致听王部玷及声威，伏恳睿断，无任屏营"等情前来。据此，除先行电令湖南谭总司令①严行制止外，仰该军长即严行查办，以肃军纪而卫地方。此令。

中华民国十二年十月廿五日

据《大本营公报》第三十五号

给朱卓文的训令

（一九二三年十月二十五日）

大元帅训令第三三四号

　　令香山县县长朱卓文

　　据大本营兵站总监罗翼群呈请令由该部再行派员前往该县长处，接收其泰轮船等情。除原文有案不叙外，尾开该轮系由交通局向商人租赁而来，曾经订立合同，稍有损失应负完全赔偿之责。况职部已奉令结束，则此种手续尤宜清厘，俾节糜费。若待匪氛稍靖，不知待至何日。查朱司令尚有轮船多艘，足资调遣有余，何必因一商轮使公家坐受无形之损失。职为维持政府威信及赶办结束起见，为此粘朱司令复函，备文呈请帅座察核，伏恳迅发手令，交由职部再行派员前往，务将其泰轮船接收驶回省河，俾得发还商人，以清手续而符原议等情。据此，除指令照准外，合行令仰该县长即将其泰轮船交由该兵站部接收，以清手续。此令。

中华民国十二年十月廿五日

据《大本营公报》第三十五号

----

①　谭总司令：即谭延闿。

给徐绍桢的指令
（一九二三年十月二十六日）

大元帅指令第五五四号

令大本营内政部长徐绍桢

呈为李仲岳因公殒命请题给"取义成仁"四字匾额，以示褒恤由。

呈悉。准予题颁"取义成仁"四字匾额。仰即转给具领。此令。

中华民国十二年十月廿六日

据《大本营公报》第三十五号

与梁士锋何振的谈话*
（一九二三年十月二十七日）

革命军人，讨贼救国，职责重大。作战将士，首以勇敢沉毅为主。对于我之一方，或少有挫折，自当更振奋维持，前仆后继，万不能藉辞牵动，遂亦随而退却。古所谓泰山崩于前而色不变者，此军人之勇也。士兵放枪，须教其〈瞄〉准，不可徒肆浪费弹药，无的放矢，于事无济。假如每兵日发十弹，而必令其一弹命中，则二千人每日不过发弹二万，而毙敌可二千，以其数考之，其胜利为何如？

---

* 梁士锋为东路讨贼军第四军所属支队司令，何振为该军参谋长。他们在赴东江作战前，于二十七日晋谒孙中山，请示方略。

至于对敌之冲锋，更须镇静，盖敌之冲来，不过一鼓之气，其心意中，对我必曰："我冲到矣，尔盍速退乎。尔果不退者，则我退矣。"故倘我当时忍耐片刻，镇静不惊，示以死守不退，则冲来之敌，必反自退矣。

据《广州民国日报》一九二三年十月三十日《大元帅之新战术谈》

任命伍汝康职务令

（一九二三年十月二十七日）

大元帅令

　　任命伍汝康为两广盐运使。此令。

中华民国十二年十月廿七日

据《大本营公报》第三十五号

任命宋子文职务令

（一九二三年十月二十七日）

大元帅令

　　任命宋子文为两广盐务稽核所经理。此令。

中华民国十二年十月廿七日

据《大本营公报》第三十五号

委派廖仲恺兼职令

（一九二三年十月二十七日）

大元帅令

特派廖仲恺兼大本营筹饷总局总办。此令。

中华民国十二年十月廿七日

据《大本营公报》第三十五号

委派邹鲁兼职令

（一九二三年十月二十七日）

大元帅令

派邹鲁兼大本营筹饷总局会办。此令。

中华民国十二年十月廿七日

据《大本营公报》第三十五号

免伍汝康职务令

（一九二三年十月二十七日）

大元帅令

广东盐务稽核分所经理伍汝康另有任用，应免本职。此令。

中华民国十二年十月廿七日

据《大本营公报》第三十五号

命广东盐务稽核所改名令

（一九二三年十月二十七日）

大元帅令

广东盐务稽核分所名称着改为两广盐务稽核所。此令。

中华民国十二年十月廿七日

据《大本营公报》第三十五号

准邓泽如辞职令

（一九二三年十月二十七日）

大元帅令

　　两广盐运使邓泽如呈请辞去本职俾得专心办理党务，情辞恳切，热心党务，深堪嘉尚。邓泽如准免本职，嗣后发扬党义，力促进行，本大元帅有厚望焉。此令。

中华民国十二年十月廿七日

据《大本营公报》第三十五号

给杨希闵等的训令

（一九二三年十月二十七日）

大元帅训令第三三五号

　　令中央直辖滇军总司令兼卫戍总司令滇军第一军军长杨希闵、中央直辖西路讨贼军总司令刘震寰、东路讨贼军总司令许崇智、广东省长廖仲恺、广东江防司令杨廷培、广东海防司令陈策

　　据虎门要塞司令廖湘芸呈称："案据职部守备队第二营营长谢剑呈称：'八月三日派排长陈忠志带同武装兵士五名出差，至霄边乡差竣，搭霄边渡回虎。驶至磨喋口大沙咀河面，忽有蓬艇三艘，内坐数十人，持枪疾驶而来。该排长为保卫商旅军食计，当即发枪射击，匪竟还枪抵抗，相持一句钟之久，击伤班长何胜，匪势浩大，力不能支，致被抢去枪械、军服及客商钱货'等情前来。职即派队

驰往追截,匪已兽散。迭经查缉,远飏莫获,询之被抢客商,多有认识匪首为李海东,系锦厦乡人,年约四十岁,身长面黑。查李海东为该地著名巨匪,曾假立团军旗帜,啸聚党羽,往来于莲花山上瑾村一带,肆行抢掠,聚散无常。六月三十日、七月五日,两次抢劫万和圩公和益车渡银钱、货物,为数甚巨,平时拦劫截抢,难以枚举。此次复敢抵抗官兵,抢劫枪械军服实属目无法纪,罪大恶极,若不严拿务获,贻害地方,良非浅鲜,除由职部随时派队严密踩缉归案讯办外,理合备文呈恳钧座准予通令各属严密协缉,尽法惩治,以靖匪氛而保治安"等情前来。除指令照准并分令外,合行令仰该总司令、省长、司令即便查照,转饬所部、属一体严缉,务获惩办。此令。

中华民国十二年十月廿七日

据《大本营公报》第三十五号

致范石生电[*]

(一九二三年十月二十八日)

(急电。石龙范军长石生△密。)小泉兄鉴:我军在东江北岸者,已获大胜,将敌人之主力军林虎部队击破。而蒋信之竟由平山一败而至平湖,几不可收拾,何其相差之远?顷得信之电称,恐平湖、樟木头亦不能守,催救甚急。现龙门、增城方面既缓,望兄急往樟木头救信之可也。孙文。俭酉。

据谭编《总理遗墨》第一辑

---

　　* 此电及以下致许崇智、廖湘芸、蒋光亮各电,均未署年月。按蒋光亮(信之)部不战而溃,致平湖为陈军占领,系一九二三年十月下旬事,该四电发于俭(二十八)日,应是十月二十八日,故俱编于此处。

致许崇智等电

（一九二三年十月二十八日）

　　（急电。无线）许、杨、刘各总司令。（□密。）汝为、绍基、显丞、益之、玉山各兄同鉴：我正面与左翼军方得大胜，而蒋信之忽败至平湖，事殊可怪，望显丞、玉山抽一劲部抄敌人后路为要。孙文。俭戌。

据谭编《总理遗墨》第一辑

致廖湘芸电

（一九二三年十月二十八日）

　　虎门要塞司令廖湘芸兄鉴：我军正面与左翼正得大捷，而右翼之蒋光亮急败至平湖，事甚可怪，望兄对于东南方面严为警戒，切勿疏虞，且务要固守虎门为要。孙文。俭戌。

据谭编《总理遗墨》第一辑

致蒋光亮电

（一九二三年十月二十八日）

　　急电。蒋军长光亮。□密。信之兄鉴：闻兄一败不可收拾，何其怯也？平山之敌为洪兆麟、叶举等残部，殊无战斗力，敌本以此方面为守势，而其主力聚于老隆方面，目前向我河源攻击，来势甚凶，几不可遏。其后我军一反攻，便击破其主力之林虎。现在左翼与正面之敌，已狼狈向东北方退却，我许部已缴得陈炯光枪千余枝，缴得刘志陆枪六百枝，闻朱益之与第一师缴得林虎枪甚多，云现尚未得其确数。敌受此一大挫，不独无力前进，且已无力抵抗我矣。兄处想尚未知，，故一退而不知止也。敌人正面与右翼已受此大败，岂尚有力以追击兄乎。幸稍定勿惊，再鼓余勇，以收拾部曲。小泉已在石滩，数日必可为兄缓急之助也。孙文。俭亥。

据谭编《总理遗墨》第一辑

任命李烈钧职务令
（一九二三年十月二十八日）

大元帅令

特任李烈钧为大本营参谋长。此令。

中华民国十二年十月廿八日

据《大本营公报》第三十六号（一九二三年十一月九日版）

免张开儒职务令
（一九二三年十月二十八日）

大元帅令

大本营参谋长张开儒另有任用，应免本职。此令。

中华民国十二年十月廿八日

据《大本营公报》第三十六号

免朱培德职务令

（一九二三年十月二十八日）

大元帅令

　　大本营参军长朱培德现在出发东江，所有参军长职务势难兼顾，应免去本职，俾专任中央直辖第一军军长，督战前敌，以利戎机。此令。

中华民国十二年十月廿八日

据《大本营公报》第三十六号

任命戴恩赛职务令

（一九二三年十月二十八日）

大元帅令

　　任命戴恩赛为梧州关监督兼外交部特派广西交涉员。此令。

中华民国十二年十月廿八日

据《大本营公报》第三十六号

免黄建勋职务令

（一九二三年十月二十八日）

大元帅令

　　梧州关监督兼外交部特派广西交涉员黄建勋应即免去本兼各职，另候任用。此令。

中华民国十二年十月廿八日

据《大本营公报》第三十六号

任命张开儒职务令

（一九二三年十月二十八日）

大元帅令

　　特任张开儒为大本营参军长。此令。

中华民国十二年十月廿八日

据《大本营公报》第三十六号

免李烈钧职务令

（一九二三年十月二十八日）

大元帅令

　　闽赣边防督办李烈钧另有任用，应免本职。此令。

中华民国十二年十月廿八日

据《大本营公报》第三十六号

裁撤闽赣边防督办令

（一九二三年十月二十八日）

大元帅令

　　闽赣边防督办着即裁撤。此令。

中华民国十二年十月廿八日

据《大本营公报》第三十六号

给陈策的指令

（一九二三年十月二十八日）

大元帅指令第五五五号

　　令广东海防司令兼广东盐务缉私舰队主任陈策

　　呈请辞去广东盐务缉私舰队主任兼职并呈缴委任状由。

　　呈悉。缉私关系盐务收入至巨，正赖该司令兼筹并顾，以裕税源，所请辞去兼职之处，着毋庸议。委任状并发。此令。

中华民国十二年十月廿八日

据《大本营公报》第三十六号

给王棠的指令*

（一九二三年十月二十八日）

大元帅指令第五五八号

　　令东江商运局局长王棠

　　呈拟具东江商运局暂行章程请鉴核由。

　　呈及章程均悉。业予修正，仰即遵照切实办理。章程并发。此令。

中华民国十二年十月廿八日

据《大本营公报》第三十六号

---

　　* 王棠在接到大元帅指令第五四五号后，对原有职员进行裁减，拟订出新的暂行章程报请孙中山审批。

在广州大本营对各界人士的演说

（一九二三年十月二十九日）

广州自沈鸿英叛变，久未与诸君会晤。当时沈分三路进攻广州，为我军击退，追至韶关。无何陈军起惠州，又移师东指，北军再寇源潭，又由东调北，耽延至今。现计陈军有三数万人，右翼由河源攻回龙，正面则在惠州马鞍，左翼则在淡水平湖，意图大举，故此次实为生死最后的决战。幸河源方面敌人已被我军扑灭，惠阳亦无事，惟有小部分陈军窜入广九路线新安、平湖一带，大抵数日亦可击退。此方陈军一退，即全局收束。北方无力，陈军无力，广东可定，只有土匪须办善后耳。半年来，东西北三面受敌，广东不膏与全国反对共和者决战，幸能克敌，实出意外。将来即使再有广州之战，我亦可决其不败。然兵家胜负难料，变幻不测，设如广州被迫，斯时则与惠州受灾异。盖民党以广东为策源地，总要大家同生共死。自军兴以后，粤民供给饷糈已多。现军饷无可搜罗，官产亦已垂尽，至有天怒人怨之象，实堪痛恨。今又闻陈军有大款一宗，可供二十日作战之用，胜则成，不胜则败。而我则财力将尽，所幸者兵力较优不虞失败耳。凡势力以天数（水灾与地震）为最大，政治次之，二者非人力所能抵抗。今民党立基于广东，人民无可反对之余地，且我辈所图者，因欲民治主义成功，为救国事业，于尔辈有益。即如满清入主，我粤民亦服从之百十年，今我顺天应人，更无反对之理。我国古代豪杰有志于天下者，动辄曰化家为国，此则君主专制时代家天下之思想，在古人之心目中无怪其然。今日之潮流则反乎是，必须化国为家而后可。所谓化国为家者，即以国视同

自己一家,有事同干,有福同享,一国安宁富厚,则个人亦安宁富
厚。诸君试观欧美进步的国家,其人民之安乐为何如乎?少有所
长,老有所养,未成年以前,国家设校以教之;壮岁以往,有各种农、
工、商以役之;至于衰老,国家有年金以养之。现今英、美、法国大
抵如此。至若俄国则更进步,其目的在使人人享受经济上平等之
幸福,而无不均之患。语其大成,则与孔子所谓大同相类。以中国
之大,人民之众,革命战争终结以后,谓能追踪俄国与否,则吾不敢
断言。若如英、美、法、日等国,则不难几及。彼等国家之中,无有
流氓、乞丐散见于通衢重巷者,虽曰人民程度不同,然亦因国家政
治有以维护其生存之机会,使不至堕落也。凡人谋生不辍,不徒为
其本身,且以为其后嗣。以为苟有财产遗留,则后嗣之不饥不寒可
保。故人人自谋,不暇谋国,遂流为一种个人主义。顾自谋之益,
究属有限,今试问潘、卢、伍、叶数家,百十年前所谓富甲全省者,及
今仅经四五代,而子孙不名一钱流为乞丐,其家产田庐,尚有存否?
自谋若潘、卢、伍、叶四家者,可以知矣。而其子孙结果如是。是知
不为自谋。不为子孙谋,则亦已耳;若为自谋及子孙谋,则必由为
国家谋始。国家富强,则人人享其利,如英、美、法、日。其上者,如
将来之俄国。今我粤数月来,所以不能实行民治者,盖无日不在兵
间,即无日不须供饷。故筹款手段,无法不施,人民致受痛苦。然
而一旦恶势力返来广东,则人民愈苦,地方愈糜烂矣。兵争若将
了,则筹办善后为急务,凡关于民政一切事项,须请政、绅、军各团
体会商。惠、潮收复,则土匪十日可平。故欲各界今日实行大联
合,筹办善后,现到会甚少,请诸君归而召集各界,速即举出人员,
成立一会。至其办法,则官产已罄,只存零星小数,关涉贫民,又无
济于事。统计善后之款,须得三百万至五百万元。盖所有军队,一
要安置,二要遣散。盖客军为广东效劳,既须酬谢回籍,又须送行,

方尽主客之谊。其次政治之整顿,亦非财不行,官产既无可卖,赋税增抽,又恐骚扰。故余以为大家出而帮忙,或先行垫出。总之讨论良法,如大众协办,则一人捐一元,三千万人即得三千万元矣。若谓论人难收,则可间接由货物捐出,如各界肯担任,财不啻为广东做一善事。如此次办理无效,则人民痛苦愈加,今日不可不为自家作事也。革命党主义,排除满清,欲致富强。十二年来,所以不能致富强者,多由前清余孽尚活,小皇帝如曹、吴等尚未倒,今非彻底推倒不可,人民与国家息息相关,不可各惜身家也。昨年陈军请余下野,滇桂各军不平,毅然攻之,因当时余不在广州,遂遗患至今。革命党势力在广东,永难消灭陈军,则一败涂地。俄国六年革命,卒于成功,一劳永逸。所以今日宜望诸君同心协力,为四万万人造幸福。现拟发起广东善后委员会,今日到会者作委员。赞成者请举手(当场全体举手,该会遂告成立)。

据上海《民国日报》一九二三年十一月七日《大元帅召集各界会议详记》

给廖仲恺的指令

(一九二三年十月二十九日)

大元帅指令第五五九号

　　令广东省长廖仲恺

　　呈据广东全省官产清理处处长等呈请:将召变官产、市产登记期限改为限十五日为登记确定日期,应否照准,请示饬遵由。

　　呈悉。所有政府召变各项官产、市产,准予限期十五日为登记确定,仰即转令遵照办理可也。此令。

中华民国十二年十月廿九日

据《大本营公报》第三十六号

发给李烈钧特别费令

（一九二三年十月二十九日）

着市政厅长发给李烈钧特别费六千六百元。此令。

据《研究中山先生的史料与史学》中许师慎

《〈国父全集〉未刊载的重要史料》

准任谭长年等职务令

（一九二三年十月三十日）

大元帅令

　　大本营粮食管理处督办赵士觐呈请任命谭长年为总务科科长，谭平为公卖科科长，陈煊为运输科科长。均照准。此令。

中华民国十二年十月卅日

据《大本营公报》第三十六号

调任李宗黄职务令

（一九二三年十月三十日）

大元帅令

　　调任大本营参议李宗黄为大本营高级参谋。此令。

中华民国十二年十月卅日

据《大本营公报》第三十六号

致胡汉民函

（一九二三年十月三十一日）

　　函悉。石龙实无事，各军之自相惊扰，不战而去石龙，殊为可恨可笑。文抵石滩，即停止其退却，而令之即行反攻，各将始收容整理，费大半日之功夫，乃得迟迟而向石再进，及抵石龙，则闻敌亦退却矣。昨日之来，实一大幸，否则退兵必长驱回至省城，而大势去矣！敌不败我，而我自败矣！蒋军①务要速来，以应追击，以期一鼓而尽灭东江之敌，为一劳永逸计也。此复。

孙文　卅一日午前二时

据谭编《总理遗墨》第一辑

致杨希闵等电

（一九二三年十月三十一日）

　　万急。博罗杨总司令、刘总司令、许总司令、朱军长、胡师长、李师长、各将领，石龙蒋军长、范军长、王师长、李魏总指挥、各师、旅各将领，广州廖师长、各将领均览：师直为壮，克之以和，古有明言、罔不时若。陈、沈叛乱，粤局粗安，将士勋劳，永昭岭表。统军作战，各将领夙所研求，复多经验，自明真谛。残寇重犯，溯海来侵，主力既已惩奸，余敌自投法网。故此时之战局，在我方实有利，而在逆军则反之。其盼各统将贾兹余勇，竭力扫荡，务使老隆方面

_____
①　蒋军：即蒋光亮所部。

之敌,悉就殄圄;其由海岸来寇者,不获生还。此作战之义使然,诸将领固深知之。窃国待诛,群黎待拯,正诸军展布之时期也。特待数言,用当面晤,诸维勉之。大元帅。卅一巳。(印)

据《广州民国日报》一九二三年十一月一日"大元帅训勉前敌将官之电令"

致刘震寰电

(一九二三年十月三十一日)

博罗刘总司令鉴:定密。梅湖重炮有拆卸炮闩及移去各件否?文。民国十二年十月卅一日。

据谭编《总理遗墨》第一辑

给叶恭绰黄隆生的训令

(一九二三年十月三十一日)

大元帅训令第三三六号

令大本营财政部长叶恭绰、会计司司长黄隆生

现规定大本营直辖各部局处支发经费表,自本年十一月起实行,所有以前积欠,统归该部(财政部),俟财政充裕时陆续筹发。除分令外,合行令仰该部长、司长遵照办理。经费表两份并发。此令。

中华民国十二年十月卅一日

据《大本营公报》第三十六号

给程潜等的训令

（一九二三年十月三十一日）

大元帅训令第三三七号

令大本营军政部长程潜、大本营财政部长叶恭绰、大本营筹饷总局总办廖仲恺、会办邹鲁、广东财政厅长邹鲁、广州市市长孙科、广东全省官产清理处处长梅光培、广州市公安局局长吴铁城、广东兵工厂厂长朱和中、东路讨贼军总司令许崇智、中央直辖西路讨贼军总司令刘震寰、中央直辖滇军总司令兼广州卫戍总司令杨希闵、中央直辖第一军军长朱培德、中央直辖第三军军长卢师谛、中央直辖第七军军长刘玉山、增城命令传达所所长胡谦

军兴以来，各军所需伙食等费为数甚巨，或由各财政机关指拨，或各就地筹给，手续不免分歧，系统尤形混乱，殊非所以统一军政、财政之道。现因裁撤兵站，折发给养草鞋各费，头绪更多，若不急谋经理统一之方，势必使军政、财政同时陷于纷纠；而管辖军政机关，于饷糈支出，漫无稽考，尤非所以慎重出纳。兹为解除此种困难起见，重新改定办法如下：一、自十一月一日起，所有各财政机关关于原定每日发给海陆各军伙食，及东江作战军给养草鞋等费，着按日悉数解交该军政部。二、海陆各军原由各财政机关领取之伙食，及东江作战军给养草鞋等费，自十一月一日起，着归该部、军政部发给。以上各项费用，除东江作战军给养草鞋等费业经明令规定外，至于伙食一项，其据实呈报按照人数请领者固多，而其中浮额虚领之数亦复不少，应着该部、军政部长随时考察，酌量核减，

以资撙节。当此财政奇困之际，各统兵长官为国宣劳，深明大义，自当共体时艰，督饬所属切实施行，庶几事有专责，饷不虚縻。本大元帅有厚望焉。此令。

中华民国十二年十月卅一日

据《大本营公报》第三十六号

周柬白辑《全国律师民刑新诉状汇览》序言

（一九二三年十月）

　　以礼治国，则国必昌；以法治国，则国必危。征之往古，卫鞅治秦，张汤治汉，莫不以尚法而致弱国败身，然则苛法之流毒甚矣哉！虽然，立国于大地，不可无法也，立国于二十世纪文明竞进之秋，尤不可以无法，所以障人权，亦所以遏邪辟。法治国之善者，可以绝寇贼，息讼争，西洋史载，班班可考，无他，人民知法之尊严庄重，而能终身以之耳。我国人民号称四百兆，向有知法者乎？恐百不得一也。不知法而责之以守法，是犹强盲人以辨歧路，责童骏以守礼仪，可乎哉？比接海上周子柬白书，谓将罗集全国律师民刑诉状汇刊成帙，公诸群众，丐余弁一言于卷首。周子英年积学，治律甚精，是书为其所手辑，谅必有可观者，行见法庭无失平之讞，国内无越轨之民，胥民蒙周子之赐也。是为序。

孙　文

中华民国十二年十月

据《国父全集》第四册（转录史委会藏抄件）

致刘震寰电

（一九二三年十月）

刘总司令:□密。刻香港探报,惠州电灯局附近,敌人埋有六棺材弹药,以图炸我军,攻惠时须小心提防为要。孙文。

据谭编《总理遗墨》第一辑

复 谢 持 电

（一九二三年十月）

上海谢惠生:OSS 密。江苏事已任钮惕生①办理,当然由彼统一事权,其他各部应劝归一致。若有万不得已而分道进行,则必得有成效者乃可承认。此复。孙文。

据谭编《总理遗墨》第一辑

命徐天琛代理旅长率部讨贼令

（一九二三年十月）

本大元帅前曾令饬陈旅长策迅率所部前往东江杀贼,乃闻该旅长尚未遵行,殊辜国家倚畀之厚。现值东江贼势纷披,肃清可待,正宜及时挞伐,即着该团长徐天琛代理旅长事务,迅率陆战队全部开赴增城正果受张总指挥国桢指挥,努力疆场,早平内患,奋

---

① 钮惕生:即钮永建。

勇图功,有厚望焉。切切。此令
代理旅长事宜团长徐天琛

孙　文

据《国父全集》第四册(转录史委会藏原件)

致许崇智等电

(一九二三年十一月一日)

万急。博罗许总司令、杨总司令、刘总司令、朱军长、李师长、各将领,石龙蒋、范两军长、胡、胡、王、李四师长、各将领,广州李军长、梁军长、廖师长、欧阳舰长、各将领,韶关赵师长、乐昌王师长、虎门廖司令、长洲马司令①、各军政机关长官均鉴:治军首重纪纲,服务应知奋勉,况值兹大局扰攘、戎务倥偬之时,职责悠关,有宜更加惕厉者。嗣后各军队、机关人员,弗论驰骤疆场、折冲樽俎、运筹帷幄、供职地方,各宜尽瘁国家,恪共乃事,共维大局,早竟全功,勿得擅离,致荒职守。前途无量,其盍勉之。大元帅。东已。

据《广州民国日报》一九二三年十一月二日《大元帅训勉将领电》

任命邓泽如职务令

(一九二三年十一月一日)

任邓泽如为大本营参议。此令。(月俸五百元,并致函请列席

---

①　受电人依次为许崇智、杨希闵、刘震寰、朱培德、李济深、蒋光亮、范石生、胡思舜、胡思清、王秉钧、李根沄、李福林、梁鸿楷、廖行超、欧阳格、赵成梁、王均、廖湘芸、马伯麟。

政务会议)

孙　文

据谭编《总理遗墨》第三辑

任命王国辅职务令

（一九二三年十一月一日）

大元帅令

　　任命王国辅为大本营咨议。此令。

中华民国十二年十一月一日

据《大本营公报》第三十六号

准王任化辞职令

（一九二三年十一月一日）

大元帅令

　　大本营建设部长林森呈称科长王任化恳请辞职。应照准。

此令。

中华民国十二年十一月一日

据《大本营公报》第三十六号

给范其务的训令

（一九二三年十一月一日）

大元帅训令第三三八号

　　令广东电政监督兼广州电报局长范其务

据广州市公安局长吴铁城电称："职部现因出发东江,所有传达命令及报告军情等事必须敏捷。兹拟请帅座令行电政监督,速饬电报局加设专线,由前方直达职局,并派司机工员管理一切,理合电请察核施行"等情前来。据此,除复电照准外,合行令仰该监督即遵照办理。此令。

中华民国十二年十一月一日

据《大本营公报》第三十六号

给孙科的指令

（一九二三年十一月一日）

大元帅指令第五六八号

令广州市市长孙科

呈为该厅收入窘竭拟请将每日原担军费半数移归运、财两署①分任由。

呈悉。着仍照旧办理。所请将该厅每日原担军费半数移归运、财两署分任之处,应毋庸议。此令。

中华民国十二年十一月一日

据《大本营公报》第三十六号

给王棠的指令

（一九二三年十一月一日）

大元帅指令第五六九号

---

① 运、财两署:指盐运使署及财政厅。

令东江商运局局长王棠

呈请征收运脚保护费并呈拟输运费价目表请鉴核由。

呈表均悉。该商系商运性质,不能抽收保护费,所请着毋庸议。原表发还。此令。

中华民国十二年十一月一日

据《大本营公报》第三十六号

委派余维谦等职务令

(一九二三年十一月二日)

大元帅令

派余维谦为虎门要塞临时正指挥,陈学顺为副指挥;苏世安为长洲要塞临时正指挥,朱兆熊为副指挥。此令。

中华民国十二年十一月二日

据《大本营公报》第三十六号

任命黄绍竑廖百芳职务令

(一九二三年十一月二日)

任黄绍雄〔竑〕广西讨贼军第一军长。此令。

任廖百芳为大本营咨议。此令。

孙　文

中华民国十二年十一月二日

据谭编《总理遗墨》第一辑

免宋渊源职务令

（一九二三年十一月二日）

大元帅令

　　闽南宣慰使宋渊源另有任用，应免本职。此令。

中华民国十二年十一月二日

据《大本营公报》第三十六号

给赵士觐的训令

（一九二三年十一月二日）

大元帅训令第三四〇号

　　令大本营粮食管理处督办赵士觐

　　据广东盐务稽核分所经理伍汝康呈称："比阅本年十月五日第三十一号《大本营公报》内载赵督办原呈一件，细审之下有云：'查省河现存盐截至八月底止，照运署报单虽尚存三万余包，然均系已售未配之盐，考其实在，已不存颗粒。下河商人，志在抬价，又复故窒来源。至于河价，一个月间由二元零涨至三元零，近且涨至四元二三，亦无盐可买。运库税收，遂被影响。今为民食国饷计，惟有从速仿行前清光绪间乐桂埠商及官运余盐局采办余盐之成案，庶可救济'等云。经理按查赵督办所呈以上各节，除亡清盐制可不并论外，与职所日逐公务案册，颇不符合。兹谨将职所发照处及据东汇关呈报盐商来领运照堂号、船名、日期、包数，另单胪列附呈，足证赵督办所呈各节，全属子虚。至又云'商办不如官办，盖商办只得每包五元之饷,官办兼得每包二三元之利也,若以采运二十万包计算,为期不过两三个月,政府除应得之正饷大洋一百万元外,并可得溢利五六十万元,为现时筹济军用起见,不无少补'等云。须知余盐尽是私盐耳,全系私枭奸商串同沿海各产场盗运,沿港、澳等处辗转冲销。查此种私枭,自有盐史以来,无不严拿兜缉,用维正税。今采办此种盐斤,与收买贼赃无异,不论商办或官办,固皆背悖护法政府尊威,且亦贻讥外人,而兼破坏盐纲,有碍国课。盖盗运私盐,可供政府采办配放,则正饷盐斤又不知作何销场,饷盐滞销,税项短绌。所云采运二十万包可得百余万,不知正税已蒙损失不浅矣。至于政府迩因筹济军用,亦何妨于盐饷原定税额外,另加抽特别军费每包若干,前云南都督唐继尧亦久已行此政策。吾粤盐价连税较云南相宜,且辗转行销七省,若带抽若干临时军费,尚比别省盐斤价格为平,必无窒碍。又云'现当自主,便何虑债约拘束、稽核所干涉'。不知债约为中外签定,此约一日不废,盐纲秩序、债约条例、稽核职权一日不能破坏。护法政府对外国债问题,既无变更方针,足以昭示大公;况自稽核盐务制度施行后,吾国盐课收入锐增。以粤省而论,在亡清时代,两广盐税收入每年最多三百余万元;及至民国善后借款成立,遂有稽核分所设立,逐渐增至九百余万元;近因连年地方多事,虽受影响,亦尚能收入六七百万,此尤为稽核制度妥善之明证。经理为政府威信计,为盐政前途计,谨纾鄙见,缕晰敬陈,伏乞钧座鉴核,乾纲立断,将采办沿海余盐一案准予注销,以安蹉局"等情。据此,除指令"呈悉,仰候令行粮食管理处督办暂行停办"外,合行令仰该督办即便遵照办理。此令。

中华民国十二年十一月二日

据《大本营公报》第三十七号(一九二三年十一月十六日版)

给林森的指令 *

（一九二三年十一月二日）

大元帅指令第五七二号

令大本营建设部长林森

呈报遵令停止执行管理新宁铁路请予备案由。

呈悉。准予备案。此令。

中华民国十二年十一月二日

据《大本营公报》第三十六号

派杨虎办理海军事务令

（一九二三年十一月三日）

大元帅令

派参军杨虎办理海军事务。此令。

中华民国十二年十一月三日

据《大本营公报》第三十六号

任命刘殿臣职务令

（一九二三年十一月三日）

大元帅令

---

* 一九二三年七月,孙中山曾命令建设部将新宁铁路暂收归政府管理,以利军行。十月十六日,孙中山以西江已告肃清,命建设部停止对新宁铁路的收管。林森在遵照办理后于十月二十七日呈报孙中山察核备案。

任命刘殿臣为永丰舰枪炮教练官。此令。

中华民国十二年十一月三日

据《大本营公报》第三十六号

任命江屏藩职务令

（一九二三年十一月三日）

大元帅令

　　任命江屏藩为大本营建设部交通局局长。此令。

中华民国十二年十一月三日

据《大本营公报》第三十六号

任命罗翼群兼职令

（一九二三年十一月三日）

大元帅令

　　任命罗翼群兼大本营参议。此令。

中华民国十二年十一月三日

据《大本营公报》第三十六号

任命黄梦麟职务令

（一九二三年十一月三日）

大元帅令

　　任命黄梦麟为大本营谘议。此令。

中华民国十二年十一月三日

据《大本营公报》第三十六号

任命曾稚南等职务令
（一九二三年十一月三日）

大元帅令

　　任命曾稚南、曾办、李建中为大本营谘议。此令。

中华民国十二年十一月三日

据《大本营公报》第三十六号

召开紧急会议通知*
（一九二三年十一月三日）

　　即日午后四点紧急会议。

　　杨总司令希闵、许总司令崇智、范军长石生、蒋军长光亮、朱军长培德、杨师长廷培、王师长秉钧、胡师长思舜、廖师长行超。

中华民国十二年十一月三日

据《国父全集》第四册（转录史委会藏原件影印）

在石龙前线对滇军军官的演说**
（一九二三年十一月四日）

　　诸君知今日之战何为乎？以义讨贼也，为国也。滇军将领之

---

　　*　十月下旬，得到直系军阀接济的陈炯明叛军大举反攻。讨贼军前线部队作战不力，东江战事又告紧急。孙中山乃赴东江前线督战，于十一月三日中午抵达石龙。此通知当系孙中山抵石龙后所发。

　　**　孙中山抵石龙后，鉴于部队呈混乱状态，乃召集滇军军官训话。李著原未指明训话时间，今据前后有关记载及当时战事发展情况定为十一月四日。

思想学问,是否胜陈军将领？滇军士兵之学术经验,是否过陈家军？盖胜之过之也。以如此者而与如彼者敌,犹有顿挫,讵非大耻？诸君能忍此大辱则已,否则当听吾命。

据李烈钧《孙大元帅勘乱记》(大元帅府参谋本部编,一九二四年出版)

在茶山前线对士兵的演说[*]
(一九二三年十一月四日)

敌方指挥者,多出于草莽,缺乏军事学识,兵士又多为土匪,毫无纪律,不过乌合之众。我军统率者,均出身于国内外陆军学校,学识经验非常丰富,而兵士又个个饱受教育,训练有素,纪律严整,实为国家节制之师。两相比较,胜负之数无待蓍龟。汝们既为国军,应替国家出力,扫除此扰地方之土匪,方算尽天职。汝们能本此决心,奋勇向前,断无不胜之理。

据《广州民国日报》一九二三年十一月七日《大元帅茶山督战之回溯》

致许崇智等电[**]
(一九二三年十一月四日)

府密。文江(三日)午刻到石龙,如有军情战况,速电石龙驻所为要。大元帅。支(四日)。(印)

据《广州民国日报》一九二三年十一月七日
《大元帅到石龙后之所闻》

---

[*] 十一月四日,孙中山亲临博罗茶山前线督战,在阵地曾向士兵演说,此系报载演说大意。

[**] 本电报发给驻博罗的许崇智、刘震寰、刘玉山及驻樟木头的范石生。

嘉奖范石生令[*]

（一九二三年十一月四日）

　　此次茶山、樟木头二役，我诸将士，勠力同心，迭摧丑虏。咨尔有众，咸能用命，以克竟厥功，著兹劳绩，允宜懋赏。特命上校副官邓彦华赍赏白金二万元，畀尔多士，以奖庸功。此令

右翼总指挥范石生

据《广州民国日报》一九二三年十一月九日《樟木头克复后之帅令》

给王棠的指令

（一九二三年十一月四日）

大元帅指令第五八五号

　　令卸大本营会计司司长王棠

　　呈送本年四五六七等月收支计算并单据簿请核销由。

　　呈及书、表、单据簿均悉。查临时支出，应以支付命令为根据，该卸司长所经支出各款，未［据］将命令缴呈备查，无凭审核。所缴收据，亦尚多不合，应行发还。仰即遵照签注各条另行补造，连同历次支付命令一并呈候审查。书、表、单据簿发还。此令。

中华民国十二年十一月四日

据《大本营公报》第三十七号

　　＊　原报未标明该令发布时间，今据古应芬《孙大元帅东征日记》记载，十一月四日，孙中山亲自督率滇军反攻，右翼攻克鸭仔步，孙中山下令奖给范石生部二万元。故该令应于四日发布。

准调任侬鼎和等职务令

（一九二三年十一月五日）

大元帅令

　　大本营参军长张开儒呈请调任大本营参谋处上校参谋侬鼎和为大本营参军处上校副官,大本营参谋处中校副官黄伯度为大本营参军处中校副官,大本营参谋处少校副官苏俊五为大本营参军处少校副官。均照准。此令。

中华民国十二年十一月五日

据《大本营公报》第三十六号

任命韦荣熙职务令

（一九二三年十一月六日）

大元帅令

　　任命韦荣熙为北江商运局局长。此令。

中华民国十二年十一月六日

据《大本营公报》第三十六号

给叶恭绰的训令

（一九二三年十一月六日）

大元帅训令第三四三号

　　令大本营财政部长叶恭绰

据广东宣传局局长邓慕韩呈称："窃慕韩自到差以来,瞬将半载。受事之初,业将宣传计划拟具大纲面陈钧座。方期积极进行,以酬元首特达之知,奈时局未宁,至违心愿,所具计划,亦缘款绌未克推行。又值战事方殷,饷糈匮乏,故职局开办后仅领得经费三百余元,幸各职员均能仰体时艰,耐贫服务。此皆我大元帅威德足以感人所致。惟经费虽属困难,而进行迄未稍懈,现方从事于学校、演讲及设立戏剧讲习所,仍依照原定计划次第履行。慕韩现为节省经费,维持局务,假以时日,自行筹款,徐图进行起见,拟于本年十一月始,职局由局长以至宣传员、科长、科员一律均暂停支俸薪,勉当义务,每月只领公费六十元,录事薪水二十五元,杂役则仅留一名,合计每月需银九十七元。其余长员则俟职局另行设法筹有的款,或大局发展,政府财政充裕再行呈明照常支给。但以前积欠六、七、八、九、十五个月经费,恳迅赐饬下会计司于本年内提前清发,俾各长员稍滋挹注,得以仍前为国效劳。此后每月所领之九十七元,请由司规定日期支付,以免延滞。所有暂停俸薪、维持局务各缘由,理合备文呈请鉴核,是否有当,伏乞训示祗遵"等情前来。据此,除指令"呈悉。所拟自十一月起停支该局各职员薪俸,只领公费各节,具见急公好义,应予照准。至该局积欠经费,并此后公费,应仍遵照三百三十六号训令内划归大本营财政部,俟财政稍裕陆续筹拨,仰查照办理可也"外,合行令仰该部长即行遵照办理。此令。
中华民国十二年十一月六日

给邹鲁的指令

（一九二三年十一月六日）

大元帅指令第五八一号

　　令广东财政厅长邹鲁

　　呈请设置广东田土业佃保证局拟具章程及组织简章请鉴核令遵由。

　　呈及章程、简章均悉。所请设置广东田土业佃保证局，系为保障农民业佃双方利益起见，事属可行，应予照准。章程第七条间有未妥之处，经予修正，合行抄发。仰即遵照办理可也。此令。

中华民国十二年十一月六日

附：邹 鲁 呈

　　呈为呈请事：窃为政之道，无讼为要，而诉讼之案，争执之端，多起于田土。买卖之争，以契据为断；租赁之争，以批约为断。惟契据则有税验可查，批约并无保证可问，甚非止讼息争之道也。且吾国以农立国，经济之运用，赋税之征收，亦以田土为多。现拟整理财政，必先从田土入手。职厅前经呈请设立经界局为清丈准备，而业佃关系于田土亦极重要，亟应设置田土业佃保证局，以期相辅而行。迩来物价腾贵，田价因以日昂，业主无故加租及佃户藉端霸耕之事时有所闻，一经设局为租赁批约之保证，则此等讼案无由发生，既可消颂〔讼〕端于无形，自易得业佃之同意，而政府可酌收照费。以粤省田土三十五万顷，每亩租银五元计之，则于财政收入亦不无小补。兹经拟定《广东田土业佃保证章程》十二条及《保证局组织简章》七条,并附说明理由具呈帅座鉴核。是否有当,仍候指令祇遵。谨呈

大元帅

　　附呈《广东田土业佃保证章程》及《保证局组织简章》二扣。

广东财政厅长邹鲁

中华民国十二年十月二十七日

广东田土业佃保证章程

　　第一条　本章程为保证田土业佃租赁批约切实履行,增进双方之利益而设。

　　理由:查粤省田土多批给佃户耕种,每有业主易批或佃户踞耕等事发生,致起诉讼。推原其故,皆由租赁批约订定后,未得官厅保障所致。兹为保障农民承佃权利,及维持业主所有权之安全起见,特设本章程保证之。

　　第二条　凡租赁沙田、海田、潮田、山田、围田、基塘、果围、葵围、晒地,以种植、畜牧农产、水产等品者,不论向业主直接承租或向批家间接转租,皆由田土业佃保证局转发执照,以资保证。

　　理由:田土名目繁多,除自业自耕应免领照外,其他田土凡为种植、畜牧之用者,无论直接承租或间接转租及以一田分批,辗转数手,所有批约均由政府设局给照,互相证明以资保证。

　　第三条　执照分为四联,除一联存查,一联缴验外,发给业佃各执一联为据,并由局注册,保证双方租约上之效力及左列之利益:

　　甲、租项无论上期下期,分年分季,佃户须依批约缴交,不得拖欠霸佃。

乙、佃户承租田土除另有特约外，凡租期届满解约时，须将原址丘段亩数点还业主，不得移换侵匿。

丙、业主非俟佃户批租期满，不得易佃及加租。

丁、批租期满，由业主另定租项召佃时，如原佃租价相等，应由原佃优先批赁，如无前项执照，护沙局、自卫局、沙夫等不得发给收获运放各票据。

第四条　无论业佃何方违反前条规定时，得由相对人摘录执照号数，函请该管田土业佃保证局查册核明，转函主管机关究追，负其保证之责。

第五条　业佃串同短匿租额者，其所持租约不得认为有效证据，遇有佃户欠租、霸佃、加租等事项发生，官厅概不受理；其假托自业自耕图免领照者，一经发觉，即照应缴费加一倍处罚。

第六条　请领执照应由佃户将左列事项开报，携同原批约缴交该管田土业佃保证局核办，原批约验毕，即编号盖戳发还。

一、业主与佃户之姓名、籍贯、住址。

二、田土所在地及亩数丘段。

三、佃作种别及其租额数量。

四、抄白原约全文。

第七条　执照费以一次过为限，按照租额值百收三，业二佃一，分两年缴纳。第一年业主缴纳百分之二，第二年佃户缴纳百分之一，并得一次缴足。其业主应缴之款，先由佃户代缴，俟交租时，于原租额内扣回。如以佃物为租，而无租额可计者，即以所交收之佃物照时价估算为租额。

凡属围田有围底、围馆、禾场，顶手者，准照前项按值缴费附记证明。

理由：此项执照系保障业佃双方利益，故照费由业佃分别负

担,欲使农民易于筹措,故分两年征收。现在田土租价奇昂,每亩
自四五元至数十元不等,更有达至百元以上者。今值百抽三,业二
佃一为数极微,业主应缴纳之二元,由佃户先垫后扣,收费较为便
利。至不计租项,订定特约,取偿于佃作之物者(如业主批塘收鱼
或批田收禾之类),是即按时值估计,又各属围田之有围底顶手者,
准依章程办理,系为保护农民普及起见。

第八条　田土业佃保证局收受佃户报告及第一年照费时,应
即通知业主,限十日内将佃户领约或租部缴验相符,再通知佃户持
收条到局换给执照。如属伪冒,即行撤销。倘业主逾期不将批约
或租部缴验,又不声明故障时,作为默认。一经给照,无论何人不
能提出异议。缴纳第二年照费时,只须持呈原领执照覆验注明,即
准发给收条。若由业主请领执照,将领约租部呈验缴纳照费时,所
有程序准用前项及本章程第六条、第七条之规定。

理由:广东承佃田土习惯,由业佃互立字据交执,业户所立名
曰"批约",佃户所立名曰"领约"或曰"批领",文义大致相同,间有
无批无领只立租部或用口头者,倘由业主或佃户开报缴费,均须通
知相对人提出所持之证据,以资印证而别真伪。若隐匿默认,是为
甘自抛弃权利。

第九条　本章程公布后,限一个月内,由佃户缴费领照,逾限
一个月罚二成缴纳,两个月罚加四成缴纳。以后每逾一月,递加二
成,至一倍为止,但由业主缴费领照时,不受加罚之拘束。向用口
头契约者,自本章程实行之日起,限十五日一律改为书面契约
领照。

理由:近来田土租价日昂,贪租易佃及欠租霸佃者,比比皆是。
本章程系调剂业佃利害,增进社会和平,故须于章程实行后,分别
定限缴费领照,然租项系由佃户缴交业主,故责由佃户先垫,以俟

届交租时,按数扣回;或稍玩延,酌予处罚,亦不为过。如业主自请领照保证,自当免予处罚,以示优异。至租约虽有口头、书面之分,但适用书面者达十分之七八,如鹤山种植烟叶及各县僻乡小部分田土,亦有用口头契约者,殊不足以杜争端。本章程实行后,概应改为书面,以资保障,系为采取证主义起见。

第十条　执照遗失或损坏时,得向该管田土业佃保证局补领,但每张须缴照费五角。

第十一条　本章程施行细则,由田土业佃保证局体察各该地方情形,拟呈核定施行。

第十二条　本章程公布后,自各田土业佃保证局成立之日实行,如有未尽事宜,得随时增订之。

广东全省田土业佃保证局组织简章

一、广东田土业佃保证总局,隶属广东财政厅监督。所属分局,管理全省田土业佃给照、保证等事项。

二、总局设于省城,除南番两县给照、收费、保证各事项由总局直接办理外,其余各县均设分局,隶属总局,并得因当地情形由分局设置分所。

理由:查省外各县习惯互异,除南番两县附近省城可直接由总局办理外,其余各县设置分局或更添设分所,委托地方公共团体办理,务以因地制宜易收速效为主旨。

三、总局局长由广东财政厅委任,分局局长由总局委任。

四、总分局应设置人员,各因事务繁简,分别设置,各由本局委任之。

五、总分局应支一切经临费用,准于收入照费项下提扣二成分配,总分局各占一成,以应支需。

理由：总分局及分所，均属创设开办之始，事务纷繁，需费尤巨，所需经常、临时各费用，即于收费项下提扣二成分配，不另请领。

六、农会或公共团体，护沙局、乡局等佐理催收照费，准于收入照费项下提扣一成为补助费。

理由：田土租赁给照保证，关系农民利益颇巨，而征收此项照费，手续亦极繁琐，隐匿瞒报在所不免。惟农会及公共团体、护沙局、乡局等，素与农民亲近，若由其稽查劝导，自易进行，而地方公益事业，亦可藉资补助，实属一举两得。

七、本简章自核准之日施行。

据《大本营公报》第三十七号

给徐绍桢的指令
（一九二三年十一月六日）

大元帅指令第五八九号

令大本营内政部长徐绍桢

呈请褒扬节妇冯吕氏、李梁氏、贞妇李张氏由。

呈悉。准予各题颁"贞操可风"四字，并各给予银质褒章一枚。仰即分别转给具领。此令。

中华民国十二年十一月六日

据《大本营公报》第三十七号

致范石生等电
（一九二三年十一月七日）

急。石龙大元帅行营古秘书长，分转范军长、蒋军长、胡、胡、王、李四师长^①、各军将领钧鉴：石龙把晤，快睹鹰扬。此次忠勇克敌，贼胆已寒，乘胜穷追，肃清可待。鱼申返省，地方安谧〔谧〕，要皆贤良干国之征。念疆场辛劳，倍增我拳拳耳。特电慰问。大元帅。阳辰。

据《广州民国日报》一九二三年十一月九日《大元帅慰问前敌将领电》

致古应芬电

（一九二三年十一月七日）

石龙古秘书长：（△密。）石滩福军^②昨着尽开往增城，今李、罗两部^③既往增城，则石滩守兵当调回原防，以备不虞，至要。文。（十一月七日晚十一时发）

据谭编《总理遗墨》第一辑

委派石青阳兼职令

（一九二三年十一月七日）

大元帅令
派石青阳兼理中央银行四川分行行长。此令。
中华民国十二年十一月七日

据《大本营公报》第三十七号

---

① 受电人依次为古应芬、范石生、蒋光亮、胡思舜、胡思清、王秉钧、李根沄。
② 福军：指李福林所部。
③ 李、罗两部：指李海云旅、罗家驳团。

准免黄白职务令

（一九二三年十一月七日）

大元帅令

　　大本营参军长张开儒呈请免去大本营参军处上校副官黄白本职。应照准。此令。

中华民国十二年十一月七日

据《大本营公报》第三十七号

给廖仲恺孙科的训令

（一九二三年十一月七日）

大元帅训令第三四四号

　　令广东省长廖仲恺、广州市市长孙科

　　为令遵事：自军兴以来，用度浩繁，经于广州市内筹集租捐，各市民深明大义，捐租两月均已先后踊跃输将，用能士饱马腾，西北两江以次戡定。惟陈逆凶狡阻兵，安忍凭恃地形，至今未伏无〔其〕辜，兵连既久，军用复绌。为此，令仰该省长、市长转令公安局，于广州市内再向各房东、业主借用租金一个月份。此项借用租金，准予满一年之后，加二归还，并于收到款项时，一律发给收据。此项收据，准予满一年之后，持向政府缴纳各种税饷，仍作加二抵缴。其每月份租金未满五元者，概行免借。其征收借租以及掣发收据各事，均着由该局妥为办理。并着该省长、市长传谕市民，本好义之初心，助戡乱之大业，争先筹借，用竟全功，善始善终，共纾国难，有厚望焉。除分令外,仰即遵照办理。切切。此令。

中华民国十二年十一月七日

据《大本营公报》第三十七号

委派陈其瑗等职务令
（一九二三年十一月八日）

特派陈其瑗、黎泽闿、雷荫孙、梁培基、黄汝刚、陈树人为广东地方善后委员。此令。孙文。

中华民国十二年十一月八日

据谭编《总理遗墨》第三辑

给熊克武的训令
（一九二三年十一月八日）

大元帅训令第三四七号

令四川讨贼军总司令熊克武

为令遵事:照得川省出兵讨贼,军实亟须储备。查四川每年应解中央税款,为数至巨,即以此项税收拨充讨贼军费,当属有盈无绌。嗣后凡关该省应解中央之税款,统由该总司令委员经收,全数拨充出兵费用,随时册报本大元帅核销。除令行四川总司令刘成勋遵照外,合亟令仰该总司令即便遵照办理。并将办理情形报查。切切。此令。

中华民国十二年十一月八日

据《大本营公报》第三十七号

给刘成勋的训令

（一九二三年十一月八日）

大元帅训令第三四八号

　　令四川总司令刘成勋

　　为令遵事：照得川省出兵讨贼，亟须储备军实，以利师行。查该省每年应解中央税款，为数至巨。现在出兵事急，应将此项税款，全数拨充讨贼军经费，由四川讨贼军总司令熊克武委员经收，实支实报，以专责成。除分令外，合行令仰该总司令即便遵照办理，仍将办理情形报查。切切。此令。

中华民国十二年十一月八日

据《大本营公报》第三十七号

给赵士觐的指令

（一九二三年十一月八日）

大元帅指令第五九七号

　　令大本营粮食管理处督办赵士觐

　　呈拟定该处职员俸给额表呈请核遵由。

　　呈及表均悉。采办余盐，业经另令暂行停止，应即遵照前令办理。所拟该处职员俸给，科长应由二百元起支至三百四十元止；主任科员应由六十元起支至一百五十元止。余如所拟办理。仰即遵照。此令。

中华民国十二年十一月八日

据《大本营公报》第三十七号

给潘文治的指令

（一九二三年十一月八日）

大元帅指令第五九九号

　　令福安舰舰长潘文治

　　呈请调任他职由。

　　呈悉。该舰长志行纯洁，深资倚畀。现值整饬舰队之际，未便更易，所请调任他职之处毋庸议。此令。

中华民国十二年十一月八日

据《大本营公报》第三十七号

任命杨廷培代职令

（一九二三年十一月九日）

大元帅令

　　特任杨廷培暂行代理广州卫戍总司令。此令。

中华民国十二年十一月九日

据《大本营公报》第三十七号

给程潜的训令

（一九二三年十一月九日）

大元帅训令第三四六号

　　令大本营军政部长程潜

　　据大本营粮食管理处督办赵士觐呈称:"窃职处前奉核发试办规程第二条内开:'粮食管理处于试办期内,先行酌量收买日用生活所必需之米、盐、柴三项,而公卖于人民。又第十一条,粮食管理处系国家一种营业机关,无论军民人等来处购买米盐等物,均须照价给银,概不得有赊借及或拨发等事'各等因。奉此,职处自开办后,体察柴、米、盐三项供求多寡、市价起落情形,择其急于救济调剂之项,先行筹借资本,分投采买,购运到日,自当公平发卖。惟有一顾虑亟应陈明者:缘去年北伐改道时,曾设粮食管理处,接济前方军士粮食,今职处名同而实异,前方将领乍聆旧名,以为仍前接济。近接某军长官贺电,内有'士饱马腾,惟公是赖'等语。此虽一军长官之电,然一军既因表面而误会,他军亦未必尽悉其内容,倘各军皆以职处为兵站性质之机关,则将来之纠纷殊甚。用特援据规程,表明性质,呈请帅座特令军政部通令各军转饬所部,声明职处机关系营业性质,不同兵站,对于各军固无所谓供给接济,即来处购买,亦不得有赊借拨发等事,经此解释,庶免妨碍进行"等情。据此,应予照准,除指令外,合行令仰该部长查照办理。此令。

中华民国十二年十一月九日

据《大本营公报》第三十七号

给石青阳的训令

(一九二三年十一月九日)

大元帅训令第三四九号

　　令兼理中央银行四川分行长石青阳

　　为令遵事:照得中央银行现在业经成立,亟应于各省次第设立分行,以期活动金融。查该员对于财政素有经验,堪以派兼中央银行四川分行长。除另状任派外,合行令仰该员即便遵照克日就职,迅将分行事宜,积极照章筹备就绪,开始营业,毋负委任。仍将办理情形报查。章程随发。切切。此令。

中华民国十二年十一月九日

给程潜廖仲恺的训令

（一九二三年十一月九日）

大元帅训令第三五〇号

　　令大本营军政部长程潜、广东省长廖仲恺

　　据广东电政监督兼广州电报局局长范其务呈称:"据四会电报局局长陈凤鸣呈称:'查职局辖内电线,东路石狗、上罗、化州地方系广宁县属,常被偷割;又西路白庙附近亦时被窃,长此以往,于电政交通大有妨碍,且于军事传达尤为不便。除函请四会县出示保护外,理合呈请钧处,仰祈据情转呈大元帅、省长,通饬地方军警,责成该线路附近乡民,毋得稍有损坏电线,以维交通'等情前来。据此,理合转呈帅座察核,伏恳迅令该处沿途驻防军队妥慎保护,并请转饬省长令饬广宁、四会县长分行警区、团局,责成该线路附近乡民,如东西各路杆线此后再有盗割情弊,当处以妨害交通并误戎机等罪。是否有当,仍候指令祗遵"等情。据此,查电线关系交通,当此军事尚未结束,关系尤为重要,该地军政机关各应妥慎保护,以利传达。据呈前情,殊属疏懒,除分令外,合行令仰该部长、省长严饬该处驻防军队、该管县长切实保护,以维交通。此令。

中华民国十二年十一月九日

给廖仲恺的指令[*]

（一九二三年十一月九日）

大元帅指令第六〇六号

　　令广东省长廖仲恺

　　呈请注销曾介眉举报黄沙官产一案由。

　　呈悉。准如所请办理。此令。

中华民国十二年十一月九日

据《大本营公报》第三十七号

给李济深的指令

（一九二三年十一月九日）

大元帅指令第六〇七号

　　令西江善后督办李济深

　　呈西江防务吃紧请暂准留用定海等三舰由。

　　呈悉。盐务缉私，关系饷源至重。所有定海等三舰，仰仍遵照前令，迅即交还两广盐运使收用。所请暂留之处未便照准。此令。

中华民国十二年十一月九日

据《大本营公报》第三十七号

---

　　* 十一月三日，廖仲恺报呈：据广东全省商会联合会会长刘焕等呈称，本市黄沙七十余街业户，坚决反对曾介眉把他们纯属民业的铺屋举报为官产，要求将此举报官产案注销，以平民怨而维商业。

给范其务的指令

（一九二三年十一月九日）

大元帅指令第六○八号

　　令广东电政监督兼广州电报局局长范其务

　　呈请通饬四会、广宁等处军政各官保护电线由。

　　呈悉。已令〔代〕军政长官转饬该处军警妥慎保护矣。仰即知照。此令。

中华民国十二年十一月九日

据《大本营公报》第三十七号

给赵士觐的指令 *

（一九二三年十一月九日）

大元帅指令第六○九号

　　令大本营粮食管理处督办赵士觐

　　呈请令饬军政、内政两部通令各军暨地方官吏、团体妥为护助由。

　　呈悉。该处试办规程，经核准暂行试办后，业经刊登公报公布在案。至必要时，仰仍依照规程办理可也。此令。

中华民国十二年十一月九日

据《大本营公报》第三十七号

---

　　* 十一月六日，大本营粮食管理处督办赵士觐呈请孙中山，特令军政、内政两部通令各军及地方官吏、团体扩助粮食管理处，实施该处试办规程，如关于粮食之采办、运输、公卖各事，了解和维护该处实行的"公卖于人民"的商业性质。

给梁鸿楷的指令

（一九二三年十一月九日）

大元帅指令第六一〇号

　　令两阳三罗等处安抚使梁鸿楷

　　呈拟两阳三罗等处安抚使署组织条例及办事细则请鉴核公布施行由。

　　呈及附册均悉。现在正谋军事结束，该使务宜缩小范围，以期简而易行。关于财政，尤未宜设署，致陷纷歧。仰即善体此意，另行妥拟呈候备核。册件发还。此令。

中华民国十二年十一月九日

据《大本营公报》第三十七号

祭尚天德文[*]

（一九二三年十一月十日）

　　维中华民国十有二年十一月十日，孙文以同志众议院议员尚君天德之丧，致名花清酒于尚君之灵而告之曰：

　　夫惟哲人，邦国之宝。虑其不寿，以颂以祷。然而国人所欲杀者每如荆刺之滋蔓，欲生者每见芝兰之折夭。倘非人力易穷，不应诉诸天道。几年以来，文以国步之艰，负任之重，死伤者之日多，叛离者之可痛，将欲简练国人，奋策义勇，作庶民之朝气，登治理于极

---

[*]　尚天德：即尚镇圭，国会议员，中国国民党员，因抵制曹锟贿选离开北京，在上海病逝。

峰,而君逝矣! 呜呼! 文所痛哭者不始于君,文所期望者不出于
君,而君则昔为文所期望,今为文所痛哭之一人。呜呼哀哉!
尚飨。

据上海《民国日报》一九二三年十一月十一日《尚镇圭君追悼会记》

准任章烈职务令
(一九二三年十一月十日)

大元帅令

　　大本营参军长张开儒呈请任命章烈为大本营参军处中校副
官。应照准。此令。

中华民国十二年十一月十日

据《大本营公报》第三十七号

调配各军令 *
(一九二三年十一月十日)

大元帅命令　　　十一月十日于石龙行营

　　(一)准备转攻敌军,我各军应速照左列地点,迅速集中整顿,
准备一切,以俟后命。

　　(二)各军之位置　　　　　　　　　　　　集中完结时间

　　许总司令所部　铁场附近　　　　　　　十日晚十二时以前。

　　　　　　　　　　　　　　　　　　　　日没前迅遣一部前往。

---

　　* 八日,博罗被陈炯明叛军占领,讨贼军纷纷败退,孙中山乃于九日再赴石龙,立
即召集军事会议,督令许崇智、刘震寰、刘玉山、杨希闵、朱培德、范石生、蒋光亮等部发
动反攻。但未获成功。

刘总司令所部	蒙兰附近	十日晚十二时以前。
		日没前迅遣一部前往。
刘军长玉山所部	田寮水贝钱	十日晚十二时以前。
（受刘总司令指挥）	围附近	日没前迅遣一部前往。
杨总司令所部	联和墟附近	十一日正午以前完结。十日
		午后八时先遣一部前往警戒。
朱军长所部并赣军	联和墟附近	十一日正午以前完结。
		十日午后八时先遣一部前往警戒。

（三）各军应本作战精神，切实巩固，各方面切实联络，协同动作。

（四）范、蒋两军，及在增城方面各军动作，别项命令示之。

（五）予在石龙。

　　右令

许总司令、刘总司令、杨总司令、刘军长、朱军长

据李烈钧《孙大元帅戡乱记》

给廖仲恺的训令

（一九二三年十一月十日）

大元帅训令第三五一号

　　令广东省长廖仲恺

　　据中央直辖滇军总司令杨希闵呈复："案奉钧座第三一八号训令开：据广东财政厅长邹鲁呈称：原文有案邀免冗录外，后开'合行令仰该总司令即便遵照办理'等因。奉此，遵即饬令第三军军长蒋光亮遵照办理。兹据该军长呈称：'窃查此案，前经该处商民以被匪蹂躏，团力不支，请派队援剿，当派第六师前往剿办，旋经平定，

即令回防,并早已开拔东江作战,何致有设立财政局之举?该县长不查,妄为呈请,殊属昏谬。'兹奉前因,理合具文呈请钧座察核"等情。此除指令外,合行令仰该省长即便转饬知照。此令。

中华民国十二年十一月十日

据《大本营公报》第三十八号(一九二三年十一月二十三日版)

给罗翼群的指令 *
(一九二三年十一月十日)

大元帅指令第六一一号

　　令大本营兵站总监罗翼群

　　呈报所属第一支部收束情形并送裁留人员表,乞核示由。

　　呈表均悉。所有留办该属第一支部人员薪饷,仰仍遵照第五八六号指令办理。此令。

中华民国十二年十一月十日

据《大本营公报》第三十八号

给叶恭绰的指令 **
(一九二三年十一月十日)

大元帅指令第六一二号

---

　　*　十一月六日,大本营兵站总监罗翼群报呈:原已令兵站第一支部于十月十五日概行收束回省。留办人员以足敷办事为度。并拟定留办员兵薪饷预算表呈核备案。现因库储支绌,手续复杂,无法按期办理结束,请予展期。

　　**　十一月五日,大本营财政部长叶恭绰呈报:"本部自成立以来,经逾半载,总共收入不过八万七千余元,匀计每月仅得一万四千余元。除支付军费外,其余以付印花税票印刷工料及本部经费,尚属不敷",其他孙中山批发之款更"无的款可以应付",请孙中山准予将筹拨款项展缓一月。

令大本营财政部长叶恭绰

呈奉令筹发各部、局、处经费请展缓实行由。

呈悉。所有令由该部筹发大本营直辖各部、局、处经费,准予展缓一月实行。此令。

中华民国十二年十一月十日

据《大本营公报》第三十八号

给邓慕韩的指令 *

(一九二三年十一月十日)

大元帅指令第六一五号

令广东宣传局局长邓慕韩

呈请免于取消戏捐由。

呈悉。该局征收戏捐一案,前经转谕取消,仰即遵照办理可也。此令。

中华民国十二年十一月十日

据《大本营公报》第三十八号

在中国国民党广州市
全体党员大会上的训词 **

(一九二三年十一月十一日)

本党自同盟会起,迄于今日,名义数更,组织屡变,个人与团体

　＊　十一月九日,邓慕韩呈请免予取消戏捐,以免人民援例抗拒筹款。

　＊＊　据《国民党周刊》的说明,这一训词是由大会主席廖仲恺代致的。

的牺牲亦既巨且多,虽其中屡起屡蹶,又复屡起。然试看本总理自奔走革命以来,于兹数十载,今日须鬓皤然,仍须沾渍锋镝于沙场血泊中,则是本党十数年来所牺牲,以较诸今日所获效果,未免得不偿失矣。

考本党不进原因,约有二事:组织之未备也,训练之未周也,皆其且大者。兹就组织方面言,曩者吾党组织,形式上似部别整然,然实际则不特以全党事务委一人之手,且以一人而供孤注,其不失败、不隳越者几希!然则吾党同人今后当知所鉴,当自信吾党主义固有绝大把握,但能组织完善,则收效正大,否则恐终不能通力合作也。诸君试思,今日吾党革命之成功,实以外洋支部为原动力;总理撑搘于内,外洋援助于外。彼外洋支部所以得而援助者,以有较完备之组织耳。吾人既知组织之未完,当思有以改善,务使以前党员活动由上而下的形式,一反为由下而上。盖总理非有硕大无朋之力,必须吾党同人先固其本,然后可望有成。至于训练方面,譬如军队,先自排、营,后至师、旅。此种训练,盖从基础着手;则本党训练之程序,又何独异。是总理以为本党主义,将来是否呈〔成〕功,胥以此问题能否实行为标准。

现在前敌披猖,将士劳瘁,吾人处此军事倥偬时期,自当整理内部,以为后方接济,牺牲个人私利,而为国家谋幸福。某项租税之应缴者,宜亟跃输,将勿有吝意,盖财政充裕,则军民又〔乂〕安,财政困难,则乱象继起,本党亦不免有动摇之势。果尔,试问犁庭扫穴之期,更待何日耶?本党目前虽有种种困难,惟吾党人正当制胜此困难,向前奋斗,作人的进化,而勿作物的发达。盖物的发达,是由无抵抗的方面去,而人的进化,则由有抵抗的方面去,此即人类奋斗之旨也。

总理甚愿吾党良好的组织与训练从速实现,尤愿吾党同志各尽厥职,或为口头上之鼓吹,或为文字上之宣传,阐我党纲,扬我党誉,俾本党日臻于昌盛,斯则总理之所殷殷仰望于同志诸君者也。

据《国民党周刊》第一期(一九二三年十一月二十五日出版)

致蒋光亮电[*]

(一九二三年十一月十一日)

蒋军长鉴:□密。佳、灰电具悉。曩者陈逆叛变,我兄以百战之师,间关援粤,大义凛然。余孽稽诛,战祸延长,徒苦民生,重劳师旅。此次逆贼倾巢来犯,深赖我兄暨诸将士忠勇奋发,迭克要隘,逆胆已寒,肃清余孽,指顾间事,岂惟东粤之幸,抑亦西南之光。李指挥根云〔沄〕,英姿飒爽,深明大义,杀敌致果,益见精毅。国家多故,盗贼恣睢,吾党责任益重且大,愿共勉之。大元帅。真。(印)

据《广州民国日报》一九二三年十一月十三日《大元帅嘉勉蒋光亮之真电》

致许崇智等电^{**}

(一九二三年十一月十二日)

石滩分探许总司令、杨总司令、刘总司令、范军长、朱军长、胡师长、王师长、李师长①鉴:(△密)今日午前,石龙忽有溃兵汹涌而

　＊　从前月下旬起,蒋光亮、李根沄等部作战不力,对博罗溃败负一定责任。孙中山为了团结各军应付危局,仍在电中对蒋、李表示慰勉。

　＊＊　原件未标明时间。按十一月十二日陈炯明叛军攻占石龙,讨贼军全军溃败,据此电内容,故定为该日。

　①　受电人依次为许崇智、杨希闵、刘震寰、范石生、朱培德、胡思舜、王秉钧、李根沄。

至石滩，文竭力制止无效，亦被溃兵冲动，不得已只有上车回省，另筹补救。到省接得石滩车站来电话云，石滩无事，请速派兵前往等话。刻已派廖师①前来巩固石滩阵地，并杨师长廷培沿铁路收容溃兵，事尚可为，望诸君奋斗，以收最后之成功。孙文。

据谭编《总理遗墨》第一辑

致李烈钧古应芬电

（一九二三年十一月十二日）

仙村、东浦各站探投李参谋长协和、古秘书长湘芹：文午后四时抵省，得石滩站长来电话：石滩无事，请速派兵往维持。刻已派廖师前往石滩，并派杨师长廷培沿铁路收容退兵。省中无事，现各路精兵已来省。孙文。（十二日）

据谭编《总理遗墨》第一辑

致谭延闿电

（一九二三年十一月十二日）

郴州谭总司令鉴：□密。此间军事吃紧，详情如□□□各电。仰该总司令迅率所部星夜来援。切切。此令。大元帅。侵申。

据《南始战役记》(编者及出版时地不详，似系湘军于
1924 年间编印。原书藏中山大学)

---

①　廖师：廖行超部。

命湘军向敌攻击前进令

（一九二三年十一月十二日）

着谭总司令率所部湘军到琶江口下车，集中从化，向龙门方面之敌攻击前进。此令。孙文。

民国十二年十一月十二日

据《国父全集》第四册（转录史委会藏原件影印）

命广东高审厅将登记费交军政部令

（一九二三年十一月十二日）

着广东高等审判厅将该厅登记费存款拨交军政部应用。此令广州高等审判厅准此。

孙　文

中华民国十二年十一月十二日

据《国父全集》第四册（转录史委会藏原件影印）

命查明地审厅及
高审厅诉讼登记费令

（一九二三年十一月十二日）

着军政部长程潜会同广东省长廖仲恺查明广州地方审判厅诉讼费项下及广东高等审判厅登记费项下所存各款，一律提交军政部暂充军饷。此令。

孙　文

中华民国十二年十一月十二日

据《国父全集》第四册(转录史委会藏原件影印)

给樊钟秀的训令

(一九二三年十一月十二日)

民国肇造,十有二载,干戈扰攘,迄鲜宁时,人民有涂炭之伤,国势有沉沦之险。究其症结,只以北庭不道,僭窃相乘,倒行逆施,残民叛国。我革命同志,惧共和废坠,正义不彰,奔走匡扶,喋血万里。卒以阋墙多故,逆虏稽诛。近且贿赂公行,构成大选,昭闻秽迹,人格不存,举国疾首痛心,方将合张挞伐。豫军讨贼军总司令樊钟秀,精诚爱国,首义赣南,诸部将官士卒,俱能深明大义,勠力同心,据览敷陈,至堪嘉许。北虏聚怨,民痛已深,重义征诛,歼除可待。我军师直为壮,杀贼无前。当共各励忠贞,用奠邦家之难,挽回浩劫,早复日月之光。凡在国民,同兹义责。河朔素多美俊,尤盼共赋同仇。除饬该管处、部,赶紧续发大军,并继续接济弹饷外,着该总司令将此道谕知之。

据上海《民国日报》一九二三年十一月十三日《大元帅训令樊钟秀文》

给黄隆生的训令

(一九二三年十一月十二日)

大元帅训令第三五二号

令大本营会计司长黄隆生

据大本营财政部长叶恭绰呈称:"案奉本年十一月一日[起]第

三三六号训令开：'现规定大本营直辖各部、局、处支发经费表，自本年十一月起实行。所有以前积欠，统归该部俟财政充裕时陆续筹发。除分令外，合行令仰该部长遵照办理。经费表两份并发'等因。自应遵照办理。查本部自成立以来，经逾半载，总共收入不过八万七千余元，匀计每月仅得一万四千余元，除支付军费外，其余以付印花税票印刷工料及本部经费尚属不敷。至最近数日，复奉钧令，指拨大本营制弹厂与军政部运输处朱培德、李明扬等部或伙食、或煤炭与草鞋种种费用，每日定额一千一百一十元，均改由本部直接交军政部转发，现在尚无的款可以应付，兹再加以每月八万余元之支出，实等无米为炊。伏读钧令，内开有'各部、局、处以前积欠，俟财政充裕时陆续筹拨'等语，具征部库困难，早在洞鉴之中。且目下军需孔迫之时，尤不能不先其所急。查表内各机关经费归大本营会计司给发，经已多日，其间并有自筹的款藉应开支者。当兹本部自顾不暇之时，似以暂仍旧贯免涉纷歧为妥。所有此次奉令改由本部拨付各项，拟请展缓一月，一俟本部收入较为充裕，再行斟酌情形酌量负担，目前仍由原担任机关照常拨付，以免虚悬。所有奉令筹拨拟请展限原由，理合具呈钧座鉴核，伏乞指令祗遵"等情。据此，除指令"呈悉。所有令由该部筹发大本营直辖各部、局、处经费准予展缓一月实行"外，合行令仰该司长查照。各部、局、处每月经费，在财政部未实行筹发以前，仍由该司照常拨付。此令。

中华民国十二年十一月十二日

据《大本营公报》第三十八号

给伍朝枢的指令

（一九二三年十一月十二日）

大元帅指令第六一七号

令大本营外交部长伍朝枢

呈复经令交涉员函知各国领事戒严期内禁止中外船只夜间通过在案，请察核由。

呈悉。此令。

中华民国十二年十一月十二日

附：伍朝枢呈

呈为呈复事：窃奉帅座发下马伯麟歌电内称："本日正午十二时十分钟，据炮台瞭望兵报告：'远望有兵舰四艘进口，开行甚速，形式与北洋舰相同，并未升旗'等语。司令当令旗兵用红旗示令停止，该兵舰等竟不升旗答复，仍向我台前进。经令新冈台开炮一发，距该兵舰船头约五十米达降落，该兵舰始升头尾旗。查系日本兵舰，即令放行。查职部戒严时期，外国兵舰虽应放行，然必须外国舰队于进出口时，先行通知或早升旗以示标识，方免误会。拟请钧座函知各国领事知照"等语。并奉帅谕："戒严期间入夜时，无论何项船只，不准通过"等因。奉此，部长查昨接大本营李参谋长烈钧函称："近来战事方殷，虎门、长洲、厓门、横门等处，及各海口要塞，均属戒严期内，兹定每日晨七时以后下午四时以前，为中外各兵舰、船只入口时间，至外国军舰如欲驶经内河，应请通知各国领事,务于四十八小时先行通告,以便转饬知照,而免误会"等由。业经令行特派广东交涉员分函驻广州各国领事转致各该国兵舰知照在案。奉发前文,除令特派广东交涉员知照外,理合备文呈复察核。谨呈

陆海军大元帅

　　　　　　　　　　　　大本营外交部长伍朝枢(印)

中华民国十二年十一月八日

据《大本营公报》第三十八号

任命杨希闵职务令
(一九二三年十一月十四日)

大元帅令

　　特派杨希闵兼滇粤桂联军前敌总指挥。此令。

中华民国十二年十一月十四日

据《大本营公报》第三十七号

准任罗为雄职务令
(一九二三年十一月十四日)

大元帅令

　　大本营参谋长李烈钧呈请任命罗为雄为大本营中校参谋。应照准。此令。

中华民国十二年十一月十四日

据《大本营公报》第三十七号

任命寸性奇代职令

（一九二三年十一月十四日）

大元帅令

广东江防司令杨廷培现往前敌督战，着寸性奇暂行代理广东江防司令事宜。此令。

中华民国十二年十一月十四日

据《大本营公报》第三十七号

停止伤兵特别调养费令

（一九二三年十一月十四日）

伤兵特别调养费即停止。此令。

孙　文

中华民国十二年十一月十四日

据谭编《总理遗墨》第三辑

批杨希闵呈 *

（一九二三年十一月十四日）

增城石滩现尚无大敌，而我兵无故退却，应负其责，当规复此

＊　原件未署时间，上有小注："滇军总司令杨希闵呈请发给奖金十万元，谓当驱逐敌人至增城、石龙以外，总理批斥如上。"据李烈钧《孙大元帅戡乱记》有关记述，时间应在十一月十四日。

线以赎罪，由该线再进始能邀赏。况此时省城震动，殷户已空，无从筹借。如兵士尚要十万始干，请从此……①

据谭编《总理遗墨》第三辑

发给马伯麟伙食费令
（一九二三年十一月十四日）

着市政厅长发给马伯麟伙食费壹千元。此令。
民国十二年十一月十四日

据《研究中山先生的史料与史学》中许师慎
《〈国父全集〉未刊载之重要史料》

命杨廷培停止缴枪令
（一九二三年十一月十四日）

今日各部溃兵，收容已定，复回建制。着杨师长廷培即行停止缴枪。此令。（中华民国十二年十一月十五日午时发）

孙　文
据谭编《总理遗墨》第三辑

命恢复各军备价领枪办法令
（一九二三年十一月十五日）

杨师长廷培既不如期缴价，着兵工厂长仍复回原日办法，将枪

---

① 原件如此。

枝分发各军备价领取可也。此令。

孙　文

民国十二年十一月十五日

据谭编《总理遗墨》第三辑

给马伯麟等的训令

（一九二三年十一月十五日）

大元帅训令第三五三号

　　令长洲要塞司令马伯麟、虎门要塞司令廖湘芸、东江缉匪司令徐树荣、中央直辖第三军军长卢师谛、中央直辖第七军军长刘玉山、中央直辖西路讨贼军总司令刘震寰、东路讨贼军总司令许崇智、东路讨贼军第三军军长李福林、大本营军政部长程潜、大本营财政部长叶恭绰、两广盐运使伍汝康、广东财政厅长邹鲁、广州市市长孙科、广东全省官产清理处处长梅光培

　　自战事迁延，财力渐绌，诸将领士兵为国勤劳，迄未少息，而行军所需，时形匮乏，此本大元帅所为心忧者也。近日战事紧迫，财源益艰，自本月十五日起，所有前方各军，每日兵站给养、草鞋费，及子弹费、伤兵卫生费，着尽先筹备发给。其余各军伙食，应视收入多寡酌量分发。诸将领、士兵夙明大义，务须体念时艰，忠勇奋发，限于最短期内将逆众驱除。军事进步，饷源自裕，所有前项欠发各款，届时再行筹足补给。各财政机关近日以来奉令指拨之款，每日不能如数解缴。当此军事紧急之时，亦宜严奉公令，无忝厥职。自本日起，宜竭力筹措，以供军需，俾各军士饱马腾，效力杀贼，毋得稍涉稽延，致因财政影响军事，转令战事迁延，重民疾苦。本大元帅有厚望焉。此令。

中华民国十二年十一月十五日

据《大本营公报》第三十七号

致犬养毅书[*]

（一九二三年十一月十六日）

木堂先生大鉴：

　　山田君来称，先生此次入阁，将大有为，可助吾人未竟之志，以解决东亚百年问题，闻之狂喜。久欲修书商榷，以广东军事尚未解决，遂致未果。

　　今以曹锟窃位，举国同愤，西南已声罪致讨，行将令四川、湖南、广东三省之师及滇、桂同志各军大举北伐，同时联络张作霖、段祺瑞、卢永祥，同力合作以破国贼。惟曹锟之甘冒不讳〔韪〕而公然窃位者，其先固有强国为之后盾，故敢有如此也。按之列强传统之政策，当不愿中国之致治图强，故有历次反对革命之举；此次吾人举动，亦当受列强种种之挠阻，可无疑也。贵国对支行动，向亦以列强之马首是瞻，致失中国及亚洲各民族之望，甚为失策也。今次先生入阁，想必能将追随列强之政策打消，而另树一帜，以慰亚洲各民族喁喁之望。若能如此，则日本不忧无拓殖之地，以纳其增加之人口；吾知南洋群岛及南亚各邦，必当欢迎日本为其救主也。请观尼泊尔、不丹二国，虽受英国统治百有余年，而仍纳贡称藩于中国，是民族之同情大于政治之势力也。倘日本以扶亚洲为志，而舍去步武欧洲帝国主义之后尘，则亚洲民族无不景仰推崇也。

　　自欧战而后，世界大势已为之一变。强盛如英，加以战胜之余

---

　　*　犬养毅当时是山本权兵卫内阁邮电大臣兼文部大臣。

烈，尚不得不退让而许爱尔兰之自由，允埃及之独立，容印度之解放，其故何也？此即欧战而后，发生一种新世界势力也。此势力为何？即受屈部分之人类咸得大觉悟，群起而抵抗强权之谓也。此部分人类以亚洲为最多，故亚洲民族亦感此世界潮流，将必起而抵抗欧洲强权也。今之突厥①，其先导也；波斯、柯富汗②，其继步也；其再继者，将有印度、巫来由③也。此外更有最大最要而关系于列强之竞争最烈者，即支那之四万万人是也。其能奴此四万万人者，则必执世界之牛耳也。故列强中初有欲并吞之者，而阻于他强，遂有议而瓜分之者，不期适有日本崛起于亚东之海隅，而瓜分之谋又不遂。当此之时，支那之四万万人与亚洲各民族，无不视日本为亚洲之救主矣。不图日本无远大之志、高尚之谋，只知步武欧洲之侵略手段，竟有并吞高丽之举，致失亚洲全境之人心，殊为可惜！古人有云："得其心者得其民，得其民者得其国。"倘日本于战胜露国④之后，能师古人之言，则今日亚洲各国皆以日本为依归矣。英国今日之许爱尔兰以自由，允埃及以独立，即此意也。倘日本能翻然觉悟，以英之待爱尔兰而待高丽，为亡羊补牢之计，则亚洲人心犹可收拾。否则，亚洲人心必全向赤露⑤而去矣，此断非日本之福也。夫赤露者，欧洲受屈人民之救主而强权者之大敌也，故列强之政府出兵攻露而各国人民则反攻其政府，故英、佛、米⑥等国皆以其人民之内讧而不得不撤回征露之师。今亚洲人民之受屈者比欧

---

① 突厥：今土耳其。
② 波斯、柯富汗：今伊朗、阿富汗。
③ 巫来由：今译马来亚。
④ 露国：露西亚，今译俄罗斯。
⑤ 赤露：即苏俄。
⑥ 佛、米：今译法、美。

洲人民尤甚,故其望救亦尤切,本洲既无济弱扶倾、仗义执言之国,故不得不望于赤露。波斯、阿富汗已遂其望矣,支那、印度亦将赖之。吾切望日本深思而善处之,幸毋一误再误! 夫当欧战之初,日本溺于小信,昧于远图,遂失其一跃而为世界盟主之机会,以贻世界有再战之祸。日本志士至今回顾,犹有痛恨太息者,想先生或犹忆灵南坂之半日长谈也。先生昔以不能行其志而拒入大隈内阁,然今先生竟入阁矣,想必为能行其志之时,故不禁为先生长言之、深言之也。

夫再来之世界战争,说者多谓必为黄白之战争,或为欧亚之战争,吾敢断言其非也,其必为公理与强权之战也。而排强权者固以亚洲受屈之人民为多,但欧洲受屈人民亦复不少,是故受屈人民当联合受屈人民以排横暴者。如是,在欧洲则露、独[①]为受屈者之中坚,英、佛为横暴者之主干;在亚洲则印度、支那为受屈者之中坚,而横暴者之主干亦同为英、佛;而米国或为横暴者之同盟,或为中立,而必不为受屈者之友朋,则可断言。惟日本则尚在不可知之数,其为受屈者之友乎? 抑为受屈者之敌乎? 吾将以先生之志能否行于山本之内阁而定之。若先生果能行其志,则日本必将为受屈者之友也,如是,则对于再来世界之大战争不可不准备也。然则准备之道为何? 请为先生陈之。

其一,日本政府此时当毅然决然以助支那之革命成功,俾对内可以统一,对外可以独立,一举而打破列强之束缚。从此日支亲善可期,而东亚之和平永保;否则列强必施其种种手段,以支制日,必使日支亲善永无可期,而日本经济必再难发展。夫欧洲列强自大战而后,已无实力以推行其帝国主义于东亚,然其经济地盘之在支

---

　　① 独:指德国。

那者已甚巩固,故其所虑者,为吾党革命之成功有危及之耳。彼列强之深谋远虑,实出日本之上,故常能造出种种名义,使日本不能不与之一致行动以对支那。不知日本于支那之关系,其利害适与列强相反。凡对支政策,有利于列强者,必有害于日本。而日本事事皆不得不从列强之主张者,初固以势孤而力不敌,不敢稍露头角而与列强抗衡,习惯成自然,至今时移势易而犹不知变计;且加甚焉,事事为列强作嫁衣,致支那志士之痛恨于日本,较列强尤甚者此也。今幸而先生入阁,想必能将日本前时之失策与盲从列强之主张一扫而空之,其首要则对于支那之革命事业也。夫支那之革命,为欧洲列强所最忌者。盖支那革命一旦成功,则安南、缅甸、尼泊尔、不丹等国,必仍愿归附,为中国屏藩;而印度、阿富汗、亚剌伯、巫来由等民族,必步支那之后尘离欧而独立。如此,则欧洲帝国主义经济侵略必至失败。是故支那之革命,实为欧洲帝国主义宣布死刑之先声也,故列强政府之反对支那革命无所不至者此也。乃日本政府不察,亦从而反对之,是何异于自杀也。夫日本之维新实为支那革命之前因,支那革命实为日本维新之后果,二者本属一贯,以成东亚之复兴,其利害相同密切本有如此,日本之对于支那革命何可步武欧洲而忌我害我耶?为日本国家万年有道之长基计,倘支那无革命发生,日本当提倡而引导之,如露西亚今日之对于波斯、印度,又如先生昔年之命宫崎与吾党联络者方是。至于支那革命已经发动,日本当倾其全国之力助成之,以救支而自救,如百年前英国之援助西斑雅,如近日米国之援助巴拿马乃可。乃日本对于支那之革命,十二年以来,皆出反对行动;反对失败,则假守中立以自文。从未有彻底之觉悟,毅然决然以助支那之革命,为日本立国于东亚之鸿图者。此皆由于先生向未得志于政府之所致也。今先生自为政府之一员矣,吾人不得不切望之、深望之也。此非独为支那计,亦为日本计也。

　　其二,日本当首先承认露国政府,宜立即行之,切勿与列强一致。夫列强之不承认露国政府者,以利害之冲突也。佛以国债之无偿,必要求露政府担负还债,而始承认之。英以印度问题不得解决,必欲露国政府为其领土之保障,如最后之日英国盟焉,而后承认之。米亦以债权关系,即佛之债权多有转嫁于米者,露国既废除国债之担负,米亦大受损失,故与英佛一致行动也。顾日本则如何? 于此而犹兢兢与列强一致者,其愚真不可及也。不观欧洲诸小国乎? 其与露国无关系者,乃有与英佛一致行动;其与露国有关系者,已悉先承认露国矣。而日本与露国固有最大之关系者也,初以误于与列强一致行动而出兵,后已觉悟而曾单独与露国代表开数次之会议矣,乃竟以承认问题犹与各国一致,而致感情不能融洽,遂碍种种之协商不得完满之结果,殊为惋惜。夫日本与露既有密切之关系,而又无权利之损失如列强者,而对露外交犹不敢脱离列强之范围,是比之欧洲之一小国亦不如也。何日本之无人一至于此! 或谓日本立国之本与苏维埃主义不同,故不敢承认之,此真坐井观天之论也。夫苏维埃主义者,即孔子之所谓大同也。孔子曰:"大道之行也,天下为公,选贤与能,讲信修睦。故人不独亲其亲,不独子其子,使老有所终,壮有所用,幼有所长,矜寡孤独废疾者皆有所养,男有分,女有归。货恶其弃于地也,不必藏于己;力恶其不出于身也,不必为己。是故谋闭而不兴,盗窃乱贼而不作,故外户而不闭,是为大同。"露国立国之主义不过如此而已,有何可畏! 况日本为尊孔之国,而对此应先表欢迎,以为列国倡,方不失为东方文明之国也。倘必俟列强承认之后,而日本始不得不从而承认之,则亲善之良机已失矣。此所谓"为渊驱鱼、为丛驱雀"也,行将必有排日本之强国利用露国为之前锋,则不独日本危,而东亚亦从此无宁日矣。如此,则公理与强权之战,或竟以日本而变成黄白人种之战,亦未可知也。须知欧战后,不独世界大势一变,而人心思想亦为之一变,日本外交方针必当随而改变,乃能保存其地位于世界也,否则必蹈独之覆辙无疑也。试观汉那鲁鲁①之布置,新加坡之设备,以谁为目的者乎? 事已至此,日本犹不联露以为与国,行将必受海陆之夹击而已。夫英米海军各已强于日本者数倍,而露国陆军在于今日实天下莫强焉,不可不知也。以孤立之日本而当此海陆之强邻,岂能有幸? 故亲露者为日本自存之一道也。

以上二策,实为日本发扬国威、左右世界之鸿图。兴废存亡,端系乎此。日本于欧战之初,既误于所适而失其为世界盟主之良机矣,一误岂容再误? 维先生详审而速图之。

孙文谨启

民国十二年十一月十六日写于广州

据《孙中山选集》(人民出版社一九八一年重版本)转录广东省社会科学院所藏原件照片,并参照中国革命博物馆藏信稿校补

命各将士奋勇图功肃清东江余逆令[*]

(一九二三年十一月十六日)

运用之妙,存乎一心,作战之方,首宜知敌,此进军与驻军均贵与敌恒相接触也。能知敌之去迹来踪,斯易定我军兵力之使用,克敌之道,即在于此。此次蒙兰之退,形同溃乱,非范军长石生督师回援,歼敌首逆,则今日之战局,更不卜何如。胜负兵家之常,作战

---

① 汉那鲁鲁:今译火奴鲁鲁。

* 十一月十四日,范石生率部分滇军反攻石龙,陈炯明叛军攻势暂时受阻,各军因而能退回广州。当时有击毙洪兆麟的消息,令中"歼敌首逆"当系指此。

端资沉毅。现据连日所得谍报,逆军自由石龙溃窜后,迄难收拾;增城、石滩仍系我军驻在,应即乘此良机,肃清余逆。即着滇粤桂联军前敌总指挥杨希闵迅速派遣主力分途增援第一线,再寻敌人主力以歼之。各将士为民除害,奋勇图功,则肃清东江,进图大局,事犹可期。功高有大赏,不迪有显戮,则本大元帅之责也。孙文。

据《国父全集》第四册(转录《会本》)

给伍汝康的训令
(一九二三年十一月十六日)

大元帅训令第三五四号

　　令两广盐运使伍汝康

　　据广东兵工厂厂长朱和中呈称:"为呈请事:十月二十七日奉钧座手令第六五三号开:'前方需要子弹异常迫切,着盐运使将积欠兵工厂款项迅速筹集,扫数解清,以利该厂进行。切切。此令'等因。奉此,厂长遵即携带手令前往领取,讵新任伍运使以所积欠款项系属前任经手,不允负责,命令不肯收受,连日往催,均置之不理。查职厂经费困难已达极点,积欠各商店材料费达至三万元有奇。现在所有紫铜等料,均无款采购,将有停工待料之势,若再无巨款接济,实难维持。务乞钧座再赐严令伍运使,迅将前任积欠如数清发,或请另拨巨款,以维工作而裕军实,不胜迫切待命之至"等情。并缴原令一道前来。据此,查兵工厂款项,系属制造枪弹、补充军实之需,关系军事至为重要。现在军事至亟,何得长此宕欠,致碍工作。该运使职司榷政,对于筹拨军用,负有专责,尤应勉力接济,以利进行。据呈前情,除指令外,合亟令仰该运使迅即遵照六五三号手令,将该署积欠兵工厂款项,克日扫数拨清,毋得藉故推诿,致蹈违令之咎。前令并发。切切。此令。

中华民国十二年十一月十六日

给陈策的训令

（一九二三年十一月十六日）

大元帅训令第三五五号

　　令广东海防司令陈策

　　据广东江防司令杨廷培呈称:"据宝璧运舰舰长梁少东呈称:
'查职舰设有无线电报,原藉本舰电灯机发电。惟有时电灯机电球
度数过小,电力每有不足供给无线电报之用,设遇出差路远,欲藉
电报以通消息,自虞电浪不能远达,消息难免阻滞,因此贻误,事属
不小。舰长再四思维,非重新更换稍大度数之电机,则不足以资应
用。再查职舰关于军事上行驶极多,常有因军事紧急,夜间通宵行
驶,似不可无探海灯眺望,以为防预歹匪不虞,职舰出海常多,似应
不可不备,理合呈请钧部察核,可否准予购换电机一架,添置探海
灯一个,俾资利用之处,仍候指令祗遵'等情。据此,查停泊黄埔河
面之广海军舰,原有电机、探海灯,拟议移借,既省耗款购置,复化
无用为有用,俾益军务,实非浅鲜。所有请饬将广海军舰探海灯暨
发电机借给宝璧运舰缘由,理合呈请察核指令祗遵"等情。据此,
除指令"呈悉。仰候令行广东海防司令查照办理"外,合行令仰该
司令即便查照办理。此令。

中华民国十二年十一月十六日

给邹鲁的指令

（一九二三年十一月十六日）

大元帅指令第六二〇号

　　令广东财政厅长邹鲁

　　呈报令委邹琳为广东全省田土业佃保证局局长乞备案由。

　　呈悉。准予备案。此令。

中华民国十二年十一月十六日

据《大本营公报》第三十八号

给林云陔的指令

（一九二三年十一月十六日）

大元帅指令第六二一号

　　令代理广东高等审判厅长林云陔

　　呈报登记局八月份收入项下曾提解大本营驻江办事处毫银一千五百元。请准予抵解并备案由。

　　呈悉。准予抵解并备案可也。此令。

中华民国十二年十一月十六日

据《大本营公报》第三十八号

给邹鲁的指令

（一九二三年十一月十六日）

大元帅指令第六二三号

　　令广东财政厅长兼大本营筹饷总局会办邹鲁

呈请收回筹饷总局会办明令并缴回派状由。

呈悉。本大元帅为事择人,关于筹饷事宜,仰该会办会同廖总办①悉心规划,妥筹办法,以裕饷源而济时艰。所请收回明令之处,应毋庸议。派状仍发。此令。

中华民国十二年十一月十六日

据《大本营公报》第三十八号

给陈策的指令

（一九二三年十一月十七日）

大元帅指令第六二四号

　　令广东海防司令兼广东盐务缉私舰队主任陈策

　　呈请准予辞去广东盐务辑私舰队主任兼职并呈缴委任状由。

　　呈悉。该司令效忠国家,任事自不惮艰巨。缉私关系盐务收入,仍仰遵照前令,勉为其难,毋得固辞,以副厚期。委任状并发。此令。

中华民国十二年十一月十七日

据《大本营公报》第三十八号

给程潜的指令 *

（一九二三年十一月十八日）

大元帅指令第六二六号

---

　　① 廖总办:廖仲恺。

　　* 十一月十二日,大本营军政部长程潜呈报:据商人何德告发,陈炯明亲信陈达生曾仗势强买广州河南地段六十余井建筑楼房,请令由军政部将此事查实,如确实逆产,准由部变卖以应要需。

令大本营军政部长程潜

　　呈据商人何德呈报陈达生等逆产，请令由部查实变卖，以应要需由。

　　呈悉。仰即切实调查。确系逆产，准予变卖。此令。

中华民国十二年十一月十八日

据《大本营公报》第三十八号

致朱培德函

（一九二三年十一月十九日）

益之兄鉴：

　　顷接十九日午前十二时捷报，甚喜。当此更当努力，将此残敌扫灭，为一劳永逸，方为上策。望智杀贼，为国珍卫。此候

捷安

孙　文

民国十二年十一月十九日

据《历史档案》一九八三年第三期《孙中山为反击陈
沈叛军致朱培德函令》，原件藏上海市档案馆

命寸性奇毋庸兼职令

（一九二三年十一月十九日）

大元帅令

　　宪兵事宜重要，寸性奇着毋庸兼代广东江防司令，以专责成。此令。

中华民国十二年十一月十九日

据《大本营公报》第三十八号

命杨廷培回兼任令

（一九二三年十一月十九日）

大元帅令

　　杨廷培着回广东江防司令兼任。此令。

中华民国十二年十一月十九日

据《大本营公报》第三十八号

给马伯麟的指令

（一九二三年十一月十九日）

大元帅指令第六二九号

　　令长洲要塞司令马伯麟

　　呈报裁减炮兵、编练守备兵，造具预算请予核准，并编呈十月份预算书由。

　　呈及预算书均悉。查该司令所拟，改编守备兵饷需超过原额，核与预算不符，应另行编定呈核。所呈十月份预算书亦有错误。仰即依照更正各条缮呈备案。预算书发还。此令。

中华民国十二年十一月十九日

据《大本营公报》第三十八号

给伍学熀的指令

（一九二三年十一月十九日）

大元帅指令第六三〇号

令大本营建设部次长伍学熀

呈为条陈筹办广东全省船民自治联防事宜由。

呈悉。所拟事属可行，准予办理。此令。

中华民国十二年十一月十九日

附:伍学熀呈

为条陈管见呈请鉴核事:窃以东江军事发生，饷糈奇穷，司农兴仰屋之嗟，将士有绝粮之叹。现在筹款方法，如变卖官产、抽收租捐、举办商业牌照等，固已应有尽有。然大率筹之岸上市民，绝未筹之水上。广东海面辽阔，港灌纷歧，船民浮海为家，无虑千数百万。同是国民分子，似应稍尽义务以纾宵旰之忧，而尽国民之责。学熀之愚，以为当此民穷财尽、筹无可筹之时，谓宜筹办广东全省船民自治联防，一可发杨〔扬〕民治，一可裨助饷糈，一可肃清海盗。一举而数善，备计无有逾于此。如蒙采择，拟请遴派公正大员，充任广东全省船民自治联防督办，以专责成而资督促。一俟试办两月，确有成效，再行准予续办，似于筹款前途不无小补之处，伏候钧裁。谨呈

大元帅

　　　　　　　　　　　　大本营建设部次长伍学熀

中华民国十一年十一月十六日

　　　　　　　　　　　据《大本营公报》第三十八号

命各将领乘胜穷追陈炯明叛军令[*]

（一九二三年十一月二十日）

　　叠接捷音，稍纾民难，嗷嗷望治，首在锄奸。扶植善良，芟夷蟊贼，国家政治，始获昌明。耀德观兵，凡以排除共和障碍也。为国为民，既非得已，再接再厉，务底于成。陈林诸逆，负罪稽诛，罔知悔悟，复牵残旅，来犯省城。赖我良将知兵，士卒用命，本爱国精神，作群黎保障，一鼓克敌，逆众远飏。智勇精忠，殊堪嘉尚。第见恶应如去草，战胜应如履冰，荡敌宜清，处身宜慎，诸将领果敢沉毅，尚望本此素志，奋乃声威，乘胜穷追，务扫庭穴，庶几我有可鼓之余勇，敌无整顿之余时，懋建宏勋，奠安大局，名藏太室，身画凌烟，本大元帅有厚望焉。此令。

孙　文

据《国父全集》第四册（转录《会本》）

命北江各部队暂归谭延闿指挥令

（一九二三年十一月二十日）

大元帅命令

　　北虏不道，屡犯南雄，罪在必讨。兹责成湘军总司令谭延闿，督率各部迅速进剿，务先巩固边陲，再进以图大局。现在北江各部队着暂归该总司令指挥调遣，仰即克日分途兜剿，务绝根株。除分

---

　　* 十一月十八、十九两日，陈炯明叛军逼近广州，进至东北郊龙眼洞、瘦狗岭一带。孙中山亲自指挥各军奋勇抵御，击败叛军，叛军于二十日起撤退。本命令当系叛军被击退后所发。

令杨总司令希闵知照以后北江作战并由该总司令协同筹划外，特令遵照。仍将遵照情形，呈报查考。此令。

据《南始战役记》

委派伍学熀兼职令

（一九二三年十一月二十日）

大元帅令

派伍学熀兼广东全省船民自治联防督办。此令。

中华民国十二年十一月二十日

据《大本营公报》第三十八号

准任谷春芳职务令

（一九二三年十一月二十日）

大元帅令

大本营参军长张开儒呈请调任大本营参谋处中校副官谷春芳为大本营参军处中校副官。应照准。此令。

中华民国十二年十一月二十日

据《大本营公报》第三十八号

给陈兴汉的指令*

（一九二三年十一月二十日）

大元帅指令第六三一号

* 十一月十九日，管理粤汉铁路事务陈兴汉呈报：每日售出客票照原价加抽三成，货物运费则加抽二成，作为临时附加军费，先行试办三个月。

令管理粤汉铁路事务陈兴汉

呈请酌抽临时附加军费先行试办三月,乞指令祗遵由。

呈悉。所拟临时附加军费先行试办三月之处,应即照准。查滇军总司令部款项,业令由该铁路收入项下每日拨给壹千元在案。嗣后此种临时附加军费,应每日先行拨给湘军总司令部壹千元,所余之数,再行三处均分。仰即遵照办理。此令。

中华民国十二年十一月二十日

据《大本营公报》第三十八号

任命许崇智职务令
（一九二三年十一月二十一日）

大元帅令

特任许崇智为粤军总司令。此令。

中华民国十二年十一月廿一日

据《大本营公报》第三十八号

任命刘震寰职务令
（一九二三年十一月二十一日）

大元帅令

特任刘震寰为桂军总司令。此令。

中华民国十二年十一月二十一日

据《大本营公报》第三十八号

任命鲁涤平职务令

（一九二三年十一月二十一日）

大元帅令

　　任命鲁涤平为湘军总指挥。此令。

中华民国十二年十一月廿一日

据《大本营公报》第三十八号

任命宋鹤庚等职务令

（一九二三年十一月二十一日）

大元帅令

　　任命宋鹤庚为湘军第一军军长，鲁涤平为湘军第二军军长，谢国光为湘军第三军军长，吴剑学为湘军第四军军长，蔡钜猷为湘军第五军军长，陈嘉祐为湘军第六军军长。此令。

中华民国十二年十一月廿一日

据《大本营公报》第三十八号

任命方鼎英代职令

（一九二三年十一月二十一日）

大元帅令

　　宋鹤庚未到任以前，湘军第一军军长着方鼎英代理。此令。

中华民国十二年十一月二十一日

据《大本营公报》第三十八号

给孙科的训令

（一九二三年十一月二十一日）

大元帅训令第三五六号

　　令广州市市长孙科

　　据广东地方善后委员会呈称："现据广州市民何为善、徐保民请愿设法保证民业一案，并附具《民业保证条例》到会。当经本会委员提出会议，随付审查，一致通过，并议决《民业保证条例》十四条，理合建议呈请鉴核施行"等情，并粘呈条例一折前来。据此，应予照准。除指令外，合行令仰该市长即便遵照办理。条例抄发。此令。

中华民国十二年十一月二十一日

附：广州市民业保证条例

　　第一条　　本条例之设，系因近日妄报官产、市产者接踵纷乘，以致市内大起恐慌，不得不设法救济，以为人民私权之保障。

　　第二条　　一切民有不动产，均须赴民产保证局缴纳一次过之保证金，领取民产保证，不得以前曾奉有官厅布告及批示为借口。其前经缴款由官厅承领有执照者，一律赴局领证，但不用缴纳保证金，只缴纳保证纸张费，每张一元。

　　第三条　　凡已经领得民产保证之业，无论何项机关不得再行投变。

　　第四条　　本条例公布后，各该业主应将产业坐落、四至及价值详细开列,连同本身红契赴局验明,分别缴款领证,其红契即日发还。

第五条　民业保证征收保证金之定率如左:

一、土地保证金,按照产价抽百分之二。

二、上盖保证金,按照产价抽千分之一。

第六条　上条土地及上盖产价均以红契为标准,如业主愿加报价值者听。

第七条　如有买得经领民产保证之产业,欲将产价呈报增加时,应将上年业主领得之保证持赴民产保证局请换新证。其征收保证金办法,应于新报产价金额内除去原报价额,只照增报部分按照定率征收之。

第八条　市内各业户须自布告日起,限十日内缴款领证。逾期领证者,得按照所逾日期之多寡,另订章程处罚之。

第九条　自本条例实施之日起,即行停止举报官产及市产。

第十条　如有将官厅已经取消之契照或伪造契照瞒请领证者,除将已缴款项没收及按照产价加倍处罚外,并治以应得之罪。

第十一条　凡未经请领民产保证之官产、市产,仍由该管机关照常办理。

第十二条　如人民发觉办理此项民业保证之官吏有营私舞弊,经证实时,应指名呈由广东地方善后委员会呈请政府严行惩办。

第十三条　为保障民业起见,广东地方善后委员会每日派委员二人到办理此项民业保证机关督察之。

第十四条　本条例自广东地方善后委员会议决后,呈大元帅公布施行。

据《大本营公报》第三十八号

给叶恭绰的指令 *

（一九二三年十一月二十一日）

大元帅指令第六三三号

　　令大本营财政部长叶恭绰

　　呈缴《查验民业押解外款暂行章程》，乞鉴核施行由。

　　呈及清折均悉。准如所拟施行。此令。

中华民国十二年十一月二十一日

据《大本营公报》第三十八号

给张开儒的指令

（一九二三年十一月二十一日）

大元帅指令第六三五号

　　令大本营参军长张开儒

　　呈为葡商永捷轮船案请示办法祗遵由。

　　呈悉。仰该参军长咨行广州卫戍总司令将该轮发还原商可也。此令。

中华民国十二年十一月二十一日

据《大本营公报》第三十八号

---

　　* 十一月十七日，大本营财政部长叶恭绰呈报：近来本国人民将所有产业押借洋款者甚多，偶一不慎，动启交涉。为此，特订定章程，详细查验。其最主要者，规定凡有将产业押借洋款事项，均应由债务人将各种单据即行呈报财政部，由该部核明盖戳发还，以资保障而免纠纷。

命公安局发给各军额支令

（一九二三年十一月二十一日）

　　前令由官产处发给各军每日之额支，着改由公安局在借租项下发给。此令。

　　右令程部长潜。

孙　文

中华民国十二年十一月二十一日

据《国父全集》第四册（转录史委会藏原件影印）

致许崇智函

（一九二三年十一月二十二日）

汝为兄鉴：

　　败时我责兄之重，则知胜时我爱兄之深也。此次转败为胜，全赖兄之神勇，而追击又在各军之先，我之喜慰，何可言喻。乃兄忽而引去，殊令我无所措手足。兹特派古湘芹、宋子文追往港、沪，代我挽驾，务望即日言旋，同肩大任。况粤局非兄莫能收拾，而革命事业，非粤无由策源，故兄之职责，自非一时一地之关系，实国家百年大计之所赖也。必当劳怨不辞，毅力奋斗。至盼至盼。

孙文　十一月廿二日

据《国父全集》第四册（转录史委会藏原件影印）

给伍汝康的训令

（一九二三年十一月二十二日）

大元帅训令第三五七号

　　令两广盐运使伍汝康

　　据广东兵工厂厂长朱和中呈称："呈为呈请事：案奉钧令开：'兹聘得德国技师，以制造猛烈炸药以应军用，着该厂长招待至无烟药厂，并给予各种原料器具，俾即日从事制造，制成物品，即交与航空局试验，着将效力成绩详细报告，此令'等因。奉此，厂长经于十月三日将该技师到差日期备文呈报察核，并请将该技师薪金及制造费用，照准列入报销在案。现在筹办制造炸药大致业经就绪，自应请领经费，俾资兴办。计开办费约需港币壹万二千五百九十元，自本月起，每月经常费约需港币六千五百五十一元三毫四分四厘，每月可制炸药二千四百七十启罗，每百启罗约合成本五百元。理合开列清单一纸，备文呈请察核，伏乞俯赐令饬迅将该开办费及本月经常费如数筹拨下厂，以资应用，实为公便"等情前来。并附该厂制造炸药开办费及经常费数目清单一纸。据此，除指令"呈及清单均悉。业令行两广盐运使照数拨给矣"外，合行令仰该运使即便遵照。此令。

　　计清单一纸

中华民国十二年十一月廿二日

据《大本营公报》第三十八号

给黄隆生的训令

（一九二三年十一月二十二日）

大元帅训令第三五八号

令大本营会计司司长黄隆生

据参军兼卫士队队长卢振柳呈称:"窃职队薪饷向系按月编造饷册,呈缴钧帅批饬会计司照发有案。兹逾十二年十月份,理合将是月薪饷、恩饷、药费、卫士津贴等缮造清册,呈请鉴核,伏乞批饬会计司给发,以应支领而便办公。并呈官佐士兵伕薪饷、恩饷册一份,呈请批示祗遵"等因。据此,除指令照准外,合行令仰该司长即便查照发给。饷册二份随发。此令。

中华民国十二年十一月二十二日

据《大本营公报》第三十八号

给郑润琦的指令

（一九二三年十一月二十二日）

大元帅指令第六四四号

令中央直辖广东讨贼军第三师师长郑润琦

呈请嘉奖封川县德坊联团团总叶瑞烘由。

呈悉。封川县德坊联团团总叶瑞烘督率团丁协助杀贼,自筹款项,支给所需。效命国家,输财纾难,殊属可嘉。仰该师长传令嘉奖,以励有功。此令。

中华民国十二年十一月廿二日

据《大本营公报》第三十八号

任命蒋尊簋职务令

（一九二三年十一月二十三日）

大元帅令

任命蒋尊簋为大本营参谋处主任。此令。

中华民国十二年十一月廿三日

据《大本营公报》第三十八号

任命吴介璋等职务令

（一九二三年十一月二十三日）

大元帅令

任命吴介璋、彭程万、俞应麓、耿毅、葛光庭、辛丕斋为大本营高级参谋。此令。

中华民国十二年十一月廿三日

据《大本营公报》第三十八号

准任曾勇甫等职务令

（一九二三年十一月二十三日）

大元帅令

大本营参谋长李烈钧呈请任命曾勇甫、蔡公时为大本营参谋处秘书，李有枢为大本营参谋处上校参谋，徐卫璜为大本营参谋处上校副官，吴应镗、童天铎为大本营参谋处中校副官。均照准。

此令。

中华民国十二年十一月廿三日

据《大本营公报》第三十八号

给熊克武刘成勋的训令

（一九二三年十一月二十三日）

大元帅训令第三五九号

　　令四川讨贼军总司令熊克武、川军总司令刘成勋

　　自直系军阀挟其武力，勾结金壬，扰乱四川，本大元帅特令川军将帅分道讨伐，来犯各股，以次廓清。顷据该总司令巧、号两电报称：〈贼〉据重庆江北两城负嵎自固，我军四面环攻，鏖战数旬，由赖总指挥①严督各军，肉薄血战，于十月十六日克复重庆，贼众崩溃，已不成军，皆由我将士忠勇奋发，克集大勋。闻讯之余，深为嘉慰。着该总司令等督率各军，迅速扫荡，肃清川境，并力中原，以副本大元帅伐罪吊民之意。至此次有功将校，着先传令嘉奖，并由该总司令等择尤保荐，予以褒荣，以昭懋赏，将此通令知之。此令。

中华民国十二年十一月二十三日

据《大本营公报》第三十八号

给许崇智的训令

（一九二三年十一月二十三日）

大元帅训令第三六〇号

---

　　①　赖总指挥：即赖心辉。

令粤军总司令许崇智

为令遵事：照得戎事方殷，指挥作战既属要图，整理训练并为急务。曾经任命许崇智为粤军总司令，所有东路讨贼军所属全部及广东讨贼军第四军、广东讨贼军第一师、广东讨贼军第二师、广东讨贼军第三师、高雷绥靖处、钦廉绥靖处、连阳绥靖处、虎门要塞、长洲要塞、海防司令等各部队，以及姚雨平、朱卓文、李天德、徐树荣、李安邦等所部，凡属于粤军范围，着统归总司令编练整顿、节制调遣，期成劲旅而卫国家。合行令仰该总司令遵照，仍将办理情形呈报查考。此令。

中华民国十二年十一月廿三日

据《大本营公报》第三十八号

给刘震寰的训令

（一九二三年十一月二十三日）

大元帅训令第三六一号

令桂军总司令刘震寰

为令遵事：照得戎事方殷，指挥作战既属要图，训练整理并为急务。曾经任命刘震寰为桂军总司令，所有属于桂军范围各部队，着统归该总司令编练整顿、节制调遣，期成劲旅而卫国家。合行令仰该总司令遵照，仍将办理情形呈报查考。此令。

中华民国十二年十一月廿三日

据《大本营公报》第三十八号

给伍汝康的指令

（一九二三年十一月二十三日）

大元帅指令第六四九号

令两广盐运使伍汝康

呈请添设广东省垣盐警指挥办事处拟定暂行章程及经费表请察鉴核令遵由。

呈及暂行章程暨经费表均悉。所请添设广东省垣盐警指挥办事处，应予照准。盐警职司缉私，仰即遵照向章办理。暂行章程，业经修正抄发。此令。

中华民国十二年十一月廿三日

据《大本营公报》第三十九号（一九二三年十一月三十日版）

给程潜的指令 *

（一九二三年十一月二十三日）

大元帅指令第六五一号

令大本营军政部长程潜

呈请举办南番等县人民自卫枪炮执照及酌抽照费由。

呈悉。所请事属可行，仰即妥拟章程呈候核准施行。此令。

---

* 十一月二十二日，大本营军政部长程潜呈报：查南海、番禺、顺德、香山、新会、台山、四会、三水八县民间所存自卫枪支为数不少，需加稽核，并可酌抽照费，藉补军饷。因此呈请举办南、番等县人民自卫枪炮执照。

中华民国十二年十一月二十三日

据《大本营公报》第三十九号

委派许崇智兼职令

（一九二三年十一月二十四日）

大元帅令

　　特派许崇智兼滇粤桂联军前敌副指挥。此令。

中华民国十二年十一月廿四日

据《大本营公报》第三十八号

任命李怀霜等职务令

（一九二三年十一月二十四日）

大元帅令

　　任命李怀霜、杨赓笙、熊群青、周东屏为大本营参谋处军事参议；井上谦吉、朱润德为大本营参谋处军事顾问。此令。

中华民国十二年十一月廿四日

据《大本营公报》第三十九号

给黄桓的指令

（一九二三年十一月二十四日）

大元帅指令第六五四号

　　令大本营技师黄桓

　　呈报广州电话局男司机生于敌势方张、逆党四伏之际，竟敢联同罢工,请明令照准严行究办,以止乱萌由。

呈悉。照准。此令。

中华民国十二年十一月二十四日

据《大本营公报》第三十九号

中国国民党改组宣言[*]

(一九二三年十一月二十五日)

　　吾党组织,自革命同盟会以至中国国民党,由秘密的团体而为公开的政党,其历史上之经过垂二十年。其奋斗之生涯,落落大者,见于辛亥三月广州之役,同年十月武汉之役,癸丑以往倒袁诸役,丙辰以往护法诸役。党之精英,以个人或团体为主义而捐生命者,不可胜算,当之者摧,撄之者折。其志行之坚,牺牲之大,国中无二。然综十数年已往之成绩而计效程功,不得不自认为失败。满清鼎革,继有袁氏;洪宪堕废,乃生无数专制一方之小朝廷。军阀横行,政客流毒,党人附逆,议员卖身,有如深山蔓草,烧而益生,黄河浊波,激而益溷,使国人遂疑革命不足以致治,吾民族不足以有为。此则目前情形无可为讳者也。

　　窃以中国今日政治不修,经济破产,瓦解土崩之势已兆,贫困剥削之病已深。欲起沉疴,必赖乎有主义、有组织、有训练之政治团体,本其历史的使命,依民众之热望,为之指导奋斗,而达其所抱政治上之目的。否则民众蠕蠕,不知所向,惟有陷为军阀之牛马、外国经济的帝国主义之牺牲而已。国中政党,言之可羞:暮楚朝秦,宗旨靡定;权利是猎,臣妾可为。凡此派流,不足齿数。而吾党

---

　　[*]　此宣言由孙中山任命组成的中国国民党临时中央执行委员会所起草。

本其三民主义而奋斗者历有年所，中间虽迭更称号，然宗旨主义未尝或离；顾其所以久而不能成功者，则以组织未备、训练未周之故。夫意志不明，运用不灵，虽有大军，无以取胜。吾党有见于此，本其自知之明，自决之勇，发为改组之宣言，以示其必要。先由总理委任九人，组织临时中央执行委员会，以始其事；行将召集海内外全党代表会议，以资讨论。关于党纲章程之草定，务求主义详明，政策切实，而符民众所渴望。而于组织训练之点，则务使上下逮通，有指臂之用；分子淘汰，去恶留良。吾党奋斗之成功，将系乎此，愿与同志共勉之！

据《国民党周刊》第一期（一九二三年十一月二十五日）

在广州大本营对国民党员的演说

（一九二三年十一月二十五日）

各位同志：

此次吾党改组用意，志在将本党势力在中国内地各省尽力扩充。向来本党势力多在海外，故吾党在海外有地盘、有同志，而中国内地势力甚为薄弱。所以吾党历年在国内的奋斗，专用兵力；兵力胜利，吾党随之胜利，兵力失败，则吾党亦随之失败。故此次吾党改组唯一之目的，在乎不单独倚靠兵力，要倚靠吾党本身力量。

所谓吾党本身力量者，即人民之心力是也。吾党从今以后，要以人民之心力为吾党之力量，要用人民之心力以奋斗。人民之心力与兵力，二者可以并行不悖。但两者之间，究竟应以何者为基础？应以何者为最足靠？自然当以人民之心力做基础，为最足靠。若单独倚靠兵力，是不足靠者，因为兵力之胜败无常。吾党必要先有一种基本力量做基础,然后兵力有足靠之希望。假使没有一种基本力量做基础,虽有兵力,亦不足恃。

吾党在中国内地以兵力奋斗而胜利者,已有三次矣。武昌起义,推翻满清,建设共和,是吾党兵力成功之第一次也。袁氏称帝,讨袁军兴,推翻洪宪,是吾党兵力成功之第二次也。张勋复辟,〈吾党〉提倡护法,其后徐氏①退位,以至陈炯明谋叛,北方武人亦承认护法,是吾党兵力成功之第三次也。但三次之成功,皆不能达革命之目的。是兵力虽成功,而革命仍未成功,因为吾党尚欠缺力量之故。所欠缺者是何种力量?就是人民心力。当时中国人民不赞成革命,多数人民不为革命而奋斗。革命行动而欠缺人民心力,无异无源之水、无根之木。即如近几天,陈逆炯明率其部下迫攻广州,以作孤注之一掷,我军本其奋斗精神与之抵抗,已将陈逆部队打得七零八落,在广州方面亦可说是兵力之成功。但将来能收得效果若干,将来结果如何,诚不能预定;且将来所得结果是善果抑是恶果,亦不能预定。所以吾党想立于不败之地,今后奋斗之途径,必先要得民心,要国内人民与吾党同一个志愿,要使国内人民皆与吾党合作,同为革命而奋斗。必如此方可以成功;且必有此力量,革命方可以决其成功。盖以兵力战斗而成功,是不足靠的;以党员力量奋斗而成功,是足靠的。质而言之,靠兵力不得谓之成功,靠党员方是成功;即以兵力打胜仗非真成功,以党员打胜仗方是真成功。

如何是以党员打胜仗?即凡属党员,皆负有一种责任,人人皆为党而奋斗,人人皆为党的主义而宣传。一个党员,努力为吾党主义宣传,能感化一千几百人。此一千几百人,亦努力为吾党主义宣

———————

① 徐氏:指徐世昌。

传,再能感化数十万人或数百万人。如此推去,吾党主义自能普遍
于全中国人民。此种奋斗,可谓之"以主义征服"。以主义征服者,
是人民心悦诚服也,所谓"得其心者得其民,得其民者得其国",即
此之谓也。

　　中国自辛亥革命以至今日已经过十二年矣,而国内之纠纷愈
甚,且政治经济诸端反呈退化现象,其原因维何? 简括言之,即是
吾党奋斗未曾成功之故。在辛亥革命以前,吾党党员非不奋斗,但
自辛亥革命以后,热心消灭,奋斗之精神逐渐丧失。人人皆以为辛
亥革命推翻满清便是革命成功,革命事业不肯继续做去,此其最大
原因也。至此等错误思想发生之原因,不能不稍详细述之。

　　回忆武昌起义时,我从海外遄返上海,当时长江南北莫不赞成
革命,即如上海一隅,虽至腐败之老官僚,亦出而为革命奔走。惟
当我初抵上海时,凡吾党同志,以至绅商学各界,甚而至于一班老
官僚,都一齐来欢迎。其中有一官僚极郑重的对人说:"好极了!
现在革命军起,革命党消灭了。"我当时亦听闻此话,甚为诧异。不
久,则见所谓革命党人所办的报馆、所赖以指导国内舆论者,亦持
此论调,真是怪事。夫一般官僚,在未革命之前为满清出力,以残
杀革命党人为能事,在革命军兴之时又出而口头赞成革命。当时
一般官僚,尚未知革命党有何等力量,但彼等最怕的就是革命。如
果革命军起,革命党兴,彼辈必不能生存,故出〔造〕造〔出〕"革命军
起,革命党消"八个字去抵制革命党。而革命党人亦随声附和之。
后来民国成立,即有政党蜂起。其时有共和党、统一党,种种色色,
不胜缕述,大都皆以取得政权为目的;但完全未有革命党。于是宋
教仁、黄兴等一般旧革命党人,以为别人既有了党,吾等尚未有党,
乃相率而组织国民党。

　　但当组织国民党之时,我已经辞了临时大总统。我当时观察

中国形势,我已经承认吾党立于失败之地位。我当是时极为悲观,我以为在吾党成功之时,吾党所抱持之三民主义、五权宪法尚不能施行,更复有何希望?所以只有放去一切,暂行置身事外。后来国民党成立,本部设在北京,推我任理事长,我决意辞却。当时不独不愿意参加政党,而且对于一切政治问题亦想暂时不过问。但一般旧同志以为我不出而担任理事长,吾党就要解体,一定要我出来担任。我当时亦不便峻却,只得答应用我名义,而于党事则一切不问,纯然放任而已。

及至宋案发生,一般同志异常愤激,然亦未有相当办法,遂联同致电日本,促我返国。我回上海时,见得宋教仁之被杀,完全出于袁世凯之主使,人证物证皆已完备。所有宋教仁未被杀之先一切往来电文,宋教仁被杀之后一切来往电文,皆已搜集起来,已经证实宋教仁之被杀主谋者确是袁世凯,毫无疑义。于是一般同志,问我有何办法。我谓事已至此,只有起兵。因为袁世凯是总统,总统指使暗杀,则断非法律所能解决,所能解决者只有武力。但一般同志误以为宋教仁之被杀是一个人之事,遂以为不应因一人之事而动天下之兵。我极力劝各位同志,要明白宋教仁之被杀并非一人之事,切勿误认,除从速起兵以武力解决之外,实无其他办法。而各位同志仍依然不肯赞成。当宋教仁被杀时,全国舆论皆甚愤激,即外国亦不直袁氏所为,袁氏借债之举因此大受打击。而吾党在国内势力亦殊不薄弱,倘能于此时起而继续奋斗,吾党大有可为,袁氏不足平也。无如各位同志皆不赞成,此种时机遂至错过。不久,袁氏借债成功,钱已到手,可以施用武力政策,遂向吾党示威,先免去吾党四个都督。吾党遂起而与之对抗,因而二次革命以起。惟此时,时机错过,故二次革命终归失败。

二次革命失败后,各同志多再亡命于日本,大都垂头丧气。但我此时反极为乐观。然必先使多数同志奋斗之精神复活,方能继续吾党革命事业。于是在日本组织中华革命党,集合吾党之革命分子,专从事于革命事业。从前吾等不敢公言革命,因避去革命党之名义,而有同盟会之组织。但此时在日本竟公然提出中华革命党,以相号召矣。

　　然当时亡命在日本之同志,以为日日言革命,究竟有何势力,有何方法?他等以为当二年前,吾党正是成功,据有十余省地盘,千万之款可以筹集,三四十万之兵可以调用,尚且不能抵抗袁氏;今已一败涂地,有何势力可以革命?革命进行究竟有何办法?我再〈三〉苦劝各同志说,谓自成功以至失败,其时间不过三年耳,尔等不要专向从前的地位着想,尔等不要忘记了时间。尔等若专向地位着想,以为从前有十余省地盘,有钱又有兵,尚且失败;若如此想,一定想不通的。尔等要向时间上着想。吾党成功时,有十余省地盘,有钱又有兵,诚然不错。但尔等要反追想三年以前的事。吾党人在三年以前,都是一班亡命之徒,何尝有地盘?何尝有钱?何尝有兵?吾党成功时间不过三年,尔等可将三年间事情作为一场大梦,复回三年以前的革命精神。自庚子以后,或一年一次而革命,或二年一次而革命,总共革命之起不下十有余次。而每次之失败,各位同志总未有灰心者,何以经过武昌之成功后,遂反至灰心?吾等在三年前,类皆百折不挠,屡仆屡起,此是何等精神,何等奋斗!我今日希望同志恢复从前所具之精神,继续奋斗而已。从前吾党当推翻满清时,何尝有力量,大众皆是赤手空拳。当武昌革命党发动时,亦未有何种方法,不过大众皆明白满清一定要推翻,人人皆有此种信仰,人人皆明白此种道理耳,但尚未有何种事实可以证明。今日吾等虽失败而亡命,然吾等之信用益大,吾等之经验益富,而且有事实可以证明。故今次之失败,比之三年前较有信用、有经验、有证据。何以在三年前遇有失败,无不继续奋斗,在三年后便尔灰心,不肯继续奋斗?各同志经听我此次苦劝之后,大众一齐恢复从前革命之精神,共同起而组织中华革命党。中华革命党唯一之宗旨,是以革命之精神图主义之实现者。

后日袁世凯称帝,中华革命党遂起义于广东、山东、长江流域各省。未几袁氏死而黎元洪继之。当时各同志又不能继续奋斗到底,人人以为黎氏复职,民国政治可以逐渐整理,不肯继续革命。后来张勋复辟,吾等实行护法。然革命始终不能彻底,稍有少许成功,即行收束,以为妥协。而革命事业,终后〔始〕未能成功。

以上所述,吾党之奋斗多是倚靠兵力之奋斗,故胜败无常。若长此以往,吾党终无成功之希望,吾党三民主义终无实现之一日。所以,有此次改组事情之发生。

此次改组所希望者何事?就是希望吾党造成一中心势力。各同志从今日起,要认真去干革命事业,各同志要将革命事业作为本人终身事业,必要使三民主义、五权宪法完全实现,方可算是吾党成功。但是此等成功,不能单靠战争。因为战事〔争〕要靠军人,而现在一般军人多是不明主义者。彼等不是为主义而战争,是为个人升官发财而战争。故单靠军人奋斗,不能使三民主义实现。不过现在的军人适逢其会,故与之合作耳。然此是借人之力量以干革命事业,而终不可靠者也。吾党所须者,是在革命精神。吾等对于三民主义应当有坚决的信仰,要使吾等皆愿意为主义而牺牲,为主义而奋斗。且吾等必先具有此决心,有此志愿,然后用宣传的方法,使全国大多数人民皆与吾等具有一样的决心,一样的志愿。能吸收多一个同志,就可减少一个反对党。

至现在吾党有多少党员,实在甚少。吾等应当固结团体,讨论一种好方法,努力去宣传,于最短时间,使广州百余万人民皆变成革命党,做吾等的同志。又费若干时间,努力去宣传,使广东三千万同胞,以至于全中国四万万同胞,有过半数变成革命党,做吾等的同志。此真是吾党的大成功。如此做法,就是国民党党员之战胜。我党从今日起努力做去,务要达到党员战胜,方得谓之成功。如其不然,若专靠兵力,虽百战百胜,亦不得谓之成功。就如以前所述三次之胜利,皆旋得而旋失,胜败互见,何得谓之成功! 推究其故,实有许多缺点,且许多工作未做。此种工作,在革命后固未尝做,在革命前亦未尝做。其所以未做之故,因为吾等未曾发明有好的方法;且因为知识不足,尚未看见此种道理。故革命成功以后,许多革命党人反藉革命以谋个人利权,养成个人势力,一俟个人势力既成,反而推翻革命。所以革命虽经三次成功,而革命主义依然不能实现。其最大原因,皆是专靠兵力,而党员不负责任,所以有此恶果。自辛亥革命以至今日,宣传事业几乎停顿。即革命未成功以前,吾等非不从事于宣传,但当时宣传方法,皆是个人的宣传,既无组织,又无系统,故收效仍小,故可谓之"人自为战"的宣传。至武昌起义以后,则连人自为战的宣传,亦皆放弃而不肯做。人人皆以为革命已经成功,皆停止奋斗。殊不知以前之所谓成功,不过靠兵力之成功,而非党员之成功。吾党欲求真正之成功,从今以后,不单独专靠军队,要吾党同志各尽能力,努力奋斗。而且今后吾党同志的奋斗,不要仍守着旧日人自为战的奋斗,要努力于有胆〔组〕识〔织〕、有系统、有纪律的奋斗。

从前何以不从事于有组织、有系统、有纪律的奋斗? 因为未有模范,未有先例之故。现在一位好朋友鲍君①,是从俄国来的。俄国革命之发动迟我国六年,而俄国经一度之革命,即能贯彻他等之

_____

① 鲍君:指鲍罗廷。

主义,且自革命以后,革命政府日趋巩固。同是革命,何以俄国能成功,而中国不能成功? 盖俄国革命之能成功,全由于党员之奋斗。一方面党员奋斗,一方面又有兵力帮助,故能成功。故吾等欲革命成功,要学俄国的方法组织及训练,方有成功的希望。但有许多人以为俄国是过激党执政,吾等学俄国,岂不是学过激党? 殊不知俄国当革命未发动之初,诚不免有许多过激的思想发生,盖俄国革命党首领多是具有丰富之学识与高深之理想,故立论之间操之过激者,实在难免。但俄国人做事,不专尚理想,多是以事实为依据,如行路然,于择其可通行者而后行之。故俄国当革命之时,国内有许多党并立,如社会民主党、民主革命党等,而皆不能成功,今日成功者是共产党。共产党之所以成功者,在其能合乎俄国大多数人心,所以俄国人民莫不赞成他、拥护他。鲍君初来时即对我说,俄国革命经过六年间之奋斗,诚不一其道。而今日回头一看,最合乎俄国人民心理者,莫如民族主义。俄国人民受列强之束缚,异常痛苦。俄国人民所受欧洲大战之痛苦,完全是受列强强迫的。俄国皇帝之动摇,就是因为与列强一致参加大战,所以人民莫不反对他,故起而革俄皇之命。但革命后,民主革命党执政,柯伦斯基政府仍然与列强一致继续对德战争,而共产党早已反对战争,早已提出与德单独讲和的议案,至是大得俄国民心。俄国人民皆不愿做列强的奴隶,于是共产党与俄国人民主张一致,所以共产党得告厥成功。

共产党革命成功之后,因取消外债,故惹起列强激烈的反对,英、美、法、日本等国均起而攻击之。当时俄国是〔十〕八面受敌,列强的兵已攻至圣彼得堡,其危险程度实比之前数日的广州更甚。而俄国之所以能抵抗此强敌者,全靠乎俄国人民与党员之奋斗,故能排除外力,造成独立的国家,不再做列强的奴隶,并能排除列强经济的侵略。至今日回头一看，六年间的奋斗，无非为脱离列强的束缚而奋斗，即无非为民族主义而奋斗。俄国革命，原本只有民权主义、民生主义，而无民族主义。但其在六年间奋斗，皆是为民族主义而奋斗。若是，与吾党之三民主义，实在暗相符合。至有人谓其为过激，则又有说。盖当革命时，非采激烈手段，一定不能成功；至今日之俄国，秩序已经回复，何尝有过激之举发生？此不足虑者也。

吾党与他们所主张皆是三民主义，主义既是相同，但吾党尚未有良好方法，所以仍迟迟不能成功。他等气魄厚，学问深，故能想出良好方法。吾等想革命成功，一定要学他。吾等在革命未成功之前，既是人自为战，今后应该结合团体而战，为有纪律的奋斗。因为要学他的方法，所以我请鲍君做吾党的训练员，使之训练吾党同志。鲍君办党极有经验，望各同志牺牲自己的成见，诚意去学他的方法。今日各区分部之成立，时间虽甚短，而据各位同志之报告，成绩已大有可观。若继此以往，吾党终有最后胜利之一日。鲍君对我说，如能假以六个月时间，可以将广州市变成吾党最巩固之地盘。不独广州市如此，在一年间或二年间将此革命精神普遍于全国，则我国革命成功虽迟于俄国，而终是成功。吾党要从今日学起，一定可以成功。

我记得前在伦敦时候，有俄国革命党问我："中国革命，几年成功方能满足？"我当时极为审虑，然后答他，谓中国革命三十年成功，便尔满足。他反谓未有如此之快。原本我说三十年是极让步的，我于是反问他，俄国革命如何？他谓俄国革命如百年成功，亦甚满足。但要从今日奋斗起，不然，应该一百年成功者，将来或不止一百年。他如此说，足见俄人魄力之雄厚。我每次革命失败逃至海外时，无不极力寻新同志。我记得一次到旧金山，有一位青年对我说，[谓]极佩服我每次失败，毫不灰心，而且精神更强。但我是相信革命事业要三十年成功者，如二三次之失败算得什么，何至令我灰心！但我谓三十年成功，他便佩服我，而俄人谓成功待之百年，更足令我佩服。

俄国与中国皆是大国，将来成功亦必一样。吾等要从今日起，大家固结团体，以团体而奋斗，不专尚个人的奋斗；要靠党员的成功，不专靠军队的成功。望各同志要本此等精神、此等力量而进行。

据《国民党周刊》第二期（一九二三年十二月二日出版）《孙总理训辞》

致张作霖函

（一九二三年十一月二十五日）

雨亭总司令大鉴：

自去年陈炯明听吴佩孚嗾使叛乱于后方，致使我北伐之师中道挫折，因而致奉天师旅亦不克扫荡燕云，擒斩国贼，良用为憾。

失败而后，只身到沪，犹奋我赤手空拳与吴贼决斗。一年以来，屡蒙我公资助，得以收拾余烬，由闽回师；又得滇军赴义，川民逐吴，遂将国贼在西南之势力，陆续扑灭；而广州根本之地，得以复还。此皆公之大力所玉成也。

惟自得广州之后，残破之余，元气一时难复，而财政之困，日以迫人，以致不能速于扫荡，竟使叛逆尚得负隅东江，为患而今。而吴佩孚、齐燮元近日济以大帮饷弹，逆贼乃得倾巢来犯。旬日以来，石龙不守，广州危急，本月十八、十九两日我军为背城之战，幸将士用命，将敌人主力完全击破，广州得转危为安。从此广东内部

平定可期,而北伐计划亦可从此施行矣。故特派叶誉虎①前来领
教一切,并详报各情,到时幸赐接洽为盼。并候

大安

　　　　　　　　孙文　民国十二年十一月二十五日

　　　　　　　　　　　　　　据叶编《总理遗墨》

致 胡 谦 电

（一九二三年十一月二十五日）

　　增城命令传达所胡所长鉴:养午电悉。该所长提疲困之兵,当
方张之敌,居无险之地,守援绝之城,率〔卒〕能团结军心,效死无
去,苦战旬余,力全危城。城存与存。吾国数千年军人之美德,于
今再见。兹阅来电,慨焉兴感,嘉许之怀,有逾恒量。着军政部详
查此役出力人员,汇案从优议赏以酬殊勋。尚宜努力戎行,用竟全
功,有厚〈望〉焉。此令。大元帅。有。

　　　　　　　　　　　　　　据《大本营公报》第三十九号

任命吕超石青阳职务令

（一九二三年十一月二十五日）

大元帅令

　　任命吕超为四川讨贼军第一军总司令,石青阳为四川讨贼军
第三军总司令。此令。

中华民国十二年十一月廿五日

　　　　　　　　　　　　　　据《大本营公报》第三十九号

---

　　①　叶誉虎:即叶恭绰。

任命汤子模等职务令

（一九二三年十一月二十五日）

大元帅令

　　任命汤子模为四川讨贼军第一师师长，郑启和为四川讨贼军第二师师长，周西成为四川讨贼军第三师师长。此令。

中华民国十二年十一月廿五日

据《大本营公报》第三十九号

任命李昌权等职务令

（一九二三年十一月二十五日）

大元帅令

　　任命李昌权为四川讨贼军补充第一旅旅长，朱华经为四川讨贼军补充第二旅旅长，邹畏之为四川讨贼军补充第三旅旅长，王纲为四川讨贼军补充第四旅旅长。此令。

中华民国十二年十一月廿五日

据《大本营公报》第三十九号

任命贺龙职务令

（一九二三年十一月二十五日）

大元帅令

　　任命贺龙为四川讨贼军第一混成旅旅长。此令。

中华民国十二年十一月廿五日

据《大本营公报》第三十九号

命徐树荣防地由朱卓文接管令

（一九二三年十一月二十五日）

　　着徐树荣所部即日调离黄埔，所遗防地由朱卓文所部接防。
此令

朱卓文、徐树荣

孙　文

中华民国十二年十一月廿五日

据谭编《总理遗墨》第一辑

给程潜的训令

（一九二三年十一月二十五日）

大元帅训令第三六二号

　　令大本营军政部长程潜

　　据大本营驻增城命令传达所长胡谦养午代电称："逆军陈修
爵、谢文炳、谢毅、周天禄等纠合土匪共约三千人，乘我东江作战军
变更之际，于本月十一日来犯我增城，经率海防陆战队徐团、西路
第十三旅李海云旅、直辖讨贼军黄进瑞部、东路第一路吴司令铁城
部、第三军黄司令兆楠、罗团长家驳及直辖第三军卢军长所部谭支
队等部登城固守，剧战十二昼夜，击毙敌军、土匪数百名。本晨王
总指挥秉钧率领大军来援，当即内外夹击，敌势不支，向正果方面
溃退，增围获解，地方无恙。查增城无险可恃，加之粮缺弹乏，军非

训练,幸保一隅之安者,全赖帅座之福威,诸将士之用命与友军之来援迅速,始获收此效果,谨电奉闻"等语。除电复"养午电悉。该所长提疲困之兵,当方张之敌,居无险之地,守援绝之城,卒能固结军心,效死无去,苦战旬余,力全危城。城存与存,吾国数千年军人之美德,于今再见。兹阅来电,慨焉兴盛〈感〉,嘉许之怀,有逾恒量。着军政部详查此役出力人员,汇案从优议赏以酬殊勋,尚宜努力戎行,用竟全功,有厚望焉"外,合行令仰该部长即便查照办理。此令。

中华民国十二年十一月二十五日

据《大本营公报》第三十九号

致廖湘芸电

（一九二三年十一月二十六日）

　　虎门廖司令鉴:府密。我追击军大破残敌于石滩之东,现已占据福田、石龙之线,残敌向惠州溃退。虎门各部着速出击,以扫荡石龙南东之残敌为要。孙文。寝戌。

据谭编《总理遗墨》第一辑

任命王度职务令

（一九二三年十一月二十六日）

大元帅令

　　任命王度为大本营参军。此令。

中华民国十二年十一月廿六日

据《大本营公报》第三十九号

准任马超俊等职务令

（一九二三年十一月二十六日）

大元帅令

　　大本营军政部长程潜呈请任命马超俊为广东兵工厂总务处长，韦增复为广东兵工厂工务处长，刘东骐为广东兵工厂审验处长，雷大同为广东兵工厂审计处长。均照准。此令。

中华民国十二年十一月廿六日

据《大本营公报》第三十九号

给李济深周之贞的训令

（一九二三年十一月二十六日）

大元帅训令第三六三号

　　令西江善后督办李济深、广东讨贼军第二师师长周之贞

　　据广东海防司令陈策呈称："前奉钧座公密电令开：'据两广盐运使邓泽如呈请通缉违抗命令、挟舰逃亡之定海舰长何固，及潜来省河拖带福海舰一并逃亡之江平舰长郑星槎等情，应予照准，除分令外，仰即遵照严缉务获，连同各舰一并解送究办。此令'等因。奉此，查干犯法纪，国有常刑，原情酌理，宽猛共济，无非务达威令能风行、下情不上壅之效。司令奉令之后，当已饬属遵行。惟自此案发生以来，听闻所及，当时该定海、江平两舰驶离省河之际，该定海舰长何固、江平舰长郑星槎均未在舰，该舰等舰员乘舰长离舰，遽作法外行动，殊属胆大至极；而该舰长等防范失检，督率弛松，难辞其咎。但念该舰长等与司令频年患难，为党为国不避艰险。去

岁白鹅〈潭〉①之役,极力拥护钧帅,尤见坚贞。此次通缉令下,嫌疑远避,对于我方军务,犹能间接赞勷,诸多暗助,足征悔过之诚,弥坚自新之志。该何固、郑星槎两员,均属英年,才尚可用,长此沦弃,殊为可惜。用敢呈恳钧座网开三面,格外施仁,将何固、郑星槎两员取消通缉,以观后效。倘蒙逾格鸿施,定必肝脑图报。可否取消通缉,俾得改过自新之处,理合备文呈请伏乞睿鉴施行"等情。据此,除指令准予取消通缉外,合行令仰该督办、师长即便知照。此令。

中华民国十二年十一月廿六日

据《大本营公报》第三十九号

给廖仲恺的训令

(一九二三年十一月二十六日)

大元帅训令第三六四号

广东省长廖仲恺

此次增城之役,驻增城命令传达所长胡谦,奖率疲军,力保危城,业经电令嘉奖,并令军政部详查此役出力人员,汇案从优议赏。查增城县长黄国民,于战事紧急之时,能团结居民协力捍卫,屯集糇粮以充军食,使人怀同心,士有斗志,以此苦战旬余,卒存孤城。该县长抱信怀忠,起顽立懦,守土安民,有功国家。着广东省长廖仲恺传令嘉奖,并详查事绩,从优议奖,以昭懋赏而酬殊勋。此令。

中华民国十二年十一月廿六日

据《大本营公报》第三十九号

---

　① 白鹅潭:系珠江在广州西部一较宽阔江面,一九二二年七至八月,孙中山曾率舰队停泊于此抗击陈炯明叛军。

给林森的指令

（一九二三年十一月二十六日）

大元帅指令第六六〇号

　　令大本营建设部长林森

　　呈缴国有荒地承垦条例三十条乞鉴核施行由。

　　呈及清折均悉。准如所拟施行。此令。

中华民国十二年十一月二十六日

附:林 森 呈

　　呈为拟订《国有荒地承垦条例》仰祈鉴核事:窃查吾国地大物博,人口繁多,惜民众集中都市,地利废而不治,童山荒野所在皆是,亟宜提倡开垦,以辟土地而厚民生。兹拟订《国有荒地承垦条例》三十二条,缮具清折随文呈请鉴核,伏祈明令施行,实为公便。谨呈

大元帅

　　谨呈《国有荒地承垦条例》一扣

　　　　　　　　　　　　　　大本营建设部长林森

中华民国十二年十月三十一日

国有荒地承垦条例

第一章　总　纲

　　第一条　本条例所称之国有荒地,指江海、山林、新涨及旧废

无主未经开垦者而言。

第二条　凡国有荒地除政府认为有特别使用之目的外,均准人民按照本条例承垦。

第三条　凡承领国有荒地开垦者,无论其为个人或为法人均认为承垦权者。

第四条　前条之个人或法人之团体员,非有中华民国国籍者,不得享有承垦权。

第二章　承　垦

第五条　凡欲领地垦荒者,须具书呈请该管官署核准报部立案。

第六条　呈请书须记载左列各项:

一、承垦人之姓名、年龄、籍贯及住所,若系法人,则发起人及经理人之姓名、年龄、籍贯住所,其设有事务者,并记其设置之地点。

二、承垦地形及规划堤渠、疆里之图。

三、承垦地面积计若干亩。

四、境界东西南北各至何处,与某官地或民地交界;若指定该荒地之一部分者,并记其方隅。

五、种类:江、河、湖、海、涂滩地、草地或树林地。

六、地势:平原、高原、山地、干地或湿地。

七、土壤:土质、土色并沙砾之多寡。

八、水利距离江海河湖远近,一切堤岸沟渠规划建设之概要。

九、经营农业之主要事项:种谷或畜牧或种树。

十、开荒经费若干。

十一、预拟建辟堤渠疆里工程及竣垦年限。

第三章 保证金及竣垦年限

第七条 承垦人提出呈请书,经该管官署核准后,须按照承垦地亩每亩纳银一角,作为保证金。

前项保证金得以公债票及国库券缴纳。

第八条 承垦人缴纳保证金后,即由该管官署发给承垦证书。

第九条 承垦证书须记载左列各事项:

一、第六条第一款至第十一款之事项。

二、承垦核准之年月日。

三、保证金额。

第十条 承垦地除建辟堤渠画分疆里工程外,因亩数多寡预先竣垦年限如左:

一、草原地:

一千亩未满者	一年
一千亩以上二千亩未满者	二年
二千亩以上三千亩未满者	三年
三千亩以上四千亩未满者	四年
四千亩以上五千亩未满者	五年
五千亩以上一万亩未满者	六年
一万亩以上者	八年

二、树林地:

一千亩未满者	二年
一千亩以上二千亩未满者	三年
二千亩以上三千亩未满者	四年
三千亩以上四千亩未满者	五年
四千亩以上五千亩未满者	六年

五千亩以上一万亩未满者	七年
一万亩以上者	九年

三、斥卤地：

一千亩未满者	四年
一千亩以上二千亩未满者	五年
二千亩以上三千亩未满者	六年
三千亩以上四千亩未满者	七年
四千亩以上五千亩未满者	八年
五千亩以上一万亩未满者	九年
一万亩以上者	十一年

第十一条　承垦人受领承垦证书后，一个月内须设立界标或开界沟。

第十二条　承垦人受领承垦证书后，每年度之初，一月内须报告其成绩于该管官署。如满一年尚未从事堤渠疆里工程或开垦者，即撤销其承垦权，但因天灾地变及其它不可抗力，曾经申明而得该管官署之许可者，不在此例。

第十三条　已满竣垦年限尚未全垦者，除已垦地外即撤销其承垦权，但因天灾地变及其他不可抗力而致此者，得酌量展期。

第十四条　本于第十二条之规定而撤销其承垦权者，应追缴其承垦证书，其保证金概不返还；本于十三条之规定而撤销其一部承垦权者，当更换其承垦证书，其被撤销部分之保证金亦不返还。

第十五条　承垦人对于前三条之处分有不服者，准其提起行政诉讼。

第十六条　承垦权得继承或转移之，但须呈请该管官署核准。

第四章　评价及所有权

第十七条　承垦地给承垦证书后，即由该管官署勘定地价分别登记。

第十八条　承垦地之地价除认为有特别价值应公开投承外，分为五等，其别如左：

产草丰盛者为第一等　　　每亩一元五角

产草稀短者为第二等　　　每亩一元

树林未尽伐除者为第三等　　　每亩七角

高低干湿不成片段者为第四等　　　每亩五角

斥卤砂碛未产草之地为第五等　　　每亩三角

第十九条　地价按每年竣垦亩数缴纳。

第二十条　缴纳地价时，得以所缴纳之保证金抵算。

第二十一条　于竣垦年限内提前竣垦者，得优减其地价，其别如左：

提前一年者　　　减百分之五

提前二年者　　　减百分之十

提前三年者　　　减百分之十五

提前四年者　　　减百分之二十

提前五年者　　　减百分之二十五

提前六年者　　　减百分之三十

第二十二条　承垦者依十九条之规定缴纳地价后，该管官署应按其缴纳之亩数给以所有权证书。

第二十三条　承垦地于竣垦一年后，按竣垦亩数一律照各该地之税则升税。

罚　　则

第二十四条　本条例施行后，凡未经该管官署之核准私垦荒地者，除将所垦地收回外，每地一亩处以三元之罚金。

第二十五条　违背第十一条、第十二条报告成绩之规定者，处以五十元以上二百元以下之罚金。

第二十六条　违背第十六条之规定，除将承垦权撤销外，并处以一百元以上二百元以下之罚金。

第二十七条　呈报升科之亩数不实者，每匿报一亩，处以三元之罚金。

附　　则

第二十八条　本条例除边荒承垦条例所定区域外，均适用之。

第二十九条　本条例于公布三月后施行。

第三十条　本条例施行前，私垦荒地未经缴价者，须于本条例施行后六个月内补缴地价，前项地价每亩均缴一元五角。

据《大本营公报》第三十九号

命发给李明扬部伙食费令

（一九二三年十一月二十六日）

赣军司令李明扬转战前方，略著辛勤，该军饷项素无他项挹注，现又未能如额请领。据呈伙食不敷，尚属实在。应即由军政部照额从优发给，以维军实而利戎行。切切。此令。

右令军政部长程潜。

孙　文

中华民国十二年十一月二十六日

据《国父全集》第四册（转录史委会藏原件影印）

准林云陔辞职令

（一九二三年十一月二十七日）

大元帅令

　　代理广东高等审判厅厅长林云陔呈请辞去本职，应予照准。此令。

中华民国十二年十一月廿七日

据《大本营公报》第三十九号

命陈融回原任令

（一九二三年十一月二十七日）

大元帅令

　　广东高等审判厅厅长陈融着即回复原任。此令。

中华民国十二年十一月廿七日

据《大本营公报》第三十九号

任命田桐职务令

（一九二三年十一月二十七日）

大元帅令

任命田桐为大本营参议。此令。

中华民国十二年十一月廿七日

据《大本营公报》第三十九号

任命方震职务令

（一九二三年十一月二十七日）

大元帅令

　　任命方震为大本营谘议。此令。

中华民国十二年十一月廿七日

据《大本营公报》第三十九号

任命程鸿轩职务令

（一九二三年十一月二十七日）

大元帅令

　　任命程鸿轩为大本营谘议。此令。

中华民国十二年十一月廿七日

据《大本营公报》第三十九号

免赵士觐职务令

（一九二三年十一月二十七日）

大元帅令

　　大本营粮食管理处督办赵士觐另有任用，应免本职。此令。

中华民国十二年十一月廿七日

据《大本营公报》第三十九号

任命邹鲁兼职令

（一九二三年十一月二十七日）

大元帅令

　　任命邹鲁兼国立高等师范学校校长。此令。

中华民国十二年十一月廿七日

据《大本营公报》第三十九号

命广东高师改为国立高等师范学校令

（一九二三年十一月二十七日）

大元帅令

　　广东高等师范学校着改为国立高等师范学校。此令。

中华民国十二年十一月廿七日

据《大本营公报》第三十九号

通缉刘湘等令

（一九二三年十一月二十七日）

大元帅令

　　据川军总司令刘成勋、四川讨贼军总司令熊克武歌电报称：
"杨森、邓锡侯、陈国栋此次勾结北军，招致袁祖铭蹂躏川省，刘湘
助长凶焰，残民以逞，丧心病狂，莫此为甚。予一律褫夺官职荣典，
并明令通缉究办"前来。查直军祸川，人所共愤，该刘湘等胆敢效

忠伪廷,糜烂川省,实属背叛民国,罪无可逭。刘湘、杨森、邓锡侯、陈国栋、袁祖铭等,均着褫夺所有官职荣典,并着各省军民长官饬属一体协缉,务获惩办,以儆顽凶而伸国纪。此令。

中华民国十二年十一月廿七日

据《大本营公报》第三十九号

裁撤粮食管理处令
（一九二三年十一月二十七日）

大元帅令

现在战争进步,全粤即可肃清,大本营粮食管理处无继续办理之必要,着即行裁撤。此令。

中华民国十二年十一月廿七日

据《大本营公报》第三十九号

给廖仲恺的训令
（一九二三年十一月二十八日）

大元帅训令第三六五号

令广东省长廖仲恺

为令遵事:广东全省田土业佃保证局所有收入,着拨为国立高等师范学校经费。为此,令仰该省长即便遵照办理。此令。

中华民国十二年十一月二十八日

据《大本营公报》第三十九号

给张开儒的训令

（一九二三年十一月二十八日）

大元帅训令第三六六号

令大本营参军长张开儒

参军处事务繁重，该处人员应宜奋勉从公，以期克尽职责。着参军长严饬参军处职员，每日必当恪守规定时间到营执务，如有在外兼差者，应即自行辞职，以专职守。自此次严令后，如再有不辞兼职旷弃职务者，一经查实，即行免职。仰即遵照。切切。此令。

中华民国拾二年拾壹月廿八日

据《大本营公报》第三十九号

复罗翼群函

（一九二三年十一月二十九日）

翼群兄鉴：

二十八日报告及函均悉，敌情明了，嘉慰殊深。兄驰骤贤劳，时殷感念。如有事不妨休憩数日，有暇仍盼速来也。

东莞逆匪图扰虎门，被我军痛击，不复成军，现东莞已复，虎门秩然。西北两江，均有进步。东江战事胜利，已克复石龙，乘胜追击矣。特并以闻。顺颂

时祉

孙文　民国十二年十一月二十九日

据陆达节编《国父佚文新编》（广州三民主义合作社一九四七年出版）

准任刘景新等职务令

（一九二三年十一月二十九日）

大元帅令

　　大本营内政部长徐绍桢呈请任命刘景新、谭鸿任、刘宏道为大本营内政部科长。应照准。此令。

中华民国十二年十一月廿九日

据《大本营公报》第三十九号

任命陈树人代职令

（一九二三年十一月二十九日）

大元帅令

　　广东政务厅厅长古应芬未到任以前，着陈树人暂行代理。此令。

中华民国十二年十一月廿九日

据《大本营公报》第三十九号

准姚褆昌辞职令

（一九二三年十一月二十九日）

大元帅令

　　大本营秘书姚褆昌呈请辞职。姚褆昌准免本职。此令。

中华民国十二年十一月廿九日

据《大本营公报》第三十九号

批邓泽如等的上书*

（一九二三年十一月二十九日）

交邓泽如，照所批，约各人会齐细心研究，如尚有不明白者，可于星期日再来问明。

此稿①为我请鲍罗廷所起，我加审定，原为英文，廖仲恺译之为汉文。陈独秀并未与闻其事，切不可疑神疑鬼。

俄国革命之所以能成功，我革命之所以不成功，则各党员至今仍不明三民主义之过也。质而言之，民生主义与共产主义实无别也。

俄国革命之初不过行民权、民生二主义而已，及后与列强奋斗六年，乃始知其用力之最大者，实为对于民族主义。

此乃中国少年学生自以为是及一时崇拜俄国革命过当之态度，其所以竭力排挤而疵毁吾党者，初欲包揽俄国交际，并欲阻止俄国不与吾党往来，而彼得以独得俄助而自树一帜与吾党争衡也。乃俄国之革命党皆属有党政经验之人，不为此等少年所遇〔遏〕，且窥破彼等伎俩，于是大不以彼为然，故为我纠正之，且要彼等必参加国民党与我一致动作，否则当绝之；且又为我晓喻之谓民族主义

＊　十一月二十九日，国民党右派分子邓泽如、林直勉等十一人以国民党广东支部的名义上书孙中山，对苏联支持中国国民党改组的动机表示怀疑，指控中国共产党人参加国民党是"施其阴谋"。孙中山即作此批示。但邓泽如等在孙中山批示后仍进行反共活动。本批示开头一段写于邓泽如等上书的信封，其余各段写于邓泽如等上书各段上方空白处。

①　此稿：指中国国民党党纲、党章等草案。邓泽如等的上书中说："探闻俄人替我党订定之政纲政策，全为陈独秀之共产党所议定。"

者正适时之良药,并非过去之遗物,故彼等亦多觉悟而参加[对]吾党。俄国欲与中国合作者只有与吾党合作,何有于陈独秀? 陈如不服从吾党,我亦必弃之。

我国革命向为各国所不乐闻,故尝助反对我者以扑灭吾党,故资本国家断无表同情于我党,所望为同情只有俄国及受屈之国家及受屈之人民耳。此次俄人与我联络,非陈独秀之意也,乃俄国自动也,若我因疑陈独秀而连及俄国,是正中陈独秀之计,而助之得志矣。

民权主义发端于选举,若因噎废食,岂不自反对其主义乎? 若怕流弊,则当人人竭力奋斗,不可放弃责任,严为监视,如察悉有弊端,立为指出。以后我每两礼拜与各人会集一次,如遇有问题可公共解决之。

因一人所见有限,故不得不付之公举,亦自觉所委任常有不当之处,故不得不改革。

不能以彼往时反对吾人,而绝其向善之路。

种种方法,有不善者自当随时改良,方期进步。吾党自革命以后,则日日退步,必有其故,则不图进步改良也。

据邓泽如《中国国民党二十年史迹》(上海正中书局
一九四八年出版)影印件

任命张九维职务令
(一九二三年十一月三十日)

大元帅令

任命张九维为大本营高级参谋。此令。

中华民国十二年十一月三十日

据《大本营公报》第三十九号

任命梅光培职务令

（一九二三年十一月三十日）

大元帅令

　　任命梅光培为广东财政厅长。此令。

中华民国十二年十一月三十日

据《大本营公报》第三十九号

准范其务辞职令

（一九二三年十一月三十日）

大元帅令

　　广东电政监督兼广州电报局局长范其务呈请辞职。范其务应准免去本兼各职。此令。

中华民国十二年十一月卅日

据《大本营公报》第三十九号

任命萧冠英职务令

（一九二三年十一月三十日）

　　任萧冠英为广东电政监督兼广州电报局局长。此令。

孙　文

中华民国十二年十一月三十日

据谭编《总理遗墨》第三辑

给陈策的训令

（一九二三年十一月三十日）

大元帅训令第三六七号

令广东海防司令陈策

据长洲要塞司令马伯麟呈称："窃职部设在黄埔船坞局办公，所有该局傢俬机器等件，自应饬属妥为保存，以重公物。现查封存之机器等件，半多锈坏，若不勤加打磨油擦，日久必将烂废。以有用之物弃之无用之地，殊为可借。司令现拟集热心同志筹集经费，就鱼雷、船坞两局原有机器，先行整理合用，再招集工人，制造本部各台炮件及其他精利轻便毒烈等炮类，藉充我军军实，一俟办有成效，所出军用品试验适用，再由帅府拨款接济。惟船坞局前系海防司令陈策派员管理，现该部所派管理员虽经撤回，司令经已派员管理；惟未奉有帅座明令，欲加整理动用，于事权、手续，不无窒碍之处，应请令饬海防司令将黄埔船坞局即交职部兼管，以一事权而便整顿。所有拟整理机器、集资制造炮件、兼管船局缘由，是否有当，理合具文呈请察核令遵"等情前来。除指令"呈悉。仰候令行广东海防司令查照办理可也"外，合行令仰该司令即便查照办理。此令。

中华民国十二年十一月三十日

据《大本营公报》第四十号（一九二三年十二月七日版）

委派姚禔昌职务令

（一九二三年十二月一日）

大元帅令

　　派姚禔昌为大本营宣传委员。此令。

中华民国十二年十二月一日

据《大本营公报》第三十九号

委派王仁熙职务令

（一九二三年十二月一日）

大元帅令

　　派王仁熙为大本营出勤委员。此令。

中华民国十二年十二月一日

据《大本营公报》第四十号

任命何家猷职务令

（一九二三年十二月一日）

大元帅令

　　任命何家猷为广东电政监督兼广州电报局局长。此令。

中华民国十二年十二月一日

据《大本营公报》第四十号

任命冯自由职务令

（一九二三年十二月一日）

大元帅令

　　任命冯自由为广东宣传局局长。此令。

中华民国十二年十二月一日

据《大本营公报》第四十号

任命马超俊职务令

（一九二三年十二月一日）

大元帅令

　　任命马超俊为广东兵工厂厂长。此令。

中华民国十二年十二月一日

据《大本营公报》第四十号

准任罗继善张麟职务令

（一九二三年十二月一日）

大元帅令

　　大本营财政部长叶恭绰呈请任命罗继善、张麟为大本营财政部科长。应照准。此令。

中华民国十二年十二月一日

据《大本营公报》第四十号

任命李承翼职务令

（一九二三年十二月一日）

大元帅令

任命李承翼为大本营财政部第二局局长。此令。

中华民国十二年十二月一日

据《大本营公报》第四十号

免邓慕韩职务令

（一九二三年十二月一日）

大元帅令

广东宣传局局长邓慕韩另有任用，应免本职。此令。

中华民国十二年十二月一日

据《大本营公报》第四十号

免卢谔生职务令

（一九二三年十二月一日）

大元帅令

署理大本营财政部第二局局长卢谔生另有任用，应免本职。此令。

中华民国十二年十二月一日

据《大本营公报》第四十号

准朱和中辞职令

（一九二三年十二月一日）

大元帅令

　　广东兵工厂厂长朱和中呈请辞职。朱和中准免本职。此令。

中华民国十二年十二月一日

据《大本营公报》第四十号

准免陈煊黄民生职务令

（一九二三年十二月一日）

大元帅令

　　大本营参军长张开儒呈上校副官陈煊、少校副官黄民生另有任用，请免本职。均照准。此令。

中华民国十二年十二月一日

据《大本营公报》第四十号

发给林树巍部给养费令

（一九二三年十二月一日）

　　着军政部长酌量发给林树巍部给养费。此令。

孙　文

中华民国十二年十二月一日

据《国父全集》第四册（转录史委会藏原件影印）

给廖仲恺的训令

（一九二三年十二月一日）

大元帅训令第三六八号

　　令广东省长廖仲恺

　　据广东地方善后委员会呈称："窃委员等拟办保证民产一案，呈奉帅座第六三二号指令内开：'呈及条例均悉。应照准，已令行广州市政厅办理矣，仰即知照。此令'等因。奉此，遵即由会筹议，连日以来，拟定保证办法图说一纸，并缴纳保证金须知一纸，理合缮陈钧察。再本会系为地方善后而设，对于民业应负保障之法〔责〕，拟请嗣后本会与将来开办之民众保证机关互相联络，所有对外各事，请与本会会衔；对内各事，请由本会副署，庶事易举，而人民实受保障之益。以上所陈办法，如蒙采择，请指令该民业保证机关遵照办理，并乞指令祗遵"等情。并附图说一纸，缴纳民业保证金须知一纸前来。据此，除指令"呈及图说均悉，准如所拟办理"外，合行令仰该省长即便遵照，转饬所属各该民业保证机关查照办理。民业〈保〉证图说、缴纳民业保证金须知一并抄发。此令。
中华民国十二年十二月一日

据《大本营公报》第四十号

给杨希闵谭延闿的训令

（一九二三年十二月一日）

大元帅训令第三六九号

令中央直辖滇军总司令杨希闵、湘军总司令谭延闿

现届盐引冬销正旺之期,正赖各盐船源源运载以应销场。着北江各军队将所封用各盐船,一律即行交回各盐商收管应用,庶便运销而裕饷源。合亟令仰该总司令即便严饬所属一体遵照,毋任延抗。切切。此令。

中华民国十二年十二月一日

据《大本营公报》第四十号

给邹鲁的训令

（一九二三年十二月一日）

大元帅训令第三七○号

令广东财政厅长邹鲁

据大本营兵站总监罗翼群呈称:"现据台山县县长邝明溥呈称:'前奉大元帅面谕,前敌军饷紧急,着即筹借一万元,交钧部核收,于征收粮税项下抵解等因。遵经筹借一万元解缴钧部,照收给发印收存据。惟此项筹借垫解之款,财政厅署无案可稽,将来职县收有粮税等款,呈请抵解,恐多窒碍,理合呈恳察核,俯赐转请大元帅令行财政厅知照,核入收支。俟职县征收有款,再行列批抵解'等情。据此,理合转呈察核,俯赐令饬财政厅查照办理,实为德便"等情。据此,除指令照准外,合行令仰该厅长查照办理。此令。

中华民国十二年十二月一日

据《大本营公报》第四十号

在广州欢宴各军将领会上的演说*

（一九二三年十二月二日）

　　湘军总司令，豫军总司令，和滇、桂、粤及中央直辖诸君〔军〕各将领：今晚在此开这个欢迎宴会，和大家相见，饮酒庆祝，有两层用意：一层是庆祝这次在广州近郊打仗，大获胜利。这次大获胜利的原因，都是诸将士的功劳，所以要来感谢滇军、桂军、粤军和中央直辖诸军与夫这次新到的湘军、豫军。二层是我们同志，以至诚的盛意，来欢迎湘军、豫军参加我方，共同向前去奋斗。

　　今晚这个盛会不是偶然的。广州自今年春季沈鸿英作乱以来，大家都没有机会同饮。今晚同饮是沈鸿英作乱后的第一次宴会，这个机会是很难得的。因为自沈鸿英作乱以来，北军两次自北江来攻，陈军数次自东江来攻，广州的局面总是风雨飘摇，大家无一天不是在恐慌之中。这次陈军来攻，可算是最后一次，我们已经获了胜利。这几天北江又有北军来寇，据今晚消息，湘军已经打到了始兴、水南以北。从此大敌已无，广州的局面，已到稳固地位。我们革命党可说拿广州来做个好策源地，从此向前奋斗，是大众希望的。

　　广州现在的局面，和从前大不相同了。譬如从前滇、粤、桂诸联军在东江和陈炯明的叛军打仗，一败到博罗，再败到石龙，到了上月十七日，陈家叛军打到石牌，广州人心便非常摇动，几乎有不

能保守的现象。那天豫军凑巧已赶到广州,便由黄沙步行,经过长堤到广九车站,当时赶上前线增援,把敌人打退。人民见过了豫军军容之盛,便异常镇定;后来湘军到了北江,又把始兴的北军打退。所以现在广州的局面,完全到了安稳的地位。我们合十几省同志,在这个安稳的广州,负些什么责任呢? 以后应该做些什么事呢?大家要知道这个责任是很重大的! 因为我们革命党从前创造这个民国,虽然有十二年,但是从前不是袁世凯做皇帝,便是张勋复辟,现在又有曹琨〔锟〕拿钱买总统做,想用武力反叛民国,所以民国的基础,还是没有巩固。以后要保守我们从前创造的民国,巩固国基,就是我们的责任。担负这个责任,更进一步发扬光大,建设一个新民国,便是我们应该做的事。我们负起这种责任,去做这些事,万不可延迟,便要从自今晚起,立一个决心,大家向前去奋斗。

从中国历史看来,每次新旧朝代更替之际,总有几十年的变乱。民国成立到今日,已经过了十二年。这十二年中,没有一天没有变乱。这个变乱不已的原因在什么地方呢? 简单的说,便是因为新旧潮流的冲突。详细的说,便是因为旧思想要消灭新思想,新思想也要消灭旧思想。新旧思想迭相攻击,所以祸乱便循环不已。但就人群进化的道理说,旧思想总是妨碍进步的,总是束缚人群的。我们要求人群自由,打破进步的障碍,所以不能不打破旧思想。今天要请诸君来打破旧思想,究竟用什么做标准呢? 大略讲,便是拿一种主义做标准。我们如果信仰一种主义,服从一种主义,总是照那种主义向前做去,那么,打破旧思想的事业,便可成功;如果不然,便没有希望。今天我们对于中国政治上所负的责任,是打破旧专制,提倡共和,来建设一个新民国。这个建设新民国的任务,便是我们的事业。要把这个事业实行出来,无论当中遇到什么困难,总是百折不回,向前做去,以求最后的成功,那就是信仰。信仰中的道理,用简单的话说出来,便是主义。我们做标准的主义,究竟是什么呢?便是大家所知道的三民主义。

　　三民主义之中的头一项是民族主义。从前革命党在辛亥年把满清政府推翻,赶走异族,便是民族主义的事。这样相同的事,从前中国行过了的是明朝朱元璋,他推翻元朝异族的政府,把政权拿到自己手内,改国号为明朝,还是自己做皇帝,政体还是专制,把天下的政权,由父传子,子传孙,一家之人,代代相传,正象古人所说的家天下。我们这次把满清推翻,改革专制政体,变成共和,四万万人都有主权来管国家的大事,这便是古人所说的公天下。这项公天下的道理,便是三民主义中第二项的民权主义。从前的人以为天子是天生的,原来便赋有一种特权,到后来人类觉悟了,不相信只有天子一个人有这项特权,推到百姓人人都有这项特权,就是把政权公之天下。我们中国二千多年以前,孔子便有这项思想,他曾说过:"大道之行也,天下为公。"不过当孔子那个时代,只有思想,没有事实。到了现在,世界上有了这个思想,也有了这个事实。大家都要做主人翁,承认用这项主义的政体,才算是上上的政体,所以民权主义到了现在便发达到极点。三民主义中的第三项是民生主义,世界上行这项主义最新的国家,只有俄国。〈其〉他象英国、美国、日本,国家虽然富强,但是还没有行到民生主义。二三十年前,革命同志要排去满清的思想,是由于什么而起呢?因为看到了外国富强,是由于有良政府,我们要想国家富强,也不能不要有良政府。要有良政府,便不能不革命,去推倒满清的不良政府。但是英、美虽然富强,社会内部还有问题。从前许多革命同志,以为政府改良,弄到国家富强之后,便没有别的问题了。殊不知英、美内部,还有很大的问题。他们全国的政权,表面虽说是都在人民手内,但人民彼此之间,把政权分得还不均匀。原因是由于他们社会有两种绝大阶级：一级是极大的富人，一级是极苦的穷人。富人的财产过多，总是用资本的势力操纵全国政权，来压制穷人；多数穷人不情愿受少数富人的压制，便想种种方法来反抗富人。那种穷人反抗富人的举动，便叫做社会革命。社会革命的原因，便是由于社会上贫富太不均。极富的人虽然安乐，但多数人还是痛苦，所以他们生活上的幸福还是不平等。多数穷人要求平等，因之便合起来，共同去推翻富人，酿成社会革命的结果。他们社会有今日这种结果的道理，便是由于从前不讲究民生主义的原因。预防这种社会革命，以达到生活上幸福平等的道理，便是民生主义。

我们革命党提倡改良中国，何以要行三民主义的革命呢？就中国政治伦理的学说讲，古人说到忠君爱国，便以为很好；近来人类思想改革，对于这种伦理观念，还不甚以为然，必要人类得到极端的平等，才算是正当。如果不然，像满清征服中国，英国征服印度，法国征服安南，日本征服高丽，发生本族和异族政权上的不平等。那种不平等的民族要求平等，便用武力来反抗异族，那种对于异族的反抗，便是民族革命。至于政权都掌〈握〉在一种民族的手内，如果执政的人威权过甚，小百姓太没有能力？便发生有权势的人和平民之分，政权上还是人人不平等的。平民都要求平等，便要去反抗有权势的人。那平民对于有权势的人的反抗，便是民权革命。至于近来人类要求社会上机会平均，贫富相等，便是民生革命。明朝朱元玮〔璋〕推翻元朝，可以说是做到了民族革命，但以后各代专制太过，所以满清入关，政治宽大，中国人民还是欢迎他。由此可见，本国人专制，也是不对的。但本国人政权上不专制，社会上的贫富，还要平均，才能相安无事，否则还免不了革命。世界上起了这项革命，现在已经成功的，只有俄国。我们观察古今中外大势，默想本国将来的情形，要改良成一个完全的中华民国，行一个一劳永逸的方法,所以行了民族主义的革命、民权主义的革命,必须兼顾民生主义的革命。

诸君或者还有不明白民生主义是什么东西的。不知道中国几千年以前,便老早有行过了这项主义的。像周朝所行的井田制度,汉朝王芥〔莽〕想行井田方法,宋朝王安石所行的新法,都是民生主义的事实。就是几十年以前,洪秀全在广西起义之后,打十几年仗,无形中便行了一种制度,那种制度和俄国的共产制度是一样。他得了湖北、江西、安徽、江苏、浙江几省,人民受过兵灾之后,许多财产无人管理,他便集中于国家,用政府去管理,所以他打了十几年仗,殁〔没〕有借外债,人民也丰衣足食。等到曾国荃破南京之后,搬运南京财产,有几个月之久。诸君看他的政府是何等富足呢?从前我在南京的时候,有一个替洪秀全当过差的老人,报告政府说:"有一块地方藏有许多金银,金银之上盖有石头,四围做成屋形,如果挖到几十丈深,当见所藏的金银"云云。政府便派人如法去挖,后来果然挖到石头,但见石头之后,更向下挖,还不见金银,大概金子过重,经过年日太久,沉到地底,亦未可知。据老人说:"此处洪秀全所藏之金银极多,预算如果挖得了,可以还当时中国的外债。"由这样看来,洪秀全的政府又是何等富足呢?就是左宗棠、戈登打破苏州之后,所得的金银财物,也不计其数。单就盖藏一项,烧了多日,尚烧不完。太平天国此等制度,便和俄国所行的共产制度一样。现在俄国所行的共产制度,是由于先有了思想知识,然后才去实行。洪秀全实行到了,但是没有知识,不过为势所迫,不得不要政府去维持农工耕作,作军队的给养。后来供给军队,渐渐有余,政府便于所余的粮食,接济民间,于是由农工政府渐变成商贾政府,所以洪秀全的政府,便异常丰足。像那样把社会上无论大小财产都集中到政府手内的制度,只有洪秀全能够实行,俄国现在还行不通。所以他们改行一种国家资本制度，把极大的财产收到政府手内来，像大矿山、铁路、银行等都收归国有。他们行了这种制度，所组织的一个国家，叫做俄国苏维爱〔埃〕社会共和国。因为他们组织政府的原理，是反对资本家，所以世界各国调兵去打他们，打了数年之后，俄国已经大获胜利。前几天有一个俄国代表说："我们俄国从经济上事事受英国人、法国人的束缚，所有的大实业都被他们管理；现在我们觉悟了，战胜之后，把从前外国人管理的大实业，都收回来。我们把这六年中革命的事，回头来一看，所得到奋斗最大的道理，便是实行民族主义，所以中国主张三民主义革命的道理，是很对的！"

就我们革命的实情讲，是怎么样呢？现在广东的军队，都是各军占驻一两县，卖烟开赌，搜刮钱财，以饱私囊。我以为这样不过是眼前的行动，马上当要改良的。讲到军队的种类，更是复杂，从前有滇军、桂军和中央直辖各军，后来又由福建来了一批粤军，现在新加入的又有湘军、豫军。如果这些军队都想霸占几县，各自图谋，广东的局面是不能永久的。我们要想把这个用铁血换来的局面，永久保存，作革命的策源地，便不能不把前途想清楚。如果把前途想得清楚，筹得一个好办法，广东的局面，还是很可有为；如果不然，便很悲观。像我们的同志许总司令，他得回了石滩之后，便不顾而去，跑到上海。推究他跑的原因，或者以为是他从前打败仗，被我责了。不知道我责备同志是常事，我想他不以为奇怪的。真原因是在发表他的粤军总司令，他也不以为打过了败仗，还来做总司令，觉得有些不安，所以跑到远远的。内容是受了总司令后，财政没有办法，所以不能不走。但是他没有办法，我有了办法，所以已经派人去请他回来。我希望大家忍耐眼前的困难，专向三民主义去奋斗。用广州做策源地，拿现在的十几万兵，去得江西，将来收回湖南、湖北、福建是很容易的。只要大家是为主义而奋斗，办法是有的。因为广东财政，向来收入每年有三千多万，我们现在的办法，只要恢复从前的财政状况，便可养十几万兵。现在更有新计划，可再增加三千万；旧有三千万，又新加三千万，合起来便有六千万。所以广东这个省分是很富的，是很可有为的。这项新财源弄成了功，什么事都不准挪用，专拿来做北伐的军饷。将来得了江西、湖南、湖北、江苏，十几万兵还不够用，还要多扩充。如果不能发展，就是这十几万兵还不得了，不要三年，便要消灭。所以现在的局面，便是我们生死的关头。再就广东局面说，东江残敌很容易肃清，北江又打胜仗，此后外交〔部〕完全不成问题，所有的还是内部问题。这个内部问题，简单的说就是财政问题。我们要解决这个财政问题，表面虽说是难，但是只要诸君放大眼界，忍耐目前的困难，还是一件容易的事。因为我们生在此时，拿到一万或几千兵在手内，当新国家将成未成之际，对于国家都要负一种特别责任，这种责任便是救国救民！大家担负这个责任，向前奋斗，如果遇到困难，总是百折不回，让后人知道我们是为救国救民的主义来牺牲的，不是为金钱来做强盗的。那么，就是千年百年的大事业，还容易成功，便不是眼前广州的小局面。如果不然，就是这个小局面也不能长久。像滇军有一位师长，因为金钱辘〔辘〕辘〔辘〕，便被部下的兵士押起来，此风一开，如果我们还不另筹良法，作长久之计，那么，所有现在的军长、师长、旅长以后都是很危险的。讲起道理来，那位师长是应该押是不应该押呢？照军法说，长官如有吞食士兵的军饷，须要我把他押起来，那才算是正当。而现在他偏做自己部下兵士的囚徒，这是成什么体统呢？现在世界上土〔士〕兵敢杀长官的，只有俄国。他们的兵士，当起革命的时候，去杀皇帝和保皇党的长官，推究他们的原因，是在要行革命主义。如果滇军士兵把长官押起来,也是为行主义,那么我是很佩服的。但是只为金钱问题,便弄得士兵目无军纪,是实在不对的!我去年冬季到广东来,在上海动身的时候,有许多人都替我担忧,以为到了广东,恐怕受乱兵意外的危险,我却以为不要紧,因为知道滇军长官是很多明白革命主义的,所以单骑来粤。到了广州之后,数月以来,各军将士待我果然不错,因之我天天所忧虑的,只有外来敌人的危险,内部总是平安。等到今天,外部敌人已经打退,广州可算是完全稳固,所以我来公宴诸君,和诸君过细谈话,这就是我对于广东还是很乐观的!广东的军事,不久便可收束,但是敌人退却之后,军事上虽然没有危险,内部还有财政的危险。要解除这个危险,我已经有了办法,所希望的不过是要求大家来和我帮忙,共同实行那个办法便了。

现在敌人已经打退了,我们还要注意的是些什么事呢?第一是要精神上不可有暮气,还要把朝气恢复起来。推究民国成立的原因,完全是革命党的力量造成的。但是革命党在自己造成国家之内,十二年以来,从没有在别的地方同聚一堂,畅快的谈话过一次,只有今晚,我们在广州可以谈话。此外别的地方,仅有四川一省,但是四川和广东相离几千里,当中隔到〔了〕湖南,还不能交通。我们推究革命党在辛亥年能够创造民国,十二年以来不能维持民国的原因,自然不能不归咎于我们在民国成立以后,朝气便已消灭,所以到处都是失败。现在要革命党在各省之内都可以聚会,便要恢复我们从前革命的朝气。从前革命党朝气最盛的人,有黄花岗七十二烈士。这七十二烈士死难的故事,我很可以对诸君谈一谈。当他们没有起事之先,计划是很周全的,如果完全实行,很可以成功。后来实行的时候,因为同志做事不好,所以失败。同志做事不好的很多,譬如有一位同志,由黄克强派到日本去买一百枝驳壳枪,假如广州的同志得到这些枪,是很可以成功的。后来他们起事,打到制台衙门之内,各处都已成功,最后失败的原因,全是由于武器不足。那位买枪的同志,在日本把枪买好了,已经运到船上,正在长崎开船的时候,忽然接到黄克强的一封电报,说香港戒严,要他小心。他沿途便把那些枪枝,三枝一次,密密的运到船边,投入海内。到香港之后,黄克强问他:"买的枪呢?"他说:"你要我过细,香港是戒严的,所以我不带到香港来,在路上便已经投入海内了。"诸君想想;他这个人便顾命重于顾责任,全无革命党人格,安得不误了革命事业呢? 拿这件事故来讲的意思,一来也是证明我们从前的革命同志,在广东、浙江、湖南、湖北,都是没有一百枝枪,如果有一百枝枪,便老早可以成功。再者,诸君都晓得黄克强的威名,是从钦廉革命起的,他在钦廉革命是用什么武器呢? 那个时候我们在安南,到处和〔给〕他买枪,今日买三五枝"沙维治",明日买几枝"曼里霞",东凑西凑,然后才得了杂枪二百多枝,每枝所备的子弹,最多不过二百发,他带到〔了〕这点武器到钦廉,便和龙济光、陆荣廷打了几个月仗。后来虽然失败,但是他奋斗的精神很大,实在令人佩服,所以他的威名便大震。诸君这次有的在石龙、石滩打仗,手内的枪枝最少也过万多枝,为什么不去和敌人拼一死命呢? 为什么不战而退呢? 像这样说来,革命没有成功以前,我们同志的胆量是很大的,革命成功以后,同志的胆量便退步。这个有胆量没有胆量的原因,不是在枪数的多少,实在是由于我们同志的精神振作不振作! 精神能振作不能振作的道理,便是在于信仰主义的真确不真确。如果信仰一种主义很真确,像从前温生才在南洋听过我的演说之后,便深信用民族主义去排满,非多杀满人不可,所以他回到广州来革命,总是打听满洲将军孚琦的行动。有一天,孚琦自瘦狗岭看操回来,他是从街上阻住孚琦的轿子,把手枪连发几响,打死孚琦。后来孚琦的轿夫、卫兵都吓到魂飞天外,向四处跑散了,他还不跑,让清兵拿去,视死如归。像这样视死如归的原因,便是由于温生才信道笃,所以舍身成仁。七十二烈士敢于成仁取义的原因,也是一样的道理。后来参加了许多假革命党,所以弄到全党的精神便很涣散。本来革命的力量是和通常的力量不同的,用极小力量,很可以打破极大力量的。现在曹锟、吴佩孚的力量,总比不了满清的力量呀!辛亥年的革命党,没有几万兵,为什么可以打破满清?现在广州有十几万兵,为什么没有用呢?从前只有手枪炸弹,还要去革命,现在有了洋枪大炮,为什么还畏缩不前呢?这个原因,全是由于同志知不知道革命主义。如果知道主义,信仰主义,便可以为主义去牺牲。能够牺牲,便可打破曹锟、吴佩孚,另外创造一个新中国。现在要我们十几万兵的精神都恢复起来,同七十二烈士与温生才一样,须要他们都明白革命的主义。要他们都明白主义、信仰主义,能够替主义去牺牲,造成一个完全人格,便要请诸君自今晚起,自己明白革命的主义,能够替主义去牺牲,然后才扩充到兵士,所谓己立立人,己达达人。

　　俄国革命成功的原因,全是由于他们革命党都信道笃,拿主义来感化全国,所以没有打什么仗,便把政府根本改造。从前孔子的晚年,周游列国,他是为什么事呢?完全是宣传他的主义。如果我们的兵士都知道革命主义,便变成了革命军。如果变成了革命军,便可替革命主义去牺牲,以一当百,百当万,同心协力去定中国。否则都成滇军某师长的兵士,只知道押长官来要钱。我们革命的军人,如果能够把革命做成功,便是美国的华盛顿,否则便是滇军的某师长。那位滇军师长,平日听得说还是很有能干的,这次做兵士的囚犯,完全是由于他对兵士,平日没有很好的宣传。我这次到广州来,每日总是为军事忙得不了,没有功夫和兵士见面,以后要请诸君让我和他们在省议会或者高等师范的大讲堂直接谈话，用精神教育来感化他们，和俄国的兵士一样。俄国革命的兵士都是明白革命主义的，所以他们不徒是打走俄皇，并且打败英国、美国、法国、日本诸联军。那些英国、美国、法国、日本的兵士，到俄国去打仗的时候，总是被俄国的兵士所感化，受俄国革命主义的宣传，不情愿和他们打。所以弄到后来，英国、法国、美国、日本的政府也没有办法，只好和俄国讲和，自己退兵。俄国这样用主义来打胜仗的道理，和我们孟子所说"以力服人者，非心服也；以德服人者，〈然后〉中心悦而诚服之〔也〕"的道理，是差不多相同的。用武力去征服人，完全是假的，用主义去征服人，那才是真的。我们中国的历史，还有几件好证明：从前楚汉相争的时候，项羽的武力该是何等强大，每次交锋，刘邦总是打败仗。到后来汉何以胜、楚何以败呢？原因就是在于刘邦入关之后，与民约法三章，政治宽大，有道理，有主义。再拿文王百里而王天下的历史说，王天下便是统一中国。百里是很小的地方，用很小的地方做策源地，还能统一中国，他是用什么力量呢？是在他造成了一个良政府，令人信仰。现在俄国也是一样。广东以后把四境肃清了，或者要休息两三个月，在这两三个月中，我们必要做宣传的功夫，让这十几万兵，都明白我们何以要革命的主义。他们明白了主义之后，他们的精神，自然同七十二烈士一样；他们的能力，必定同俄国的兵士一样，出去打仗，便有胜无败，便可征服吴佩孚。否则，同吴佩孚的兵便没有分别。吴佩孚的钱多弹多，我们怎么可以征服他呢？兵家说："攻心为上，攻城为下。"能攻敌人之心，就是没有钱没有弹，也可以打胜仗，也可以统一中国。所以我们要把这些军队都造成一种革命军，让到处人民都欢迎，像古人所说的："东面而征西夷怨，南面而征北狄怨。仁者无敌于天下。"那才算是不枉费了这十几万兵！

现在我们同志在广东，是个千古难得的机会，要做千古有名誉的事业，成千古有名誉的军人，让千万年以后的人都崇拜，那才算是不错过了这个机会，这就是今晚开这个欢迎宴会所希望于诸君的，今晚欢迎诸君到此，举杯敬祝诸君前途的事业成功！

据《国民党周刊》第五期（民国十二年十二月二十三日）
《大元帅宴各将领演说词》

任命孔庚职务令
（一九二三年十二月二日）

大元帅令

　　特任孔庚为湖北讨贼军总司令。此令。

中华民国十二年十二月二日

据《大本营公报》第四十号

任命刘鸿逵职务令
（一九二三年十二月二日）

大元帅令

　　任命刘鸿逵为湖北讨贼军第一路司令。此令。

中华民国十二年十二月二日

据《大本营公报》第四十号

命朱和中查办兵工厂员司事宜令
（一九二三年十二月二日）

大元帅令

派朱和中查办广东兵工厂员司事宜。此令。

中华民国十二年十二月二日

据《大本营公报》第四十号

命朱培德继续反击叛军令[*]

（一九二三年十二月二日）

北军入寇，与我滇湘联军在南雄激战，沈逆残部窥伺粤边，进至坪石。北江作战与东江均关重要。着直辖第一军在东江作战部队并赣军即迅速开赴乐昌增援，并限明（三）日须有一部到达韶关，其余主力统限于四日以前到达韶关前进。东江作战，暂以主力在石滩附近整顿；以一部巩固樟木头经茭兰、联合墟至正果之线，以俟追击后命。着即遵照并呈复查考。此令

朱军长培德

孙　文

据《历史档案》一九八三年第三期《孙中山为反击陈
沈叛军致朱培德函令》，原件藏上海市档案馆

任命李化民职务令

（一九二三年十二月三日）

大元帅令

任命李化民为大本营谘议。此令。

中华民国十二年十二月三日

据《大本营公报》第四十号

---

　*　此系孙中山于一九二三年十一月十九日广州解围后，为继续反击东江、北江两地陈炯明、沈鸿英两股叛军而发给时任中央直辖第一军军长朱培德的训令。

任命胡谦职务令

（一九二三年十二月三日）

大元帅令

　　任命胡谦为大本营军政部军务局局长。此令。

中华民国十二年十二月三日

据《大本营公报》第四十号

任命李宗黄职务令

（一九二三年十二月三日）

大元帅令

　　调任大本营高级参谋李宗黄为大本营参议。此令。

中华民国十二年十二月三日

据《大本营公报》第四十号

任命胡谦代职令

（一九二三年十二月三日）

大元帅令

　　邓泰中现在出差，军政部次长着该部军务局局长胡谦代理。此令。

中华民国十二年十二月三日

据《大本营公报》第四十号

任命杨子毅李景纲职务令

（一九二三年十二月三日）

大元帅令

　　任命杨子毅署理大本营财政部总务厅长，李景纲署理大本营财政部第一局局长。此令。

中华民国十二年十二月三日

据《大本营公报》第四十号

准任李炳垣职务令

（一九二三年十二月三日）

大元帅令

　　大本营财政部长叶恭绰呈请任命李炳垣署理大本营财政部科长。应照准。此令。

中华民国十二年十二月三日

据《大本营公报》第四十号

准冯祝万辞职令

（一九二三年十二月三日）

大元帅令

　　大本营军政部长程潜呈称军务局长冯祝万恳请辞职。冯祝万准免本职。此令。

中华民国十二年十二月三日

据《大本营公报》第四十号

准免胡家弼余壮鸣职务令

（一九二三年十二月三日）

大元帅令

　　大本营参军长张开儒呈上校副官胡家弼、余壮鸣久旷职守，请免本职。均照准。此令。

中华民国十二年十二月三日

据《大本营公报》第四十号

任命吕芯筹职务令

（一九二三年十二月三日）

大元帅令

　　任命吕芯筹为大本营秘书。此令。

中华民国十二年十二月三日

据《大本营公报》第四十号

裁撤增城命令传达所令

（一九二三年十二月三日）

大元帅令

　　大本营增城命令传达所着即裁撤。此令。

中华民国十二年十二月三日

据《大本营公报》第四十号

给邹鲁的指令

（一九二三年十二月三日）

大元帅指令第六七四号

令广东财政厅厅长兼大本营筹饷总局会办邹鲁

呈奉命办学恳请开出厅局各职，俾得专心教育事由。

呈悉。前据该厅长一再呈请辞职，当以军事未竣，财政亟需整理，迭经慰留在案。兹复据呈以奉命办学，未便再任厅局他职，请开去本兼各职等情，热心教育，至足嘉尚，应予照准。此令。

中华民国十二年十二月三日

据《大本营公报》第四十号

致朱培德函

（一九二三年十二月四日）

益之兄鉴：

东江军队，不好调往北江，既如兄等所说，而北江军队，此数日内亦不可移动，恐致别部之误会；必待南、始方面之追击结果如何并察沈鸿英之企图如何，必得有把握之对付方法，乃可移动北江军队。望为注意为荷，此致。

孙　文

据《历史档案》一九八三年第三期《孙中山为反击陈
沈叛军致朱培德函令》，原件藏上海市档案馆

追赠梁沾鸿为陆军少将令

（一九二三年十二月四日）

大元帅令

　　据东路讨贼军总司令许崇智呈称："故团长梁沾鸿转战数年，勋劳卓著，此次身先士卒，中弹阵亡，拟请追赠陆军少将，并按照陆军少将阵亡例，给予一次恤金一千五百元"等语。梁沾鸿着追赠陆军少将，并由军政部给予一次恤金，以彰忠荩而慰烈魂。此令。

中华民国十二年十二月四日

据《大本营公报》第四十号

裁撤党务处宣传委员会及宣传局令

（一九二三年十二月四日）

大元帅令

　　大本营党务处、大本营宣传委员会、广东宣传局均着即行裁撤。此令。

中华民国十二年十二月四日

据《大本营公报》第四十号

给范其务的训令

（一九二三年十二月四日）

大元帅训令第三七一号

令广东电政监督兼广州电报局局长范其务

据湘军总司令谭延闿呈称："顷接职部电务处长刘竟西函呈：'(一)韶州电报局至关重要，照例须十余人办公，现仅四五人，源潭局担任转报事极繁剧，亦仅三四人。询以因何不请加派人员，一因经费困难，员役薪俸未发放者已近一年；一因收入极微，日用伙食且难为继。(二)职为灵通消息起见，拟将各电务员暂行分派韶州、源潭两局，帮同办公，所有给养一切，均自行料理；但几经交涉，韶州局长虽勉强承认，尚难免侵越之虑。(三)韶关共三线，原以一线通电报，二线、三线通电话，现在第一线通报，非由源潭局接转，不能畅通；二线、三线则完全无用，纵使始兴、韶州间消息敏捷，而韶、广难以畅达，仍属无裨事机，亟应设法整顿修理线路'等语。据此，理合呈请钧座转饬广东电政监督设法办理，并通令各电局，对于职部电务员开诚接洽，以便合作而利戎机为祷"等情前来。据此，查北江军队云集，通报消息最贵灵敏，合行令仰该监督即便遵照办理。此令。

中华民国十二年十二月四日

据《大本营公报》第四十号

给路孝忱的指令

（一九二三年十二月四日）

大元帅指令第六七七号

令中央直辖山陕讨贼军总司令、大本营参军兼监战队队长路孝忱

呈请准予辞去本兼各职另简贤能接替由。

呈悉。东江逆军，节节败退，我军追敌已远，该督战队队长名

义,应准予取消。至该参军久历戎行,夙著劳绩,殊深倚畀。所请辞去大本营参军及山峡讨贼军司令本兼各职,应毋庸议。此令。

中华民国十二月四日

据《大本营公报》第四十号

撤销官产处令

（一九二三年十二月五日）

官产处①着即撤销,所担任每日缴解制弹费贰千元,着自本月六日起,旧民产保证局担任缴解。此令。

右令李局长纪堂。改归市政厅筹拨。

据《研究中山先生的史料与史学》中许师慎

《〈国父全集〉未刊载之重要史料》

委派雷大同职务令

（一九二三年十二月五日）

大元帅令

派雷大同为大本营宣传委员。此令。

中华民国十二年十二月五日

据《大本营公报》第四十号

---

① 即广东全省官产清理处。

委派李宗唐等职务令

（一九二三年十二月五日）

大元帅令

　　派李宗唐、喻世钧、汪福魁、王宝贤为大本营特务委员。此令。

中华民国十二年十二月五日

据《大本营公报》第四十号

复旅沪国会议员函[*]

（一九二三年十二月六日）

护法议员诸君公鉴：

　　自由①兄来，兼两奉惠书，主持正大，论列周至，无任佩慰。方今国会奋斗，业经失败，法律效力，悉被蹂躏于暴力之下。继此而谋救国之策，舍革命之外，必无真能成功之望。至盼患难与共之国会同人，舍国会之奋斗，助革命之进行，有彻底澄清之功，始有长治久安之效。区区此意，前已详为奉言之矣。粤中军事颇称得手，东北两江前后大捷，不日全粤肃清，即当提兵北伐。实力之助，宣传之功，惟诸君子唯力是视，以共赴大业耳。专此布达，即颂

时祉

孙　文

---

　　*　一九二三年七月后，部分国会议员愤于直系军阀曹锟在北京倒行逆施，加紧篡夺大位，联翩南下上海，进行反直斗争。他们两度致函孙中山，表示护法意愿。

　　①　自由：即冯自由。

中华民国十二年十二月六日

据《光明日报》一九八〇年十二月二十六日，
中国社会科学院经济研究所藏原件

任命朱霁青职务令

（一九二三年十二月六日）

朱霁青委谘议，月薪贰百元。

孙文　十二、十二、六

据谭编《总理遗墨》第三辑

给程潜的指令二件

（一九二三年十二月六日）

一

大元帅指令第六八一号

　　令大本营军政部长程潜

　　呈请追赠阵亡团长梁沾鸿少将并给恤一千五百元由。

　　呈悉。已明令追赠少将，并由该部给予一次恤金一千五百元。
仰即知照。此令。

中华民国十二年十二月六日

二

大元帅指令第六八六号

　　令大本营军政部长程潜

　　呈请褒扬封川县德坊联团团总叶瑞烘由。

呈悉。准予题颁"急公好义"四字匾额。仰即转给具领。此令。

中华民国十二年十二月六日

据《大本营公报》第四十号

与《字林西报》记者的谈话*

（一九二三年十二月七日）

中山先生宣布其截留广州关税之决心，谓广州担负护法战争之军费，历时已久，北京则用在粤所收之税以攻粤省，外交团知而不问。查两广关税，岁以千万元计，此原为粤人之款，故彼拟截留之。彼将令税务司缴出粤省关税之全数；如不从命，则将另易总税司；如北京乏款付到期之外债，彼愿酌量拨出一部分，以供此用。

记者询：以何时实行其志愿？

先生答称：迨在后此数日内，且不欲预先照会外国领事，因款属粤省，与彼等无干也。

记者复问曰：外交团如照一九一九至二〇年办法，以关税付清外债利息后，若有盈余，则将粤省之部分拨出付之，则先生可免施截留之举否？

答曰：如将前因美政府反对停止缴付之欠款付清，余亦可作罢。惟恐外交团不能照行耳。

记者又述及以关余为抵之内债，因粤欲截留无关税，价已大落，牵动市面。

答谓：此项内债，且以盐税及交通部入项为抵押品，此二款尽

---

* 这是孙中山在广州大本营接见《字林西报》记者格林的谈话。

可弥补关税之不足。

记者询以各国如从事阻止截留,是否将与各国抗?(按目下广州港内泊有英炮船四,日炮船一,美、法各二。)

先生答称:彼力不足与抗,然为四大强国压倒,虽败亦荣;果尔,将另有办法。

记者再三请其明示办法。

先生只隐示拟与苏俄联盟,盖苏俄代表波罗定①氏刻方羁旅于广州也。且谓切愿与列强维持友交,对英尤甚。惟谓列强若长此以精神上及财政上之助力予北京政府,则护法战争无日终止。北京政府藉海关之机关,列强之保护,而得向一省取款,即用以与该省作战,不公孰甚,此实万不能忍者。

记者语以若粤省截留如愿,他省必即步其后尘,则海关制之全部将因粤省此举而破坏矣!

答曰:列强若撤销所予北京政府之助力,自不难挽回此举也。

据胡编《总理全集》第二集《截留关税之决心》

致上海事务所电

(一九二三年十二月七日)

事务所诸兄鉴:本党中央执行委员会已在粤成立,沪本部与中央干部着即取消,另组驻沪执行部,以符新制。孙文。阳。

据《国父全集》第三册(转录史委会藏原函)

---

① 波罗定:即鲍罗廷。

委派宋以梅职务令

（一九二三年十二月七日）

大元帅令

　　派宋以梅为钦廉安抚委员。此令。

中华民国十二年十二月七日

据《大本营公报》第四十号

任命范熙绩职务令

（一九二三年十二月七日）

大元帅令

　　任命范熙绩为大本营高级参谋。此令。

中华民国十二年十二月七日

据《大本营公报》第四十号

委派杨西岩职务令

（一九二三年十二月七日）

大元帅令

　　特派杨西岩为禁烟督办。此令。

中华民国十二年十二月七日

据《大本营公报》第四十号

免刘泳闾职务令

（一九二三年十二月七日）

大元帅令

内政部第二局局长刘泳闾另有任用，应免本职。此令。

中华民国十二年十二月七日

据《大本营公报》第四十号

任命刘泳闾职务令

（一九二三年十二月七日）

大元帅令

任命刘泳闾为大本营秘书。此令。

中华民国十二年十二月七日

据《大本营公报》第四十号

给叶恭绰等的训令

（一九二三年十二月七日）

大元帅训令第三七二号

令大本营财政部长叶恭绰、大本营内政部长徐绍桢、广东省长廖仲恺

据广州市市长孙科呈称："案奉大元帅令饬设局办理民产保证局一事，业将该局组织章程及委任局长缘由，并将条例酌加修正，

先后呈请鉴核施行在案。查该局从新组设,系为保障人民私有产权起见,当与各机关所发之契照及登记证同一效力,此法一行,在政府既可得大宗之收入以为挹注,在人民之享有业权者,亦可永保安全,无虑有发生举报之事,意至良法至善也。惟是事属创始,一切办法,人民多有未喻,非得各机关相助为理,恐难以收速效而利推行。现拟自条例施行之日起,凡管有税契及发照各机关,务希劝告人民于税契或领照之外,仍分别赴局领证,以为业权永久之保障,似此办法,庶可冀领证管业倍加踊跃。市长为办理迅捷,期收良效起见,理合备文呈请鉴核,俯赐令行内政部、财政部、广东省长公署,分别转行财政厅官产清理处查照办理,实为公便"等情。据此,除指令照准,并分令外,合行令仰该部长、省长即便转饬办理。此令。

中华民国十二年十二月七日

据《大本营公报》第四十号

给赵士北的训令
(一九二三年十二月七日)

大元帅训令第三七三号

令大理院院长兼管司法行政事务赵士北

据广州市市长孙科呈称:"窃市长案奉钧府令饬设局办理民产保证一事,业将该局组织章程及委任局长缘由,并将条例酌加修正,先后呈请鉴核施行在案。查该局从新组设,系为保障人民私有产权起见,当与各机关所发之契照及登记证同一效力。此法一行,在政府既可得大宗之收入以为挹注,在人民之享有业权者,亦可永保安全,无虑有发生举报之事,意至良法至善也。惟是事属创始,一切办法,人民当有未喻,非得司法方面相助为理,恐难以收速效而利推行。现拟自条例施行之日起,所有司法机关受理民事诉讼,凡关于市内不动产争执者,当呈验契据时,必须领有民产保证,方得认为有效,否则暂缓审理。似此一转移间,凡应赴局领证者,自必倍加踊跃,似于民产保证前途,不无裨益。市长为办理迅捷期收良效起见,理合备文呈请鉴核,俯赐令行大理院转行各级司法署查照办理,实为公便"等情。据此,应予照准,除指令外,合行令仰该院长查照转行各级司法署一体遵照办理。此令。

中华民国十二年十二月七日

据《大本营公报》第四十号

给程潜的训令

（一九二三年十二月七日）

大元帅训令第三七四号

　　令大本营军政部长程潜

　　据中央直辖第三军军长卢师谛呈称:"窃职军前奉杨总指挥命令,担任作战军后方警备运输传递事宜,曾经由省至石①依命配备,幸免陨越。嗣以作战军节节前进,复奉杨总指挥命令,延伸至东江左岸响水、博罗一带,并奉帅座令催,职责所在,敢不遵行。惟是职部自返省以来,每日收入仅省城防务经费四五百元外,军政部日支五百元,几至分文无着,而每日伙食支出将达一千元,一切活支,尚不在内,东罗西掘,智力俱穷。依照此次杨总指挥所定职部任务,自增城、石龙以达龙华、响水警备地域,纵横近二百里,设置

────────

①　石:石龙。

地点大小至数十处,纵各处之给与便利,交通无阻,而出发、伙食等费,分文无着;况道路遥远,交通梗塞,小数部队零星分布,尤非给予数日给养,不易维持,除已令饬所部集中石滩相机分配并呈报杨总指挥查照外,为此仰恳帅座令饬军政部,迅将职部欠款万余元扫数发下,俾便设施,无任感祷"等情。据此,除指令照准已令饬军政部查照发给外,合行令仰该部长即便遵照办理。此令。

中华民国十二年十二月七日

据《大本营公报》第四十号

给黄隆生的训令

（一九二三年十二月七日）

大元帅训令第三七五号

　令大本营会计司长黄隆生

　据大本营财政部长叶恭绰呈称:"窃本部前奉帅令,自十一月起,发给规定大本营直辖各机关经费八万余元,业将部款困难情形呈准展缓一月,以便斟酌担任在案。刻下展缓之期已过,而部中收入的款仍只有印花税一项,此外造币厂整理纸币委员会等机关,虽竭力进行着手开办,然辄因此次东江战事再发生,〔与〕发售奖券不免为敌党所破坏,经售无几,影响所及,以故收效尚迟。且印花税一项,经于去月中因军事紧急,已悉数拨交公安局直接代付军政部,并经军政部派员往收,以资省便。本部为先其〔期〕取急计,目下实在更无的款可以拨给,大本营直辖各机关经费,惟有再呈钧座,吁请俯赐鉴核,续准展缓一月,一俟十三年一月分起,再行酌量担负,以资筹措而免竭蹶,实为公便"等情。据此,除指令准予再展缓一月实行外,合行令仰该司长查照,各部局处每月经费在财政部未实筹发以前，仍由该司照常拨付。此令。

中华民国十二年十二月七日

给孙科的指令二件

（一九二三年十二月七日）

一

大元帅指令第六八九号

令广州市市长孙科

呈奉令设局办理民产保证请令饬内政部等各发照税契机关劝告人民赴局领证由。

呈悉。准如所请办理。此令。

中华民国十二年十二月七日

二

大元帅指令第六九〇号

令广州市市长孙科

呈请令饬司法机关凡市内不动产须领有民业保证方为有效由。

呈悉。准予令行司法机关查照办理。此令。

中华民国十二年十二月七日

任命徐希元职务令

（一九二三年十二月八日）

大元帅令

　　任命徐希元为大本营内政部第二局局长。此令。

中华民国十二年十二月八日

据《大本营公报》第四十号

给何家猷的训令

（一九二三年十二月八日）

大元帅训令第三七七号

　　令广东电政监督兼广州电报局局长何家猷

　　据大本营兵站总监罗翼群呈称："窃十一月七日奉钧座第三四二号训令开：'据广东电政监督兼广州电报局局长范其务呈称：职奉大元帅江午电令内开："电政监督署范监督其务览：戎马方殷，电报电话均关重要，仰该署迅即添线，加设电报机一副，并利用广州、石龙间电报线，添架电话，直达大本营，以利戎机而期敏捷。水线或利用，或添设，并着迅速妥筹架设为要"等因。奉此，当即遵照办理，一面派工匠装挂电线，一面派总管麦尊楼持函往电话局商借过海线。兹据复称："现准大函，拟借用敝局过海线一条作为电报线，本应照办，惟查敝局过海线原不敷用，除借与大本营广州电报局暨军用电信管理处应用外，益形缺乏，支配维艰，故前两月兵站总监部向敝局借用水线,亦无法以应,卒由该局自行购线,敝局代为安设而已。是则敝局水线之无可借拨,当蒙亮察。现兵站总监部行将收束,则其水线当可移归贵处借用,请即转商该部,或如尊意也,相应函复,请烦查照"等情。似此情形,商借已经不能,而职处每月不敷经费约万元,水线费巨,实无力购买,且恐稽延贻误,兵站总监部既经裁撤,前装设之过海水线,当然无用,伏乞俯察迅赐饬交职处使用,俾得早日架设而利戎机,实为德便'等情。据此,除指令呈悉仰候令行兵站总监部查照办理可也,合行令仰该总监即便查照办理,此令等因。奉此,现在兵站经已收束,所有过海水线,恳请令饬电政监督派员到职部交通局接收,以利戎机。缘奉前因,理合呈复察核施行,实为公便"等情前来。据此,除指令照准外,合行令仰该监督即行派员接收,赶为装置,以利交通为要。此令。

中华民国十二年十二月八日

据《大本营公报》第四十号

将给谭曙卿借款令

(一九二三年十二月八日)

着市政厅发给。(东路讨贼步兵第八旅代旅长谭曙卿借毫洋贰千元签呈。)

据《研究中山先生的史料与史学》中许师慎
《〈国父全集〉未刊载之重要史料》

关于粤海关事件宣言*

（一九二三年十二月九日）

余于本年二月间回粤时，决计实行改造事业。乃直系利用北京政府为傀儡，以金钱武力肆行捣乱，侵略粤省，致余之改造工作未能实行。直系之破坏政策，苟彼一日能用被发放之剩余国家收入（译者按：即指抵押外债以外之余款①），以充此政策之费用，必一日继续厉行之，此乃显然也。此等剩余国家收入，现多解交北京，供直系利益之用。但其中有一部分，为余之政府辖境内之关税，倘将其保留，代为裨益粤省人民之用途，则直系即无从染指。今欲粤省得享和平秩序，以后粤省关税解交直系之举，必须停止。本政府因此意在行使其固有之权，管理支配此等税款；并要求总税务司及广州税务司，于中国东部所收关税，足够应付关税所抵押之外债时，保留本政府辖境内所收一切关税，供本政府拨用。彼等均为中国政府之公仆，对于粤省，自在本政府节制下，并应服从其命令也。至列强对于此事，绝无干涉之权。因在本政府辖境以外之各埠税关，每年所收税款，除抵当所押外债之外，尚有剩余数百万元，于外债抵当，毫无妨碍也。中国对外条约中，从未有一约许列强全体的单独的有权干涉中国海关（完全为一中国政府机关），于中国并不拖欠关税所抵外债之时。且列强固亦承认关税余款之处

---

* 原报载无具体日期，现据一九二三年十二月十三日《北京益世报》所载，定为九日。

① 按语系《民国日报》编者所加。

置及使用,乃纯为中国内政问题也。至于目下关税半归列强管理之办法,本非为任何条约所特许,实纯系列强所为之一种约外举动,此乃无可讳言者。利用此款,以武力捣乱余之乡土,列强在情理上亦应加以反对。兹更有声明者,本政府愿担任:倘中国他处关税收入不足应付对外债务时,本政府当依其所收关税,随时酌量抵补。

据上海《民国日报》一九二三年十二月十三日
《大元帅对粤海关事件之宣言》

在广州大本营对国民党员的演说

(一九二三年十二月九日)

各位同志:

　　此次本党改组,想以后用党义战胜,用党员奋斗。吾党经过十余年来,或胜或败,已历许多次数。就以胜败成绩观察之,则军队战胜为不可靠,必须党人战胜乃为可靠,此点党员须首先明白。吾党当革命未成功以前,皆用党员来奋斗,绝少用军队来奋斗。至于武昌一役,虽属军队奋斗之大胜利,然此次成功,乃由党员以党义奋斗之结果,感动军队而来。不幸武昌成功之后,党员即停止奋斗,以至此十二年来吾党用军队奋斗多,用党员奋斗少,即或有之,亦属讨袁失败之短时期间。

　　吾党此次改组,乃以苏俄为模范,企图根本的革命成功,改用党员协同军队来奋斗。俄国以此能抵抗列强之侵迫,其时正当俄国革命初成功,而俄党人竟能战胜之,其原因则由党员能为主义的奋斗。吾人由反对俄国各报纸所得之事实,则英兵由北冰洋上陆时,俄兵不加抵抗,自行引退,留下种种印刷品,询问其何故来打俄国——列强既与德国和好,何以今再有征俄之举。各国兵士当时以为往俄与德兵战,不知为与俄民战也。以此质诸上官,上官无词以对,兵士遂即行引退,或激成兵变。此全由俄党员不仅能感化本国人,而且能以主义感化外兵。日本兵队之开往西伯利亚,亦同被感动。此俄党人为主义奋斗的结果。

　　吾党历年来革命奋斗工夫,尚未周密,以故屡遭失败。吾党革命未成功以前,党人多肯奋斗,及成功后则遽行停止,转而全靠军队来奋斗。今由俄国观之,则党人奋斗始能为最后之成功。今日有民国之名,而仍然失败者,何以故?则由于党人不为主义奋斗之故。我党为国中唯一之革命党,如党员希望革命真成功,即须奋斗,否则无成功之望。从前党员出外宣传,发挥主义,非常踊跃;至成功后,以为此等事乃无效力之所为,须握军权乃算奋斗,这个观念实在错误。今日由俄国革命成功观察之,我们当知军队革命成功非成功,党人革命成功乃真成功。以前吾人所不知的,现在可以明白了。

　　然从今日现象考察:吾党党员中热心的人出而握军权,未尝无人;但谋私利者亦假称热心,争握军权。不知军队是拼命杀人的事业。今之手握一万数千兵者,以利结合,鲜有以主义感化其部下者。就现在情形观之,凡兵士临阵,有赏则能克敌破城,无之则不能。或有不赏亦打仗者,则因地盘苦瘠,须占领较富裕的地盘而已。可知军队奋斗,系为升官发财起见,非如昔日党员专为主义的奋斗也。故欲靠今日之军队单独以达革命之成功,则希望甚微;必定将现在将士升官发财、自私自利的思想化除,引他到远大的志愿,乃能有望。故党员今日第一级工夫,要先设法感化在西南政府旗下的军队,完全变为革命党员,一致为三民主义牺牲,而不为升官发财而牺牲。如此,则军队、党员便可成互助之奋斗,而革命之成功指日可期矣。

　　然军队之奋斗，必素有多少之练习；乃党员则毫无练习，此党员之缺点也。若党员欲运用其能力，出而感化他人，亦犹之军人上阵战争，必须明白其枪炮之效力及其用法。故党员必须明白三民主义、五权宪法之内容如何，然后用之出而宣传，始生效力，始能感化他人也。枪炮能有效力者，因其能杀人，故大军一到，敌人即服。三民主义、五权宪法则与之相反，其效力为生人。革命主义既以生人为最终之目的，故必须周知敌人之情形，尤须明了士农工商之状况。对待此类人们，非可杀之也，实须生之。如何方可以生之，则须知其痛苦所生，提出方法，敷陈主义，乃能克敌致果。此乃无敌之雄师，无人能抗之者，在乎我党能善用之否耳。如遇农，则说之以解脱困苦的方法，则农必悦服。遇工、遇商、遇士各种人们亦然。然用何方法，用何力量，走何道路，则须知三民主义、五权宪法非对于已往及将来，乃对于现在造成良好国家。

　　建国方法有二：一曰军队之力量；二曰主义之力量。我党前时无兵力，今始稍有之。然吾党兵力，常居于弱的地位，而敌则常居于强的地位。前为吾党大敌的满洲政府，兵力强于我，而我能推翻之。以后袁世凯、冯国璋等，我亦能推翻之。今目前之敌人，则为曹锟、吴佩孚，试问能打倒之否？照历史上观察，则必能之，只时间的问题而已。惟靠军队打倒曹吴，革命亦未能算成功。试问满洲、袁、冯倒后，革命能成功否？由此推之，则前途极为危险。今后首当将企望以军队谋革命成功的观念打破，因为军队无暇受宣传感化，即热心者带兵，亦为环境所同化，久而久之，变为图私罔利之人。故军队数年来未能成为革命军，这是一个大原因。

　　无识者以为军队战胜，便是革命成功，而不知实系观察错误。革命是救人的事，战争则为杀人的事；军队奋斗是出而杀人，党员奋斗是出而救人。然革命须用军队之故,乃以之为手段,以杀人为救人。杀人为军队之事,救人乃党人之事。十余年前,用军队破除障碍,推翻满洲政府,这是军队用得适当。惟推倒满政府之后,即须救人,此乃党员所应有事,所谓责无旁贷的。乃竟不负此责,其高尚者则宣言不问政事,坏者则只知升官发财。今则愈弄愈坏,革命名词失其尊严神圣,其咎实在于革命党人不去做革命奋斗工夫。

今次之改组,则欲党员个个从新再去做革命奋斗工夫。但做革命奋斗工夫,必须有方法,而方法必从训练而来。古人云:"不教民战,是为弃之。"这句话是很对的。党人为主义奋斗亦然。然必须自己先受训练,然后出而能感化他人。现在吾党即欲实行训练党员,使之出而奋斗。以前党员无训练,故奋斗成绩甚微。杀人之事,尚须操练,则救人之事,更非训练不可。

吾党员奋斗之武器,则三民主义、五权宪法是也。诸位皆赞成此次改组者,试问于三民主义、五权宪法已有心得否?打倒曹吴亦不能作为吾党成功,因吾党主义,非只推倒一二军阀便算了事的。必须党员人人能奋斗,主义能实行,然后乃得为真成功也。此则纯然倚靠宣传之力。军队以枪炮出而宣传,党员则以主义出而宣传,其革命相同,而其成功则不同。因革命成功,非能专靠杀人,尤须靠救人。然救人必须全国人能自救;全国人能自救,必须多数人明白人生道理。

吾党人以华侨为多。试问何以有华侨?则因内地生活不足,乃谋生活于海外。就香港出口计之,前二十年每年往南洋者,多至四五十万人,现在必有加而无减。此等出外谋生者,多由他人借给船费,就是卖身为"猪仔"。落船后已觉不快,登岸后更不快,至派往园口矿山作工后,更觉痛苦非常。询其何以来此受苦,则言内地生路已绝。以每年四十万出口计之,回国的不足四万,是十人有九人死于海外，并骸骨亦不能回国。此等人是最苦的。幸遇有亲友，以资赎回，救出苦海；然赎不胜赎，且所救者只一二人。我革命党救人，则谋全数救之，不但华侨，且及全国。各位均知南洋群岛前时均一片荒土，我中国人为之辟草莱，垦荒地，谋生活；虽间有致富者，然极少数。我国荒地、矿山甚多，乃竟地利不辟，其原因则由无良好政府，不能不〔有〕所为。今革命方法，乃救全体人民，组织良好政府。惟必须多数人先明白主义，了解此方法，乃能全救之。故今先打倒陈逆，得回惠、潮、梅之地，使全省统一，进而全国统一，再进而实行主义，乃能救之。

　　十二年前，军力成功，不能实行主义，以至人民痛苦愈甚。不知者方归咎于革命党，试问革命党能受之否？然事实则确令人饱受痛苦。前之强盗甚少，今则强盗遍地，皆由党人失于奋斗，致此结果。奋斗救人之方法如何？即以广东言之，三千万人须一半能明白我党主义，能受我党感化，方能达我党目的。故我党人能起而救人，首须明白主义，明白社会状况，然后人民乃能接受我党主义也。譬之军人提枪射击，若命中，其人必死，否则亦伤。今党员出而宣传主义，能入人心，则其人必受多少感动。然有感动〈有〉不感动者，何以故？其不受感动者，则由于其人有障碍。譬之射击时，其人立于一大石之后，则虽命中，亦不死伤。若其人有障碍，则所言必不入，故必须随时考察各个人之情况。因凡人类皆有其主义。以发财而论，则人人皆欲之。我党人之救人，亦属发财主义；但常人则欲个人发财，我党则欲人人发财而已。今日私人发财者，无险不冒。就以南洋"猪仔"而论，其冒险性较军队为强大；军队死亡，反不如"猪仔"死亡之多，而人之甘心为个人发财者，乃乐而为之。此发财主义实与我党主义无背；所不同者，乃我欲人人发财，彼则谋个人发财而已。损人利己乃能发财成功者，我党人不为也。我党须人人发财，始为成功。故须向各界人士说明，如君欲真发财，必人人发财，乃可达真发财目的。因此必须组织良好政府，人人明白本此主义以组织政府，乃可达到人人发财之目的。

古代草莽英雄，出而革命，所凭者威力，顺之者生，逆之者死，此乃"化家为国"之革命。我党则不然，乃根本民意而革命，实为"化国为家"之革命。今我国已成割据局面，如单靠我革命党军力统一之，实不可望。因革命党兵力甚弱，以军力论，则必属于非革命党者成功。然我党之必成功，则又若可操左券者，何也？则革命力量，譬之山上之大石，不动则已，若一引动，则必转落至山脚而后止。故革命力一引动，则不可止。俄革命六年成功，而我则十二年尚未成功，何以故？则由于我党组织之方法不善，前此因无可仿效。法国革命八十年成功，美国革命血战八年而始得独立，因均无一定成功之方法；惟今俄国有之，殊可为我党师法。各党人个个能实行为主义奋斗，不汲汲于握军权，但监督之使为己用而已。且俄之成功，亦不全靠军力，实靠宣传。我党兵力虽弱于人，惟主义则高尚于人，久为国人所信仰。苟我党员能尽其聪明能力，说之使明，则当无不受其感化者。大众能想出良法，使多数人明了三民主义、五权宪法，则可不待军力革命，而亦告成功。俄国军队能感化外兵；而今日为我敌者，只本国兵而已，又何至不能感化之耶？且在前广州新军一役、武昌一役，是其明证。故我党不用此力则已，一引用之，则曹吴之兵必如前清新军例，而我党可事半功倍矣。为此之故，我党须每日均学习宣传方法，时时训练，训练纯熟，然后能战胜一切。今滇军以善战称，由于彼军士每日三操两讲，无日或闲者也。

我党主义，乃合各个人所期望而集成者，乃企图人人发财，非企望损人利己而发财者也。彼英、法、美等国人民之生活程度优于吾人者,则以有良好政府之故。彼政府常为人民谋幸福,有灾害则为之防,有利益则为之图,故人民能家给人足。今我党人若能日日出而讲演主义,其有不入者,则考其有何故障。今定于每两星期来此学习一次,而此两星期须将做过之工夫,报告于我。由下一星期起,订一种问题,互相研究,以便答听者的问话。搜集材料,如军队打仗然,打过后须补充子弹,今党员出外宣传,亦当如之。每两星期到此补充材料,则宣传事业自易着手。三民主义、五权宪法,本为吾之所倡始、所发明,其解释须一依我之解释,然后方不至误解误讲。此处可称为诸位的兵工厂,我可以尽力供给材料,为宣传于军士的武器。

据中国国民党中央执行委员会宣传部编《孙中山先生最近讲演集》
(广州一九二四年七月版)中《党义战胜与党员奋斗》

准任陈新燮职务令
(一九二三年十二月十日)

大元帅令

大本营内政部长徐绍桢呈请任命陈新燮为大本营内政部秘书。应照准。此令。

中华民国十二年十二月十日

据《大本营公报》第四十号

给谭延闿的训令
(一九二三年十二月十日)

大元帅训令第三七九号

令湘军总司令谭延闿

据新丰西区乡团团长潘士、先汉兴、陈觉、潘毅、潘杰等由英德来电报称:"陈逆旅长颜国华,欲由新丰袭攻英德,民等联集乡团,于江日将逆旅长擒获,并夺机关枪一挺。惟贼党仍炽,乞迅饬队前来提解镇慑"等情前来。据此,除令由秘书处传谕嘉奖外,仰该总司令即便派相当军队联合乡团前往镇慑,并提解该逆将颜国华来营听候核办。此令。

中华民国十二年十二月十日

据《大本营公报》第四十号

给赵汉一委任状

(一九二三年十二月十一日)

委任状:委任赵汉一为本党台山分部长。此状。

总　理　孙　文
支部长邓泽如

中华民国十二年十二月十一日

据《国父全集》第四册(转录史委会藏原件影印)

任命刘毅职务令

(一九二三年十二月十一日)

大元帅令

任命刘毅为大本营高级参谋。此令。

中华民国十二年十二月十一日

据《大本营公报》第四十号

给鲁涤平等的训令

（一九二三年十二月十一日）

大元帅训令第三八〇号

　　令湘军总指挥鲁涤平、滇军总司令杨希闵、湘军总司令谭延
闿、滇军第一师师长赵成梁

　　此次吴逆佩孚嗾使在赣各军，乘东江战事方殷之会，大举入寇
北江，连陷南雄、始兴等县，势将进逼韶州。我滇、湘各军联合作
战，共张挞伐。江口一役，挫其前锋，乘胜而前，势如破竹，俘虏斩
获，至于数千，旬日之间，肃清逆氛，余寇远逃，北江大定。捷报频
来，嘉慰殊深。所有前敌作战将领及官佐士兵，着滇军总司令杨希
闵、湘军总司令谭延闿、湘军总指挥鲁涤平、滇军第一师师长赵成
梁等一律传令嘉奖。并勖以国乱方殷，军兴未艾，有勇知方，杀敌
致果，挽既倒之狂澜，拯民命于胥溺，惟我忠勇将士是赖，宜继此再
接再厉，共襄大业，有厚望焉。除分令外，合行令仰该总指挥、总司
令、师长即便遵照办理。此令。
中华民国十二年十二月十一日

据《大本营公报》第四十号

给伍汝康的指令

（一九二三年十二月十一日）

大元帅指令第七〇六号

　　令两广盐运使伍汝康

呈复俟收入稍裕,即行解缴兵工厂欠款由。

呈悉。仰仍遵照前令,上紧筹措,克日照数拨清,勿稍延宕,致误军需,是为至要。此令。

中华民国十二年十二月十一日

据《大本营公报》第四十一号(一九二三年十二月十四日版)

给徐绍桢的指令二件

(一九二三年十二月十一日)

一

大元帅指令第七一三号

令大本营内政部长徐绍桢

呈请褒扬寿妇杨欧氏由。

呈悉。准予题颁"百年人瑞"四字匾额,并给予银质褒章,以示褒扬。仰即转给承领可也。此令。

中华民国十二年十二月十一日

二

大元帅指令第七一四号

令大本营内政部长徐绍桢

呈华侨陆永怀捐资兴学拟请特予褒奖由。

呈悉。准予题颁"热心教育"四字匾额,并给予金色一等褒章,以示奖劝。仰即转给承领可也。此令。

中华民国十二年十二月十一日

附：徐绍桢呈

　　呈为捐资兴学，请特予褒奖以昭激劝事：案奉大元帅发下吉隆坡运怀学校监理员欧阳雪峰等呈请褒奖陆运怀捐资兴学呈一件，谕令由部办理等因。奉此，查《捐资兴学褒奖条例》第一条第二项：华侨在国外以私财创立学校，或捐入学校培育本国子弟，准由各驻在领事详情褒奖；又本条例第〔筹〕资至二万元以上者，教育总长呈请大总统特定各等语。兹查华侨陆运怀，秉承父志，捐资兴学，数达八万元以上，洵属热心教育，轻财好义，现由学校监理员呈请褒奖，未经领事核转与条例稍有未符，惟政府现在草创，各埠领事尚未派遣，似宜变通办理，用慰侨民归向之忱。拟恳钧座特颁"热心教育"四字匾额，并给予金色一等褒章，以昭激劝而励将来。所有华侨陆运怀捐资兴学，拟请特予褒奖各缘由，理合具文呈请察核，指令祗遵。谨呈

大元帅

内政部长徐绍桢（印）

中华民国十二年十二月七日

据《大本营公报》第四十一号

与东方通讯社记者的谈话

（一九二三年十二月十二日）

　　由广东政府要求广东收入之关余，固当然之事也，乃以之交付北京政府，而以供压迫南方之资，是明明为干涉内政。要知广东政

府欲使用之于教育行政之事，决不用于军费。若列强拒绝此正当
要求，则余惟免税务司职，将关税扣留之；设并此法亦不行，则惟有
以广东为自由港，俾南北俱不得收入之；使列强以武力反对此要
求，余亦惟有以武力对抗之。盖为曹、吴军所破，为余之耻辱；若依
正当之理由，以列强为对手而为其所破，余意决不为耻。余故始终
实行之，以期贯彻目的而后已。

据上海《民国日报》一九二三年十二月十四日《大元帅对关税问题之决心》

给廖仲恺的训令

（一九二三年十二月十二日）

大元帅训令第三八二号

令广东省长廖仲恺

为令行事：案据广东地方善后委员会呈称："呈为议决修正民
产保证条例、呈候鉴核备案指令祗遵事：窃委员等前条具办法，拟
办保证民产，经奉帅座指令核准有案，正拟通告市民周知，复准广
州市市政厅第二二四号公函内开：'案奉大元帅令发贵会提议通过
民业保证条例十四条到厅，当以该条例尚有未尽适合之处，即经详
加考虑，略为修正，以期推行便利，并经呈奉大元帅指令第六五八
号开：据本厅呈送修正广州市民产保证条例清折，请察核由。奉
令，呈及清折均悉，准照修正各例施行，此令等因。奉此，相应将本
厅原呈，连同修正条例清折钞送贵会，希为查照备案为荷'等由。
附原呈一件，修正条例清折一折到会。准此，委员等以为事关民
业，考虑不厌求详，当经迭开会议，共同讨论，并于本月六日常会，
由民产保证局李局长出席会议，对于市政厅条例略有修改，一致决
议，即将委员等议决修正市政厅条例，即日公布实行，以期民业早

资保障,所有委员等议决修正市政厅条例缘由,理合呈请鉴核备案,并乞分令广东财政厅、广东全省官产清理处、广州市政厅遵照办理"等情。据此,除指令外,合行抄发条例,令仰该省长即行转饬广东财政厅、广州市政厅遵照此次修正条例办理。此令。

计钞发民产保证条例一份。

中华民国十二年十二月十二日

附:议决修正广州市民产保证条例

第一条　本条例系为保障人民私权、杜绝蒙混妄报而设。

第二条　一切民有不动产,不论以前曾否奉有官厅布告及批示,均须赴民产保证局缴纳一次过之保证金,领取民产保证。其前经缴款由官厅承领有执照者,亦须一律赴局领证,但不用缴纳保证金,只缴纳证书费,计每张收银一元。

第三条　凡已经领得民产保证之业,无论何项机关,不得再行投变。

第四条　本条例公布后,各该业户应将产业座落四至及价值,详细开列,连同本身上手契照,赴局验明,分别缴款领证,另备该契照之钞本或影本存案,原契照即日发还。

第五条　保证金按照产价征收百分之三。

第六条　产价由业户自行估定申报,但不得低于原契照所列价格。

第七条　如有买得经领民产保证之产业,欲将产价呈报增加时,应将上手业主领得之保证,转赴民产保证局请换新证,其征收保证金办法,应于新报产价金额内除出原报价额,只照增报部分按照定率征收之。

第八条　市内各业户须自布告日起,限十日内缴款领证,逾期领证者,得按照所逾日期之多寡,另订章程处罚之。

第九条　如有将官厅已经取消之契照或伪造契照瞒请领证者,除将已缴项没收及按照产价加倍处罚外,并治以应得之罪。

第十条　本条例施行后,凡未经领有民产保证之产业买卖、典按、诉讼,俱不发生效力。

第十一条　凡经查确属于官产市产者,仍由该管机关照常办理,但商店民房须经善后委员会派员到该管机关会同审查判定之。

第十二条　如人民发觉办理此项民业保证之官吏有营私舞弊经证实时,善后委员会得指名弹劾,由当局免职查办。

第十三条　为保障民业起见,广东地方善后委员会对于民业保证局及其附属机关所办事件,每日各派二人会同办理。

第十四条　本条例自广东地方善后委员会会议决后呈大元帅公布施行。

据《大本营公报》第四十号

在广州与各界代表的谈话

(一九二三年十二月十三日)

大元帅对各界代表言:"必实行政府主权,阻止粤关税解北长乱。为拥护公理而战,亦所不辞。"

据上海《民国日报》一九二三年十二月十四日《本社专电》

委派梅光培职务令

(一九二三年十二月十三日)

大元帅令

派梅光培兼大本营筹饷总局会办。此令。

中华民国十二年十二月十三日

给廖仲恺的训令

（一九二三年十二月十三日）

大元帅训令第三八三号

令广东省长廖仲恺

为令饬事：据湘军总司令谭延闿呈称："案据湘军总指挥鲁涤平阳电称：'连日战斗，各路官长均身先士卒，殊属可嘉，恳传令奖誉。抑克服始兴之奖款一万元，乞饬员星夜送来前方，以全职之信用，感同身受。南雄筹款日仅数百元，困苦之度不堪言状，该县陆续筹助各项给养，曾由职申明准作抵借。恳呈请帅座转令粤省长饬县备案，以十三年田赋作抵，免累于民，至为拜祷'等情。据此，理合呈请钧座鉴核，发给克服始兴之奖款壹万元，俾便转发，并恳令行粤省长准将南雄筹助湘军之款，以该县十三年田赋作抵，转饬该县长遵照备案，至为感祷"等情。据此，除指令照准并予筹发奖款外，合行令仰该省长即行转饬财政厅及南雄县县长遵照。所有该县绅民陆续筹助湘军饷项，应准其照数抵纳该县应完民国十三年田赋，以免贻累而示体恤。切切。此令。

中华民国十二年十二月十三日

给马伯麟的训令

（一九二三年十二月十三日）

大元帅训令第三八四号

令广东长洲要塞司令马伯麟

据广东海防司令陈策呈称："窃奉钧令第三六七号开：据长洲要塞司令马伯麟呈称：'黄埔船坞局封存之机器等件，半多锈坏，拟请拨归收管'等情。除原文有案邀免复叙外，后开'合行令仰该司令即便查照办理'等因。奉此，查黄埔船坞局原为职部管理，所有一切机器等件，前经派员驻局保管，自马司令借为司令部后，仍由职部派员照常管理在案。该局所存之机器，因与舰队有连属关系，职部早经筹备整顿，以期恢复，奈大局现尚纠纷，筹款匪易，迫得暂为封存，以待来日。如马司令有需用该局机器等件，尽可商由职部借用，一俟大局稍平，筹备就绪，再行取回，以备恢复。该局奉令前因，理合据情呈复察核"等情前来。据此，合行令仰该司令即便遵照办理。此令。

中华民国十二年十二月十三日

据《大本营公报》第四十一号

给谭延闿的指令

（一九二三年十二月十三日）

大元帅指令第七一七号

令湘军总司令谭延闿

呈请发给克复始兴之奖款一万元并恳令行粤省长准将南雄筹助湘军之款作抵十三年田赋由。

据呈已悉。此次该军调赴北江作战，旬日之间，迭克名城，扫清逆敌，洵属奋勇可嘉，昨经明令嘉奖在案。所有克复始兴之奖款一万元，候即予如数筹发，以示鼓励。至南雄地方，逐日筹拨该军饷项，自应准其抵纳该县应完民国十三年田赋，以免累及闾阎。仰候令行广东省长，转饬财政厅暨该县县长遵照办理可也。此令。

中华民国十二年十二月十三日

据《大本营公报》第四十一号

给赵士北的指令

（一九二三年十二月十三日）

大元帅指令第七一八号

令大理院长兼管司法行政事务赵士北

呈为总检察长卢兴原辞职，请以胡云程兼署由。

呈悉。查卢总检察长兴原任职以来，于应办事宜，颇能悉心规画，昨据呈恳辞职，业经指令慰留。仰再传谕安心任事，勿任引退。所请以胡云程兼任之处，应无庸议。至该厅经费，虽近数月该院收入减少，仍当酌予分拨，俾维现状，一俟财政稍裕，所有院厅经费，均当饬部照发。合并饬知。此令。

中华民国十二年十二月十三日

据《大本营公报》第四十一号

给卢兴原的指令 *

（一九二三年十二月十三日）

大元帅指令第七一九号

令总检察厅检察长卢兴原

呈请辞职由。

据呈已悉。该总检察长任职以来，于整顿监狱一事，悉心筹画，颇具规模，自当赓续进行，期竟全功。至称厅费支绌，固属实事，已饬大理院就司法收入项下酌予分拨，俾维现状，一俟财政稍裕，即当饬部照发。仰仍勉任其难，勿得恳辞。此令。

中华民国十二年十二月十三日

据《大本营公报》第四十一号

给黄隆生的指令

（一九二三年十二月十三日）

大元帅指令第七二〇号

令大本营会计司长黄隆生

呈请辞职由。

据呈已悉。该司出任职以来，颇资得力。现因事须赴海防料理，准予给假一月，俾便前往。所遗职务，已另令行营金库长黄昌谷代理。该员假满，仍即回答供职，勿庸恳辞。此令。

---

* 十二月四日，总检察长卢兴原因经费短绌，无法维持，请求辞职。

中华民国十二年十二月十三日

据《大本营公报》第四十一号

委派陈箇民职务令

（一九二三年十二月十四日）

派陈箇民为潮汕安抚委员。此令。

孙　文

中华民国十二年十二月十四日

据谭编《总理遗墨》第三辑

委派关汉光职务令

（一九二三年十二月十五日）

派关汉光为东江招抚委员。此令。

孙　文

中华民国十二年十二月十五日

据谭编《总理遗墨》第三辑

任命高凤桂职务令

（一九二三年十二月十五日）

大元帅令

任命高凤桂为中央直辖第一师师长。此令。

中华民国十二年十二月十五日

据《大本营公报》第四十一号

发给黄明堂军费令

（一九二三年十二月十五日）

着市政厅长发给黄明堂军费四千元。此令。

据《研究中山先生史料与史学》中许师慎
《〈国父全集〉未刊载的重要史料》

给谭延闿高凤桂的训令

（一九二三年十二月十五日）

大元帅训令第三八五号

令湘军总司令谭延闿、中央直辖第一师师长高凤桂

中央直辖第一师高凤桂所部，着归湘军总司令谭延闿节制调遣，除分令外，仰即知照。此令。

中华民国十二年十二月十五日

据《大本营公报》第四十一号

给许崇智的训令

（一九二三年十二月十五日）

大元帅训令第三八六号

令东路讨贼军总司令许崇智

据西路讨贼军总司令刘震寰呈称："顷据联部第十三旅旅长李海云报告：'该旅前奉驻江大本营命令，开驻台山下三都一带地方

剿匪，业经数月，嗣奉调西营出发东江助战，而下三都仍饬该旅防守。昨日东路第四独立旅旅长杨锦龙遍贴布告于下三都一带，称奉令驻防此地。据探报，该部八日早已由台山城车站上车准备开往，该处系十三旅防地，饷源所关，如果杨旅长擅行开往，两军误会，势必决裂，糜烂地方，请转电令制止'等情。查该十三旅驻防台山下三都地方，系前驻江大本营命令指定，现杨旅长如果擅行开往，实有未合。据报前情，理合转恳钧座迅电严行制止为祷"等情前来。据此，合行令仰该总司令，即电饬杨旅长锦龙转饬所部速回原防，勿得侵越友军防地，致生误会冲突为要。此令。

中华民国十二年十二月十五日

据《大本营公报》第四十一号

给谭延闿的指令

（一九二三年十二月十六日）

大元帅指令第七二三号

　　令湘军总司令谭延闿

　　呈报南始之役该部第一军作战概况及人员战功由。

　　呈悉。此次北敌犯我南始，该军奉令协同滇军进攻，数日之间，尽破逆军，恢复名城，追奔直度庾岭，北江遂告肃清，自非将士忠勇奋战，曷克奏此肤功。昨接前方捷报，当经明令嘉奖，并饬筹给赏金在案。兹据呈报该部第一军作战概况前来，披阅之余，弥殷轸念。仰该总司令一俟赏金领得，即行分给各部官兵，并查明尤为出力人员及伤亡将士，分别报部奖恤，用昭激劝而励戎行。切切。此令。

中华民国十二年十二月十六日

据《大本营公报》第四十一号

致美国国民书

（一九二三年十二月十七日）

美国国民朋友们：

　　当我们开始发动革命以推翻专制腐败政府并在中国建立共和国之时，就以美国为鼓舞者和榜样。我们曾热切期望能有一位美国的拉法叶特①同我们一起为这一正义事业而战斗。然而，在我们为自由而奋斗的这第十二个年头，来到的不是拉斐特，而是一美国舰队司令率领较他国更多的军舰驶入我国领海，妄图共同压垮我们，以消灭中国的共和国。难道华盛顿和林肯的祖国竟断然抛弃了其对自由的崇高信仰，从一解放者而蜕化成一为自由而斗争的人民的压迫者吗？我们不能相信这一点，并希望你们舰队的官兵在炮击我们之前认真考虑这个问题，尽管他们的炮口已对准广州这一未设防的城市。

　　他们为什么要炮击我们呢？是因为我们提出了合理的要求，即经扣除由全国关税偿付外债的适当份额之后，我们有权在本政府辖境内征收关税，这是任何政府都拥有的权利，因为尽人皆知，这项税收理应属于我们。我们要象你们祖先之将茶叶倒入波士顿港湾，以阻止税收落入英国国库一样，竭力阻止此款落入敌手，用以购置武器屠杀我们。

　　你们目前的当权者或许竭力阻止中国的自由事业，不让这人

---

　　①　拉法叶特（Marie-Joseph Motier La Fayette. 1757—1834）：旧译拉斐德或辣斐德。法国资产阶级革命家，曾参加北美独立战争。

类的自由事业得到别处的慷慨援助。但是，如果美国海军在本政府辖境内强行征收关税，而使北京的卖国贼和军阀势焰更张，这实是一种罪恶和永洗不掉的耻辱。

　　　　　　孙逸仙　一九二三年十二月十七日于广州

据关一球寄赠伦敦国家档案局藏《香港日报》一九二三年十二月二十日《孙逸仙博士致美国国民书》译出（段云章译，马宁校）

复国会议员函[*]

（一九二三年十二月十七日）

国会议员同志会诸君均鉴：

　　惠书慨然以崇正黜邪力图革新为任，苦心毅力，嘉荷实深。法律之在今日，已成军阀攘窃之资；非本革命之精神从事于建设，殆无摧陷廓清之望。文日以此义诏国人，尤幸诸君之协力同心，振木铎于垂聋，障狂澜于既倒也。东北江相继大捷，俟肃清残寇，即当移师北伐，以竟讨贼之功，而副同人之望。专此奉复，并颂
议祺

　　　　　　　孙文　十二月十七日

据上海《民国日报》一九二三年十二月二十二日《孙中山勖勉同志议员》

给廖仲恺孙科的训令二件

（一九二三年十二月十七日）

一

大元帅训令第三八八号

---

[*]　国会议员同志会致函孙中山，请其积极北伐，以竟护法事业。

令广东省长廖仲恺、广州市市长孙科

为令遵事：查前因兵事未结，军用浩繁，曾令饬该省、市长转饬广州市公安局、公安局①，于捐租两月之外，再向广州市内各房主借用一个月租金，并声明月租不满五元者概行免借，以示体恤在案。兹查得不满五元之铺宅实居多数，若概予免借，不惟军费亏缺过巨，不易另筹，且租额虽有多寡，业主不必即分贫富，而一借一免，办法两歧，转非平均负担之道，仍应一律照借，以昭公允而杜规避。为此，令仰该省、市长即行转饬公安局遵照办理，上紧催收，源源解缴济用。此项月额不满五元之房租，经借用后，仍应一律发给借据，定于满一年后加二归还，并准其于到期后，以借据照加二抵完政府一切税项，用示大信。际此战事将平，军需孔迫之时，想各市民必能本好义之初心，踊跃认借，藉纾国难。仰该省、市长善为劝导，以竟全功。除分令外。切切。此令。

中华民国十二年十二月十七日

二

大元帅训令第三八九号

令广东省长廖仲恺、广州市市长孙科

为令饬事：查广州市沿岸各码头，前经捐租两月以助军费，现在逆军虽屡被击败，战事尚未悉平，军用仍属支绌。所有广州市内各房主，无论租额多寡，均已令其于捐租两月之外，再认借一个月租金，以充军饷在案。码头收租与铺房事同一律，而利益之优厚过之，自应一律饬借，以均担负而裕饷源。为此，令仰该省、市长即行转饬公安局遵照办理，上紧催收，源源解缴，以济急需。至此项借

---

①　公安局：指省公安局。

款,仍应照房租例填发借据,定于满一年后加二归还,并准其于到期后,以借据照加二向政府抵完一切税项,用示大信,想该业主等既能慷慨捐助于先,必能踊跃认借于后,各本好义之初心,助成戡乱之大业,本大元帅有厚望焉。除分令外,切切。此令。

中华民国十二年十二月十七日

据《大本营公报》第四十一号

给陈独秀的指令

（一九二三年十二月十七日）

大元帅指令第七二八号

　　令大本营宣传委员会委员长陈独秀

　　呈报遵令结束及移交日期由

　　呈悉。此令。

中华民国十二年十二月十七日

附:陈独秀呈

　　为遵令结束并将移交日期恭呈仰祈钧鉴事:本月四日奉秘书处转奉钧令,职会着即裁撤,此令等因。奉此,并准临时中央执行委员会函知,接受职会卷宗品物等由到会,当即遵照办理,除将职会所有文件公物开列清册,于十四日逐一点交临时中央执行委员会外,理合将职会遵令结束及移交日期备文呈报察核。谨呈

大元帅孙

　　　　卸大本营宣传委员会委员长陈独秀

中华民国十二年十二月十四日

据《大本营公报》第四十一号

准任葛昆山席楚霖职务令

（一九二三年十二月十八日）

大元帅令

　　大本营参军长张开儒呈请任令葛昆山、席楚霖为大本营参军处少校副官。应照准。此令。

中华民国十二年十二月十八日

据《大本营公报》第四十一号

准任陈煊等职务令

（一九二三年十二月十八日）

大元帅令

　　大本营军政部长程潜呈请任命陈煊为广东兵工厂总务处处长，朱之安为广东兵工厂审计处处长，江天柱为广东兵工厂副官长，杜璞珍为广东兵工厂料械处处长。均照准。此令。

中华民国十二年十二月十八日

据《大本营公报》第四十一号

任命林云陔职务令

（一九二三年十二月十八日）

大元帅令

　　任命林云陔为广东高等检察厅检察长。此令。

中华民国十二年十二月十八日

据《大本营公报》第四十一号

准免何蔚职务令

（一九二三年十二月十八日）

大元帅令

　　大理院长兼管司法行政事务赵士北呈请将代理广东高等检察厅检察长何蔚免去本职。何蔚准免本职。此令。

中华民国十二年十二月十八日

据《大本营公报》第四十一号

准免路孝忱兼职令

（一九二三年十二月十八日）

大元帅令

　　中央直辖山陕讨贼军司令兼大本营参军路孝忱呈请免去参军兼职。路孝忱准免大本营参军兼职。此令。

中华民国十二年十二月十八日

据《大本营公报》第四十一号

准免胡思清兼职令

（一九二三年十二月十八日）

大元帅令

　　中央直辖滇军第六师师长兼大本营参军胡思清呈请辞去参军

兼职。胡思清准免大本营参军兼职。此令。

中华民国十二年十二月十八日

据《大本营公报》第四十一号

致美国政府抗议电
（一九二三年十二月十九日）

我争应得关余，美舰压境独多，助恶长乱，深为公理惜。

据上海《民国日报》一九二三年十二月二十一日《本社专电》

委派赵杰职务令
（一九二三年十二月十九日）

大元帅令

特派赵杰为豫鲁招抚使。此令。

中华民国十二年十二月十九日

据《大本营公报》第四十一号

给廖仲恺的训令
（一九二三年十二月十九日）

大元帅训令第三九一号

令广东省长廖仲恺

为令饬事：案查前据杨仕强等条陈田亩租借办法一案，当经发交广东地方善后委员会核议去后，兹据呈称："窃奉帅座交议杨仕强等条陈田亩租借办法一案，案关交议，自应遵照妥议以备执行。

经于十二月十三日开特别会议，讨论结果，众以此案关系重要，务须审慎妥议，方副帅座体念民意之旨。即席举定审查员七人，现准审查员何季初等报告开：'据杨仕强等条陈拟借田租一案，昨开会讨论通过，委季初等为审查员。此种条陈不过仿广州铺屋租借法以筹的款。不知田土与铺屋不同，缘铺屋常有人居住，向其收取自有负责之人，况附属省会，早编门牌，警区督收自易。反之，田亩极难稽察。盖自满清以来，所有户口册籍、粮串根据多有散失，有税无田者，有田无税者，甚至沙田新涨，民田销灭，年湮日久，变易沧桑。不但难办，乡人亦多怀疑，欲向其筹借，不如立办田土厅，实行清丈田亩，按田印契，税价一次过，值百抽四，无契不能管业。倘原有税契者，照民产保证条例办理，庶纲目举而民亦乐于输将。抑田土出产因种植所获不同，租植遂异。例如南海、顺德、三水等县，以桑基、鱼塘为多，香山、东莞以沙田、蔗园、菜果、禾田为多。如照杨君所拟，责其每亩借租二元，势有不能。更有荒地无人种植者，及有天灾、水旱、兵燹、盗贼不能开耕者，虽有田亦即如无田，毫无种植入息者，欲向借租，实在无租可借，种种困难，实非良策也。杨君之条陈，既如此难行，自无举办之必要，然际此政府在在需款，又不得不妥筹以济。查国家正供，以田赋收入为大宗。各县自反正以来，因水旱、天灾、兵燹对于地丁钱粮滞纳者有之，县知事催征不力者亦有之。季初等生长乡间，调查所得，各乡户口积欠钱粮，间有数年，或自反正以来，未有清厘者不知凡几。倘若派委专员，会同该县县长督征清理，九十余县何止千万。同属出自田主，追讨旧粮责无偏私，名正言顺，何乐不为。倘或虞不足，可预征十三年钱粮，一并带缴，用惩前欠。如再滞纳，略加处罚，严限不完，移亲及疏，务令三个月内扫数清完。办竣之后，田土厅立即开办实行清丈田亩，此等善政诚急不容缓之图也。是否有当，请付公决'等语。本会准此,即日开会讨论,一致通过,理合具文呈复鉴核施行"等情。据此,查杨仕强等条陈按亩借租办法,既系窒碍难行,自应毋庸置议。至该委员会拟请催收旧欠,预征新粮以助军费一节,事属可行。除指令外,仰该省长即行督饬财政厅妥拟详细办法,通令各县克日举行,务须严立限期,明定考成,期于最短时期,收集巨款,借济急需,仍将办理情形具报查核。至实行清丈,尤为整理田赋正本清源之计,并仰该省长按照民生主义,参酌地方情形拟具章程,呈候核定施行。切切。此令。

中华民国十二年十二月十九日

据《大本营公报》第四十一号

给广东地方善后委员会的指令

(一九二三年十二月十九日)

大元帅指令第七三三号

令广东地方善后委员会

呈为奉发杨仕强等条陈田亩借租办法一案拟议呈复由。

呈悉。杨仕强等条陈按亩借租办法,即系窒碍难行,应即无庸置议。至该委员会拟请催收新〔旧〕欠预征新粮以助军用一节,事属可行。仰候令行广东省长,督同财政厅,妥拟详细办法,通令各县,克期举办,以济要需。至实行清丈,尤为整理田赋正本清源之计,并候饬广东省长,按照民生主义,参酌地方情形,拟具章程,呈候核定施行可也。此令。

中华民国十二年十二月十九日

据《大本营公报》第四十一号

勉励各军训令

（一九二三年十二月二十日）

　　平时治军易，战时治军则匪易；作战时之治军难，战事后之治军则尤难。粤省为建国根基，南天枢纽，烽烟亘岁，民力凋残，战血犹满弓刀，群寇方滋边徼，内部萑苻未靖，国际军备待修，思于艰难困敝之秋，力为奠定澄清之计，端赖群策群力，罔涉怠荒，经武整军，时图兴发。各军身经百战，行将一篑收功，民贼已多就歼除，元恶讵久稽授首？尚希告之以戒惧，临之以忠贞，绝蔓草之根株，贾兹余勇，固苞桑于国本，载泐丰碑。其膺民政各官，职有专司，胥关至计，倚同车辅，并赖经纶，其各力矢清勤，靖共乃职，扬武功之威烈，毕文治之机能，郅治可期，数勖不二。滇、粤、桂各军，疆埸久战，声施烂然；湘、豫各军，远道新来，奇功即树；其中央直辖以及赣、秦各军，或协剿宣猷，或抚绥多赖，勋劳在国，系念维殷。粤东本号饶区，财源不难浚辟，只以大军云集，一时至感困穷，部署有方，饷糈即裕，足兵足食，日以非遥。惟百政之修，先当戒惰，一年之计，首在于春，剻薪胆犹存，匈奴未灭，发皇光大，责任尤多，振革命精神，为有恒奋斗，本大元帅愿与我军政各同志共勉之。切切。
此令
各军各有司

大元帅（署名）

据《国父全集》第四册（转录史委会藏原件）

给谭延闿张翼鹏的训令
（一九二三年十二月二十日）

大元帅令第三九二号

　　令湘军总司令谭延闿、湘军总司令部总参议张翼鹏

　　为令行事：照得赣军高凤桂，此次率众来归，实属深明大义，功在国家，业经改编为中央直辖第一师，归该湘军谭总司令节制指挥在案。该师官兵等输诚效顺，远道驰驱，备历艰辛，宜加奖劳。着派该湘军总司令部总参议张翼鹏为慰劳使，迅即驰往前方，对于该师官佐士兵曲意拊循，优加慰劳以昭激劝。所需犒赏费用，由大本营支发。仍将办理情形随时呈报。此令。

中华民国十二年十二月廿日

据《大本营公报》第四十二号（一九二三年十二月二十一日版）

给赵士北的指令
（一九二三年十二月二十日）

大元帅指令第七三五号

　　令大理院长兼管司法行政事务赵士北

　　呈报代理广东高等检察厅检察长何蔚才不胜任，应请免职，遗缺拟以林翔接充由。

　　呈悉。据称何蔚才不胜任，应即免去本职，所遗广东高等检察厅查〔检〕察长一缺，已另有令任命林云陔接替矣。此令。

中华民国十二年十二月廿日

据《大本营公报》第四十二号

在广州岭南学生欢迎会的演说

（一九二三年十二月二十一日）

诸君：

兄弟今日得来此地，对岭南大学学生会，有机会和诸君相见，我是很喜欢的。因为诸君是中华民国后起之秀，将来继续建设民国的责任，我对于诸君是很有希望的。中华民国自开创以至今日，已经有了十二年。这十二年内，无日不是在纷乱之中。从前有南北的分裂，现在有各省和各部分的分裂，干戈相见，糜烂不堪。这个原因是承满清政府之后，对于旧国家破坏的事业，还未成功，所以新国家便无从建设。将来破坏成功之后，继续建设成一个新民国，还要希望后起的诸君，担负那个大责任。

今天对诸君，如果专讲国家大事，那么，千头万绪，不是一两点钟可以说得完的。惟就我今天到岭南大学来，看见这个学校之内，规模宏大，条理整齐，便生有很大的感触。现在就拿这个感触，和诸君谈谈。岭南大学是在广东省，诸君在此用功，知道这个学校的规模宏大，条理整齐，教育良善，和其余的学校比较起来，不但是在广东可以说是第一，就是在中国西南各省，也可算是独一无二。为什么广东只有一个好岭南大学，没有别的好学校呢？就是西南各省，也没有第二个学校和岭南大学一样呢？因为这个大学是美国人经营的，诸君在此所受的教育，是美国的教育；诸君住在这个学校之内，和在美国本国的学校没有分别。我们推测为什么美国有这样好的学校，中国没有呢？中国何以不能自己创办呢？因为欧美的文明,近二百多年来非常发达,美国近几十年来尤其进步。他们国内的情形,不但是教育办得好,就是工业、商业和一切社会事业,都比中国进步的多。中国的一切事业,到了今日,可说是腐败到了极点。腐败的原因,是在人民过于堕落。就历史上陈迹看起来,中国向来是不是都不如外国呢?从前有几朝,中国都是比外国好的,所以这个堕落的现象,不过是近来才有的。再就中国现在青年受教育的情形说,全国之内到处用兵,普通人民救死之不暇,有几多人还能够有力量送子弟去读书呢?就是青年在学校读书的,又有几多人能够象诸君有这样好的机会,在这样好的学校受高等外国教育呢?单就广东的户口讲,人数号称三千万,如果提十分之一,也有三百万青年,应该像诸君都有受这种教育的机会。而现在只有诸君的一千几百人,才有这个机会。诸君想想,自己的机会,该是何等好呢?现在民国,人民受教育,是大家都要有平等机会的。就今日情形看来。他们不能受高等教育的,是没有平等的机会。诸君现在受这样高等教育,是诸君机会比他们好。诸君现在所享的幸福,比他们也好。将来学成之后,应该有一种贡献,改良社会,让他们以后能够得到平等的机会才对。

诸君现在受教育的时候,预想将来学成之后,有一种贡献到社会上,究竟应该做些什么事呢?诸君现在还未毕业,知识不大发达,学问没有成就,自然不能责备诸君,一定要做些什么事,但是在没有做事之先,应该有什么预备呢?应该要注意些什么事呢?依我看来,在这个时期之内,第一件是要立志。立志是读书人最要紧的一件事。中国人读书的思想,都以为士为四民之首,比农、工、商贾几种人都要高一些。二三十年以前的学生,他们有一种立志,就是在闭户自读的时候,总想入学、中举、点翰林。以后还要做大官。我今天希望诸君的,不是那种旧思想的立志,是比那入学、中举、点翰林、做大官的志还要更大。中国几千年以来,有志的人本不少,但是他们那种立志的旧思想,专注重发达个人,为个人谋幸福,和近代的思想大不相合。近代人类立志的思想,是注重发达人群,为大家谋幸福。用事实说,我们中国青年应该有的志愿,是在什么地方呢？是要把中华民国重新建设起来,让将来民国的文明,和各国并驾齐驱。我们现在的文明,都是从外国输入进来的,全靠外人提倡,这是几千年以来从古没有的大耻辱。如果我们立志,改良国家,万众一心,协力奋斗做去,还是可以追踪欧美。若是不然,中国便事事落在人尾,永远不能自己发达,永远没有进步。推其极端,中国便非沦于灭亡不可。所以现在的青年,便应该以国家为己任,把建设将来社会事业的责任担负起来。这种志愿究竟是如何立法呢？我读古今中外的历史,知道世界极有名的人,不全是从政治事业一方面做成功的;有在政权上一时极有势力的人,后来并不知名的;有极知名的人,完全是在政治范围之外的。简单的说,古今人物之名望的高大,不是在他所做的官大,是在他所做的事业成功。如果一件事业能够成功,便能够享大名。所以我劝诸君立志,是要做大事,不可要做大官。

什么是叫做大事呢？大概的说,无论那一件事,只要从头至尾,彻底做成功,便是大事。譬如从前有个法国人叫做柏斯多,专用心力考察人眼所不能见的东西,那种东西极微妙,极无用处,为通常人目力之所不及。在普通人看起来,必以为算不得一回什么事,何以枉费工夫去研究他呢？但是柏斯多把他的构造性质和对于别种东西的关系,自头至尾研究出来,成一种有系统的结果,把这种东西便叫做微生物。由研究这种微生物,便发明微生物对于各种动植物的妨害极大,必须要把他扑灭才好。现在世界人类受知道扑灭这种微生物的益处,不知道有多少。譬如从前的人,不知道蚕有受病的,所以常常有许多蚕吐丝不多,所获的利益极微。现在知道蚕也有受病的,蚕受了病,便不能吐丝。考察他受病的原因,是由于有一种微生物;消灭这种微生物,便可医好蚕的病,乃可多吐丝。现在广东每年所出丝加多几千万,但许多还有不知道医蚕病的,如果都知道消灭害蚕的微生物,更可增加无限的收入,那种利益该是何等大呢?现在全世界上由于知道消灭害蚕的微生物,所得的总利益,又是何等大呢?但是当柏斯多立志研究微生物的时候,他也不知道有这样大的利益。用这件故事证明的意思,便是说微生物本是极微妙极小的东西。但是研究他关系于动植物的利害,有一种具体结果,贡献到人类,便是一件很大的事。柏斯多立志研究的东西,虽然说是很小,但是他彻底得了结果,便是成了大事,所以他在历史上便享大名。我们中国从前的人,都不知道象柏斯多这样的立志,只知道立志要入学、中举、点状元、做宰相,并且还有要做皇帝的。譬如秦始皇出游的时候,刘邦、项羽都看见了,便各自叹气,表示自己的志愿。项羽说:“彼可取而代之。”刘邦说:“大丈夫当如是也。”他两个人的口气虽然不同,但是他们的志愿,毫没有分别。换句话说,都是想做皇帝。这种思想,久而久之,便传播到普通人群中,所以从此以后,中国人都想做皇帝,便不想做别的事。自民国成立以来,不是象袁世凯想做皇帝,便是象一般军阀想做督军、巡阅使,那也是错了。因为要达到那种地位是很不容易的,障碍物是很多的。因为他们立志一定要达到那种地位,所以弄到杀人放火,残贼人类,亦所不惜。诸君想想:那志愿是好是不好呢?一定是不好的,所以我们必须要消灭那种志愿。至于学生立志,注重之点,万不可想要达到什么地位,必须要想做成一件什么事。因为地位是关系于个人的。达到了什么地位,只能为个人谋幸福。事业是关系于群众的,做成了什么事,便能为大家谋幸福。近代人类的思想,是注重谋大家的幸福,我从前已经说过了。大家又知道,许多做大事成功的人,不尽是在学校读过了书的。也有向来没有进过学校,能够做成大事业的。不过那种人是天生的长处。普通人要所做的事不错,必要取法古人的长处才好。所以我们要进学校读书,取古今中外人的知识才学,来帮助我做一件大事,然后那件大事,便容易成功。

诸君又勿谓现在进农科,学耕田的学问,将来学成之后,只是一个农夫。不知道耕田也是一件大事,从前后稷教民稼穑,树艺五谷。因为稼穑是一件很有益于人民的事,他不怕劳动,去教导百姓,后来百姓感恩戴德,他便做了皇帝;说起出身来,后稷还是一个耕田佬呀!那个耕田佬也做过了皇帝呀!古时做过皇帝的人,该有多少呢?现在世人都把他们的姓名忘记了,只有后稷做过耕田佬,所以世人至今还不忘记他。现在科学进步,外国新发明的农科器具,比旧时好的多,事半功倍,只用一人之耕,可得几千人之食。诸君现在学农科的,学到成功之后,就是象外国的农夫,能够一人耕而有几千人之食,也不可以为到了止境。必要再用更新的科学道理,改良耕田的方法,以至用一人耕,能够有几万人食,或几百万人食,那才算是有志之士。总而言之,诸君现在学校求学,无论是那一门科学,象文学、理化学、农学,只要是自己性之所近,便拿那一门来反复研究。把其余关系于那一门的科学,也去过细参考,借用他们的道理和方法,来帮助那一门科学的发展,彻底考察,以求一个成功的结果。那么,就是象中国的后稷教民耕田,法国柏斯多发明微生物对于动植物的利害,都是功德无量的大事。

我再举一件故事说:从前有个英国人叫做达尔文,他始初专拿蚂蚁和许多小虫来玩,后来便考察一切动物,过细推测,便推出进化的道理。现在扩充这个道理,不但是一切动物变化的道理包括在内，就是社会、政治、教育、伦理等种种哲理，都不能逃出他的范围之外。所以达尔文的功劳，比世界上许多皇帝的功劳还要大些。世界上的皇帝该有多少呢？诸君多有不知道他们姓名的，现在诸君总没有一个人不知道达尔文的。所以达尔文的功，实在是驾乎皇帝之上。由这样讲来，无论什么事，只要能够彻底做成功，便算是大事。所以由考察微生物得来的道理是大事，由玩蚂蚁得来的道理，也是大事。不过我们读书的时候，必须用自己的本能做去才好。甚么是本能呢？就是自己喜欢要做的事；就自己喜欢所做的事彻底做去，以求最后的成功，中途不要喜新厌旧，见异思迁，那便是立志。立志不可有今日立一种甚么志，明日便要到一个什么地位。从前做皇帝的思想，是过去的陈迹，要根本的打破他。立志是拿一件事，彻底做成功，为世界上的新发明。如果有了新发明，世界上的地位多得很，诸君不愁不能自占一席。

我们立志，还要合乎中国国情。象四十多年前，中国派许多学生到外国去留学，尤其以派到美国的为最早。他们到了美国之后，不管中国为什么要派留学生，学成了以后，究竟以中国有什么用处，以为到了美国，只要学成美国人一样便够了。所以他们在外国的时候，便自称为什么"佐治"、"维廉"、"查理"，连中国的姓名也不要。回国之后，不徒是和中国的饮食起居，不能合宜，就是中国的话也不会讲。所以住不许久，便厌弃中国，仍然回到美国。当中也有立志稍为高尚一点的，回到美国之后，仍然有继续研究学问的。不过那一种学生，对于中国的饮食起居和人情物理，一点儿也不知，所有的思想行为和美国人丝毫没有分别。所以他们不能说是中国人，只可说是美国人。至于下一等的，回到美国，便每日游手好闲，无所事事。因为不是学生，取消了官费或家庭接济，弄到后来，甚至个人的生活都不能维持；于是为非作歹，无所不做，便完全变成一种无赖的地痞。以中国的留学生,不回来做中国的国民,偏要去做美国的地痞,那是有什么好处呢? 甚至有在美国的时候,连中国人住的地方都不敢去;逢人说起国籍来,总不承认是中国人。试问这种学生,究竟是何居心呢? 这种学生,可以说是无志,只知道学人,不知道学成了想自己来做事。

诸君现在岭南大学,受美国人的教育多,受中国人的教育少。环顾学校之内,四围有花草树木的风景,洋房马路的建筑,这一种繁华文明的气象,比较学校以外,象大塘、康乐①等处的荒野景象,真是有天壤之别呀。我们中国人现在的痛苦,每日生活,至少总有三万万人朝不保夕,愁了早餐愁晚餐,所以中国是世界上最穷弱的国家。诸君享这样的安乐幸福,想到国民同胞的痛苦,应该有一种恻隐怜爱之心。孟子所说:"无恻隐之心非人也。"这是诸君所固有的良知。诸君应该立志,想一种什么方法来救贫救弱,这种志愿,是人人应该要立的。要大家担负救贫救弱的责任,去超渡同胞。如果大家都有这种志愿,将来的中国便可转弱为强,化贫为富。

许多外国留学生回来,都说外国现在有这样文明的原故,是由于他们有一种特长。说这样话的人,是自己甘居下流,没有读过中国历史,不知道中国几千年都是文物之邦,从前总是富强,现在才是贫弱。就这项观念,和外国比较起来,现在的中国不但是最贫弱的国家,并且是最愚蠢的国家。事事都要派人到外国去学,这还不是件耻辱的大事吗? 中国派学生到外国去留学,最先的是到美国,次是到欧洲各国,最多的是在日本。极盛的时候,人数有三万多。因为世界上无论那一国,没有在同时候派往到一国的学生有这样多的人数,我当时便很以为奇怪。因为这个问题,遂考查以往的历

---

① 大塘、康乐:岭南大学附近的两个村庄。

史,于无意中查得唐朝建都西安的时候,京城内的外国留学生,也同时有三万多人。这三万多人中,日本派了一万多人,其余有波斯人、罗马人、印度人、阿拉伯人及其他欧洲人。由此可见唐朝的时候,世界上以中国人为最有智识,所以各国都派人到中国来留学。日本人学了之后,把自己国内的制度都改成中国制度,就是现在的宫室、衣服和一切典章、文物、制度,和中国的还没有分别,那都是唐朝的旧制度。那时候中国的领土,差不多统一亚洲大陆,西边到了里海。由这样讲来,我们的祖宗是很富强的。为什么现在贫弱一至于此呢?为什么没有方法变成象外国一样的富强呢?推究这个原因,是由于现在的人不能振作。不能振作便是堕落,堕落是很不好的性质,我们必要消灭他才好。至于说到中国人固有的聪明才智,现在留学美国的学生都是和美国人同班,在全美国之内,无论那个学校内的那一班学生,每学期成绩平均的分数,中国的学生都是比美国的学生还要更好些,这是美国人共同承认的。用历史证明,中国是富强的时候多,贫弱的时候少;用民族的性格证明,中国人实在是比外国人优。弄到现在国势象这样的衰微,自然不能不归咎于我们的堕落,因为堕落所以便不能振作。

怎么样去图国家的富强?我们要图国家富强,必须要自己振作精神,大家团结起来,公同向前去奋斗。万不可自私自利,只知道要自己到什么地位,不知道国家到什么地位。我们有了这项志气,便是国民志气。中国二百多年以前,亡国过一次,被满洲人征服了,统治二百多年,事事压制,摧残民气,弄到全国人民俯首下心,不敢振作。我们近来堕落的原因,根本上就在乎此。十二年以前,我们革命党才把满人的政府推翻,不受满人的束缚,但是还受许多外国人的束缚。因为当满清政府的末年,他们知道自己不能有为,恐怕天下失到汉人的手内,所以他们主张"宁赠朋友,不送家奴"，把中国的领土主权都送到许多外国人。我们汉族光复之后，本可以成独立国，但是因为满清政府送领土、主权到外国人手内的契约，还没有拿回来，所以至今还不能独立。大家知道高丽亡到日本，安南亡到法国。高丽、安南都是亡国，高丽人、安南人都是很痛苦的。我们中国的地位是怎么样呢？简直比高丽、安南的地位还要低。因为高丽只做日本的奴隶，安南只做法国的奴隶。他们虽然亡了国，但只做一国的奴隶。我们领土主权的契约，现在都押在各国人的手内，被各国人所束缚，我们此刻实在是做各国人的奴隶。请问诸君，是做一人的奴隶痛苦些呀？还是做众人的奴隶痛苦些呢？当然是做众人的奴隶痛苦些。因为做一人的奴隶，只要摇尾乞怜，顺承意旨，便可得主人的欢心。做众人的奴隶，便有俗话说"顺得姑来失嫂意"的困难。你们看如何应付一切呢？所以我们的地位，比高丽人的、安南人的还要低。如果高丽、安南有了水旱天灾，日本、法国去救济他们，视为义务上应该做的。好象从前美国南方几省，蓄黑奴的制度，黑奴有应该受主人衣、食、居三种的好处。现在中国如果有了水旱天灾，外国人捐到二三百万，他们不以为是应尽的义务，还以为是极大的慈善。日本、法国待高丽、安南，他们不以为是慈善呀。所以我们现在做许多外国人的奴隶，只有奉承他们的义务，不能享他们的权利。

　　现在白鹅潭到了十几只外国兵船，他们的来意，完全是对于我们示威的。这种大耻辱，我们祖宗向来没有受过的。今日兵临城下，诸君是学者，为四民之首，是先觉先知，担负国家责任，应该有一种什么办法可以雪此大耻辱呢？可以挽救中国呢？诸君现在求学时代，应该从学问着手，拿学问来救中国。究竟要用什么方法呢？诸君现在学美国的学问，考美国历史。美国之所以兴，是由于革命而来。美国当脱离英国的时候，人民只有四百万，土地只有十三省,完全为荒野之地。就人数说,不过中国现在的百分之一。中国现在有四万万人,土地有二十二行省,物产非常丰富。如果能步美国革命的后尘,美国用那样小的根本,尚能成今日的大功业。中国人多物富,将来的结果,当然比美国更好。美国用百分之一的人数,开辟荒土,寻到国家富强,经过了一百多年。用比例的通理说来,我们用百倍的人数,整顿已经开辟的土地,要国家富强,只要十年。我们要达到这个目的,就要诸君立国家的大志,学美国从前革命时候的人一样,大家同心协力去奋斗。但是诸君学美国,切不可象从前的美国留学生,只要自己变成美国人,不管国家;必须利用美国的学问,把中国化成美国。因为国家的大事,不是一个人单独能够做成功的,必须要有很多的人才,大家同心做去,那才容易。要有很多的人才,那么,造就人才的好学校,不可只有一个岭南大学。广东省必要几十个岭南大学,中国必要几百个岭南大学,造成几十万或几百万好学生,那才于中国有大利益。如果只要自己学成美国人,便心满意足,不管国家是怎样,我们走到外国,他们还是笑我们是卑劣的中国人呀。因为专就个人而论,中国人面黄,美国人面白,无论诸君怎么学法,我们的面怎么样可以变颜色呢? 诸君又再有什么方法去学呢? 我们要好,须要全国的人大众都好,只要把国家变成富强,是世界上的头等国,那么,我们面色虽然是黄的,走到外国,自己承认是中国人,还不失为头等国民的尊荣。

诸君今天欢迎我来演讲,我贡献诸君的,就是要诸君立志,要有国民的大志气,专心做一件事,帮助国家变成富强。这个要中国富强的事务,就是诸君的责任;要诸君担负这个责任,便是我的希望。

据《国民党周刊》第七期(一九二四年一月六日出版)

《大元帅对岭南学生欢迎会演说词》(黄昌谷记)

给陈可钰的训令

（一九二三年十二月二十一日）

大元帅训令第三九四号

　　令广东宪兵司令陈可钰

　　为令行事：照得该司令所部，业经饬令公安局改编为治安警察队，并由军政部筹发该部官兵一个月饷项，以示体恤，分别令行在案。仰该司令即将所部移交公安局吴局长接收改编，具报查考。此令。

中华民国十二年十二月廿一日

据《大本营公报》第四十二号

给吴铁城的训令

（一九二三年十二月二十一日）

大元帅训令第三九五号

　　令公安局长吴铁城

　　为令行事：据广东宪兵司令陈可钰呈请将所部解散，业经照准，所有该部军队应交该局长接收，改编为治安警察队。除令该司令知照外，仰该局长即便遵照办理，仍将改编情形具报查核。此令。

中华民国十二年十二月廿一日

据《大本营公报》第四十二号

给程潜的训令二件

（一九二三年十二月二十一日）

一

大元帅训令第三九六号

令大本营军政部长程潜

据管理粤汉铁路事务陈兴汉呈："现据职部事务处呈称：'窃照路章规定，开用专车，原有限制。自军兴以来，日趋浮滥，甚至各部军队人员如营长、副官等，并无该管长官命令，又非事实必需，动辄借口军界，强令专开，万难制止，长此以往，其何能堪。理合呈请示以限制，庶免虚糜'等情。据此，查开用专车，原为军事上迅速戎机起见，但开用一次，约耗四五百元，苟漫无限制，则耗费既多，收入自短，且于奉令解拨各款，势必因而受连带关系。况当北江军事结束之后，自不能不稍予制裁。至于军人乘车任意往来，甚至包揽客商，冒充军界，借端渔利，尤为不合，似应一并分令禁止军人无票乘车缘由，理合具文呈请帅座察核，伏恳俯赐通令各军队机关，转饬部属一体遵照，嗣后开用专车，如无该部最高级长官命令，既不准开，并不准军人无票乘车。如有前项情势，应予严惩，仍请分令滇军宪兵司令，每日酌拨宪兵随车往来，俾协同维持，借资整饬，是否有当，伏候指令祗遵"等情。据此，除指令外，合行令仰该部长即便通行各军事长官转饬所属，嗣后开用专车，如无该部最高级长官命令，概不准开驶，并禁止军人无票乘车，以利交通而裕收入。此令。

中华民国十二年十二月廿一日

<h1 style="text-align:center">二</h1>

大元帅训令第三九八号

　　令大本营军政部长程潜

　　为令行事：据广东宪兵司令陈可钰呈请将所部解散，并发给官兵一月全饷，共洋一万三千五百元等情。该司令所部，应交公安局接收，改编为治安警察队，所有请发给饷项，着该部长即行筹发，除分令外，仰即知照。此令。

中华民国十二年十二月廿一日

据《大本营公报》第四十二号

<h1 style="text-align:center">给程潜的指令</h1>

（一九二三年十二月二十一日）

大元帅指令第七三八号

　　令大本营军政部长程潜

　　呈拟定官佐士兵治丧费数目请鉴核令遵由。

　　呈悉。准如所拟办理，仰即知照。此令。

中华民国十二年十二月廿一日

据《大本营公报》第四十二号

<h1 style="text-align:center">给韦荣熙的指令</h1>

（一九二三年十二月二十一日）

大元帅指令第七四一号

　　令北江商运局局长韦荣熙

呈为拟订暂行简章及护运方法，请予核准施行由。

呈折均悉。所拟简章及护运方法，大致均属妥协，应予核准施行。运费亦准照表列数目征收。仰即就沿江驻防军队中，商请拨派得力部队，专作护运之用。对于往来船货，务须切实保护，并严禁苛索，以利交通而恤商困。仍将新拨军队名称、数目及办理情形，随时报核。并将所收运费，按月造册报解，以济军用，是为至要。附件存。此令。

中华民国十二年十二月廿一日

据《大本营公报》第四十二号

给伍学熿的指令 *

（一九二三年十二月二十一日）

大元帅指令第七四三号

令广东全省船民自治联防督办伍学熿

呈为拟具广东全省船民自治联防通则暨督办公署暂行章程请予核准施行由。

呈及通则、章程均悉。所拟通则、章程大致尚属妥协，惟通则第一条内特派二字应改为简派①，以符原令，余均准如所拟试行。仰即知照。附件存。此令。

＊　十二月十五日，兼广东全省船民自治联防督办伍学熿，将所拟广东全省船民自治联防通则并督办公署暂行章程，呈请孙中山核定施行。通则、章程规定该督办公署及所属总、分支各局，由大元帅督率，督办由大元帅简派，其职责系处理关于船民自治、联防、公安、缉捕、争讼、教育卫生、实业等事项。

①　通则第一条系："广东全省船民自治联防，由大元帅简派督办一员督率全省船民办理自治联防事宜。"

中华民国十二年十二月二十二日

据《大本营公报》第四十二号

给粤海关税务司的命令

（一九二三年十二月二十二日）

令粤海关税务司：（一）关款除应付赔款及利息外，余款解交西南政府；（二）自民国九年三月起，西南关余均应照交；（三）限十日内答复，如不遵命，即另委关员。

据上海《民国日报》一九二三年十二月二十三日《本社专电》

任命陈可钰职务令

（一九二三年十二月二十二日）

大元帅令

任命陈可钰为大本营参军。此令。

中华民国十二年十二月廿二日

据《大本营公报》第四十二号

任命萧湘职务令

（一九二三年十二月二十二日）

大元帅令

任命萧湘为大本营谘议。此令。

中华民国十二年十二月廿二日

据《大本营公报》第四十二号

任命徐方济职务令

（一九二三年十二月二十二日）

大元帅令

任命徐方济为大本营参军。此令。

中华民国十二年十二月廿二日

据《大本营公报》第四十二号

给林森的指令

（一九二三年十二月二十二日）

大元帅指令第七四四号

令大本营建设部长林森

呈请修正公司注册规则第三条由。

呈、单均悉。公司注册规则，原定注册费等级太少，固可酌为修改。惟查现拟数目比原数增加过巨，推行恐多滞碍，仰即酌量减少，另行拟具修正条文，呈候核定公布可也。附件存。此令。

中华民国十二年十二月廿二日

据《大本营公报》第四十二号

命香山驻军增援前线令

（一九二三年十二月二十二至二十三日）

着陈司令策将所驻香山部队，调往增援四邑、两阳前线，所遗防地交朱卓文所部接防。此令。海防司令陈策。

孙　文

民国十二年十二月廿二、三日

据谭编《总理遗墨》第三辑

委派张苇村职务令
（一九二三年十二月二十三日）

派张苇村为山东军事委员。此令。

孙　文

据《国父全集》第四册（转录史委会藏原件影印）

关于海关问题之宣言
（一九二三年十二月二十四日）

（一）中国海关实一中国国家机关，所有收入，为国税之一部分。海关税收，按辛丑条约，作为拳匪赔款及别项外债之抵押，除偿还此种债务本息外，所余之款，则为关余。

（二）此项关余，平时系交与北京中央政府，迨民国六年，因北京政府非法解散国会，并发生其他之种种叛国行为，护法政府遂以成立，于民国八年分得关余一部分，即百分之十三·七也。

（三）此份关余，按月交与护法政府，共有六次。迨民国九年三月，政府内部分裂，因而暂停交付，以后此间政府曾经迭催照旧付款。复于本年九月五日照会北京公使团，以关余之处分，全属中国内政问题，非列强之权限所能及，各国对于关税之关余，仅还付于关税作抵之各外债而已。用特商请公使团，饬令银行委员会，立将关余交与总税务司,由总税务司摊分与本政府,且须拨还民国九年三月以后西南应得之积存关余。

(四)九月二十八日外交团简单电复,谓本政府照会正在考虑中,迨历三阅月之久,仍无切实答复。本月三日,外交团忽来一电,谓近闻本政府不俟使团答复九月五日之照会,拟径行迫胁收管广州税关,此种干涉税关之举动,使团断难承认,倘若竟然为此,当以相当之强硬手段对付。

(五)本月五日本政府答称,中国海关始终为中国国家机关,本政府辖境内各海关,自应遵守本政府命令。且关税之汇交北京,不啻资助其战费,以肆其侵略政策。本政府今欲令税关官吏,以后不得将此款交与北京,应截留为本〈地〉方之用;且声明并无干涉税关及迫胁收管海关行政之意。此乃完全中国内政问题,无与列强之事。本政府静候三月,未得答复,而公使团竟责备本政府不应急迫从事,殊失情理之平。然本政府为尊重使团之表示及证明本政府之谦让精神起见,仍复延期两星期,不作如何举动,以再待使团之解决。

(六)本月十四日接到公使团由北京十一日电达详细考虑之答复,声称根据《辛丑条约》,列强对于关税,只有还付以关税作抵之各外债本息,及该约第六条所订之赔款本息之优先权,而无处分关余之权。

(七)使团复文,尤证明本政府所持之理由甚为正当,而从前所有对于本政府的举动之怀疑,亦可冰释。盖关余之处分,本政府与列强既同认为中国内政问题,则本政府于所争收关余一事,仅须与总税务司交涉而已。即使北京政府不服,可以武力阻止本政府收取关余,而列强借保护其尚未确定之权利为名,集军舰于省河,实无异帮助北京政府,以压制本政府,诚不平之甚也。

（八）按以上情形，则本政府之应如何措施，显而易见。北京政府系属非法，且为全国所弃，当然无权处分本政府辖境内之关税余款。故本政府今日已经饬令总税务司：（甲）在本政府辖境内，各关税收，除按比例摊扣还付以关税作抵之各外债及赔款外，其余应妥为保管，听候本政府命令交付。（乙）并将民国九年三月以后，所欠本政府应得之积存关余，照数归还。

（九）总税务司倘不遵命令，本政府当另委能忠于职务之人为税关官吏，以免税务之废弛中断。苟因此而秩序有所紊乱，亦由总税务司之不允协助本政府管理各关税之所致也。

（十）关于此问题，尚有道德上与法律上两要点，须略为声叙。就法律上言之，外债与赔款系以关税作抵押，非以海关屋宇及税关一切有形的产业作抵押。如遇必要时，本政府改委税关官吏，列强按诸条约，亦无干预其行使职务之权。且全国关税之收入，除本政府辖境内之收入以外，仍不下数千万，足以还付外债而有余，毫无疑义。列强明此，更无干预之理，是则关税官吏之更动，亦不致有危及外债之虞矣。

（十一）就道德上而言，列强对于关税之关系，多因庚子赔款而发生也。查此系一种罚款性质，施诸战败之国家，在欧战以前则有之，今查世界各种条约上并无此种罚款。即以凡尔赛之约而论，亦未尝征取罚款，只要德国赔补修建费而已。况今日英、法、美、日列强对于庚子赔款，各皆有意退还中国，用诸有益于中国事业乎！

（十二）至于北京政府历年所发行国内公债，内有直接间接为侵略南方及为贿赂选举总统之费用者。民国十年，北京政府厘定整理内债案，以关余、盐余与烟酒税作基金，且委总税务司为保管人。十二月十一日公使团之答复本政府文内，亦谓此种债务之清还，与使团无关，因事前并未曾与之商榷也。本政府对于北京整理内债案,无论就道德法律方面而言,当然不能认为有效。盖就法律上言之,自民国六年以来,始终认北京政府为非法,其一切行为当然不能承认。就道德上言之,何可济〔赍〕盗以粮,其理至明。若人民因本政府收取关余,恐影响内债基金,是亦过虑。盖按北京整理内债案,尚有盐余、烟酒税作抵,北京政府果按该案条例办理,基金决不致摇动也。

据胡编《总理全集》第二集

致蒋中正电 *

（一九二三年十二月二十四日）

译转介石兄:兄此行责任至重,望速来粤报告一切,并详筹中俄合作办法。台意对于时局政局所有主张,皆非至粤面谈不可,并希约静江、季陶两兄同来,因有要务欲与商酌也。孙文。敬。

据毛思诚编《民国十五年以前之蒋介石先生》第六编（四）

任命黄明堂职务令

（一九二三年十二月二十四日）

大元帅令

任命黄明堂为中央直辖第二军军长。此令。

中华民国十二年十二月廿四日

据《大本营公报》第四十二号

＊ 一九二三年八月十六日,孙中山派遣包括蒋中正在内的"孙逸仙博士代表团"由沪启程赴苏联考察政治、军事和党务,十二月十五日,代表团返抵上海。此电系促蒋中正速返广州,报告赴苏俄考察情况。

任命陈树人职务令

（一九二三年十二月二十四日）

大元帅令

　　任命大本营内政部总务厅厅长陈树人兼大本营内政部侨务局局长。此令。

中华民国十二年十二月廿四日

据《大本营公报》第四十二号

给李济深的训令

（一九二三年十二月二十四日）

大元帅训令第四〇五号

　　令西江善后督办李济深

　　为令遵事：据广东海防司令陈策呈称："窃奉钧令第二八零号开：'着陈司令策将所驻香山部队调往增援四邑、两阳前线，所遗防地交朱卓文所部接防。此令'等因。奉此，遵即抽调职部现驻前山陈团长所部一营，会同职部徐团长所部，开赴四邑前线增援。惟职部陆战队所赖以托足者，仅北街片地，饷项支绌异常，朝筹夕粮，心力交瘁。差幸分驻前山一隅，日筹一二百元饷糈，以资弥补；倘一调回，实难为继。奉令前因，用特派职部参谋金彦文晋见钧座，面陈一切，伏乞俯念职部困难，准予仍留一部分暂驻前山，以维现状，实为公便"等情。据此，除指令所称该部饷项支绌，尚属实情，仰候令行西江善后督办按月酌量支给外，合行令仰该督办即便遵照办理。此令。

中华民国十二年十二月廿四日

据《大本营公报》第四十二号

准免鲁涤平兼职令

（一九二三年十二月二十五日）

大元帅令

　　湘军总指挥第二军军长鲁涤平迭据呈请辞去湘军总指挥兼职。鲁涤平准免兼职。此令。

中华民国十二年十二月廿五日

据《大本营公报》第四十二号

任命宋鹤庚兼职令

（一九二三年十二月二十五日）

大元帅令

　　任命湘军第一军军长宋鹤庚兼湘军总指挥。此令。

中华民国十二年十二月廿五日

据《大本营公报》第四十二号

给谭延闿的指令

（一九二三年十二月二十五日）

大元帅指令第七五〇号

　　令湘军总司令谭延闿

呈为转呈湘军总指挥鲁涤平呈请辞去兼职由。

呈悉。该总指挥沥述悃忱，功高心下，既彰谦抑，尤见公忠，披阅来呈，重违其意。东征方亟，北伐尤殷，实赖一心一德之良，共奏同作同仇之绩。所请辞去总指挥兼职，以第一军军长宋鹤庚继任，应即照准。除颁明令外，仰即转饬知照。此令。

中华民国十二年十二月廿五日

据《大本营公报》第四十二号

给程潜的训令二件

（一九二三年十二月二十六日）

一

大元帅训令第四〇六号

令军政部长程潜

为令行事：案据湘军总司令谭延闿呈称："案据职部第三军军长谢国光呈称：'呈为呈请优恤已故团长陈飞鹏仰祈鉴核事：据职部谭代师长道源删电称：职旅第十团团长陈飞鹏，此次从征以来，力任艰危，里东之役，前线动摇，该故团长扶病指挥，转危为安，厥功甚伟。旋因病势甚重，请假赴南雄就医，方冀其早就痊，可共济艰危，孰意天不假年，竟于本日十时半钟，在南雄军次逝世，遽失良辅，哀痛曷极。除派员经理丧事运榇赴韶外，谨此电闻等语。窃该故团长陈飞鹏秉性纯厚，体国忠诚，从军卅年，克尽厥职，廿载患难相依。民国纪年以后，迭以护法劳勋，由中校营长升充湖南衡阳镇守使署上校参谋长。今秋湘中事起，尽瘁驰驱，委为湖南第一军第一纵队第四梯团长，旋改任湘军第三师五旅十团团长，相从来粤，备历艰辛。南雄里东之役，复扶病杀贼，奋不顾身，竟尔积劳殒命，痛悼良深。最可悲者,该故团长年仅四十有七,家道贫寒,所遗一子,尚在襁褓,言念及此,尤为恻恻。除昨奉钧座发给该故团长殡殓费毫洋四百元已解赴南雄交谭代师长妥为料理运柩回韶外,合行仰恳殊恩,转呈大元帅追赠陆军少将,照章从优议恤,以慰幽魂,深为德便,敬乞指令祗遵。谨呈'等情。据此,查该故团长从戎数十年,此次相随来粤,尽瘁驰驱,竟尔积劳病故,深堪悯悼。兹据前情,理合备文呈请钧府察核,照章从优议恤,以慰忠魂,伏乞指令祗遵"等情。除指令已故团长陈飞鹏为国宣劳,以死勤事,倦怀战绩,悼惜殊深,可请照章从优议恤之处,应予照准,候行军政部议复核夺以慰忠魂印发外,仰该部即便查照议复核夺。此令。

中华民国十二年十二月廿六日

二

大元帅训令第四○七号

令大本营军政部长程潜

为令饬事:案查前因东江战事方殷,令饬广东电政监督兼广州电报局长范其务,利用广州、石龙间电线,添架电话,以利戎机。随据复称:"欲使石龙电话直达大本营,须于省河南北架设过河水线。查兵站部从前曾经设有此项水线,现该部既经裁撤,应请饬令移交使用,以免另行装设"等情。据此,当即令饬兵站部遵照移交去讫,兹据该兵站总监罗翼群呈称:"奉令后当经转饬交通局遵办,现据交通局长周演明呈称:'窃职局自奉钧令,正拟呈复间,并准电政监督函同前由,当查职局当日架设省河南北之珠江过海水线一条,内合电话线四对:一由省长公署达大元帅府,一由公安局达大元帅府,一由市政厅达大元帅府,一由兵站总监部直达大元帅府。追职局奉令结束,即于十月十四日,呈由钧部将电信队职员暨所有路线并海底线统咨军政部接收在案。至海底之线,除省署、公安局、市政厅仍旧外,其兵站部直达大元帅府之线,闻由军政部电信队拟接驳东路石龙专线,使石龙电话可以直达大元帅府,是此线经已移交,无从再拨;如电政处必须用时,应请直接向军政部电信队交涉接收,以清权限。除函复电政监督外,理合备文呈复察核,分别咨呈办理'等情前来。经职部复查属实,除函复电政监督及咨明军政部外,理合备文呈复帅府察核"等情。据此,合行令仰该部长即便查明,此项水线暨电信队是否已由该部接收,其原由兵站部直达大本营之线,是否已由该部饬电信队将其接合于石龙专线,使可直达,逐一从速查明呈复核夺。除指令外。此令。

中华民国十二年十二月廿六日

给罗翼群的指令

(一九二三年十二月二十六日)

大元帅指令第七五二号

　　令大本营兵站总监罗翼群

　　呈复该部架设之省河南北过海水线已由军政部接收由。

　　呈悉。该部架设省河南北之过海水线一条,内含电话线四对,是否已由军政部接收?其由兵站部直达大本营之线,是否已由该部电信队将其接合于石龙专线,使可直达?仰候令行军政部分别查明呈复核夺。此令。

中华民国十二年十二月廿六日

给谭延闿的指令

（一九二三年十二月二十六日）

大元帅指令第七五三号

　　令湘军总司令谭延闿

　　呈请优恤已故团长陈飞鹏由。

　　呈悉。已故团长陈飞鹏为国宣劳，以死勤事，惓怀战绩，悼惜殊深。所请照章从优议恤之处，应予照准，候令行军政部议复核夺，以慰忠魂。此令。

中华民国十二年十二月廿六日

据《大本营公报》第四十二号

给徐绍桢的指令

（一九二三年十二月二十六日）

大元帅指令第七五四号

　　令大本营内政部长徐绍桢

　　呈送侨务局章程并报告设立请予备案由。

　　呈悉。准予备案。章程存。此令。

中华民国十二年十二月廿六日

附：徐绍桢呈

　　呈为呈报事：窃本部于十二年十二月十九日，准大本营秘书处公函开:"奉大元帅发下内政部拟呈《侨务局章程》一份,奉批'可行。但须筹的款而后举行。此批'等因。相应函达查照。此致"等由。准此,查此次侨务局建立,原系附设本部之内,所有办事人员拟暂派部员兼办,其经费务期撙节,无庸另行筹备,俾节糜费而速进行。兹谨将议定《侨务局章程》十五条并设立各缘由,具文呈请钧核备案。谨呈

大元帅

大本营内政部部长徐绍桢(印)

附:《侨务局章程》一扣

中华民国十二年十二月廿二日

内政部侨务局章程

第一条　内政部设侨务局,掌管事务如左:

一、关于保护回国华侨事项。

二、关于华侨子弟回国就学事项。

三、关于保护旅外华侨之内地家属及财产事项。

四、关于提倡奖励华侨回国兴办实业事项。

五、关于导引华侨回国游历内地及其招待事项。

六、关于襄办华侨选举国会议员事项。

七、关于奖励华侨举办慈善公益事项。

八、关于介绍华侨为中外出产贸易事项。

九、关于华侨教育及学校注册事项。

十、关于海外华侨设立商业会所及其他公共团之监督保护事项。

第二条　侨务局关于下列各事得斟酌情形呈由内政部长咨商

外交部，令饬交涉员及驻外使领协助办理之：

一、关于调查保护华侨工商业事项。

二、关于劳工海外移殖及应募事项。

三、关于调查华侨生活及工作状况事项。

四、关于调解华侨争执事项。

五、关于华侨户口调查及国籍事项。

第三条　内政部设侨务委员会为评议机关，遴选回国华侨之学识优裕者充任，其组织权限及办事细则另定之。

第四条　内政部设侨务顾问若干人，由部长聘请熟悉侨务、名望素孚者任之。

第五条　侨务局设局长一人，由大元帅简任之。

第六条　侨务局设科长、科员、办事员若干人分科办事。科长由部长荐请大元帅任命之；科员由部长委任之。其员额因事之繁简酌定。

第七条　侨务局设参议若干人为名誉职，由局长就回国及居留海外华侨之热心国事著有劳绩者，呈请部长委任，藉备谘询。

第八条　侨务局于必要时得增设驻外侨务官及调查员，呈由部长委任，但其处务规则以不与驻外使领权限抵触者为限。

第九条　凡华侨回国及出外时，须向侨务局注册，以便照章保护。其注册章程另定之。

第十条　经在侨务局注册之华侨，其本人或其家属遇有事故须向政府请求时，得直接呈由侨务局办理。

第十一条　关于华侨举办公益、创办实业、销募公债及赞助政府有功人员，应颁荣典，由内政部另定褒扬条例，呈请大元帅颁布给奖，以资鼓励。

第十二条　侨务局经费由内政部另编预算，向国库请领，如有特别收入及华侨个人或团体捐助之款,应将收支账目支〔交〕侨务委员会审核,除本局正当开销外,不得移作他用。

　　第十三条　保护华侨专章及办侨务局办事细则另定之。

　　第十四条　本章程未尽事宜得增订修改之。

　　第十五条　本章程自公布日施行。

据《大本营公报》第四十二号

命拟通缉李鸿祥令 *

(一九二三年十二月二十七日前)

　　着拟令通缉李鸿祥并令滇军总司令及各军长缉拿通李各军官,就地正法。

文

据谭编《总理遗墨》第三辑

准任汤熙职务令

(一九二三年十二月二十七日)

大元帅令

　　大本营军政部长程潜呈请任命汤熙为广东兵工厂工务处长。应照准。此令。

中华民国十二年十二月廿七日

据《大本营公报》第四十二号

---

　　*　原件未署日期,因通缉李鸿祥令于十二月二十七日始发出,着拟此令当在二十七日前。

通缉李鸿祥令

（一九二三年十二月二十七日）

大元帅令

　　据报李鸿祥受曹锟、吴佩孚密命〔令〕潜来香港，阴遣党羽，希图煽惑军队，实属甘心附乱，罪不容诛。着由地方文武一体严缉，以儆愚顽而申国纪。此令。

中华民国十二年十二月廿七日

据《大本营公报》第四十二号

准常增复辞职令

（一九二三年十二月二十七日）

大元帅令

　　大本营军政部长程潜呈广东兵工厂工务处长常增复辞职。应照准。此令。

中华民国十二年十二月廿七日

据《大本营公报》第四十二号

免伍汝康职务令

（一九二三年十二月二十七日）

大元帅令

　　两广盐运使伍汝康另有任用，应免本职。此令。

中华民国十二年十二月廿七日

据《大本营公报》第四十二号

给罗翼群的指令

（一九二三年十二月二十七日）

大元帅指令第七五六号

　　令大本营兵站总监罗翼群

　　呈英利行等代理人关树仁呈承领李务本堂码头恳准抵解兵站部欠款由。

　　呈悉。应照准，仰即转令遵照办理。此令。

中华民国十二年十二月廿七日

据《大本营公报》第四十二号

致许崇智廖仲恺电[*]

（一九二三年十二月二十八日）

　　东江敌势渐蹙，北伐及建设大计，诸待筹商，盼速回粤。

据上海《民国日报》一九二三年十二月二十九日《本社专电》

给杨希闵等的训令

（一九二三年十二月二十八日）

大元帅训令第四〇九号

---

　　[*]　当时许崇智、廖仲恺在上海。

令滇军总司令杨希闵、第二军军长范石生、第三军军长蒋光亮

为令行事：据李鸿祥受曹锟、吴佩孚密命潜来香港，阴遣党羽，希图煽惑军队，实属甘心附乱，业经明令通缉。仰该总司令、军长严密查拿，如所部有通李情实军官，一经发觉，即行以军法从事，决不宽贷。此令。

中华民国十二年十二月廿八日

给徐绍桢的训令

（一九二三年十二月二十八日）

大元帅训令第四一〇号

令大本营内政部长徐绍桢

为令知事：案据广东省长廖仲恺呈为核转广州市市长孙科呈拟展拓市区绘具图表呈乞鉴核一案，当经大元帅指令："呈及图表均悉。广州市商务繁盛，人口日增，自非展拓市区，不足以资容纳而宏远谟。该市长督饬工务局悉心规划，本山川之形势，定界域之标准。查核所拟东南西北及西南五部界线，均属妥协。复恐市区辽阔，一切设施，现时财力未逮，另定权宜区域，以期扩充，以渐势顺易行，计虑尤为周密。仰即转饬该市长，务即督饬所属，按照所定计划，切实进行，勿托空言为要。仍由该省长录此指令，分别咨令知照，并候令内政部备案。图表存。此令"等语，除印发外，合行令仰该部长查照备案。再查孙市长原呈，业经省署分咨该部有案，故未抄发图表，谨据呈送一份，现存本府，应由部咨省署转令该市长另以一份送部备案，合并饬知。此令。

中华民国十二年十二月廿八日

给廖仲恺的指令

（一九二三年十二月二十八日）

大元帅指令第七六○号

令广东省长廖仲恺

呈为据广州市市长呈拟展拓市区绘具图说呈祈鉴核由。

呈及图表均悉。广州市商务繁盛，人口日增，自非展拓市区，不足以资容纳而宏远谟。该市长督饬工务局悉心规划，本山川之形势，定界域之标准。查核所拟东南西北及西南五部界线，均属妥协。复恐市区辽阔，一切设施，现时财力未逮，另定权宜区域，以期扩充，以渐势顺易行，计虑尤为周密。仰即转饬该市长，务即督饬所属，按照所定计划，切实进行，勿托空言为要。仍由该省长录此指令，分别咨令知照，并候令行内政部备案。图表存。此令。

中华民国十二年十二月廿八日

据《大本营公报》第四十二号

在广州对国民党员的演说

（一九二三年十二月三十日）

诸君：

这次国民党改组，变更奋斗的方法，注重宣传，不注重军事。今日提出一个问题来：为什么奋斗的方法要注重宣传，不要注重军事呢？

大家知道我们革命的方法，自推倒满清以后，都是注重军事，以前是注重宣传。这个原因,是在后来组织军队的机会比从前多。说起功效来,是那一样大呢?自然是宣传奋斗的效力大,军事奋斗的效力小。譬如就武昌起义说,表面上虽然是军事奋斗的成功,但当时在武昌的军队是清朝训练的,不是本党训练的,因为没有起义之先,他们受过了我们的宣传,明白了我们的主义,才为主义去革命。所以这种成功,完全是由于宣传奋斗的成功。假若武昌的军队毫没有受过宣传,不明白革命的道理,专由本党另外起一支兵,打那一些清兵,想把他们尽数消灭,他们一定拼命来和我们反抗,那么,我们的革命恐未必能够成功。或者我们有了一支兵,对于我们的兵士绝不注重宣传,兵士丝毫不知为什么要革命的道理,拿这一种军队来和清兵奋斗,那么,胜负之数也未可必。至于武昌起义当时能够达到目的的道理,完全是由于满清军队的自动,一经发起,便马到成功。那些清兵有自动力的根本原因,全是由于我们宣传的效果;他们受了宣传,都赞成我们的主义,所以便不来和我们反抗。象这样用敌人的军队来做我们的事业,所收的效果,该是何等大呢!自清朝推倒了以后,我们便以为军事得胜,不必注重宣传,甚至有把宣传看做是无关紧要的事。所以弄到全国没有是非,引起军阀的专横,这是我们不能不负责任的。现在我们要再图进步,希望我们的革命主义完全成功,便要恢复武昌起义以前的革命方法,注重宣传。所以这次改组以后,便要请大家向宣传一方面去奋斗。

我们用已往的历史来证明,世界上的文明进步多半是由于宣传。譬如中国的文化自何而来呢?完全是由于宣传。大家都知道中国最有名的人是孔子,他周游列国,是做什么事呢?是注重当时宣传尧、舜、禹、汤、文、武、周公之道。他删《诗》、《书》,作《春秋》,是为什么事呢?是注重后世宣传尧、舜、禹、汤、文、武、周公之道。

所以传播到全国,以至于现在,便有文化。今日中国的旧文化,能够和欧美的新文化并驾齐驱的原因,都是由于孔子在二千年以前所做的宣传工夫。再象佛教,自印度流行到亚洲全部,信仰的人数比那一种教都要多些呢,都是由于释迦牟尼善于宣传的效果。再象耶稣教,从前自欧洲传到美洲,近代传到亚洲,流行于中国,世界上到处都有他们的教堂。这样普遍的道理,也是由于耶稣教徒善于宣传。宗教之所以能够感化人的道理,便是在他们有一种主义,令人信仰。普通人如果信仰了主义,便深入刻骨,便能够为主义去死。因为这个原因,传教的人往往为本教奋斗,牺牲生命亦所不辞。所以宗教的势力,比政治的势力还要更大。

我们国民党要革命的道理,是要改革中国政治,实行三民主义和五权宪法。我们的这种主义,比宗教的主义还要切实。因为宗教的主义,是讲将来的事和在世界以外的事;我们的政治主义,是讲现在的事和人类有切肤之痛的事。宗教是为将来灵魂谋幸福的,政治是为眼前肉体谋幸福。说到将来的灵魂,自然是近于空虚;讲到眼前的肉体,自然有凭有据。那么宗教徒宣传空虚的道理,尚可收到无量的效果;我们政党宣传有可凭据的道理,还怕不能成功吗!

要政治上切实的道理实行出来,统共有两种方法:(一)是用武力压逼群众,强迫去行——中国古时政治变更大多数都是用这种方法。(二)是靠宣传,使人心悦诚服,情愿奉令去行——这种方法在中国历史上不多见。中国实行改革政治的人,最大的毛病都是自私自利,许多英雄豪杰都想要做皇帝。从前创成独裁制,不专用武力的,只有汤武革命。他们始初用七十里和百里的地盘做根本,造成良政府,让全国人都佩服。所以后来用兵,一经发动,便东面而征西夷怨,南面而征北狄怨,全国人都是很欢迎的,不专用兵力便统一中国。他们当初要造成良政府,让人佩服的事业,便是注重宣传。后来全国人欢迎,不和他们反抗,便是因为受过了宣传。所以当时中国人民,便享几百年幸福。后人都说他们的革命,是"顺乎天应乎人"。到了现在,人类的政治思想极发达,民权的学说极普遍,更不可专用兵力。必要人人心悦诚服,都欢迎我们的主义,那才容易成功。革命成功极快的方法,宣传要用九成,武力只可用一成。我们国民党这几年用武力的奋斗太多,宣传的奋斗太少。此次改组,注重宣传的奋斗,便是挽救从前的弊端。

诸君担负宣传的任务,应该有恒心,不可虎头蛇尾,今日热心奋斗,明日便心灰意冷。因为要人心悦诚服,不是一朝一夕、一言一动能够收效果的。必要把我们的主义,潜移默化,深入人心,那才算是有效果。我们要能够收到这种效果,便非请诸君对于宣传做继续的工夫不可。如果不能继续做去,便是不明白革命的道理。假若真明白了革命道理,便有恒心。因为革命是有目的的,要达到一定的目的,便不至中途废止。我们一定要达到这种目的,那就是我们的志气。

无论什么人做事,都有一种志气。古人说:"有志者事竟成。"用这一句话对个人说,大概在市井之上熙熙攘攘、往来不绝的人,都是志在发财。他们究竟能不能够得志呢? 有的能够做富翁,是得志的。但是这种志气过于自私自利,和别人的利害相冲突,便容易被人消灭,所以大多数的人,都是不能得志。有一种志气,是大家公共的志,众人都向此做去,便容易成功,所谓"众志成城"。象革命党从前想推翻满清,到后来果然建设民国,那才算是"有志者事竟成"。

就推翻满清而论,从前太平天国也有这种志愿,当时何以不成功,原因是在什么地方呢? 洪秀全自广西金田村起义,打过湖北、江西、安徽,建都南京,他们的革命本来可以成功的。因为后来曾国藩、左宗棠、李鸿章那一班人出来破坏,所以失败。满清因为能够利用曾国藩、左宗棠、李鸿章那一班人,所以他们的天下还能够维持。曾国藩、左宗棠、李鸿章都是汉人,洪秀全也是汉人。洪秀全所反对的本是满人,不是汉人。但是当时汉人知道要反对满人的很少,所以汉人便自相残杀,弄到结果,满人坐收渔人之利。自明朝汉人亡国之后,排满的举动不知道有多少次,失败的原因都是汉人自相反对。如果汉人不反对,太平天国的革命便老早成功了。辛亥年武昌起义,全国战事不过两三个月,便大功告成;太平天国打了十几年仗,还是不能成功。当中的原因,全是由于汉人自己维持不维持。辛亥年汉人知道自相维持,所以满清的江山一推便倒;太平天国时汉人不知道自相维持,所以终洪秀全之身,总是推满清不倒。汉人知不知道自相维持的道理,是由于全国汉人明白不明白满汉的界限。辛亥年全国汉人明白了满汉的界限,所以武昌的汉人一经起义,便没汉人再来反对汉人,去维持满人的天下。国人明白不明白满汉的界限,是由于主持革命的人有没有普遍的宣传。当辛亥年武昌没有起义之先,我们革命党老早发明了民族主义,一般有思想的人都拿这种主义对全国宣传,一传十,十传百,大众一心,向前奋斗。弄到后来,人人都知道要光复汉族,非排去满人不可。故武昌起义之后,便没有汉人再去帮助满人。满人没有汉人的帮助,他们的江山怎样能够保守呢!

象辛亥年汉人排满,这种人人要做一件事的力,叫做“群力”。这种群力是很大的。因为中国的大事业太大,要用四万万人的力才容易做成功,不是一两个人的力可以做得到的。因为一两个人的力有限。譬如一个人可出力一百斤,搬运货物到十里路远,每日可搬运十次。那么,用十个人的力,每日可以搬运一千斤;用一百人的力,每日便可以搬运一万斤。如果用四万万人,一日可以搬运多少斤呢?四万万人在一百日内,又可以搬运多少斤呢?因为没有四万万人可以同时搬运货物的事实,所以这种群力是怎么样伟大,诸君还不易明白。我们可用动物的群力来证明一证明。

各种动物用力,可分作两种:一种是用孤力的。象一虎在山,群兽空谷。虎是不能合群的,他所用的力是孤力。他项走兽,如狮如豹都是一样。一种是用群力的。动物中天性最合群的是蚂蚁,他们合居的有时可到几千万。蜜蜂合居的也是极多,并且很有条理,他们住在一窝之中,都是分职任事:有做窝的,有觅食的,有采花的,有看门的,有酿蜜的,并有做首领的,叫做蜂王。好象国家一样,有行政、立法、司法种种人员,毫不紊乱。做起事来,既不侵越权限,又能够互相帮助。至于蚂蚁所用的群力,更容易看出。譬如我们在郊外步行,遇到风雨的时候,常见无数蚂蚁,用泥做成一条极长的隧道,以遮风雨而便出入。如果那样的工作是一个蚂蚁去做,那么,他用极微的力,搬运极微的泥尘,要做成一条长隧道,应该要多少时间才可以成功呢?但是用无数的蚂蚁都去搬运泥尘,同力合作,积少成多,便可以在短时间之内,做成很长的隧道。

人的天性和动物的天性不同,多数人能合群,但是群性的程度不及蜜蜂和蚂蚁。譬如许多蜜蜂同住一处,他们在一群之中,各司其事,彼此对于职务不互相侵犯,亦不互相规避,总是各尽各的职务,始终去做。好象守门的蜂,尾上藏有蜂蛋,知道他的职务是保护全群安全的,如果遇到强暴来侵犯同群的安全,他便用尾刺激,拼命抵抗,就是牺牲生命也是不辞。这种奋斗精神,真是视死如归。这种视死如归的特长,不是教成的,是他生成自然而然的,可以说是天性。人便没有这种天性。象当兵的人,必要受过了许久的教练,然后才能应战;到了临阵的时候,还有计及生死利害,违反他的职守的。近来文明国的兵士，虽有死守职守、不计利害的，但是他们的天性纯厚还是不及蜜蜂。至于中国的兵士，更是比不上。俗话常说："好铁不打钉，好子不当兵。"要他们成好兵士，必须经过许久的教训，才勉强有用。如果说到忠心一层，和蜜蜂比较，更是差得远。蜜蜂赋有天生合群的性质，一群之中，各司其事，不必加以训练，是自然而然的。人亦赋有多少天生合群的性质，但须加以训练，然后合群的性质才有进步；进步到极点，还是不及蜜蜂。蜜蜂实行天赋的特性，勇往向前，毫无顾虑。人便每每因后天的训练没有娴熟，容易丧失先天的特性。因为这个原故，人类中常发生许多弒父贼子，自相残杀。蚂蚁和蜜蜂之中，便没有这种现象。

我们要求中国进步，造成一个三民主义、五权宪法的国家，非用群力不可。要用群力，便要合群策群力，大家去奋斗。不可依赖一人一部分，用孤力去做。用孤力做去，所收效果是很小、很慢的。民国成立以后，生出了袁世凯、赵秉钧那一般官僚来。那般官僚在满清的时候本来是很听话的，初到民国来也是忠于共和，奉命维谨，不敢犯法。到了后来犯法，这个原因是在什么地方呢？因为推倒满清之后，成立民国，那般旧官僚还不知道民国是什么东西；人民又不知道怎样做主人，去监督他们。而在专制的时候，有皇帝做主人，可以管理他们。他们怕皇帝的威权，革他们的官，所以他们便甘伏于奴隶之下。到了民国，人民本是主人，应该有权可以监督他们的，但是初次脱去奴隶的地位，忽然升到主人的地位，还不知道怎么样做主人的方法，实行民权。所以他们便目无主人，胡行乱为。革命成功，创造民国，原是先觉先知奋斗出来的，普通人民还不知其所以然。当民国初成立的时候，他们还怕那般先觉先知来干涉，有时候还是不敢乱为。到了后来，官僚和军阀连成一气，他们便更有胆量来把持政权，违法乱纪，无所不为。不是袁世凯做皇帝,张勋复辟,便是曹锟拿钱买总统做,用武力反叛民国。所以弄到今天,不是人民的国家,完全是官僚和军阀的国家。人民的天性,本来没有蜜蜂和蚂蚁的天生长处,所以能够变好的原因,多半由于学习。普通人要学习,便是因为不知。先觉先知的人要他们知,便应该去教,教便是宣传。一传十,十传百,百传千,久而久之,便可传到四万万。如果四万万人都明白了我们的主义,他们便欢迎我们去建设中华民国。要做到这样的伟大事业,只有本党才有这个力量。因为本党是有主义的,别党没有主义,所以他们便做不到。

造成一个国家,是从何而起呢? 何为国家呢? 国家,是人人生死所在的地方。国家的基础,是建筑在人民思想之上。世界上现在何以多是民国呢? 从前何以都成帝国呢? 因为人民的政治思想,各有不同。改革国家,并不是要把所有的江山都要改变。好象改革广东一样,并不是要把白云山搬到河南①,把东江、西江、北江都要改变河道的方向。只要改造人心,除去人民的旧思想,另外换成一种新思想,这便是国家的基础革新。国家有了新基础,那么好象做新屋一样,只要屋基筑成,以后做墙上梁,还有什么大困难呢!

本党的三民主义,便是无形中改造人民思想的。何谓三民主义呢? 简单的说,便是民有、民治、民享。详细的说,便是民族主义、民权主义和民生主义。这三项主义的意思,是要把全国的主权,都放在本族人民手内;一国的政令,都是由人民所出;所得的国家利益,由人民共享。这三项意思,便可用民有、民治、民享六个字包括起来。五权宪法是根据于三民主义的思想,用来组织国家的。好象一个蜂窝一样,全窝内的觅食、采花、看门等任务,都要所有的

---

① 河南:指广州在珠江南岸的市区。

蜜蜂分别担任，各司其事。总而言之，三民主义和五权宪法，都是建国的方略。建设一个国家，好象是做成一个蜂窝，在窝内的蜜蜂，不许有损人利己的事，必要井井有条，彼此毫无冲突。我们将来的国家，做到了民有、民治、民享，便是世界上最安乐的国家；在此国家之内的人民，便是世界上最安乐的人民。

我们要达到这个目的，不是现在广东少数的国民党员可以做得成功的。必要应用群力，请全国人都同心协力去做，那才容易成功。要全国人都同我们去做，便要他们明白我们做事的主义。如果不然，他们不但不同我们去做，并且还要反对我们。象做外国人的奴隶，本来没有人甘心情愿的。但是从前的汉人，不知道做中国皇帝的是从外国来的满人，所以曾国藩、左宗棠那一般汉人，便情愿去做满人的奴隶，来反对汉人。因为他们在那个时候，只知道忠君大义，清朝深仁厚泽，他们是不能反对的。不知道有满汉的界限、民族的思想，不知道满人来做汉人的皇帝，是不能不反对的。所以他们一生做外国人的奴隶，反以为荣耀。到了辛亥年，全国汉人思想便和从前大不相同，所以武昌革命一经发起，便全国响应。我们见到此地，所以从事革命，便要宣传我们何以要革命的主义。

从前宣传民族主义，推翻满清，很有功效。我们现在从事宣传，必要把民权主义和民生主义，同民族主义一样的注重。不过从前宣传民族主义的时候，有汉人同满人的比较，很容易教人明白；现在宣传民权主义和民生主义，难找到一个简单的比较，很不容易教人明白。因为环境可以束缚人的。譬如老监犯，在牢内住了十几年，如果一时把他放到外边，教他回去，他仍然是回到老监牢。因为他在监牢住久了，习惯成自然。如果回到监牢内去，便觉得很自然；若是到别的地方，便觉得不自然。再者，大家都知道美国最著名的南北战争，是由于黑奴制。当时美国南方有几百万黑奴，北方是工商业的省份,南方是农业的省份,因为有了许多黑奴,便可以替他们去耕种。战争的原因,是北方主张人道主义,要求人人平等,不可有奴隶的制度,想用政府筹一大宗款去赎那些黑奴;南方主张人民有财产保护权,黑奴是他们的财产,政府不能干涉,反对北方的主张。因为这项争端,便发生南北之战。后来北方胜利,南方失败,实行放奴,让那几百万黑人自由。那些黑奴初放出之后,便一时无所措手足,觉得诸事都不方便。以为自己从前做奴隶的时候,所有的衣食住,都有主人办到非常完备,那个时候的生活是很安乐的。一旦脱离了主人,自己便不知道怎么样可以谋衣食住,一时的生活便觉得痛苦。诸君都知道美国有两个大伟人,一个是华盛顿,一个是林肯。林肯之所以出名,是由于放黑奴。黑奴到现在才知道要感谢他,但当初放出来的时候,不但不感谢他,并且还要谩骂他。当时有许多黑奴常痛骂林肯说:"我们从前是很安乐的,为什么他要来害我们呢?"我们革命党推翻满清,把人民由奴隶的地位超度到主人的地位;现在做了主人,不但不来感激,因为暂受目前的痛苦,反要来谩骂。常有人说:"我们从前是很安乐的,自革命之后,国乱民穷,要有真命天子出世,或者清朝复辟才好,民国真是没有用呵!"试问从前的人见了官要打屁股,现在不受这种刑罚,只就这一件事说来,民国到底是好不好呢? 我们要人明白民国的好处,必要用普遍的宣传去感化人,万不可专用兵力去压制人。如果专用兵力,就是一时成功,还不能根本改革人的思想,变更人的习惯。好象现在陈炯明的军队投北,陆荣廷的军队也投北,他们为什么要投北呢? 因为他们的思想,以为北京从前出真命天子,那才是真的,民国是假的。再象民国六年陆荣廷到北京,还要去向宣统叩头。这种改不了的奴性,和美国的黑奴当初放出之后,一时还失不了奴性的道理是一样的。我们要根本上改变他,便要想法子去感化他。感化就是宣传。

大家担负这种任务，所用的方法必须临机应变。好象现在因为关余问题，外国人用兵船来示威，我们要和他们反抗，便要应用民族主义。要说明民族主义是很容易的，说明民权主义那要困难，至于要说明民生主义，那更困难。许多人从前只知道民族主义，现在才知道民权主义。讲到民生主义，现在还有许多人不知道的。我们担任宣传的，自己先要明白他才好。如果不然，便是以盲导盲，都不知道是从那一条路走。

从前革命没有成功以前，广东人有一句俗话，可以包括民生主义。这句话是欢迎民生主义的，很可以用来做群众宣传的材料。因为普遍的宣传，是要对极无知识的群众去演讲。普通人极欢迎的心理，是在什么地方呢？拿他们心理上极欢迎的话去演讲，便可感动许多人，不必费很大的力量，便可收很大的效果。这句话不是我们革命党说的，是普通人民自己造出来的。这是一句什么话呢？就是"革命成功，我们大家有平米吃"。这句话是很有道理的。因为革命成功了，如果实行民生主义，国民真是有平米吃。现在的米比从前的还要贵，大家不要以为就是革命成功之后，实行了民生主义的效果。这个米贵的道理，是因工价抬高的原故。我们广东的工人，从前没有团体，近来因为知道了被东家压制，便组织种种工会，去反抗他们；遇到和东家冲突的时候，便罢工，要求加工价，减时间。这种方法是从外国传来的。外国的工人要求加工价，是因为他们的工业发达，工厂极大，普通一个工厂，一年可以得几百万利息。象上海前几年的工厂，一百万资本，每年可以得两三百万利息。外国象这一样大的工厂，每年也可以得几十万利息。外国的工人因为生活太高，便结起团体来，和厂主商量，只许厂主赚若干，其余都要分到工人。这项情形宣传到中国来，我们的工人，不管工业情形是怎么样,也是一样照行。不知道中国没有极大的工厂,只有做散工的劳动。他们还要求加工价,所以百物昂贵,米也随之而贵。这是我们革命党提倡人民自由的结果。要补救他,有什么方法呢?欧美补救的方法,在资本家一方面的,是工价加高,货价也抬高,这不是根本的解决;他们现在所想的根本解决,是社会革命。中国的工业还没有发达,罢工的事,在外国可行,在中国不可行。

我们革命成功之后,要有平米吃,究竟用什么方法可以做到呢?外国人想做的方法,是工人同农民合作,不要商家做经纪、赚佣钱,便可省却许多消耗费。这件事是要大家去做,政府加以提倡,便容易成功。广州此刻米贵,最大原因是商家垄断,有中饱的弊端。要除去这项弊端,便要工人同农民合作。要工人和农民知道怎么样合作,便要去宣传这个道理。现在我们的工人,大多数都是有知识的,很容易宣传,难处是在要农民知道。米出于农民,原价一元直接可以买二十斤,间接向商家去买,用银一元只可买米十斤,中间被商家赚了一半。要米价平,便要工人同农民办一合作社,用工人所做的器具,交换农民所出的米,省去商家的中饱,那样米价便可以平。外国实行这种方法,最有成绩的是英俄两国,他们所办的合作社,大约有几千万人。我们如果仿照英俄两国的方法去行,便有平米吃,工人和农民也可以多得钱。要达到这种目的,必要有团体去行。要有团体,便要劝他们入党,入了党之后,才可以请师父来教。我们把这个方法怎么样去行,实行了以后做成一个什么国家,并不是难事。难处是由于不知,不是不能行,是由于不知道怎么样去行。孟子说:"挟泰山以超北海,非不行也,是不能也；为长者折枝，非不能也，是不行也。"①我们如果彻底的知了，再去又行，那就是"为长者折枝"，不是"挟泰山以超北海"。

我们想要造成一个有条理的国家，就是象蚁巢和蜂窝一样。蚂蚁和蜜蜂还有这种组织能力，人为什么没有这种能力呢？人为万物之灵，所有的知识，比较什么动物都要高一点，是应该有这项能力的。我们现在担任国事的人，把国家应该做的大事一概不理，只知道争权夺利，自相残杀，为什么还不如蚂蚁蜜蜂呢？如果不知道国家是什么东西，只要去看蚁巢和蜂窝。古人说："人饥己饥，人溺己溺"；"天下兴亡，匹夫有责"。国家之内，一物不得其所，便是我们的责任。大家都是国民党员，应该担负这个责任，用宣传去奋斗。从前所以不能行的原故，是由于不知。蜜蜂和蚂蚁，本来也是不知，但是他们有天生的长处。不过他们的长处，各个的蚁与蜂只限于一件事，我们人类是什么事都可以做得到的。譬如从前以为人总不能象鸟雀一样飞到天上，现在的人坐在飞机中，直达云霄，是不是飞上天呢？飞上天都可以做得到，别事还不能做吗？古人说"知易行难"，我的学说是"知难行易"。从前中国百事都腐败的原因，是由于思想错了。自我的学说发明以后，中国人的思想便要大改革。拿我的学说去做事，无论什么事都可以做得到的。

中国现在是最贫弱的国家。象葡葡牙那样小的国，尚且派兵船来示威。连葡萄牙那样小的国，我们还要怕他。讲到我们从前的时候，本来是很富强的，象唐朝，各国都派人来留学，万国来朝。日本从前是很贫弱的，也受过了象我们白鹅潭一样的大耻辱，到了近来才富强。所以能够富强的原因，是由于维新。如果我们立志

①　孟子原文是："挟泰山以超北海，语人曰'我不能'，是诚不能也；为长者折枝，语人曰'我不能'，是不为也，非不能也。"（见《孟子·梁惠王上》）

要国家富强,方法是有的;就是方法一时想不通,只要百折不回,一往向前去做,总是可以做得成的。象飞机,不是一次做成了便可以飞的,是经过了好几次的改良,才完全成功。不过首先要立一个志愿,照那个志愿去做,总是不改,将来的结果一定是有希望的。

今天我希望国民党员的,是要诸君立志,于十年之内把中国变成世界上顶富强的国家。只要诸君有了志愿,方法是很多的。中国从前是富强的,英法现在是富强的,学一国富强的方法便够了。如果自己真没有方法,便可以请师父。象大沙头的那般青年飞机师,从前本不知道怎么样飞,但是请外国技师来教,所以学到现在,便飞得很好。但诸君须先有这项志愿。自己有了这项志愿,还要去宣传自己的志愿,推到四万万人都有这项志愿。如果人人都有了相同的志愿,便能够学蚂蚁和蜜蜂,合群策群力去行。

我们这次革命,一定是能够成功的。不过要大家先有这项志愿,立定恒心去做。如果弄到成功,把中国建设好了,大家便有平米吃。到了有平米吃,中国便是世界上顶安乐的国家,诸君便是世界上顶享幸福的人民。我们要做到这个地步,不可专用兵力,因为兵力只可以用来做破坏的事,不可用来做建设的事。要做建设的事,便要有主义和方法。要全国人都明白建设的主义,便要有宣传。所以从今天以后,要请大家注重宣传的奋斗,不要单注重兵力的奋斗。

据中国国民党中央执行委员会宣传部编《孙中山先生最近讲演集》
(广州一九二四年七月版)中《宣传造成群力》

委派叶恭绰等职务令

（一九二三年十二月三十一日）

大元帅令

　　派叶恭绰、郑洪年、廖仲恺、杨西岩、伍学熀、赵士觐、孙科、梅光培、吴铁城为财政委员会委员。此令。

中华民国十二年十二月卅一日

据《大本营公报》第四十二号

命追赠并优恤梁国一令

（一九二三年十二月三十一日）

大元帅令

　　据东路讨贼军总司令许崇智呈称："故指挥官梁国一转战赣闽,卓著军勋,此次在增城督战,身先士卒,受弹阵亡,拟请追赠陆军少将,并优予给恤"等语。梁国一着追赠陆军少将,并着由军政部照少将阵亡例从优议恤,以慰忠魂。此令。

中华民国十二年十二月卅一日

据《大本营公报》第四十二号

越南中法学生杂志题词

（一九二三年十二月）

　　越南中法学校学生,以该校杂志社将发布特刊,来书索余弁言。越南,余旧游地也,而中法学校又为余凤所称许,余可无一言以为诸君告乎?顾中法学校成立之历史,学生之成绩,与夫学校规模应如何扩充,学科应如何改善,观第一期杂志所载,蔡元培、陈肇琪、程祖彝诸君言之綦详;又览诸君所为文,则关心侨胞教育有人,以宣传新文化为己任者有人,学成归祖国效力者亦有人,志愿宏而识见远,无俟余言矣。虽然,诸君亦知自身之责任尚有未尽者乎?在诸君之意,以为今日当学生时代,苟能尽心求学,以宣传新文化为事,即已尽吾天职,不问其他;甚或以国中高谈政治、空言无补者为殷鉴,宁甘独善,不问政治,若果如斯,未免大误。夫在学生时代,政治虽若与己身无关,而政治之理想与智识,实为学生要素,乏兹要素,而谓将来能救国者,未之敢期也。昔者日本未维新以前,伊藤博文、井上馨等留学欧洲,科学以外,并悉心考察政治,故归国后,卒能使日本成维新之业,为东亚之雄。瞻彼前哲,实为我师,特在学生时代而研究政治不可无一定标准;非然者,鲜不望洋而兴叹。今可为诸君研究之标准者维何?固莫三民主义与五权宪法若矣。余为学生时,即研心于此,年来旧学商量,益加邃密。关于此二者,曾演讲多次,热心之士,已将其印成小册,散布海内外,度诸君必已见之,望于课余取而加之研究,尤望诸君知现在与将来之祖国,非与此二者为药石不为功。树信仰之心,持坚决之志,则祖国有赖于诸君,诸君亦不致有负祖国矣。抑余犹有言焉,余所提倡之三民主义,今所达目的者不过民族主义,而民权、民生则尚有待也。且民族主义亦仅达到推倒满清一部分,若夫融五大民族为一炉,成一大中华民族,比于不列颠、美利坚,则时期尚早,而未逮焉。五权宪法亦然,虽信其良法者大不乏人,然非廓清军阀,统一告成之后,殊难实行,此则愿与少年英伟如诸君者共相努力也。

据《中央党务月刊》第十九期《中法学生杂志题词》

张鹏云编《英汉习语文学大辞典》序
（一九二三年）

时至今日，非学术无以救国，非参考外籍，资为腒钥，厥学术不能跻于高深。顾其名流著述，大都玄微奥衍，而一章之中，辄成语数见，僻句数见，在彼国人，苟非沉浸于历史风俗典章文物者，读之尚觉其难；矧在吾国，盖读不终篇而神志沮丧，中道而画者比比然也，此诚吾国学者之所深憾。成语词典，国人有辑者矣，然率皆简而弗详；至文学辞典，及辞典之详于俗语格言者，则颇鲜觏。新中国印书馆张君鹏云前辑汉英大辞典一书，已风行于世；近复编译英汉习语文学大辞典，其书部别为三：首成语，次文字，又次俗语格言，穷其流，溯其源，较诸往籍详博精审，洵创作也。学者苟能各手一编，以读外国名流著述，庶几乎无不可读之书，而足以遂其极深研幾之志，然后用其学术以改造社会，发展实业，则是书之有裨于国人者，讵有量哉。

孙　文

据《国父全集》第四册（转录史委会藏原稿）

命电促蒋中正伍朝枢速来粤令
（一九二三年）

电上海，催蒋介石、伍梯云速来。文。

据谭编《总理遗墨》第一辑

致周之贞等电

（一九二三年）

拟电周之贞、朱卓文并江门、肇庆，西江督办事，不准封用常行省乡渡船，免阻交通而起谣言。文。

据谭编《总理遗墨》第一辑

致虎门长洲要塞司令电

（一九二三年）

电虎门、长洲要塞司令：此数日内，飞鹰、舞凤两舰奉命进驻省河，经过虎门、长洲时，着该两要塞放行。此令。孙文。

据中国革命博物馆藏原件

致林焕廷电

（一九二三年）

电上海林焕廷，给旅费，使飞机人员九人来粤。文。

据谭编《总理遗墨》第一辑

任命陈群李文滨职务令

（一九二三年）

委陈群、李文滨为大本营党务筹备委员。此令。

孙　文

据谭编《总理遗墨》第三辑

命否认王鸿勋为代表令 *

（一九二三年）

报上有孙中山代表王鸿勋等语，当通电声明并未派有王鸿勋为代表，并先在广州各报否认之。

据谭编《总理遗墨》第三辑

任命陈中孚职务令

（一九二三年）

派陈中孚为广东造币监督。此令。

孙　文

据谭编《总理遗墨》第三辑

任命戴任职务令

（一九二三年）

戴任为参军，取消高级参谋。

孙　文

据谭编《总理遗墨》第一辑

＊　此件未署日期，与委任陈群李文滨令同纸书写，当在一九二三年。

命杨希闵等向商户善堂收取借饷令

（一九二三年）

着办令:令滇军总司令杨向商会各商户收取借饷四十七万五千元(问哲生尚有多少)。令西路总司令刘震寰向某善堂收取借饷贰拾五万元。令李福〈林〉向某善堂收取借饷壹拾贰万五千元。令刘玉山向某善堂收取借饷壹拾贰万五千元(某某善堂派借若干须问哲生)。此令。

文

据谭编《总理遗墨》第一辑

命各军长官收取善堂认借军饷令

（一九二三年）

着市政厅长通知各善堂,将所认借军饷五十万元,分交刘总司令震寰贰十五万元、李军长福林壹拾贰万五千元、刘军长玉山壹拾贰万五千元,各该总司令、军长,直接向各善堂收取,以免延误而利军行。此令。

孙 文

据谭编《总理遗墨》第一辑

命商户将认借军饷交滇军总部令

（一九二三年）

着市政厅长通知商会各商户,将所认借之军饷五十万元,除已交之款,其余未悉者,拨交滇军总司令部,直接向商户收取,以免延误而利军行。此令。

孙　文

据谭编《总理遗墨》第一辑

命海军收回广金广玉等舰令

(一九二三年)

另发令着海军舰队,往北海一带,收回广金、广玉,每只赏壹万元,其他敌人小舰及商船,酌量议赏,限十日内为妥,如过期以外,每日减赏一成,减至五成为限。此令。

孙　文

据谭编《总理遗墨》第一辑

命拟派黄隆生办药料令

(一九二三年)

着拟令派黄隆生往海防办药料事。

孙　文

据谭编《总理遗墨》第三辑

命蒋光亮交回缉私船令

(一九二三年)

致函蒋光亮,着交回缉私船平南与招桂章,以利缉私而裕饷源。

据谭编《总理遗墨》第三辑

命拟调周之贞部驻广三铁路沿线令

（一九二三年）

着秘书拟令，着周之贞调所部军队分驻广三铁路沿线，以资保护。此令。

孙　文

据《国父全集》第四册（转录史委会藏原件影印）

批答联陈事

（一九二三年）

答电：联陈①一事，决无商量之余地。保②果出此，则吾当认之为宣战行为而已，幸为转致可也。文。

据《国父全集》第四册（转录史委会藏抄件）

批　张　冈　函*

（一九二三年）

代答嘉之，并言党务当行扩张改良，公开于各省。凡为党人，

---

① 陈：即陈炯明。

② 保：指直系保定派。

* 张冈，字恶石，江西安福县教育会长，以国民党员身份上书孙中山，谈论时局，其中有失实偏激之处，但态度诚直，孙中山予以嘉勉。原件无年月，据来函所述，当在一九二三年十二月至一九二四年一月之间，现暂定一九二三年。

务期竭力奋斗,使吾党主义遍布于全国。

据《国父批牍墨迹》

批罗翼群呈[*]

(一九二三年)

　　各军受抚,则乐昌已非战斗之地,其给养当另行筹款,交各司令自行办理,该路可不必加设兵站矣。

据谭编《总理遗墨》第三辑

批李寿乾函

(一九二三年)

　　代答函悉,国会同人今日只宜在北京奋斗,他方用不着也。

据《国父全集》第四册(转录史委会藏原件)

批颁发观音山之役卫士奖牌签呈

(一九二三年)

　　着参军长将奖牌及阵伤奖章预备于十三年一月一日午前十时,由本大元帅颁发。此批。

孙　文

据《国父全集》第四册(转录史委会藏原件)

---

　　*　兵站总监罗翼群请示:李明扬在乐昌招抚之谢文炳部,应否接济。

批宋鹤庚函[*]

（一九二三年）

作答：既知约法失效，当要反本寻源，再图彻底之革命，切勿歧而又歧，遂致永乱不已。此间已任谭组安回湘革命，望惟彼之命是听可也。

据谭编《总理遗墨》第三辑

批林支宇函

（一九二三年）

沧白拟答：已派谭组安回湘，望与一致进行，则纠纷立解矣，民国从此可定云云。

据谭编《总理遗墨》第三辑

批史推恩等电^{**}

（一九二三年）

交事务所职员共同审查酌答。

据《国父全集》第四册（转录史委会藏原件）

＊　本件及下一件均未署时间。按谭编《总理遗墨》所辑均为一九二三年一月以后的文件，但一九二四年，孙中山无派谭延闿回湘事，故酌定为一九二三年。

＊＊　安庆史推恩等致电孙中山，反对时任国民党安徽总支部筹备处长的管鹏。

命秘书处代复孙镜亚函稿

（一九二三至一九二四年间）

微此函，孙先生亦早知公之热心党义，所望从此愈加奋发，合群策群力，使党势进步，则国事始有希望也。所以必有一部坚贞耐苦之人，不图急进，不计近功，始终如一，力行不倦，斯足为一党之中坚。孙先生所望于公者，为我党中坚之一要分子也，幸为勉之。俟军事稍缓，当可约会。

据谭编《总理遗墨》第一辑

批马光晔函

（一九二三至一九二四年间）

代答：此事先生未便干涉，只望继续奋斗以唤起舆论，则为成功也。

据《国父全集》第四册（转录史委会藏抄件）

本卷编后说明

　　《孙中山全集》第八卷的编辑工作由中山大学历史系孙中山研究室承担,陈锡祺主编,段云章、郭景荣、邱捷编辑。出版前,由中华书局编辑部负责审阅全稿。

　　本卷在搜集资料和编辑过程中,承中国社会科学院近代史研究所、广东省社会科学院历史研究所、北京图书馆、中共中央宣传部图书资料室、中国革命博物馆、上海图书馆、上海社会科学院历史研究所、上海社会科学院图书馆、上海复旦大学、上海辞书出版社、华东师范大学图书馆、上海孙中山故居、中国第二历史档案馆、广东省中山图书馆、广州市博物馆、广东省档案馆、广东省政协、广东省中山市翠亨村孙中山故居、重庆北碚图书馆、四川文史馆、云南省历史研究所、贵州省档案馆、贵州省图书馆、云南省档案馆等单位提供资料和线索,给了我们很大帮助和支持。对于给本卷的编辑和出版工作以帮助的单位和个人,谨在此致以最诚挚的谢意。

编　　者

一九八三年十月